Zur Zusammenarbeit zwischen den Vereinten Nationen
und der Privatwirtschaft

INTERNATIONALE BEZIEHUNGEN

Herausgegeben von Klaus Hüfner

Band 9

PETER LANG
Frankfurt am Main · Berlin · Bern · Bruxelles · New York · Oxford · Wien

Valerie Weinzierl

Zur Zusammenarbeit zwischen den Vereinten Nationen und der Privatwirtschaft

Die Partnerschaften und ihre nachhaltige und effiziente Entwicklung

PETER LANG
Europäischer Verlag der Wissenschaften

Bibliografische Information Der Deutschen Bibliothek
Die Deutsche Bibliothek verzeichnet diese Publikation in der Deutschen Nationalbibliografie; detaillierte bibliografische Daten sind im Internet über <http://dnb.ddb.de> abrufbar.

Zugl.: Berlin, Freie Univ., Diss., 2004

D 188
ISSN 0941-3669
ISBN 3-631-54267-4

www.peterlang.de

Grußwort

Es ist mir eine große Freude, die vorliegende Dissertation von Valerie Weinzierl „Zur Zusammenarbeit zwischen den Vereinten Nationen und der Privatwirtschaft – Die Partnerschaften und ihre nachhaltige und effiziente Entwicklung" vorzustellen. Es handelt sich dabei um eine umfangreiche Auseinandersetzung mit der partnerschaftlichen Kooperation zwischen zwei gesellschaftlichen Akteuren, die bis vor einigen Jahren eher marginal interagierten, heute aber zunehmend gefordert sind, gemeinschaftlich zum Wohl der Weltgesellschaft zusammenzuarbeiten. Nachdem *Public-Private Partnerships* auf lokaler und nationaler Ebene seit längerem umgesetzt werden, liefern die Partnerschaften zwischen den Vereinten Nationen und der Privatwirtschaft inzwischen den Beleg dafür, dass sich dieses Kooperationskonzept nachhaltig bewährt hat und inzwischen auch auf internationaler Ebene an Bedeutung dazugewinnt.

Das World Economic Forum fördert seit seiner Gründung 1971 das praktische Konzept des "*Entrepreneurship in the Global Public Interest*". Vor dem Hintergrund der eigenen Arbeitsschwerpunkte konnte die Organisa-tion dabei im Laufe der vergangenen Jahrzehnte feststellen, dass sich die Rolle der Privatwirtschaft in der Gesellschaft grundlegend ändert. Seit einigen Jahren ist zudem verstärkt zu beobachten, dass Unternehmen die Philosophie sozialer Mehrwertgenerierung nicht nur in ihren ethischen Prinzipien verankern, sondern auch zunehmend praktizieren. Aufgrund des ihnen inhärenten Gemeinschaftsgedankens sind *Public-Private Partnerships* zwischen Unternehmen und öffentlichen Einrichtungen dabei eine an Relevanz und Popularität gewinnende Kooperationsform, die es Unternehmen ermöglicht, sich im Sinne der Gesellschaft zu engagieren – ohne dabei zwangsläufig unternehmensspezifische Interessen zu vernachlässigen.

Doch die aktuelle Relevanz des Themas wird auch seitens der Vereinten Nationen begünstigt, die in diesem Jahr ihr 60. Jubiläum begehen. Die historische Entwicklung der Organisation vollzog sich in all den Jahrzehnten vor dem Hintergrund sozialer und globalpolitischer Veränderungen und war bis Anfang der 90er Jahre weitgehend durch den Ost-West-Konflikt geprägt. Seitdem hat sich ein Paradigmenwandel vollzogen. Vor dem Hintergrund der Globalisierung und verbunden mit der Erkenntnis, dass zur Bewältigung globaler Herausforderungen gemeinschaftliche Anstrengungen aller Gesellschaftsvertreter erforderlich sind, stehen die Vereinten Nationen heute mehr denn je vor der Aufgabe, Konzepte zur aktiven Mitwirkung der Privatwirtschaft an gesellschaftlichen Prozessen zu gestalten.

Dabei erinnere ich mich an ein persönliches Erlebnis: Kurz nach dem Amtsantritt Kofi Annans als Generalsekretär der Vereinten Nationen im Jahr 1997 wurde durch seine Unterstützung im Rahmen des Jahrestreffens des World

Economic Forum in Davos die *Business Consultative Group* gegründet, ein Konsultativ-Gremium freiwilliger Vertreter der Privatwirtschaft, das den Vereinten Nationen in Fragen der Zusammenarbeit mit der Privatwirtschaft beratend zur Seite stehen sollte. Es stellte sich jedoch heraus, dass die Entwicklungen der partnerschaftlichen Zusammenarbeit zwischen den beiden Akteuren zu diesem Zeitpunkt noch nicht reif genug waren, um den Wert eines solchen Gremiums anzuerkennen; der visionäre Charakter aber sollte wenig später an Bedeutung gewinnen. Kofi Annans damalige Weitsicht verdient höchste Anerkennung und führte dazu, dass er sein Ziel, die partnerschaftlichen Kooperationen zwischen den Vereinten Nationen und der Privatwirtschaft zu fördern, nie aus den Augen verlor. So spricht es heute für die Vereinten Nationen, dass Kofi Annan die integrative Rolle der Organisation frühzeitig erkannt und angegangen hat. Er initiierte den Global Compact, lud die Privatwirtschaft ein, sich aktiver für die Anliegen der Vereinten Nationen zu engagieren und appellierte an seine Mitarbeiter, neuen Kooperationsformen aufgeschlossen gegenüber zu stehen. Vor diesem Hintergrund sind die Partnerschaften zwischen den Vereinten Nationen und der Privatwirtschaft als Ausdruck eines innovativen Kooperationskonzepts und als positives Beispiel für die vereinende Dynamik des gesellschaftlichen Wandels zu bewerten.

Nachdem in diesem Jahr im Rahmen diverser Jubiläumsfeierlichkeiten der Vereinten Nationen eine Zwischenbilanz – auch hinsichtlich der partnerschaftlichen Zusammenarbeit mit der Privatwirtschaft – gezogen wird, könnte die vorliegende Arbeit von Frau Weinzierl kaum zu einem besseren Zeitpunkt erscheinen. Sie liefert eine aufschlussreiche und zugleich systematische Abhandlung der Entstehung der Partnerschaften zwischen den Vereinten Nationen und der Privatwirtschaft, unterzieht die Entwicklung der partnerschaftlichen Kooperation zwischen den beiden Akteuren einer kritischen Analyse und stellt einen pragmatischen Ansatz vor, wie die nachhaltige und effiziente Entwicklung des Kooperationskonzepts gewährleistet werden kann. Dabei ist es gelungen, einerseits Außenstehenden einen spannenden und verständlichen Zugang zu einem hochaktuellen Thema zu ermöglichen und andererseits das Interesse von Experten durch detaillierte Einblicke und konkrete, praxisrelevante Verbesserungsvorschläge zu wecken.

Genf, Juni 2005

Klaus Schwab
Gründer und Vorsitzender
World Economic Forum

Vorwort

Die seit den 90er Jahren zunehmenden Interaktionen und Vernetzungen zwischen Politik und Wirtschaft führen zu der Notwendigkeit, den Wandel durch neue Konzepte zu gestalten. Die steigende praktische Bedeutung der *Public-Private Partnerships* bedarf einer theoretischen Reflexion, um zu verhindern, dass Bewertungen lediglich aufgrund normativer Vorurteile erfolgen.

Das gilt auch auf der weltweiten Ebene der Vereinten Nationen, die in diesem Jahr ihr 60jähriges Jubiläum feiern. In seinem Bericht „In größerer Freiheit: Auf dem Weg zu Entwicklung, Sicherheit und Menschenrechten für alle“ hat der Generalsekretär der Vereinten Nationen, Kofi Annan, betont, dass die Millenniums-Entwicklungsziele, die heute den gemeinsamen Politik-Rahmen für das gesamte VN-System bilden, von den Staaten nicht allein erreicht werden können: „Wir brauchen eine aktive Zivilgesellschaft und einen dynamischen Privatsektor. Beide nehmen einen umso größeren und bedeutenderen Anteil des Raums ein, der früher ausschließlich Staaten vorbehalten war, und es liegt auf der Hand, dass die hier skizzierten Ziele ohne ihr umfassendes Engagement nicht erreicht werden können“ (Ziffer 20).

Die vorliegende Dissertation von Valerie Weinzierl erscheint zu einem Zeitpunkt, wo der Aufbau einer weltweiten Entwicklungspartnerschaft nach fünf Jahren einer kritischen Zwischenbilanz unterzogen wird. Sie hat sich mit großem Engagement der Herausforderung gestellt, ein theoretisches Konzept zu entwickeln, das sich auf die Entstehung, Entwicklung und Dauerhaftigkeit von Kooperationsformen zwischen zwei funktional unterschiedlichen Partnern, den Vereinten Nationen und der Privatwirtschaft, anwenden lässt.

Sowohl auf theoretischer Ebene als auch anhand historischer und aktueller gesellschaftspolitischer Entwicklungen gelingt der Autorin eine differenzierte und kritisch-konstruktive Analyse der Zusammenarbeit und insbesondere der Partnerschaften zwischen den Vereinten Nationen und der Privatwirtschaft. Sie zeigt im einzelnen auf, wie sich verschiedene Partnerschaften mit der Privatwirtschaft in den VN-Institutionen entfaltet haben, aber sich insgesamt immer noch in einem ersten Entwicklungsstadium befinden. Ihre Analyse und Bewertung des derzeitigen Makro-Managements der Partnerschaften weist deutliche Missstände und Mängel hinsichtlich der geforderten nachhaltigen und effizienten Entwicklung des Kooperationskonzeptes seitens der Vereinten Nationen auf.

Da die Partnerschaften zwischen den Vereinten Nationen und der Privatwirtschaft sich derzeit noch nicht optimal entwickeln, fordert sie, dass die Vereinten Nationen die notwendigen Rahmenbedingungen schaffen, damit eine ganzheitliche, auf Nachhaltigkeit und Effizienz ausgerichtete Entwicklung ermöglicht wird.

Die gründliche Analyse von Valerie Weinzierl erfolgte zum richtigen Zeitpunkt. Im Rahmen der anstehenden Reformmaßnahmen müssen die Vereinten Nationen ihre Partnerschaften mit der Privatwirtschaft noch effektiver gestalten. Die vorliegende Arbeit liefert hierzu einen wertvollen, konstruktiv-kritischen Beitrag.

Berlin, Juni 2005 Klaus Hüfner

Inhaltsverzeichnis

Abbildungsverzeichnis

Abkürzungsverzeichnis

ACC	Administrative Committee on Coordination
AIDS	Acquired Immune Deficiency Syndrome
BCUN	Business Council for the United Nations
Bsp.	Beispiel
bzw.	beziehungsweise
CEB	United Nations System Chief Executives Board
CSR	Corporate Social Responsibility
CTC	Center on Transnational Corporations
d.h.	das heißt
DM	Department of Management
DPI	Department of Public Information
DPKO	Department of Peacekeeping Operations
ECOSOC	Economic and Social Council
etc.	et cetera
FAO	Food and Agriculture Organization
G77	Gruppe der 77 Entwicklungsländer
GATT	General Agreement on Tariffs and Trade
HIV	Human Immunodeficiency Virus
HLCM	High-Level Committee on Management
HLCP	High-Level Committee on Programmes
Hrsg.	Herausgeber
i.d.R.	in der Regel
i.S.v.	im Sinne von
IAEA	International Atomic Energy Agency
IAPSO	Inter-Agency Procurement Services Office
IAPSU	Inter-Agency Procurement Services Unit
ICAO	International Civil Aviation Organization
ICC	International Chamber of Commerce
ICP	Industry Cooperative Programme
ICT	Information and Communication Technologies
IFAD	International Fund for Agricultural Development
IFC	International Finance Corporation
ILO	International Labour Organization
IMF	International Monetary Fund
IMO	International Maritime Organization
Inc.	Incorporated

IOE	International Organization of Employers
ITU	International Telecommunication Union
IUCN	International Union for Conservation of Nature and Natural Resources
Jg.	Jahrgang
JIU	Joint Inspection Unit
Mio.	Millionen
MMMS	Makro-Mikro-Makro-Schema
Mrd.	Milliarden
NGLS	United Nations Non-Governmental Liaison Service
NGOs	Non-Governmental Organizations
NIEO	New International Economic Order
Nr.	Nummer
ODA	Official Development Assistance
OHCHR	Office of the High Commissioner for Human Rights
OLA	Office of Legal Affairs
PCM	Programme and Coordination Meeting
PKOs	Peacekeeping Operations
PPP	Public-Private Partnerships
PW	Privatwirtschaft
PWIBLF	Prince of Wales International Business Leaders Forum
S.	Seite
TNCs	Transnational Corporations
u.a.	unter anderem
UN	United Nations
UNA	United Nations Association
UNAIDS	United Nations Programme on HIV/AIDS
UNCED	United Nations Conference on Environment and Development
UNCG	United Nations Communications Group
UNCITRAL	United Nations Commission on International Trade Law
UNCTAD	United Nations Conference on Trade and Development
UNDP	United Nations Development Programme
UNEP	United Nations Environment Programme
UNESCO	United Nations Educational, Scientific and Cultural Organization
UNF	United Nations Foundation
UNFIP	United Nations Fund for International Partnerships

UNFPA	United Nations Fund for Population Activities
UNHCR	United Nations High Commissioner for Refugees
UNICEF	United Nations Children's Fund
UNIDO	United Nations Industrial Development Organization
UNOPS	United Nations Office for Project Services
UNSC	United Nations Staff College
UPU	Universal Postal Union
US	United States
USA	United States of America
USAID	United States Agency for International Development
USD	United States Dollar
usw.	und so weiter
v.a.	vor allem
vgl.	vergleiche
VN	Vereinte Nationen
WB	World Bank
WB Group	World Bank Group
WBCSD	World Business Council for Sustainable Development
WFP	World Food Programme
WHO	World Health Organization
WIPO	World Intellectual Property Organization
WMO	World Meteorological Organization
WTO	World Trade Organization
WWF	World Wide Fund for Nature
z.B.	zum Beispiel

"The United Nations once dealt only with Governments. By now we know that peace and prosperity cannot be achieved without partnerships involving Governments, international organizations, the business community and civil society. In today's world, we depend on each other."[1]

– Kofi Annan, Generalsekretär der Vereinten Nationen

1 United Nations (2004).

1 EINLEITUNG

Die Entwicklung der Vereinten Nationen (VN) ist seit ihrer Gründung 1945 durch weltgesellschaftliche Veränderungen geprägt worden, was dazu führte, dass sie im Laufe der Jahrzehnte ihr Wirkungsportfolio immens erweitert, sich zunehmend neuen Herausforderungen gestellt und sich mehr oder minder erfolgreich den global-politischen Umbrüchen angepasst haben. Seit einigen Jahren nun sind die VN - und nicht zuletzt die gesamte Weltgesellschaft - mit einer neuen Entwicklung konfrontiert: Dem Wandel der gesellschaftlichen Grenzen zwischen Markt und Staat. Vernetzungen, Interaktionen und Interdependenzen zwischen Wirtschaft und Politik vertiefen sich und die einst feststehenden systemischen Grenzen verschieben sich. Dabei hat sich v.a. die gesellschaftliche Funktion der Privatwirtschaft (PW) erweitert. Heute stehen Konzepte wie *corporate social responsibility, corporate citizenship, social entrepreneurship, social investment* oder *partnerships for development* in den Schlagzeilen und Philanthropen sowie die PW ermahnende *Non-Governmental Organizations* (NGO) stehen im Rampenlicht. Mit der zunehmenden Kompatibilität von Profitorientierung und sozialer Verantwortung wird die einst strikte Aufgabenteilung zwischen öffentlichen und privaten Leistungsträgern dabei immer mehr in Frage gestellt: "Das Gemeinwohl läßt sich weder allein durch den Staat noch durch private Assoziation erreichen, sondern nur durch die Beiträge, die sie mit ihren jeweils einzigartigen Fähigkeiten erbringen. Staat und Wirtschaft müssen miteinander Frieden schließen."[2]

Im Rahmen dieses gesellschaftlichen Wandels demonstrieren die VN, deren Haltung gegenüber der PW jahrzehntelang als kritisch-ablehnend zu bezeichnen war, seit den 90er Jahren - und spätestens seit Kofi Annans Amtsantritt als Generalsekretär - eine bislang unbekannte Aufgeschlossenheit gegenüber der PW. Der Staatenbund bekennt sich heute öffentlich zur Kausalität der Zielsetzungen von VN und PW: "*Thriving markets and human security go hand in hand; without one, we will not have the other*"[3]. Die Selbstverständlichkeit der Interdependenz wird betont: "*In today's world (...) we depend on each other. The business of the United Nations involves the businesses of the world.*"[4] Und das neu entdeckte Gemeinschaftsgefühl wird durch Auftritte vor und durch Initiativen mit Vertretern der PW bekräftigt. Mit ihrer provokativen Aufgeschlossenheit gegenüber der PW stoßen die VN allerdings nicht nur auf Enthusiasmus und Befürwortung, sondern auch auf Kritik und Unverständnis. Doch insbesondere erhalten die VN Aufmerksamkeit dafür, dass sie die gebotene Gelegenheit

---

2 Walton, Clarence (1999), S. 38.

3 United Nations/Press Release (1998c).

4 United Nations/Press Release (1998c).

nutzen, um ihre Legitimität durch Anpassungsfähigkeit an die gewandelten gesellschaftlichen Rahmenbedingungen unter Beweis zu stellen.

Die VN sind heute gefordert, Konzepte zur aktiven und angemessenen Mitwirkung der PW an sozialen Prozessen zu gestalten. Nicht zuletzt vor diesem Hintergrund ist die bestehende und mögliche Zusammenarbeit zwischen den VN und der PW zu einem zentralen Thema geworden. Dabei werden sowohl moralisch-ethische Grundsatzfragen und Aspekte der gegenseitigen Einflussnahme vermehrt diskutiert als auch Voraussetzungen für innovative Veränderungen und die Umsetzung neuer Kooperationsformate geschaffen. Ein hierbei verstärkt hervorgegangenes Kooperationskonzept ist das der Partnerschaft zwischen den VN und der PW. Dieses Konzept vereint das Prinzip des institutionellen Individualismus mit dem Ansatz der gemeinschaftlichen Kooperation. Zudem stellt es ein zentrales Instrument zur Überwindung gesellschafts-systemischer Differenzen zwischen Wirtschaft und Politik dar, durch das gemeinsame, entwicklungspolitische und soziale Zielsetzungen verfolgt werden.[5] Dass die einzelnen Akteure im Rahmen dieser Kooperationsform trotz vordergründig sozialer Zielsetzungen auch weiterhin ihre eigenen Absichten verfolgen können und somit ihren Kernfunktionen gerecht bleiben, bestärkt den inhärenten Grundsatz, voneinander zu lernen und miteinander zu handeln.[6]

Die Partnerschaften stellen neben der kommerziellen, der institutionellen und der normativ-regulativen Zusammenarbeit <u>eine</u> mögliche Kooperationsform zwischen den VN und der PW dar und können auch als strategisch-konstruktive Zusammenarbeit umschrieben werden. Im Gegensatz zu den anderen Kooperationsformen zwischen den VN und der PW befinden sich die Partnerschaften jedoch bislang am Anfang ihrer Entwicklung. So haben sich zwar in den vergangenen Jahren verschiedene Partnerschaften in den VN-Institutionen entfaltet, doch lässt deren gesamtheitliche Entwicklung - zumindest bei oberflächlicher Betrachtung - keine einheitlichen und auf Nachhaltigkeit und Effizienz ausgerichteten Ansätze erkennen. Dieser Aspekt ist insofern relevant, weil er die zentrale Herausforderung der VN im Rahmen der Partnerschaften mit der PW umfasst. Nachdem die VN entgegen der Kritik an der engeren Zusammenarbeit mit der PW das Konzept der Partnerschaft praktisch umsetzen, sind sie gefordert, deren nachhaltige und effiziente Entwicklung zu gewährleisten und somit

---

5 Dabei kann das Konzept als eine internationale Erweiterung der bislang auf nationaler Ebene angewandten öffentlich-privaten Partnerschaften (*Public-Private Partnerships*, PPP) verstanden werden.

6 Obwohl in diesem Zusammenhang vordergründig anzunehmen wäre, dass die PW ausschließlich ihr Image in der Öffentlichkeit zu verbessern versucht (vgl. u.a. Michels, Günter (1998)) und die VN lediglich finanzielle Mittel zu generieren beabsichtigt, verbirgt sich hinter den Partnerschaften zwischen den VN und der PW weit mehr, wie im weiteren Verlauf der Arbeit aufgezeigt wird.

die Relevanz der Partnerschaften mit der PW für die eigene Funktionserfüllung zu rechtfertigen.

Vor diesem Hintergrund besteht die zentrale Fragestellung der vorliegenden Arbeit darin, ob die VN derzeit die Voraussetzungen für eine nachhaltige und effiziente Entwicklung der Partnerschaften mit der PW gewährleisten. Und, sofern dies nicht der Fall ist, welches Lösungskonzept und welcher konkrete Lösungsvorschlag zur Gewährleistung der nachhaltigen und effizienten Entwicklung der Partnerschaften zwischen den VN und der PW zweckmäßig und somit umzusetzen wären. Um diese zentrale Fragestellung hinsichtlich der Entwicklung der Partnerschaften zwischen den VN und der PW beantworten zu können, stellt sich allerdings zunächst die Frage nach der Entstehung der Partnerschaften, die es somit auch zu beantworten gilt.

Hinsichtlich der zentralen Fragestellung erfolgte bisher keine wissenschaftliche Auseinandersetzung, und aufgrund der Aktualität des Themas wurde bislang auch keine systematische und analytische Aufarbeitung durchgeführt. Entsprechend wurden somit auch die Entstehung und die weitergehende Entwicklung der Partnerschaften nicht wissenschaftlich begründet. Hervorzuheben ist ferner, dass auch innerhalb der VN bislang wenig zu diesem Thema publiziert wurde, und wenn, dann entweder in allgemeinen, zur Information der Öffentlichkeit zusammengefassten Texten oder in für VN-Externe nicht zugänglichen Dokumenten, was die inhaltlichen Analysen erschwerte. Darüber hinaus war die Recherche auf relevanten VN-Webseiten wenig erfolgreich, da diese sich als veraltet und wenig detailliert erwiesen. In der Konsequenz wurden für den Rahmen dieser Arbeit vorrangig theoretische Hauptdokumente, Artikel und Berichte der VN bzw. schriftlich fixierte Analysen von VN-Mitarbeitern sowie thematische Diskurse von NGO- und PW-Vertretern ausgewertet. Hervorzuheben sind dabei vier bis Ende 2002 vorliegende Quellen: Der 1999 von der *Joint Inspection Unit* (JIU) verfasste Bericht "*Private Sector Involvement and Cooperation with the United Nations System*"[7], das 2000 erschienene Buch "*The United Nations and Business - A Partnership Recovered*" von Tesner und Kell[8], der Bericht des Generalsekretärs zur 56. Generalversammlung 2001 "*Cooperation between the United Nations and all relevant partners, in particular the private sector*"[9] und das 2002 erschienene Buch "*Building Partnerships - Cooperation between the United Nations system and the private sector*" von Jane Nelson[10]. (Diese vier Quellen werden im Folgenden als die "vier Hauptdokumente zu den Partnerschaften zwischen den VN und der PW" bezeichnet.)

7 United Nations/Joint Inspection Unit (1999).

8 Tesner, Sandrine; Kell, Georg (2000).

9 United Nations/General Assembly (2001b).

10 Nelson, Jane (2002).

Zur Unterstützung insbesondere der praxisbezogenen Analyse wurden zudem persönliche Interviews mit im Rahmen der Partnerschaften tätigen VN-Mitarbeitern geführt. Allerdings stellte sich hierbei heraus, dass kompetente und sachlich erfahrene Interviewpartner zu dem Thema bei den VN kaum vorhanden sind und aufgrund der geringen Erfahrungen nur in begrenztem Umfang maßgebende Erkenntnisse abgeleitet werden konnten. Im Rahmen der Betrachtung verschiedener Einzelaspekte der vorliegenden Arbeit, wie beispielsweise das Ende des Ost-West-Konflikts, die Globalisierung, *corporate social responsibility*, *Public-Private Partnerships* (PPP), die Finanzkrise der VN und der *Global Compact*, konnte schließlich auf verschiedene Literaturquellen zurückgegriffen werden, die mehr oder minder ausführliche Diskussionen lieferten. Durch die Interdependenzen mit Forschungsbereichen, wie z.B. der Wirtschaftswissenschaft, der Politikwissenschaft, der Soziologie oder der Philosophie, konnten entsprechende Beiträge bei der Verfassung der vorliegenden Arbeit berücksichtigt werden.

Insgesamt ist somit vorsichtig anzumerken, dass die gewonnenen Erkenntnisse im Rahmen der Arbeit aufgrund der erschwerten Informationsgewinnung in manchen Fällen VN-externer Generalisierung unterliegen und entsprechend nur als eine der möglichen Betrachterperspektiven interpretiert werden können. Nicht zuletzt ist darauf hinzuweisen, dass sich diese Arbeit und v.a. die praxisbezogene Analyse vorrangig auf Informationen und Daten stützt, die bis Dezember 2002 zur Verfügung standen.

Im Hinblick auf die zentrale Fragestellung beruht die Methodologie der vorliegenden Arbeit auf einer Makro-Analyse der Partnerschaften zwischen den VN und der PW. Das bedeutet, dass nicht einzelne Partnerschaften, sondern die Partnerschaften als gesamtheitliches Phänomen zwischen den VN und der PW analysiert werden. Um einen generalisierbaren Eindruck der Partnerschaften zwischen den VN und der PW vermitteln zu können, wird dabei die Betrachter- bzw. Analyseperspektive der VN gewählt.

Als Meta-Theorie wird für den Rahmen dieser Arbeit die in der wissenschaftlichen Literatur bislang nicht schwerpunktmäßig auf inter-systemische Kooperationsbeziehungen angewandte Systemtheorie nach Niklas Luhmann zugrundegelegt.[11] Luhmanns Konzeption basiert auf der Fragmentation der Gesellschaft in soziale Systeme, die in erklärbaren Verhältnissen zueinander stehen und sich nachvollziehbar entwickeln können, wobei der Grundgedanke darin besteht, gesellschaftliche Gesamt- und Teilkomplexität zu reduzieren. Die Systemtheorie dient im Rahmen dieser Arbeit v.a. zur theoretischen Erklärung der Entstehung von Partnerschaften zwischen den VN und der PW und liefert darüber hinaus relevante Ansätze zum Verständnis der weitergehenden, nachhaltigen und

---

11 Literaturhinweise zu Niklas Luhmann folgen im weiteren Verlauf dieser Arbeit.

effizienten Entwicklung der Partnerschaften. Nachdem die Entwicklung der Partnerschaften einen zentralen Aspekt der Betrachtungen bildet, werden in Kombination mit der Systemtheorie weitere theoretische Modelle angewendet:

- Das Makro-Mikro-Makro-Schema (MMMS) bzw. das Coleman-Schema, das basierend auf handlungstheoretischen Ansichten die Entstehung makrosozialer Phänomene erklärt und durch Kombination mit systemtheoretischen Ansätzen zur theoretischen Fundierung der Entstehung und der weitergehenden Entwicklung der Partnerschaften dient.
- Das eigenständig modifizierte Modell der Freiraum-Potential-Matrix, das die externen Einflussparamter auf die Entwicklung von Systemen abbildet und, auf die Partnerschaften zwischen den VN und der PW übertragen, wertvolle Schlussfolgerungen hinsichtlich der auf Nachhaltigkeit und Effizienz ausgerichteten Entwicklung zulässt.

Insgesamt setzt sich die vorliegende Arbeit aus zwei Teilen zusammen. Der erste Teil dient zur Abbildung des Analyserahmens durch Vorstellung der theoretischen und begrifflichen Grundlagen, Strukturierung des Analysegegenstands und Aufweisung der externen Rahmenbedingungen. Der zweite Teil konzentriert sich auf die Beantwortung der zentralen Fragestellung: Nach einer praxisbezogenen Analyse des Entwicklungszustands der Partnerschaften zwischen den VN und der PW wird beantwortet, ob sich die Partnerschaften zwischen den VN und der PW derzeit nachhaltig und effizient entwickeln. Und auf Basis der gewonnenen Erkenntnisse wird sowohl praktisch als auch theoretisch fundiert aufgewiesen, wie bzw. wodurch diese Entwicklung in Zukunft gewährleistet werden kann. Im Einzelnen wird dabei folgendermaßen vorgegangen:

Im zweiten Kapitel werden die theoretischen und begrifflichen Grundlagen abgegrenzt. Hierbei werden im ersten Abschnitt verschiedene theoretische Ansätze dargestellt, die im Ergebnis zwar für Teilaspekte des Analysegegenstandes hinreichend, aber hinsichtlich der zentralen Problemstellung einer nachhaltigen und effizienten Entwicklung der Partnerschaften unzureichend sind. Vor diesem Hintergrund und zur Abbildung der für diese Arbeit metatheoretischen Grundlagen wird anschließend die Systemtheorie nach Niklas Luhmann eingeführt und durch relevante Luhmannsche Begriffe und Konzepte erläutert. Im zweiten Abschnitt des Kapitels folgt die begriffliche Abgrenzung bzw. Definition der für den Rahmen dieser Arbeit zentralen Begriffe VN, PW, Zusammenarbeit und Partnerschaft sowie Nachhaltigkeit und Effizienz.

Das dritte Kapitel umfasst den Theorieteil dieser Arbeit, wobei ein eigener Beitrag zur Theorieentwicklung geleistet wird. Im Mittelpunkt steht die theoretische Erklärbarkeit der Entstehung und Entwicklung der Partnerschaften zwischen den VN und der PW. Im ersten Abschnitt des Kapitels wird die Entstehung der Zusammenarbeit und - daraus abgeleitet - die Entstehung der Partnerschaften zwischen den VN und der PW systemtheoretisch hergeleitet, wobei zunächst die Rolle des Individuums vernachlässigt wird. Mit Hilfe von Luhmanns Konzepten der strukturellen Kopplung und der Systemdifferenzierung kann die Evolution der Partnerschaften zwischen den VN und der PW erklärt werden, woraus sich begründet, dass die Partnerschaften ein soziales System sind. Im zweiten Abschnitt werden in Annäherung an die praktische Realität, aber auch um die weitergehende Entwicklung des Systems der Partnerschaften genauer untersuchen zu können, die Individuen in die Betrachtung mit einbezogen. Zuerst wird hier der fundamentale Theoriediskurs zwischen den Handlungs- und Systemtheoretikern aufgegriffen und die relevanten Aspekte herausgearbeitet. Anschließend wird durch Einführung des Luhmannschen Konzepts der Interpenetration die Interaktion zwischen psychischen Systemen (Individuen) und sozialen Systemen (VN, PW, Partnerschaften) verdeutlicht. Durch Verbindung handlungstheoretischer und systemtheoretischer Grundlagen kann in einem nächsten Schritt anhand des MMMS zum einen die Entstehung der Partnerschaften zwischen den VN und der PW unter Einbezug von Individuen erklärt und zum anderen die weitergehende Entwicklung der Partnerschaften theoretisch nachvollzogen werden. Anschließend wird der zentrale Aspekt der Entwicklung des Systems der Partnerschaften durch Vorstellung der Freiraum-Potential-Matrix vertieft. Anhand der Matrix kann die Einwirkung der externen Einflussfaktoren Freiraum und Potential auf die Entwicklung der Partnerschaften abgebildet werden und zudem kann aufgewiesen werden, wie sich der optimale[12] bzw. nachhaltige und effiziente Entwicklungsverlauf der Partnerschaften zwischen den VN und der PW gestalten sollte. Darüber hinaus werden die Aspekte der Selbstreferenz, Strukturbildung und -erhaltung als systemeigene Entwicklungspotentiale der Partnerschaften vorgestellt. Abschließend werden die wesentlichen Aspekte der internen und externen Entwicklungsparameter der Partnerschaften Freiraum, Potential und Struktur zusammengefasst.

Im vierten Kapitel steht die Begründung der aktuellen Relevanz der partnerschaftlichen Zusammenarbeit zwischen den VN und der PW im Mittelpunkt. Dabei werden geschichtliche und aktuelle Einflussgrössen betrachtet, die sich maßgeblich auf die strategisch-konstruktiven Kooperationen zwischen den VN und der PW ausgewirkt haben bzw. sich noch auswirken. Im ersten Abschnitt wird die historische Entwicklung der Zusammenarbeit und schwerpunktmäßig der Partnerschaften zwischen den VN und der PW seit der Gründung der VN

---

12 Dabei wird im Rahmen dieser Arbeit der Begriff "optimal" weder als Superlativ benutzt noch unterliegt ihm die ökonomische Begrifflichkeit des "Parteto-Optimums" bzw. des "optimum optimorum". Vielmehr wird der Begriff "optimal" im Folgenden eher umgangssprachlich gebraucht und bedeutet "zulässig gut in Bezug auf Nachhaltigkeit und Effizienz". Die Begriffe "Nachhaltigkeit" und "Effizienz" werden in Unterabschnitt 2.2.4 definiert.

aufgearbeitet, wobei deutlich wird, dass der Entwicklung seit Mitte der 90er Jahre eine neue Dynamik zukommt. Im zweiten Abschnitt werden die fünf zentralen Einflussfaktoren betrachtet, die die aktuelle Relevanz der partnerschaftlichen Zusammenarbeit zwischen den VN und der PW maßgeblich beeinflussen bzw. beeinflusst haben:

- Das Ende des Ost-West-Konflikts,
- die Globalisierung,
- der Trend zu sozialer Verantwortung von Unternehmen,
- der Trend zu öffentlich-privaten Partnerschaften sowie
- die Finanzkrise der VN.

In einem anschließenden Exkurs werden die im Rahmen der Partnerschaften möglichen Absichten der VN und der PW zusammengefasst, um v.a. aufzuweisen, dass die Motivationen der VN nicht auf die Generierung finanzieller Mittel und die Interessen der PW nicht auf Imageverbesserung reduziert werden können.

Im fünften Kapitel werden die verschiedenen Formen der Zusammenarbeit zwischen den VN und der PW anhand ihrer Funktionen (kommerzielle, institutionelle, normativ-regulative und strategisch-konstruktive Zusammenarbeit) gegliedert und im Einzelnen vorgestellt, um praxisbezogen abzubilden, dass die Partnerschaften im Sinne der strategisch-konstruktiven Zusammenarbeit nur eine der möglichen Kooperationsformen zwischen den VN und der PW ausmachen. Auf Basis dieser Vorgehensweise werden in einem anschließenden Schritt die Partnerschaften zwischen den VN und der PW wiederum anhand ihrer Funktionen in verschiedene Partnerschaftsarten untergliedert (die politisch-unterstützenden Partnerschaften, die Partnerschaften zur Fürsprechung, die mittelgenerierenden Partnerschaften, die operativen Partnerschaften sowie die Informations- und Lernpartnerschaften) und im Einzelnen vorgestellt. Den Abschluss dieses Kapitels bildet ein Exkurs zum *Global Compact* der VN, um das gängige Missverständnis aufzulösen, der *Global Compact* der VN sei eine Partnerschaft zwischen den VN und der PW.

Im sechsten Kapitel werden die Partnerschaften zwischen den VN und der PW praxisbezogen analysiert, um den aktuellen Entwicklungszustand der Partnerschaften feststellen bzw. abbilden zu können. Der erste Abschnitt konzentriert sich auf die Betrachtung der existentiellen Rahmenbedingungen für die Partnerschaften, die auf der konzeptionellen, der formgebenden und der organisatorischen Ebene vorliegen. Im zweiten Abschnitt werden die Steuerungsbereiche Partnerfindung, Kommunikation und Kontrolle potentieller Problembereiche untersucht. Durch Zusammenfassung der gewonnenen Erkenntnisse anhand der theoretischen Entwicklungsparameter der Partnerschaften nämlich Freiraum,

Potential und Struktur kann schließlich im dritten Abschnitt eine sowohl praxisbezogene als auch theoretisch fundierte Bewertung des aktuellen Entwicklungszustands der Partnerschaften zwischen den VN und der PW in Hinblick auf Nachhaltigkeit und Effizienz geliefert werden.

Auf der Grundlage dieser Erkenntnisse dient das siebente Kapitel der Lösungsfindung zur optimalen Entwicklung der Partnerschaften. Dabei stellt sich die zentrale Frage, welcher Veränderungen und Einwirkungen es bedarf, damit das System der Partnerschaften fortbestehen und sich nachhaltig und effizient entwickeln kann. Um schließlich einen möglichen Vorschlag für die optimale Entwicklung der Partnerschaften ausgehend vom derzeitigen Zustand liefern zu können, werden praxisbezogene und theoretische Lösungsansätze berücksichtigt. Entsprechend werden im ersten Abschnitt des Kapitels praxisbezogene Lösungsansätze durch Empfehlung verschiedener Verbesserungsmaßnahmen vorgestellt, die in einem praxisbezogenen Lösungskonzept für die nachhaltige und effiziente Entwicklung der Partnerschaften zusammengefasst werden. Der zweite Abschnitt stellt die theoretischen Lösungsansätze in den Mittelpunkt, indem auf Basis der Freiraum-Potential-Matrix verschiedene Entwicklungsoptionen abgebildet und ausgewertet werden, woraus sich schließlich ein theoretisches Lösungskonzept für die optimale Entwicklung der Partnerschaften ableiten lässt. Aus dem Vergleich zwischen dem praxisbezogenen und dem theoretischen Lösungskonzept wird im dritten Abschnitt ein kombiniertes Lösungskonzept entwickelt, das in einem konkreten Lösungsvorschlag mündet. Im vierten Abschnitt folgt schließlich eine ausführliche Erörterung der wesentlichen Aspekte für die praktische Umsetzung des Lösungsvorschlags, wobei Aspekte der Zweckmäßigkeit sowie Empfehlungen unter Herleitung ihrer sachlichen Begründung diskutiert werden.

Die Arbeit wird mit dem achten Kapitel abgeschlossen, in dem sowohl die Ergebnisse der gesamten Analyse zusammengefasst als auch weitere mögliche Forschungsansätze zum Thema aufgezeigt werden.

2 AUSGANGSPUNKT DER BETRACHTUNGEN

Das Rahmenwerk für die Fragestellung dieser Arbeit bilden die theoretischen Grundlagen und die zentralen Begriffe. Dabei wird durch Auswertung relevanter theoretischer Ansätze in Abschnitt 2.1 der aktuelle Forschungsstand zum vorliegenden Sachverhalt veranschaulicht und die für den weiteren Verlauf der Arbeit zentrale Systemtheorie nach Niklas Luhmann anhand der relevanten Konzepte und Terminologien eingeführt. Da für den Rahmen dieser Arbeit wesentliche Begriffe, die nicht der Systemtheorie entstammen, sowohl in der Wissenschaft als auch in der Praxis unterschiedlich definiert bzw. inhaltlich abgegrenzt werden und zudem nach Luhmann die Begriffsbildung ein wesentlicher Mechanismus zur "richtigen Reduktion"[13] von Komplexität ist, schließt die Vorstellung zentraler Begriffe in Abschnitt 2.2 das Kapitel ab.

2.1 THEORETISCHE GRUNDLAGEN

Zur theoretischen Analyse von Kooperationsbeziehungen zwischen gesellschaftlichen Akteuren liegen in der wissenschaftlichen Literatur verschiedene Ansätze mit unterschiedlichen Schwerpunkten und Betrachterperspektiven vor. Es stellt sich die Frage, ob einer dieser Ansätze zur theoretischen Erklärung der Entstehung sowie der nachhaltigen und effizienten Entwicklung der Partnerschaften zwischen den VN und der PW hinreichend ist und zudem sowohl die Entstehung inter-organisationaler Kooperationen als auch die dynamischen Veränderungen etablierter Strukturen berücksichtigen würde. Die folgende Auswertung der relevanten Theoriekonstrukte soll hierzu Aufschluss liefern.

Die Theorie externer Effekte befasst sich mir der ökonomischen Ethik, indem sie Aspekte der Verantwortungsübernahme von Kosten unbeabsichtigter Nebeneffekte der eigenen ökonomischen Handlungen hervorhebt.[14] Durch diese Theorie könnte zwar die Hinwendung der PW zu sozial ausgerichteten Kooperationsbeziehungen im Sinne der Partnerschaften mit den VN erklärt werden, doch schließt die einseitige Perspektive des Ansatzes die Erklärbarkeit der Entstehung und Entwicklung der Partnerschaften als inter-organisationales Phänomen aus. Ferner mangelt es der Theorie externer Effekte auch an der notwendigen Aufklärungsfähigkeit hinsichtlich spezifischer Kooperationsaspekte, die im Rahmen der vorliegenden Fragstellung zu berücksichtigen sind.

Die *Public Management*-Theorie liefert ebenso wie die *New Public Management*-Theorie Begründungen und operative Empfehlungen für eine Umorientierung des öffentlichen Sektors im Sinne einer Steigerung der Leistungsfähigkeit

---

13 Luhmann, Niklas (1990), Kapitelüberschrift.

14 Vgl. Priddat, Birger (2000), S. 4.

von Regierungen und Behörden. Dabei werden durch die theoretische Verknüpfung der Neuen Institutionenökonomie mit Managementtechniken der PW Schwerpunkte auf neue Paradigmen für die Verwaltung, wie z.B. gesteigerte Betriebseffizienz, stärkere Marktorientierung, Kostensenkung und Qualitätssteigerung gelegt.[15] Auf den Grundlagen dieser theoretischen Ansätze können zwar v.a. einzelne Aspekte bezüglich der kooperativen Hinwendung der VN zu der PW diskutiert werden, doch reicht dieser Rahmen nicht aus, um die Entstehung und Entwicklung der Partnerschaften zwischen den VN und der PW ausreichend zu erläutern.

Vor dem Hintergrund der sozialen Transformationsprozesse, die sich im Rahmen der Globalisierung entfalten, liefert das Turbulenzmodell nach Rosenau[16] einen möglichen Erklärungsansatz für die Entstehung von PPP. Rosenau begründet gesellschafts-dynamische Veränderungen und in diesem Sinne auch die Entstehung neuer inter-institutioneller Kooperationen auf Basis von drei mehr oder weniger umfangreich erläuterten Parametern: Dem Mikro-Parameter bezüglich der Fähigkeiten von Individuen; dem Meso-Parameter hinsichtlich der Autoritätsstrukturen, in denen Individuen mit dem Kollektiv verbunden werden; und dem Makro-Parameter, der globale Strukturen vom anarchischen System der Nationalstaaten zu multi-zentrischen Sub-Systemen umfasst.[17] Zwar liefert Rosenaus Turbulenzmodell durchaus fundierte Ansätze für die theoretische und dabei v.a. soziale Begründung der Entstehung von Partnerschaften zwischen den VN und der PW, doch mangelt es dem Ansatz an Erklärungsfähigkeit für zwei im Rahmen dieser Arbeit zentrale Aspekte: Zum einen kann die weitergehende Entwicklung der Partnerschaften durch das Turbulenzmodell nicht theoretisch abgebildet werden, und zum anderen werden die Strukturen und Prozesse, die Individuen mit Organisationen verbinden, nicht hinreichend erläutert.

Die *International Relations Theory* untersucht v.a. zwischenstaatliche Kooperationsbeziehungen, wobei die Betrachtung dualistischer Phänomene hervorzuheben ist, wie beispielsweise Fragmentation versus Integration oder Teilnahme versus Ausschluss.[18] Diese Theorie ist zwar im weiteren Sinne auf die Partnerschaften zwischen den VN und der PW anwendbar, sie bietet jedoch keine umfassende Grundlage für die vorliegende Problemstellung, da sie bislang lediglich einen normativen Beitrag leistet und es ihr an konkreten Handlungsempfehlungen mangelt.[19]

---

15 Vgl. Röhm, Kai (2001), S. 12f.

16 Vgl. Rosenau, James (1997).

17 Vgl. Rosenau, James (1990) und Ruchat, Bérangère (2000), S. 20f.

18 Vgl. Casetells, Manuel (1996).

19 Vgl. Ruchat, Bérangère (2000), S. 12 und S. 28ff.

Die ökonomischen Ansätze betrachten den Markt und die Beziehungen zwischen Akteuren der PW. Im Rahmen der betriebswirtschaftlich ausgerichteten Theorien bieten v.a. die Spieltheorie und der Neo-Institutionalismus, dem u.a. der Transaktionskosten- und der *Property-Rights*-Ansatz zugeordnet werden, Anstöße für die konkrete Gestaltung von Kooperationsbeziehungen. Dabei werden beispielsweise Aspekte der Informationsverteilung, der Vertrauensverhältnisse sowie der Anreiz- und Kontrollsysteme betrachtet. Entsprechend könnten zwar einzelne Konzepte der ökonomischen Theorien, wie beispielsweise der Transaktionskostenansatz, zur Analyse der Partnerschaften zwischen den VN und der PW angewandt werden, jedoch liefern diese Theorien im Einzelnen zu spezifische und zu einseitige Ansätze zur Erklärung der Entstehung und Entwicklung inter-organisationaler Beziehungen.

Darüber hinaus liegen im Rahmen der Interorganisationstheorien verschiedene Ansätze zur Entstehung von Netzwerken bzw. inter-organisationalen Kooperationen vor. Hierbei hervorzuheben sind:

- Die austausch-theoretischen Ansätze, in denen die Entstehung inter-organisationaler Beziehungen vor dem Hintergrund des absichtsvollen Strebens prinzipiell selbstständiger Organisationen, einen die Kosten überschreitenden Nutzen zu erzielen, erklärt wird, wobei hier die Kooperation als ein Austausch im Sinne einer freiwilligen Aktivität zweier oder mehrerer Organisationen zum Zwecke ihrer besseren Zielerreichung verstanden wird.[20]
- Der *Resource-Dependence*-Ansatz, in dem argumentiert wird, dass die zentralen Triebkräfte der Entstehung inter-organisationaler Beziehungen in der Vermeidung, der Ausnutzung und der Entwicklung von Abhängigkeiten liegen und der beinhaltet, dass die meisten inter-organisatorischen Netzwerke v.a. durch Abhängigkeiten zusammengehalten werden.[21]
- Und die neo-institutionalistischen Ansätze, in denen die Bedeutung des symbolisch-kulturellen Kontextes für die Entstehung und das Überleben von Organisationen hervorgehoben, die Entkopplung von materiellem und symbolischem Kontext in den Mittelpunkt gestellt und argumentiert wird, dass die beteiligten Organisationen durch inter-organisationale Kooperationsbeziehungen eine Legitimationsfassade zur Überlebenssicherung aufbauen.[22]

---

20 Vgl. beispielsweise Thibaut, John; Kelley, Harold (1959), Homans, George (1961) und Blau, Peter (1964).

21 Vgl. beispielsweise Pfeffer, Jeffrey; Salancik, Gerald (1978).

22 Vgl. beispielsweise Meyer, John; Rowan, Brian (1977), DiMaggio, Paul; Powell, Walter (1983) und Scott, Richard (1998).

Obwohl diese Ansätze aus der Interorganisationstheorie Erklärungen für die Entstehung von inter-organisationalen Beziehungen liefern, werden keine theoretischen Grundlagen für die optimale Entwicklung von Kooperationsbeziehungen und somit auch nicht für die Partnerschaften zwischen den VN und der PW geliefert. Entsprechend kann die vorliegende Fragestellung durch Anwendung dieser Ansätze nicht hinreichend beantwortet werden.

Zusammenfassend ergibt sich schließlich, dass die vorgestellten Theoriekonstrukte zwar Ansätze zur Untersuchung einzelner Teilaspekte im Rahmen der vorliegenden Problemstellung beinhalten, jedoch keine umfassende theoretische Fundierung für die Entstehung sowie die effiziente und nachhaltige Entwicklung der Partnerschaften zwischen den VN und der PW liefern. Aus diesem Grund wäre ihre Anwendung für den Rahmen dieser Arbeit nicht hinreichend.

Ein theoretischer Ansatz, der bislang zwar nicht schwerpunktmäßig zur Analyse der Entstehung und Entwicklung von Kooperationsbeziehungen angewendet wurde, der aber den Anforderungen an eine umfassende Theorie zur Untersuchung der Partnerschaften zwischen den VN und der PW und deren Entstehung und Entwicklung gerecht wird, ist die Systemtheorie nach Niklas Luhmann, die u.a. für den weiteren Verlauf dieser Arbeit als theoretische Grundlage genutzt werden soll.[23]

Niklas Luhmann, "einer der herausragenden Soziologen des 20. Jahrhunderts"[24], wurde am 8. Dezember 1927 in Lüneburg geboren und begann nach dem Studium der Rechtswissenschaft in Freiburg und der Referendarausbildung 1952/1953 mit dem Aufbau seiner umfangreichen Zettelkästen, in denen er die Inhalte seiner Forschung kategorisch anlegte. Nach einer Zeit im öffentlichen Dienst, in der er bis zum Oberregierungsrat aufgestiegen war, studierte Luhmann Anfang der 60er Jahre bei dem Soziologen Talcott Parsons an der Harvard-Universität, der sein Denkschema maßgeblich prägte. Während seiner Zeit als Referent am Forschungsinstitut der Hochschule für Verwaltungswissenschaften in Speyer veröffentlichte Luhmann sein erstes Buch "Funktionen und Folgen formaler Organisation"[25], das gemeinsam mit dem Buch "Recht und Automation in der öffentlichen Verwaltung"[26] 1966 an der Universität Münster als Dissertation und Habilitation angenommen wurde. 1968 wurde Luhmann an der neugegründeten Reformuniversität in Bielefeld Professor für Soziologie. Gemeinsam mit Jürgen Habermas veröffentlichte er 1971 die Publikation

---

23 Die Systemtheorie kann im weiteren Sinne den Interorganisationstheorien zugeordnet werden.

24 Reese-Schäfer, Walter (2001), Bucheinband.

25 Luhmann, Niklas (1964).

26 Luhmann, Niklas (1966a).

"Theorie der Gesellschaft oder Sozialtechnologie"[27], die den Ausgangspunkt der vieldiskutierten Kontroverse der beiden Wissenschaftler markierte, durch die "Luhmann überhaupt erst zum führenden Sozialtheoretiker der Bundesrepublik geworden"[28] ist. 1984 erschien das umfangreiche Einleitungswerk zur "Präsentation seines Theoriekerns"[29], "Soziale Systeme"[30], auf das Luhmann seine Einzelanalysen zur Gesellschaft aufbaute.[31] Sein Hauptwerk, "Die Gesellschaft der Gesellschaft"[32], das "Landkarte und Leitfaden zum Verständnis der modernen Systemtheorie"[33] darstellt, erschien ein Jahr vor seinem Tod 1998.[34]

Aufgrund des Umfangs und der Komplexität von Luhmanns Lebenswerk zur soziologischen Aufklärung wäre eine umfassende Auseinandersetzung mit seinen Konzepten im Rahmen dieser Arbeit anmaßend. Entsprechend sollen und können die im Folgenden auf Luhmanns Gedankengut bezogenen Ausführungen auch nur als Teilaspekte des umfangreichen theoretischen Konstrukts seiner Systemtheorie verstanden werden. Nach einem kurzen Abriss zur Entwicklung der Systemtheorie in Unterabschnitt 2.1.1 werden in Unterabschnitt 2.1.2 schließlich die für den weiteren Verlauf dieser Arbeit zentralen Konzepte und Terminologien der Luhmannschen Systemtheorie im Einzelnen vorgestellt.

2.1.1 Zur Evolution der Systemtheorie

Die Evolution der Systemtheorie lässt sich grob in drei aufeinander folgenden Paradigmen veranschaulichen.[35] Aus der Antike überlieferte sich die Tradition, in einem System die Differenz zwischen dem Ganzen und seinen Teilen zu verstehen. Damit war jedoch nicht geklärt, "wie das Ganze, wenn es nur aus Teilen plus Surplus bestehe, auf der Ebene der Teile als Einheit zur Geltung gebracht werden könne"[36]. Im Kontext der sozialen Verhältnisse war dabei die Annahme grundlegend, dass ebenso, wie das Ganze aus Teilen besteht, die Gesellschaft im Allgemeinen oder ein soziales System im Spezifischen aus

27 Luhmann, Niklas; Habermas, Jürgen (1971).

28 Reese-Schäfer, Walter (2001), S. 9.

29 Reese-Schäfer, Walter (2001), S. 7.

30 Luhmann, Niklas (1984).

31 Vgl. u.a. Luhmann, Niklas (1988a), Luhmann, Niklas (1990) und Luhmann, Niklas (1993).

32 Luhmann, Niklas (1997).

33 Reese-Schäfer, Walter (2001), S. 7.

34 Vgl. Reese-Schäfer, Walter (2001), S. 7ff und S. 178f sowie Horster, Detlef (1997), S. 25ff für weitere Ausführungen zum Werdegang Niklas Luhmanns.

35 Vgl. Luhmann, Niklas (1984), S. 18ff zu den folgenden Ausführungen.

36 Luhmann, Niklas (1984), S. 20.

Menschen besteht. Diese Betrachtungsweise änderte sich im Übergang zur modernen Gesellschaft und mit dem einhergehenden Wandel der gesellschaftlichen und wissenschaftlichen Denkweisen Anfang des 19. Jahrhunderts. Die Systemtheoretiker lösten sich vom Paradigma des Ganzen und seiner Teile und ersetzten diese traditionell im Mittelpunkt stehende Unterscheidung zwischen dem Ganzen und seinen Teilen durch die Differenz von System und Umwelt. In der theoretischen Analyse ergab sich somit die Differenzierung zwischen offenen und geschlossenen Systemen, basierend auf der Frage, welche Bedeutung der Umwelt für Systeme beizumessen sei. Die Theorie befasste sich fortan mit offenen Systemen. Die Differenz vom Ganzen und seinen Teilen wurde schließlich in eine Theorie der Systemdifferenzierung umformuliert und in das neue Paradigma integriert.[37]

Diesem Paradigma der offenen Systeme innerhalb der Systemtheorie schloss sich in einem Wandel, der sich in den 1960er Jahren abzeichnete, die Theorie selbstreferentieller Systeme an, die "behauptet, daß eine Ausdifferenzierung von Systemen nur durch Selbstreferenz zustande kommen kann, das heißt dadurch, daß die Systeme in der Konstitution ihrer Elemente und ihrer elementaren Operationen auf sich selbst (...) Bezug nehmen"[38]. Der Ausgangspunkt der theoretischen Diskurse lag fortan in den beobachtbaren Operationen empirischer Systeme, in dem Sinne, dass Systeme sich selbst beobachten können und müssen. Die Differenzierung zwischen offenen und geschlossenen Systemen wurde durch die Frage ersetzt, wie selbstreferentielle Geschlossenheit wiederum Offenheit erzeugen kann.[39] Es ergab sich die Notwendigkeit eines neuen Paradigmas: der Unterscheidung von Identität und Differenz, da Selbstreferenz in dem neuen Verständnis nur stattfinden kann, wenn im Sinne eines Elements, Prozesses oder Systems, "ein Selbst (...) durch es selbst identifiziert und gegen anderes different gesetzt werden kann"[40]. Jener zweite Paradigmenwechsel provozierte in der allgemeinen Systemtheorie grundlegende Veränderungen, womit sich das Interesse verstärkt auf beispielsweise die Autonomie, die Evolution und die dynamische Stabilität von Systemen richtete. Diese noch anhaltende Entwicklung ist auch als neuere Systemtheorie bekannt.

---

37 Die Theorie der Systemdifferenzierung beinhaltet, dass sich das Schema von System und Umwelt in den Systemen wiederholt, woraus sich ergibt, dass Systeme aus Teilsystemen und wiederum eigenen Umwelten bestehen und sich entsprechend die Komplexität von Systemen im Differenzierungsprozess verstärkt.

38 Luhmann, Niklas (1984), S. 25.

39 Mit diesem Ansatz ergab sich die Möglichkeit, die Differenz von System und Umwelt dadurch zu erklären, "daß nur selbstreferentielle Systeme sich die Möglichkeit schaffen, Kausalitäten durch Distribution auf System und Umwelt zu ordnen" (Luhmann, Niklas (1984), S. 26).

40 Luhmann, Niklas (1984), S. 26.

Niklas Luhmann gründet seine Sozialtheorie auf der neueren Systemtheorie. Er gibt das Begriffsschema der gesellschaftlichen Totalität und ihrer Teile zugunsten der funktionalen Einheitskonzeption von Systemen auf und legt einen Schwerpunkt auf die Analyse der System/Umwelt-Beziehungen.[41] Im Rahmen seiner Systemtheorie begründet Luhmann das autopoietische Paradigma, in dem das System bedingt durch seine Eigendynamik auf seine eigene Fortsetzung ausgerichtet ist, durch die Konstruktion eines eigenen Systems von Begriffen,[42] von denen die hier Relevanten im folgenden Unterabschnitt vorgestellt werden.

2.1.2 Systemtheoretische Begriffe nach Niklas Luhmann

Wie angedeutet, beinhaltet Luhmanns Systemtheorie ein breites Spektrum an spezifischen Begriffen, die losgelöst von ihrem theoretischen Kontext, leicht missverstanden werden können. Um die für den Rahmen dieser Arbeit wesentlichen Luhmannschen Begriffe und Konzepte sinngemäß nachvollziehen zu können, werden diese im Folgenden vorgestellt.

System und Umwelt

Luhmann definiert ein System als alles "Wirklich-Seiende, das sich, teilweise auf Grund der eigenen Ordnung, teilweise auf Grund von Umweltbedingungen, in einer äußerst komplexen, veränderlichen, im ganzen nicht beherrschbaren Umwelt identisch hält"[43]. Er begreift jeden sozialen Kontakt als System "bis hin zur Gesellschaft als Gesamtheit der Berücksichtigung aller möglichen Kontakte"[44]. Luhmann betrachtet die Gesellschaft als ein soziales System - das Gesellschaftssystem -, das sich wiederum aus anderen, voneinander abgegrenzten sozialen Systemen bzw. aus funktionalen Teilsystemen zusammensetzt.[45] Ein soziales System besteht dabei "aus Kommunikationen und aus deren Zurechnung als Handlung"[46].

---

41 Vgl. Luhmann, Niklas (1966), S. 65.

42 Vgl. Reese-Schäfer, Walter (2001), S. 43f und S. 151.

43 Luhmann, Niklas (1999), S. 7. Unter "identisch halten" versteht Luhmann, dass das System im Kontext einer komplexen Umwelt seine Identität als Einzigartiges nicht verliert.

44 Luhmann, Niklas (1984), S. 33.

45 So setzt sich nach Luhmann die Gesellschaft aus den funktionalen Teilsystemen der Wirtschaft bzw. dem Wirtschaftssystem, der Politik bzw. dem Politiksystem, der Bildung bzw. dem Bildungssystem usw. zusammen. Diese gesellschaftlichen Teilsysteme setzen sich wiederum aus Organisationen bzw. weiteren Teilsystemen zusammen (beispielsweise dem Schulsystem als Teil des Bildungssystems).

46 Luhmann, Niklas (1984), S. 240.

Das was nicht im System bzw. Teil des Systems ist, ist dessen Umwelt. Um in der Realität die Autonomie zu bewahren und um eine Analysestrategie in der soziologischen Theorie zu ermöglichen, muss ein System der Umwelt gegenüber als geschlossen betrachtet, abgegrenzt und stabil gehalten werden.[47] Die Differenz von System und Umwelt bildet den Ausgangspunkt der systemtheoretischen Analyse. Demnach sind Systeme "strukturell an ihrer Umwelt orientiert und können ohne Umwelt nicht bestehen"[48].

Systeme erschaffen und erhalten sich durch die Erzeugung und Erhaltung der eigenen Differenz zur Umwelt. Sie instrumentalisieren ihre eigenen Grenzen zur Regulierung dieser Differenz.[49] Die Systemgrenze markiert die Trenn- bzw. Verbindungslinie zwischen System und Umwelt. Sie liefert die Voraussetzung für die Unterscheidung zwischen offenen und geschlossen Systemen, die nicht als Gegensätze, sondern als Steigerungsverhältnis betrachtet werden.[50]

Die Umwelt erlangt "ihre Einheit erst durch das System und nur relativ zum System"[51]. Da sie nicht durch Grenzen bestimmt wird, ist die Umwelt selbst kein System. Sie verfügt weder über Selbstreflexionen noch über Handlungsfähigkeit. Da jedes System nur sich selbst aus seiner eigenen Umwelt nimmt, hat jedes System eine eigene bzw. eine andere Umwelt.[52]

Zwischen System und Umwelt bestehen Einfluss- bzw. Abhängigkeitsverhältnisse. Entsprechend verfügt jedes System über komplexe und wechselseitige System/Umweltbeziehungen. Dabei sind jedoch, System und Umwelt weder uneingeschränkt voneinander abhängig, noch können sie übereinander verfügen. Besonders hervorzuheben ist in diesem Zusammenhang der Unterschied "zwischen der Umwelt eines Systems und Systemen in der Umwelt dieses Systems"[53], woraus sich ein Unterschied in den Abhängigkeitsbeziehungen zwischen Umwelt und System einerseits und zwischen einzelnen Systemen anderseits ergibt.[54]

---

47 Vgl. Luhmann, Niklas (1999), S. 177.

48 Luhmann, Niklas (1984), S. 35.

49 Entsprechend ist Grenzerhaltung als Systemerhaltung zu verstehen.

50 Systeme selektieren ihre Grenzen selbst, wodurch sie v.a. ihre interne Komplexität reduzieren können. Die Bestimmung von Grenzen stellt eine wichtige Anforderung für die Ausdifferenzierung von Systemen dar, indem sie "das Kontinuieren von Prozessen, die das System mit seiner Umwelt verbindet" (Luhmann, Niklas (1984), S. 54) unterbrechen.

51 Luhmann, Niklas (1984), S. 36.

52 Dabei ist nach Luhmann die Umwelt stets komplexer als das System selbst.

53 Luhmann, Niklas (1984), S. 36.

54 Nähere Ausführungen hierzu folgen weiter unten (vgl. Reproduktion).

Das psychische System

Nach Luhmann ist auch der Mensch bzw. das Individuum ein System: das psychische System.[55] Psychische Systeme gehören der Umwelt und somit nicht sozialen Systemen an, womit Luhmann auch begründet, dass Individuen nicht zum sozialen System der Gesellschaft, sondern zur Umwelt der Gesellschaft gehören. Im Gegensatz zur humanistischen Tradition trennt Luhmann somit psychische und soziale Systeme voneinander. Eben dieser Ansatz hat zu der häufigen und heftigen Kritik an Luhmanns theoretischen Konzeptionen geführt, die Theorie sei einseitig, weil sie nur die Systemdimension, nicht aber die Akteursdimension erfasse.[56] Die wissenschaftliche Tragweite dieses Luhmannschen Grundgedanken ist außerordentlich: "*Luhmann's systems theory represents the most radical attempt yet seen to exclude the human actor from any account of structure and system*"[57].

Element und Relation

Die Differenz zwischen System und Umwelt ist von der Differenz zwischen Element und Relation zu unterscheiden. Bei beiden Formen der Differenz muss man die Einheit der Differenz als konstitutiv verstehen, d.h., dass es weder Systeme ohne Umwelten noch Umwelten ohne Systeme und weder Elemente ohne Relationen noch Relationen ohne Elemente gibt. Es existieren folglich zwei Arten der Dekomposition eines Systems: zum einen die Zerlegung in interne System/Umwelt-Beziehungen und zum anderen die Dekomposition in Elemente und Relationen.[58] Die erste Art wird in der Theorie der Systemdifferenzierung, die zweite Art in der Theorie der Systemkomplexität fortgeführt. Nach Luhmann macht es erst diese Unterscheidung "sinnvoll und

---

55 Vgl. u.a. Luhmann, Niklas (1981b), S. 26f. Im erweiterten Kontext spricht Luhmann von organisch-psychischen Systemen, um auch der körperlichen Hülle des Menschen gerecht zu werden (vgl. Luhmann, Niklas (1984), S. 331ff für weitere Ausführungen).

56 Vgl. u.a. Reese-Schäfer, Walter (2001), S. 94 und Habermas, Jürgen (1985), Miller, Max (1994), S. 101ff. In gerade diesem fundamentalen Unterschied zwischen System- und Handlungstheorie manifestiert sich auch die Divergenz zwischen Individualismus und Kollektivismus. Versuchen die Individualisten soziale Phänomene auf Handlungen und Geisteszustände von Individuen zurückzuführen, so argumentieren die Kollektivisten auf der Grundlage, dass das Soziale etwas Nicht-reduzierbares beinhalte, was v.a. nicht auf der Ebene des Individuums zum Ausdruck kommen könne.

57 Hamilton, Peter (1996), S. 169.

58 Luhmann führt zum besseren Verständnis an, dass die Dekomposition eines Systems in System/Umwelt-Beziehungen die Zimmer eines Hauses darstellt, während die Dekomposition in Elemente und Relationen durch die Steine, Balken, Nägel usw. veranschaulicht werden kann (vgl. Luhmann, Niklas (1984), S. 41).

nichttautologisch, daß mit Zunahme der Differenzierung oder mit einer Änderung von Formen der Differenzierung die Systemkomplexität zunehme"[59].

Elemente sind für Luhmann das, "was für ein System als nicht weiter auflösbare Einheit fungiert (obwohl es mikroskopisch betrachtet, ein hochkomplex Zusammengesetztes ist)"[60]. Relationen beschreiben die Beziehungen zwischen Elementen. Dadurch, dass Elemente nicht weiter auflösbar sind, können sich Systeme nur durch das Relationieren ihrer Elemente gründen bzw. ändern.[61]

Systemzweck, Systemfunktion und Operationsweise des Systems

Der Zweck bzw. die Rationalität eines Systems liegt nach Luhmann darin, sich in einer unübersichtlichen Welt durch Komplexitätsreduktion identisch zu halten bzw. in der Erfassung und der darauf folgenden Reduktion von Komplexität.[62]

Hingegen liegt nach Luhmann die Funktion eines Systems in dessen Verhältnis bzw. Bedeutung für die Gesellschaft und ist somit "auf das soziale System im ganzen bezogen"[63]. Dabei sind Funktionen "immer Synthesen einer Mehrzahl von Möglichkeiten. Sie sind immer Gesichtspunkte des Vergleichs der realisierten mit anderen Möglichkeiten. Insofern eignen sie sich als Ausdruck von Einheit und Differenz - ähnlich wie Hierarchie"[64].

---

59 Luhmann, Niklas (1984), S. 41.

60 Luhmann, Niklas (1984), S. 43. Elemente können quantitativ - durch Zählen - erfasst werden und qualitativ, indem sie aufeinander bezogen werden bzw. relational betrachtet werden, was v.a. unter Vernachlässigung anderer möglicher Relationen geschehen kann. Folglich ist Qualität nur durch Selektion möglich.

61 Das Verhältnis der Relationen (zwischen Elementen) zueinander wird durch Konditionierung geregelt. Das bedeutet, dass eine bestimmte Relation zwischen Elementen nur "unter der Voraussetzung, daß etwas anderes der Fall ist bzw. nicht der Fall ist" (Luhmann, Niklas (1984), S. 44) realisiert wird. Entsprechend können sich Relationen auch wechselseitig konditionieren, in dem Sinne, dass die eine nur vorkommt, wenn die andere auch vorkommt. Luhmann nimmt an, dass Systeme mindestens eine einfache Menge an Relationen zwischen Elementen darstellen, sich aber typischerweise durch weitere Konditionierungen auszeichnen, wodurch das System wiederum eine höhere Komplexität erlangt.

62 Vgl. Luhmann, Niklas (1966), S. 65 und Luhmann, Niklas (1999), S. 188f. Parsons setzt in diesem Sinne Systemzweck und Systemfunktion gleich. Für ihn liegt die Funktion eines Systems noch in der Systemerhaltung (vgl. Parsons, Talcott (1976)). Luhmann hingegen distanziert sich von diesem älteren Systemfunktionalismus und determiniert eine erweiterte Abgrenzung der Systemfunktion (vgl. Horster, Detlef (1997), S. 62).

63 Horster, Detlef (1997), S. 62. Mittels seiner Funktion dient ein System also der Erhaltung der Gesellschaft. So erfüllt die Religion beispielsweise "die Funktion der Gesellschaftserhaltung, indem sie die individuellen Bedürfnisse nach Heilsgewißheit befriedigt" (Horster, Detlef (1997), S. 63).

64 Luhmann, Niklas (1984), S. 405.

Die Operationsweise eines Systems schließlich bezeichnet die Art und Weise, wie ein System seine ereignishaften Elemente reproduziert. Ein System erhält sich mittels seiner Operationsweise und grenzt sich durch seine spezifische Operationsweise von seiner Umwelt ab.[65] Somit haben im Luhmannschen Sinne zwar alle sozialen Systeme denselben Zweck; sie unterscheiden sich jedoch mittels ihrer Funktionen und Operationsweisen.

Systemstrukturen

Die Struktur "bildet den inneren Aufbau eines Systems"[66]. Sie gestaltet sich basierend auf der jeweiligen Operationsweise für jedes System unterschiedlich und besteht aus generalisierten Verhaltenserwartungen im Sinne eines Interaktionsgefüges zwischen System und Umwelt. Dabei sind Erwartungsstrukturen "ganz einfach Bedingungen der Möglichkeit anschlußfähigen Handelns und insofern Bedingung der Möglichkeit der Selbstreproduktion der Elemente durch ihr eigenes Arrangement"[67]. Diese Erwartungsstrukturen bedürfen der Stabilisierung.[68]

Systemstrukturen "sind notwendig, damit ein Sozialsystem überhaupt funktionsfähig ist"[69]. Nach Luhmann ist dabei jede Struktur eines Handlungssystems normativ institutionalisiert: "Ohne eine solche Struktur sind Systeme nicht denkbar, weil sie anders ihrer Umwelt gegenüber kein Eigenleben gewinnen, keine Grenzen stabilisieren können, sondern ihren Eigencharakter verlieren und sich unterscheidungslos in die Umwelt auflösen würden."[70] Bedingt durch ihre operative Geschlossenheit, sind Systeme und somit ihre Strukturen auf Selbstorganisation angewiesen. "Die eigenen Strukturen können nur durch eigene Operationen aufgebaut und geändert werden."[71]

---

65 Die Operationsweise strukturiert sich wiederum durch einen binären *Code* im Sinne eines Symbolsystems, das sich aus einem Positiv- und einem Negativwert zusammensetzt (beispielsweise Information/Nichtinformation, Annahme/Ablehnung, Recht/Unrecht usw.) (vgl. Horster, Detlef (1997), S. 63 und Luhmann, Niklas (1984), S. 603).

66 Horster, Detlef (1997), S. 110.

67 Luhmann, Niklas (1984), S. 392.

68 Vgl. Horster, Detlef (1997), S. 110. Dabei sind Erwartungen begrifflich eindeutig von Handlungen zu unterscheiden (vgl. Luhmann, Niklas (1966), S. 66). Weitere Ausführungen zur Stabilisierung von Verhaltenserwartungen folgen in Unterabschnitt 3.2.5.

69 Horster, Detlef (1997), S. 112.

70 Luhmann, Niklas (1966), S. 66.

71 Luhmann, Niklas (1997), S. 93.

Reduktion von Komplexität

Wie oben angeführt sieht Luhmann den Zweck sozialer Systeme in der Erfassung und Reduktion von Komplexität.[72] Komplexität zu reduzieren bedeutet, "daß man die Umwelt intern vereinfacht und nun über Generalisierungen Zugangsmöglichkeiten gewinnt"[73].

Komplexität beruht auf den Begriffen Element und Relation. Da ein Element nicht unabhängig von einem System bestimmt werden kann, kann Komplexität nur durch Systembildung zustande kommen. Begründet durch die Annahme der grundbegrifflichen Differenz zwischen Element und Relation, erreicht man bei Zunahme der Elemente, die als Einheit zusammengehalten werden müssen, schnell einen Zustand, in dem es unmöglich wird, dass man jedes Element mit jedem anderen in Beziehung setzen kann. An diesen Umstand schließt sich der Begriff der Komplexität an: Als komplex wird eine zusammenhängende Menge von Elementen dann bezeichnet, "wenn aufgrund immanenter Beschränkungen der Verknüpfungskapazität der Elemente nicht mehr jedes Element jederzeit mit jedem anderen verknüpft sein kann"[74].

Da die Umwelt eines Systems eine andere und höhere Komplexität besitzt als das System selbst, ist es für das System schwer, auf den Zustand der Umwelt angemessen zu reagieren.[75] Luhmann führt in diesem Kontext den erstrebenswerten Zustand der Reduktion von Komplexität an, von dem man im engeren Sinne immer dann sprechen kann, "wenn das Relationsgefüge eines komplexen Zusammenhangs durch einen zweiten Zusammenhang mit weniger Relationen konstruiert wird"[76]. Er verweist schließlich darauf, dass Komplexität wiederum nur durch Komplexität reduziert werden kann.

Selbstreferenz

Für Luhmann ist Selbstreferenz "die Einheit, die ein Element, ein (...) System für sich selbst ist"[77] und umschreibt somit die Unabhängigkeit von den

---

72 Vgl. beispielsweise Luhmann, Niklas (1966), S. 65.

73 Horster, Detlef (1997), S. 59.

74 Luhmann, Niklas (1984), S. 46. Komplexe Sachverhalte gründen auf der Selektion von Relationen zwischen Elementen, wodurch wiederum die Elemente qualifiziert bzw. platziert werden. Durch den Zwang zum Selektieren und durch Konditionierung von Selektionen kann erklärt werden, dass sich aus sehr ähnlichen Elementen sehr verschiedenartige Systeme bilden können.

75 Nach Luhmann muss die "Komplexitätsunterlegenheit" des Systems "durch Selektionsstrategien ausgeglichen werden" (Luhmann, Niklas (1984), S. 48), was erneut bestätigt, dass ein System nur durch "Selektion einer Ordnung" (Luhmann, Niklas (1984), S. 48) komplex sein kann.

76 Luhmann, Niklas (1984), S. 49.

77 Luhmann, Niklas (1984), S. 58.

Beobachtungen durch andere. Selbstreferenz ist auch als eine Operation zu verstehen, in der ein System seine Elemente mittels dieser Elemente selbst produziert, wobei das System seine Teile und somit sich selbst kontinuierlich konstituiert.[78] Systeme sind selbstreferentiell, wenn sie die Fähigkeit besitzen, einerseits Beziehungen zu sich selbst herzustellen und andererseits diese Beziehungen gegen Beziehungen zu ihrer Umwelt zu differenzieren. Selbstreferentielle Systeme sind geschlossen und haben nur Selbstkontakt. Dabei steht das Konzept des selbstreferentiell-geschlossenen Systems nach Luhmann nicht im Widerspruch zur Offenheit des Systems gegenüber seiner Umwelt.[79]

Systemdifferenzierung durch autopoietische Reproduktion

Systeme können sich verändern bzw. ihre Leistungsfähigkeit steigern, indem sie sich differenzieren. Systemdifferenzierung ist nach Luhmann die "Wiederholung der Systembildung in Systemen"[80], also "nichts anderes als die Wiederholung der Differenz von System und Umwelt innerhalb von Systemen"[81]. Im Gesamtsystem entsteht also durch Systemdifferenzierung eine innere Umwelt für die jeweiligen Teilsysteme.[82] Dabei ergibt sich aus jeder Differenz von Teilsystem und interner Umwelt wieder mindestens ein Gesamtsystem, das sich wiederum differenziert usw. Es kann somit innerhalb von Systemen zur Ausbildung weiterer, interner System/Umwelt-Beziehungen kommen.[83]

Systeme differenzieren sich durch autopoietische Reproduktion, d.h. durch "Produktion aus Produziertem"[84] oder anders ausgedrückt durch "laufende

---

78 Selbstreferentielle Operationen und System/Umwelt-Differenzen setzen einander wechselseitig und logisch voraus (vgl. Boronoev, Asalkahn (1994), S. 31).

79 "Geschlossenheit der selbstreferentiellen Operationsweise ist vielmehr eine Form der Erweiterung möglichen Umweltkontaktes; sie steigert dadurch, daß sie bestimmungsfähige Elemente konstituiert, die Komplexität der für das System möglichen Umwelt." (Luhmann, Niklas (1984), S. 63.) Aus einem selbstreferentiellen Systemaufbau ergibt sich zwangsläufig der "*Verzicht auf Möglichkeiten unilateraler Kontrolle*" (Luhmann, Niklas (1984), S. 63; Hervorhebungen im Original), was heißt, dass kein Teil des Systems andere kontrollieren kann, ohne selbst der Kontrolle zu unterliegen. Durch Selbstbeobachtung wird dieses Problem der Kontrolle partiell aufgehoben und stellt "die Einführung der System/Umwelt-Differenz in das System, das sich mit ihrer Hilfe konstituiert" (Luhmann, Niklas (1984), S. 63) dar.

80 Luhmann, Niklas (1984), S. 37.

81 Luhmann, Niklas (1984), S. 22.

82 "Die System/Umwelt-Differenz wird folglich redupliziert, das Gesamtsystem multipliziert sich selbst als Vielfalt interner System/Umwelt-Differenzen." (Luhmann, Niklas (1984), S. 37-38.)

83 Dabei erkennt Luhmann an, dass es auch einfache soziale Systeme gibt, in denen keine weitere Systembildung stattfindet (vgl. Luhmann, Niklas (1984), S. 263).

84 Luhmann, Niklas (1984), S. 233.

Neukonstituierung anschließbarer Ereignisse"[85]. Der Prozess der Reproduktion bietet die Möglichkeit, im System neue Systeme zu bilden, und beinhaltet, dass "das System sich mit der gerade aktuellen Aktivität nicht beendet, sondern weitermacht"[86]. Durch das Konzept der Autopoiesis wird das Prinzip der Selbstreferenz von der strukturellen auf die operative Ebene verlegt. Danach besteht ein System aus nichts anderem als aus selbstproduzierten Elementen.

Die Systemdifferenzierung wirkt sich auf die Komplexität von Systemen in zweifacher Hinsicht aus: Erstens erfährt das Ober- bzw. Ausgangssystem eine Steigerung der eigenen Komplexität, da es neben seiner eigenen externen Identität (in Differenz zu seiner Umwelt oder anderen Systemen der gleichen Ebene) eine zweite, interne Identität von zunehmender Komplexität gewinnt. Und zweitens schafft das Ober- bzw. Ausgangssystem eine innere Umwelt von reduzierter Komplexität für seine Teilsysteme, da der "Kreis der relevanten Variablen, auf deren Veränderung zu reagieren ist, (...) in der Annahme, daß andere Probleme von anderen Teilsystemen gelöst werden"[87], weiter reduziert wird. Es ergibt sich somit durch Systemdifferenzierung sowohl eine Steigerung als auch eine Reduktion von Komplexität, je nachdem welche Perspektive gewählt wird.

Hervorzuheben ist in diesem Kontext, dass die Teilsysteme ohne Zentrum und gleichgerichtete Koordination arbeiten, was am Beispiel der Gesellschaft veranschaulicht werden kann:[88] In der Gesellschaft nimmt nach Luhmann keines der funktionalen Systeme, auch nicht die Politik, eine koordinierende Funktion ein.

Strukturelle Kopplung und Interpenetration

Zur Beschreibung der "Intersystembeziehungen zwischen Systemen, die wechselseitig füreinander zur Umwelt gehören"[89], führt Luhmann die Begriffe strukturelle Kopplung[90] und Interpenetration[91] ein. Strukturelle Kopplung umfasst ein Miteinander im Sinne einer unsichtbaren Verbindung von sozialen Systemen und garantiert deren Zusammenhalt. "Mittels struktureller Kopplung kann das geschlossene System auf die Außenwelt reagieren, ohne direkt mit ihr verbunden zu sein."[92] Nach Luhmann "funktioniert die strukturelle Kopplung

---

85 Luhmann, Niklas (1984), S. 258.

86 Luhmann, Niklas (1984), S. 233.

87 Hüfner, Klaus (1994), S. LXXVI.

88 Vgl. Luhmann, Niklas (1997), S. 804f und Reese-Schäfer, Walter (2001), S. 27.

89 Luhmann, Niklas (1984), S. 290.

90 Vgl. u.a. Luhmann, Niklas (1997), S. 100ff.

91 Der Begriff stammt von Talcott Parsons (vgl. Horster, Detlef (1997), S. 98).

92 Reese-Schäfer, Walter (2001), S. 15.

zwischen zwei Systemen oder sie funktioniert nicht"[93]. Wenn sie funktioniert, dann liefert das den Ausgangspunkt für weitere Evolution, und es kommt zu Strukturänderungen.[94]

Interpenetration bezeichnet "eine engere Beziehung zwischen zwei Systemen als strukturelle Kopplung"[95]. Penetration liegt nach Luhmann dann vor, wenn "ein System die eigene *Komplexität* (...) *zum Aufbau eines anderen Systems zur Verfügung stellt*"[96]. Daraus ergibt sich, dass Interpenetration bei wechselseitiger Penetration vorliegt. Bei Penetration wird "das *Verhalten* des penetrierenden Systems durch das aufnehmende System mitbestimmt"[97]. Bei Interpenetration beeinflusst das aufnehmende System zusätzlich die Strukturbildung des penetrierenden Systems. Im Rahmen der Interpenetration kommt es zu wechselseitigen Beiträgen hinsichtlich der Konstitution der Elemente, woraus sich eine Überlappung der Elemente ergibt. Interpenetration ist nach Luhmann somit ein Verhältnis zwischen autopoietischen Systemen, wobei er den Begriff der Interpenetration v.a. zur Bestimmung der Verhältnisse zwischen psychischen und sozialen Systemen verwendet.[98]

Doppelte Kontingenz

Sowohl das Verhältnis interpenetrierender Systeme als auch die Selbstregulierung eines sozialen Systems ist durch doppelte Kontingenz[99] bestimmt. Nach Luhmann ist etwas kontingent, "was weder notwendig ist noch unmöglich ist; was also so, wie es ist (...), sein kann, aber auch anders möglich ist"[100]. Doppelte Kontingenz bezeichnet die Schwierigkeit der Auswahl von Handlungsalternativen zweier (psychischer) Systeme, die beide über vielfältige

---

93 Horster, Detlef (1997), S. 147.

94 Vgl. Horster, Detlef (1997), S. 147, der aus dem in 1997 noch unveröffentlichten Manuskript "Gesellschaft der Gesellschaft" von Luhmann zitiert. Beispiele für strukturelle Kopplung nach Luhmann sind: Die Kopplung zwischen Wirtschaft und Politik, die v.a. durch Abgaben und Steuern erreicht wird, die Kopplung von Politik und Recht, die u.a. durch die Verfassung geregelt wird usw. Nach Reese-Schäfer ist strukturelle Kopplung eine der "Unbestimmtheitsstellen" (Luhmann, Niklas (1997), S. 118) von Luhmanns Systemtheorie, "an denen deutlich wird, dass die operative Schließung nicht wirklich gelingt und die Ausgangsparadoxien weiterhin wirksam bleiben" (Reese-Schäfer, Walter (2001), S. 16).

95 Horster, Detlef (1997), S. 104.

96 Luhmann, Niklas (1984), S. 290; Hervorhebungen im Original.

97 Luhmann, Niklas (1984), S. 290; Hervorhebungen im Original.

98 Vgl. Reese-Schäfer, Walter (2001), S. 82 und vgl. Unterabschnitt 3.2.2 für weitere Ausführungen zur Interpenetration.

99 Der Begriff *double contingency* ist auf Talcott Parsons zurückzuführen (vgl. Parsons, Talcott; Shils, Edward (1967), S. 16).

100 Luhmann, Niklas (1984), S. 152.

Handlungsalternativen verfügen, wobei sie ihre Handlungsentscheidung jeweils auf die Handlung des anderen basieren und sich somit eine endlose Spirale öffnet. Entsprechend entstehen potentielle Probleme in den Folgehandlungen, da die unzähligen Handlungskonstellationen die Unwahrscheinlichkeit erhöhen, dass "Anknüpfungspunkte (...) im Handeln anderer"[101] gefunden werden, "denn die Selbstfestlegung würde voraussetzen, daß andere sich festlegen, und umgekehrt"[102].

Zur Beantwortung der Frage, wie sich das Problem der doppelten Kontingenz selber löst bzw. wie es einen Problemlösungsprozess anstößt, ist nach Luhmann die Spirale selbst entscheidend. "Ich tue, was Du willst, wenn Du tust, was ich will."[103] Er bezeichnet diesen Kreislauf als "eine neue Einheit, die auf keines der beteiligten Systeme zurückgeführt werden kann. (...) [Der Kreislauf] mag in jedem der beteiligten Systeme präsent sein als Bewußtseinsinhalt bzw. als Kommunikationsthema; dabei ist aber immer schon vorausgesetzt, daß er auch in anderen Systemen präsent ist"[104]. Wenn sich diese Voraussetzung bestätigt, sind neue Realitäten geschaffen, womit Luhmann schließlich eröffnet, dass sich das Problem doppelter Kontingenz mit der Zeit von selbst löst. Die Grundlagen der doppelten Kontingenz öffnen somit den Problemlösungsrahmen der Systemtheorie für Zufälle. Schließlich weist Luhmann darauf hin, dass "Änderungen im System wie in der Umwelt Zeit brauchen, so daß man weder sofort reagieren kann noch braucht"[105].

Luhmann hat zur Unterstützung seiner systemtheoretischen Konstruktion eine umfangreiche eigene Begriffswelt geschaffen, aus der die im Rahmen dieser Arbeit wesentliche Begriffe im Hinblick auf ihre für die Fragestellung relevanten Bezüge vorgestellt wurden. Es konnte entsprechend nur ein grober Einblick in die Luhmannsche Systemtheorie geliefert werden, um ein grundlegendes Verständnis zu ermöglichen. Um den Ausgangspunkt der Betrachtungen abzuschließen, werden im nächsten Abschnitt weitere für diese Arbeit zentrale Begriffe inhaltlich abgegrenzt, die nicht der Systemtheorie entstammen.

---

101 Luhmann, Niklas (1984), S. 165.

102 Luhmann, Niklas (1984), S. 165.

103 Luhmann, Niklas (1984), S. 166.

104 Luhmann, Niklas (1984), S. 166.

105 Luhmann, Niklas (1970a), S. 40.

2.2 ZENTRALE BEGRIFFE

Neben systemtheoretischen Begriffen nach Luhmann müssen zum eindeutigen Verständnis im Rahmen dieser Arbeit weitere zentrale Begriffe definiert bzw. inhaltlich abgegrenzt werden. Im Folgenden werden somit in den Unterabschnitten 2.2.1 und 2.2.2 die Begriffe VN und PW, in Unterabschnitt 2.2.3 die Interaktionsbegriffe, Zusammenarbeit und Partnerschaft im Allgemeinen aber auch zwischen den VN und der PW im Speziellen, und schließlich in Unterabschnitt 2.2.4 die für die Entwicklung der Partnerschaften wesentlichen Kriterien der Effizienz und Nachhaltigkeit vorgestellt.

2.2.1 Vereinte Nationen

Als Nachfolgeorganisation des 1919 gegründeten und 1946 aufgelösten Völkerbundes wurden die Vereinten Nationen 1945 in San Francisco gegründet, wobei am Ende der Gründungskonferenz die Charta der Vereinten Nationen[106] von den teilnehmenden 50 Staaten einstimmig angenommen wurde. Die Vereinten Nationen haben heute 192 Mitgliedstaaten und beruhen auf der Idee der Erhaltung eines andauernden Weltfriedens.

Die Organisationsstruktur der Vereinten Nationen bzw. des Systems der Vereinten Nationen gestaltet sich äußerst komplex und ist aufgrund der unterschiedlichen Konstitution der einzelnen funktionalen Einheiten schwer abbildbar. Entsprechend werden an dieser Stelle nur die für den Rahmen der vorliegenden Arbeit erforderlichen Komponenten und Bezugsrahmen vorgestellt. Wesentlich ist dabei, dass ein grundsätzlicher Unterschied zwischen den "Vereinten Nationen" und dem "System der Vereinten Nationen" besteht, der sich am einfachsten durch die Begriffe der Haupt-, Neben- und Vertragsorgane abbilden und durch die relevanten Artikel der VN-Charta verdeutlichen lässt.

Zu den "Vereinten Nationen" zählen ihre Haupt- und Nebenorgane. Die sechs Hauptorgane werden in Artikel 7, Absatz 1 der VN-Charta[107] aufgezählt: die Generalversammlung, der Sicherheitsrat, der Wirtschafts- und Sozialrat, der Internationale Gerichtshof, der Treuhandrat sowie das Sekretariat. Die Nebenorgane dienen zur Unterstützung der Hauptorgane und umfassen all diejenigen Organe der Vereinten Nationen, die nach Artikel 7, Absatz 2 der VN-Charta[108] "durch einen Beschluß eines Hauptorgans oder aufgrund einer Ermächtigung eines Hauptorgans durch Beschluß des zuständigen Gremiums eingerichtet

---

106 United Nations (1945); im Folgenden VN-Charta genannt.

107 United Nations (1945).

108 United Nations (1945).

wurden"[109]. Die bedeutendste Gruppe der Nebenorgane sind die Spezialorgane. Zu den Spezialorganen, die entweder direkt an die Generalversammlung oder über den *Economic and Social Council* (ECOSOC) an die Generalversammlung berichten, gehören u.a. der *United Nations High Commissioner for Refugees* (UNHCR), der *United Nations Children's Fund* (UNICEF), die *United Nations Conference on Trade and Development* (UNCTAD), das *United Nations Development Programme* (UNDP), das *United Nations Environment Programme* (UNEP), der *United Nations Fund for Population Activities* (UNFPA) und das *World Food Programme* (WFP).

Das "System der Vereinten Nationen"[110] umfasst sowohl die "Vereinten Nationen" als auch die sogenannten Vertragsorgane, die gemäß Artikel 57 und 63 der VN-Charta[111] mit der Organisation verbunden sind. Zu den Vertragsorganen gehören die Sonderorganisationen und die autonomen Organisationen. Nach Hüfner[112] lassen sich die Sonderorganisationen in drei Kategorien untergliedern:

(a) Organisationen mit allgemeiner Ausrichtung, wie u.a. die *International Labour Organization* (ILO), die *United Nations Educational, Scientific and Cultural Organization* (UNESCO) und die *World Health Organization* (WHO);

(b) sogenannte technische Organisationen, wie u.a. die *Universal Postal Union* (UPU), die *International Telecommunication Union* (ITU) und die *World Meteorological Organization* (WMO); sowie

(c) sogenannte Finanzorganisationen, wie u.a. der *International Monetary Fund* (IMF), der *International Fund for Agricultural Development* (IFAD) und die *World Bank Group* (WB *Group*).[113]

Im Rahmen dieser Arbeit wird das "System der Vereinten Nationen" als "VN"[114] und sämtliche VN-Organisationen, Organe, Gremien, Gruppen, Abteilungen

---

109 Volger, Helmut (2000b), S. 219.

110 Auch häufig als UN-System oder UN-Familie bezeichnet.

111 United Nations (1945).

112 Hüfner, Klaus (1992), S. 12.

113 Vgl. Hüfner, Klaus (1991), S. 11. Zu den autonomen Organisationen gehören die *World Trade Organization* (WTO) und die *International Atomic Energy Agency* (IAEA). Die Abbildung in Anhang 9.1 liefert einen Überblick über das "System der Vereinten Nationen". (Vgl. Volger, Helmut (2000b) und Hüfner, Klaus (2000c) für weitere Erläuterungen.)

114 In den Kapitelüberschriften wird dabei "VN" als "Vereinte Nationen" ausgeschrieben, womit das "System der Vereinten Nationen" gemeint ist.

usw. des "Systems der Vereinten Nationen" zusammengefasst als "VN-Institutionen" bezeichnet.

Sofern man den relativ eng gefassten Politikbegriff Niklas Luhmann weiter fasst, sind die Vereinten Nationen als Teilsystem des funktionalen Gesellschaftssystems der Politik zu verstehen, und stellen somit ein eigenes soziales System dar.[115]

2.2.2 Privatwirtschaft

Der Begriff "Privatwirtschaft" (PW) wird innerhalb der VN nicht eindeutig abgegrenzt.[116] Der Großteil der VN-Institutionen verwendet den Begriff für "*for-profit, commercial enterprises and their representative business organizations (...) which are legally constituted as non-governmental, not-for-profit entities, but which represent the interests of, and are funded by, business*"[117]. Manche VN-Institutionen definieren den Begriff jedoch umfangreicher, indem sie "*everything that is not government*"[118] und somit auch, wie das UNDP, Stiftungen und private *Non-Profit*-Organisationen, oder, wie die UNCTAD, und das UNHCR sogar NGOs zur PW zählen.[119] Andere VN-Institutionen hingegen definieren den Begriff enger, wie das UNICEF und die *World Bank* (WB), die

---

115 Luhmann orientiert sich in seinem Politikbegriff am Staat und konzentriert sich dabei auf das Medium der Macht, wobei die Codierung der Macht "eine positive und eine negative Position der Überlegenheit bzw. Unterlegenheit" (Luhmann, Niklas (2000a), S. 88) umfasst. Im Luhmannschen Sinne besteht die Funktion der Politik in dem "*Bereithalten der Kapazität zu kollektiv bindendem Entscheiden*" (Luhmann, Niklas (2000a), S. 84; Hervorhebungen im Original). Um den für den weiteren Verlauf der Arbeit wesentlichen Ansatz, die Vereinten Nationen als Teilsystem des funktionalen Gesellschaftssystems der Politik zu verstehen, anzunehmen, muss Luhmanns relativ eng gefasster Politikbegriff entsprechend weiter gefasst werden.

116 Nachdem dem Rahmen dieser Arbeit die Betrachterperspektive der VN zugrundegelegt wird, stellt sich zur inhaltlichen Abgrenzung der PW die Frage nach der Definition der VN. "*The UN system has yet to agree on a common definition of what constitutes the 'private sector'.*" (Tesner, Sandrine; Kell, Georg (2000), S. 70-71.) In den *Guidelines* des Generalsekretärs wird lediglich der Begriff *business* als "*for-profit enterprises*" (Generalsekretär der Vereinten Nationen (2000), Absatz 7) definiert.

117 Nelson, Jane (2002), S. 10. Sofern schließlich bei den einzelnen VN-Institutionen konkrete Definitionen für die PW vorliegen, gründen deren Abweichungen voneinander häufig auf der Verwendung unterschiedlicher Begriffe: So bezeichnen beispielsweise manche VN-Institutionen die PW als *private sector*, andere als *business community* und wieder andere als *business sector*.

118 Nelson, Jane (2002), S. 10.

119 "*The private sector to us is non-governmental. So it is corporations, foundations, individual donors, NGOs.*" (Fioretta, Lawrence (2001). Vgl. auch Friel, Patrick (2002) und Duffy, Mary (2001).)

die PW auf *profit-making* Unternehmen reduzieren. Die gebräuchlichste Definition seitens der VN wird im Rahmen des Berichts des Generalsekretärs geliefert, in dem "*the private sector is defined as all individual, for-profit, commercial enterprises or businesses, business associations and coalitions and corporate philanthropic foundations*"[120].

In Anlehnung an die Definition im Bericht des Generalsekretärs, beinhaltet die PW im Rahmen dieser Arbeit sowohl den Kreis profitorientierter bzw. nach Rentabilität strebender, privater Einzelwirtschaften bzw. Unternehmen[121] als auch die Gruppe derjenigen Organisationen, die als Akteure der PW fungieren und entsprechend als Mittler bzw. Intermediäre[122] (zwischen den VN und der PW) bezeichnet werden können. Zu den Mittlern bzw. Intermediären gehören v.a. NGOs der PW, die sich aus Wirtschaftsverbänden[123], Arbeitgeberverbänden und NGOs mit Untersuchungsgegenstand PW bzw. mit inhaltlicher Ausrichtung auf die PW und Anliegen der PW[124] zusammen-

---

120 United Nations/General Assembly (2001b), Annex I. Eine ähnliche Abgrenzung wird im JIU-Bericht geliefert, der "*understands the private sector to mean members of the business community (from small and medium-sized enterprises to major multinational corporations and including the informal sector) and their representatives (who may act through not-for profit associations or organizations such as Chambers of Commerce or philanthropic Foundations)*" (United Nations/Joint Inspection Unit (1999), Absatz 4).

121 Hiermit wird eine klare Unterscheidung zur Betriebswirtschaft getroffen, der auch öffentliche Betriebe angehören.

122 Aufgrund der Komplexität der Realität kann die Darstellung dieser Gruppen bzw. der Intermediäre zwischen den VN und der PW nur eingeschränkt erfolgen.

123 Wirtschaftsverbände lassen sich anhand ihres geo-politischen bzw. branchenspezifischen Bezugs in globale, regionale, nationale und sektorale Wirtschaftsverbände untergliedern. Der bedeutendste internationale Wirtschaftsverband im Kontext der Zusammenarbeit zwischen VN und PW ist die *International Chamber of Commerce* (ICC). Außerdem von Bedeutung und als Mischform zwischen Wirtschaftsverband und NGO der PW zu verstehen, sind das *Prince of Wales International Business Leaders Forum* (PWIBLF) sowie das *World Economic Forum.*

124 Zu den NGOs mit Untersuchungsgegenstand PW bzw. mit inhaltlicher Ausrichtung auf die PW und Anliegen der PW gehören neben beispielsweise der *Business-Humanitarian Forum Association*, dem *Emerging Leaders Program* und dem *State of the World Forum* u.a. auch sogenannte *Corporate Social Responsibility Groups*, wie beispielsweise die *Global Reporting Initiative* und das *Instituto Ethos* sowie sogenannte *Think Tanks*, wie beispielsweise das *Center for Strategic and International Studies*, der *Council on Foreign Relations* und *Global Public Policy.*

setzen, private Philanthropen und Stiftungen[125] sowie einzelne staatliche Institutionen[126].

Im Luhmannschen Sinne ist die PW als ein Teilsystem des funktionalen Gesellschaftssystems der Wirtschaft zu verstehen, womit auch sie ein eigenes, soziales System darstellt.

2.2.3 Zusammenarbeit und Partnerschaft

Zusammenarbeit und Zusammenarbeit zwischen den VN und der PW

Der Begriff "Zusammenarbeit" entspricht dem der Kooperation und beinhaltet gemeinsam unternommene und inhaltlich meist wirtschaftlich ausgerichtete Prozesse zwischen mindestens zwei Akteuren.[127] Zusammenarbeit ist als Oberbegriff für ein weites Spektrum an möglichen Kooperationsformen zu verstehen, die von informellen und spontanen Kooperationen zwischen zwei Individuen (beispielweise gemeinsame Gartenarbeit) bis hin zu formalisierten und juristisch fixierten Kooperationen zwischen zwei sozialen Systemen (beispielsweise Unternehmens-*Joint-Ventures* oder zwischen-staatliche Kooperationen) reichen kann. In diesem Sinne können sämtliche prozessartigen Interaktionen zwischen den VN und der PW als Formen der Zusammenarbeit betrachtet werden. Für die Zusammenarbeit zwischen den VN und der PW liefert Nelson folgende Definition: "*Cooperation between the UN and the private sector is defined (...) to include all types of UN-business relationships where private sector entities work with, or engage in dialogue with, UN entities to address a mutually agreed issue or set of issues. The interaction may be on a formal or informal basis, contractual and legally binding, or non-contractual and voluntary.*"[128] Unter Vernachlässigung des Aspekts der gemeinsam festgelegten Themen (*mutually agreed issue or set of issues*) beinhaltet im Rahmen dieser Arbeit die Zusammenarbeit zwischen den VN und der PW in Anlehnung an Nelsons Definition alle Kooperationsbeziehungen zwischen den VN und der PW.

---

125 Bei den Philanthropen und Stiftungen sind im Rahmen der Zusammenarbeit mit den VN die *Bill and Melinda Gates Foundation* und die *United Nations Foundation* Ted Turners am bekanntesten.

126 Zu den Intermediären im Sinne staatlicher Institutionen zählen beispielsweise die *United States Agency for International Development* (USAID), das australische *Prime Minister's Community Business Partnership*, das dänische *Copenhagen Centre* und die britische *Innovation Through Partnerships*.

127 Im Englischen werden dafür die Begriffe *collaboration* und *co-operation* verwendet.

128 Nelson, Jane (2002), S. 11.

Partnerschaft

Eine mögliche Form der Zusammenarbeit ist die der Partnerschaft. Dabei ist eine Partnerschaft das "Prinzip der (vertrauensvollen) Zusammenarbeit zwischen Individuen (...), Organisationen oder auch Staaten, die ihre Ziele nur gemeinsam unter gegenseitiger Kompromißbereitschaft, auch unter Einsatz entsprechender institutionalisierter Konflikt- und Kompromißregelungen, erreichen können"[129]. Eine engere Defintion von Partnerschaft liefern Nelson und Zadek: "*People and organizations from some sort of public, business, and civil constituencies who engage in voluntary, mutually beneficial, innovative relationships to address common social aims through combining their resources and competencies.*"[130] Festzustellen ist in diesem Zusammenhang, dass seitens der VN keine allgemeine bzw. von den Akteuren VN und PW unabhängige Definition des Begriffs der Partnerschaft vorliegt.

Dem weiteren Verlauf dieser Arbeit wird schließlich folgende Definition zugrundegelegt: Eine Partnerschaft ist eine Form der freiwilligen, für alle Beteiligten vorteilhaften Zusammenarbeit zwischen Individuen und/oder sozialen Systemen. Sie hat die Funktion, trotz möglicher Verfolgung unterschiedlicher Intentionen, ein gemeinsames Ziel durch gegenseitige Ergänzung zu erreichen, was voraussetzt, dass alle Beteiligten bereit sind, vorhandene Ressourcen (finanzieller, materieller oder inhaltlicher Art) einzubringen, Informationstransparenz sowie Vertrauen zu fördern und Kompromisse einzugehen. Der Wert einer Partnerschaft drückt sich v.a. durch entstehende Synegieeffekte, aber auch durch gegenseitigen Verständniszuwachs, Lerneffektsteigerung, Beseitigung von Redundanzen und nicht zuletzt durch Kostenreduktion aus. Eine Partnerschaft fördert den Dialog, der wiederum zu Optimierungen in mannigfaltiger Hinsicht führen kann, und dem Grundsatz unterliegt, dass gemeinsame Ziele gemeinschaftlich effektiver verfolgt werden können.

Partnerschaften zwischen den VN und der PW

Auf die konkrete Sachlage zwischen den VN und der PW bezogen, lassen sich Partnerschaften in Abgrenzung zu anderen Formen der Zusammenarbeit zwischen den VN und der PW als eine neue Form der sozialen Koordination und folglich nicht als Teil der klassischen Kooperationsbeziehungen zwischen den VN und der PW verstehen.[131] Bemerkenswerterweise haben die VN jedoch trotz zunehmender Bedeutung und gebotener Aktualität der Diskussionen über diese neue Kooperationsform den Begriff der Partnerschaft zwischen den VN und der PW bislang nicht eindeutig abgegrenzt.

---

[129] Meyers Großes Universallexikon (1984).

[130] Copenhagen Center (2002).

[131] Vgl. Kapitel 4.

In der Literatur zum Thema liegen zwei Definitionen für die Partnerschaften zwischen den VN und der PW vor, die beide auf Nelson zurückzuführen sind. Zum einen bezeichnen Nelson und Zadek eine Partnerschaft zwischen den VN und der PW als "*a mutually beneficial agreement between one or more UN bodies and one or more corporate partners to work toward common objectives based on the comparative advantage of each, with a clear understanding of respective responsibilities and the expectation of due credit for every contribution*"[132]. Und zum anderen definiert Nelson eine Partnerschaft zwischen den VN und der PW folgendermaßen: "*Partnership is a voluntary and collaborative agreement between one or more parts of the United Nations system and non-State actors, in which all participants agree to work together to achieve a common purpose or undertake a specific task and to share risks, responsibilities, resources, competencies and benefits.*"[133]

Darauf aufbauend, wird dem Rahmen dieser Arbeit folgende Definition für die Partnerschaften zwischen den VN und der PW zugrundegelegt: Eine Partnerschaft zwischen den VN und der PW ist eine freiwillig eingegangene, für alle Beteiligten vorteilhafte und nicht-exklusive Zusammenarbeit zwischen einer oder mehreren Institutionen/Akteuren der PW und einer oder mehreren Institutionen/Akteuren der VN mit der Funktion, als vorrangiges Ziel der Mission der VN zu dienen und zusätzliche konkrete Einzelziele durch gemeinsame Anstrengungen zu erreichen. Einer Partnerschaft zwischen den VN und der PW liegen i.d.R. folgende Rahmenbedingungen zugrunde:[134]

- Die Partner erklären sich bereit, zusammenzuarbeiten.
- Die Partner formulieren und verfolgen gemeinschaftlich gemeinsame Ziele; dabei können sie individuell unterschiedliche Absichten verfolgen.
- Die Partner sind verpflichtet, Inputs in Form einer finanziellen, materiellen, inhaltlichen, technischen oder personellen Investition zu leisten, die den gemeinsam festgelegten Zielen dient; sie sind ferner bereit, eingebrachte Kompetenzen und Ressourcen zu teilen.
- Die Verteilung von Gewinn und Risiko wird ebenso wie die Projekt-bedingte gegenseitige Abhängigkeit gemeinsam festgestellt und anerkannt.
- Die Kooperation ist freiwillig; alle Beteiligten haben jederzeit das Recht auszusteigen, einander zu ermahnen und in gemeinsamem Einverständnis die Zielsetzung bzw. die Vorgehensweise zu ändern.

---

132 Copenhagen Center (2002).

133 Nelson, Jane (2002), S. 46.

134 Vgl. Nelson, Jane (2002), S. 46.

- Alle Beteiligten erkennen die Vorteile von Informationstransparenz, Vertrauen, Offenheit und gemeinsamem, kontinuierlichem Streben nach Verbesserung für die Partnerschaft an und verhalten sich entsprechend.
- Es entstehen Synergieeffekte durch die Kooperation, die von den Partnern jeweils nicht alleine geschaffen worden wären.
- Idealerweise wird ein gemeinsames, i.d.R. schriftliches Abkommen (*partnership agreement*), getroffen, das auf Gleichberechtigung der Partner beruht und aus dem eine klare Aufteilung der Verantwortungen und Zurechenbarkeiten hervorgeht.

Wie die Praxis verdeutlicht, sind die Partnerschaften zwischen den VN und der PW in den einzelnen VN-Institutionen unterschiedlich entwickelt. Der Entwicklungsgrad basiert u.a. auf der Anzahl der Partnerschaften, ihrem Umfang bzw. Ausmaß, ihrem Fortschritt hinsichtlich der Umsetzung von Lerneffekten sowie auf ihrer strategischen Ausrichtung, konzeptionellen Verankerung und der konsequenten Integration des Gesamtkonzeptes der Partnerschaft innerhalb der jeweiligen VN-Institution.

Die Luhmannsche Perspektive einführend, stellen die Partnerschaften zwischen den VN und der PW ein soziales System dar: Das System der Partnerschaften. Dieses System ist Ergebnis der Evolution struktureller Kopplung zwischen dem Teilsystem PW des funktionalen Systems Wirtschaft und dem Teilsystem VN des funktionalen Systems Politik, wie in Kapitel 3 noch ausführlich erläutert wird.

2.2.4 Nachhaltigkeit und Effizienz

Die Begriffe "Nachhaltigkeit" und "Effizienz" sind im Rahmen dieser Arbeit als Attribute für die Entwicklung der Partnerschaften zwischen den VN und der PW zu verstehen. Die nachhaltige und effiziente Entwicklung der Partnerschaften wird dabei als deren optimale[135] Veränderung im Zeitablauf verstanden, wodurch sich Implikationen für die Semantik der beiden Begriffe ergeben. Im Rahmen dieser Arbeit werden die Begriffe nachhaltig/Nachhaltigkeit und effizient/Effizienz folgendermaßen verwendet:

Das Adjektiv "nachhaltig" beinhaltet zum einen den zeitlichen Aspekt im Sinne von dauerhaft, langfristig oder zukunftsfähig und zum anderen qualitative Wirtschaftlichkeitsaspekte im Sinne von ausreichend gesichert, stabil und bedürfnisbefriedigend. Der Begriff "Nachhaltigkeit" als Substantivierung ist somit als eine erweiterte Form der Dauerhaftigkeit zu verstehen, in der Wirtschaftlichkeitsaspekte berücksichtigt werden. Entsprechend ist Nachhaltig-

---

135 Zum Begriff "optimal" vgl. Fußnote 12.

keit im Rahmen dieser Arbeit von der gängigen Gebrauchsweise des Begriffs zu unterscheiden, der auf eine ökonomisch, ökologische und gesellschaftlich verantwortliche Ressourcenplanung in engem Zusammenhang mit Fragen der Generationengerechtigkeit ausgelegt ist.[136] Im Luhmannschen Sinne ist die im Rahmen dieser Arbeit gültige Verwendung des Begriffs der Nachhaltigkeit mit dem Prinzip der Bestandserhaltung von Systemen zu umschreiben, das die selbstreferentielle Reproduktion von Elementen und somit die Überlebensfähigkeit des Systems beinhaltet und entsprechend die Etablierung von Strukturen im Sinne der Stablisierung von Verhaltenserwartungen voraussetzt.[137]

Der lateinische Begriff der "Effizienz" bzw. "effizient" wird im Sinne einer rationalen Vorgehensweise verwendet, in der das Verhältnis zwischen Aufwand und Nutzen vernünftig ist. Ins Deutsche als Wirksamkeit übersetzt, beinhaltet der Begriff die "*nachweisbare Beeinflussung eines Ereignisverlaufes oder eines Zustandes*"[138] durch getroffene Maßnahmen. Entsprechend ist Effizienz als ein Prinzip der Leistungsfähigkeit und wirtschaftlich vernünftigen Machbarkeit zu verstehen, das die zur Erreichung eines Ziels eingesetzten Mittel in Relation zu dem erzielten Ergebnis bzw. der quantifizierten Leistung setzt.[139] Der Begriff der Effizienz ist ein Unterbegriff der Effektivität, die ein Grad der Zielerreichung ist und den erreichten mit dem angestrebten Nutzen vergleicht.[140] Umgangssprachlich ausgedrückt, beinhaltet Effektivität somit "die richtigen Dinge zu tun"[141], während Effizienz darauf ausgelegt ist, "die Dinge, die getan werden, richtig zu tun"[142]. In der Systemtheorie nach Luhmann werden die Inhalte des Begriffs der Effizienz durch das Zweck/Mittel-Schema bzw. das Input/Output-Schema umschrieben, das für soziale Systeme eine Möglichkeit darstellt, den Grad der eigenen Autonomie durch Umsetzung von Input und Output zu erhöhen und sich somit selbst in seiner Umwelt zu rekonstruieren.[143]

Gemäß dieser Grundlagen ist die nachhaltige und effiziente bzw. optimale Entwicklung der Partnerschaften im Rahmen dieser Arbeit als eine Veränderung zu verstehen, die eine dauerhafte, stabile und bedürfnisbefriedigende Bestandsfähigkeit der Partnerschaften in Aussicht stellt und dabei die Wirksamkeit der

---

[136] Vgl. u.a. Net-Lexikon (2004b) und World Commission on Environment and Development (1987) .

[137] Vgl. Luhmann, Niklas (1984), S. 86.

[138] Net-Lexikon (2004c); Hervorhebungen im Original.

[139] Vgl. Net-Lexikon (2004a).

[140] Vgl. Göthel, Dieter (1995), S. 58 und Fachhochschule-Esslingen (2004).

[141] Fachhochschule-Esslingen (2004).

[142] Fachhochschule-Esslingen (2004).

[143] Vgl. Luhmann, Niklas (1984), S. 287ff.

Partnerschaften durch ein vernünftiges Verhältnis zwischen eingesetzten Mitteln und erreichten Zielen gewährleistet.

Nachdem der Ausgangspunkt für die weitergehenden Betrachtungen hiermit erläutert wurde, wird im folgenden Kapitel der erweiterte theoretische Rahmen dieser Arbeit vorgestellt, der die Entstehung von Partnerschaften zwischen den VN und der PW sowie theoretische Konzepte zu ihrer weitergehenden Entwicklung umfasst.

3 Entstehung und Entwicklung der Partnerschaften

Die Entstehung und die weitergehende Entwicklung der Partnerschaften zwischen den VN und der PW wurden in der Literatur bislang wenig beschrieben und v.a. nicht wissenschaftlich begründet. Um diese Lücke zu schließen, wird im Folgenden durch Kombination bestehender Modelle aber auch durch eigene Ansätze ein theoretischer Rahmen für die weitere Untersuchung vorgestellt, der sowohl die Entstehung als auch die nachhaltige und effiziente Entwicklung der Partnerschaften zwischen den VN und der PW beschreibt.

Dabei wird in Abschnitt 3.1 unter Vernachlässigung der Rolle von Individuen die Entstehung der Partnerschaften zwischen den VN und der PW theoretisch begründet und belegt, dass die Partnerschaften ein soziales System im Luhmannschen Sinne sind. Um einen engeren Praxisbezug herzustellen, wird in Abschnitt 3.2 die Relevanz und Bedeutung von Individuen für die Sachlage anerkannt und unter deren Einbezug ein theoretisches Modell für die praktische Entstehung von einzelnen Partnerschaften zwischen den VN und der PW sowie deren weitergehende Entwicklung hergeleitet. Dabei werden grundlegende Parameter für die Entwicklung der Partnerschaften vorgestellt, die im letzten Abschnitt 3.2.6 zusammengefasst veranschaulicht werden.

3.1 Entstehung unter Vernachlässigung von Individuen

Die Partnerschaften zwischen den VN und der PW stellen ein in sich geschlossenes soziales System dar, das aus der strukturellen Kopplung zwischen den sozialen Systemen der VN und der PW hervorgeht. Diese These lässt sich theoretisch und unter Vernachlässigung der Ein- bzw. Mitwirkung von Individuen bzw. Menschen mit Hilfe Luhmanns Systemtheorie belegen. Dazu müssen zwei nach Luhmann grundlegende Postulate verknüpft werden: Erstens die Möglichkeit der Systemdifferenzierung[144] zur eigenen Komplexitätsreduktion und zweitens die Option der strukturellen Kopplung zwischen zwei Systemen, die, wenn sie funktioniert, "Ausgangspunkt für weitere Evolution"[145] ist. Um das System der Partnerschaften zwischen den VN und der PW systemtheoretisch herzuleiten, bedarf es dabei folgender Kombinationsreihenfolge der beiden Postulate: Zuerst differenzieren sich unabhängig voneinander zwei soziale Systeme in Teilsysteme; anschließend folgt eine strukturelle Kopplung zwischen zweien der differenzierten Teilsysteme, wobei ein neues

---

144 "Systemdifferenzierung ist (...) Wiederholung der Systembildung in Systemen." (Luhmann, Niklas (1984) S. 259.)

145 Horster, Detlef (1997), S. 147.

soziales System entsteht; und schließlich kommt es wiederum zur Differenzierung des neu entstandenen sozialen Systems in weitere Teilsysteme, von denen eines als das soziale System der Partnerschaften hervorgeht. Dieser Prozess umfasst im Luhmannschen Sinne die Evolution eines sozialen Systems. Detailliert veranschaulicht, lässt sich die Entstehung bzw. im Luhmannschen Sinne die Evolution des Systems der Partnerschaften zwischen den VN und der PW in Anlehnung an Abbildung 1 folgendermaßen herleiten:

Abbildung 1: Systemtheoretische Evolution der Partnerschaften

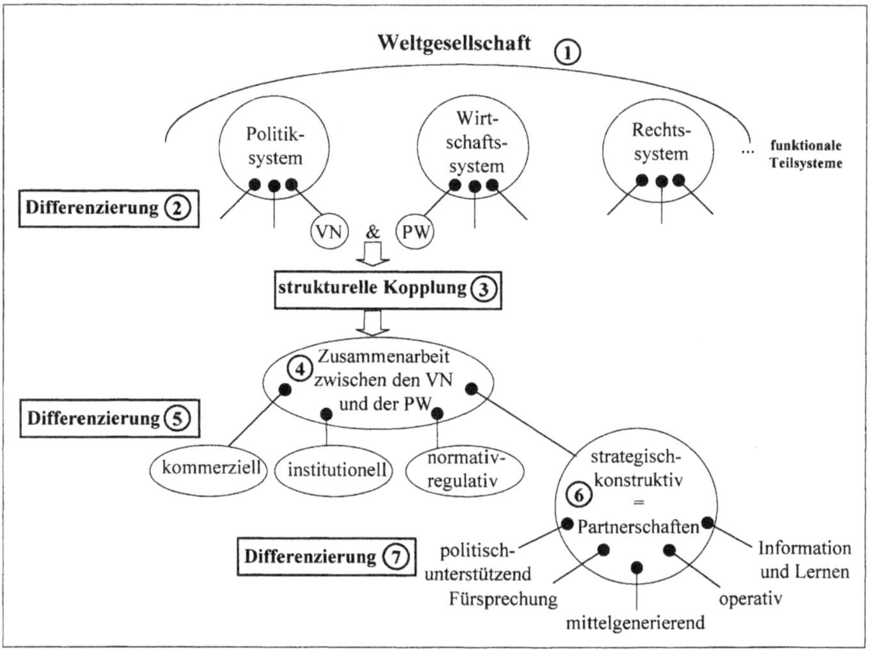

Quelle: Eigene Darstellung.

Der allgemeine Ausgangspunkt ist im Luhmannschen Sinne die Weltgesellschaft, die durch Selbstselektion eigene funktionale Teilsysteme provoziert (Punkt 1): die Politik bzw. das funktionale Politiksystem, die Wirtschaft bzw. das funktionale Wirtschaftssystem, das Recht bzw. das funktionale Rechtssystem usw. Jedes dieser Systeme ist in sich geschlossen und grenzt sich von seiner Umwelt und somit auch von den anderen Teilsystemen der Weltgesellschaft ab. Geschlossene Systeme sind komplex und wiederholen i.d.R. die Differenz von System und Umwelt in sich selbst, indem sie sich differenzieren bzw. durch die eigene Ordnung Teilsysteme reproduzieren, die wiederum eigene

Systeme sind (Punkt 2). Entsprechend ist die PW ein Teilsystem des funktionalen Systems der Wirtschaft und die VN ist ein Teilsystem des funktionalen Systems der Politik.

Zwischen zwei Systemen kann es zu struktureller Kopplung kommen, was zwischen den VN und der PW geschieht (Punkt 3). Sofern diese funktioniert, ist sie "Ausgangspunkt für weitere Evolution"[146] und Strukturveränderungen: Es entsteht ein strukturell gekoppeltes, neues und eigengesetzliches System. Das System der VN und das System der PW werden also strukturell miteinander gekoppelt, wodurch ein neues soziales System entsteht: Das System der Zusammenarbeit zwischen den VN und der PW (Punkt 4). Der Zweck der Systembildung liegt wiederum in der Erfassung und Reduktion von Komplexität, auf die durch Differenzierung hingewirkt werden kann. Vor diesem Hintergrund differenziert sich das System der Zusammenarbeit zwischen den VN und der PW und reproduziert wiederum eigene funktionale Teilsysteme (Punkt 5): die kommerzielle Zusammenarbeit, die institutionelle Zusammenarbeit, die normativ-regulative Zusammenarbeit und die strategisch-konstruktive Zusammenarbeit zwischen den VN und der PW.[147] Die strategisch-konstruktive Zusammenarbeit umfasst die Partnerschaften zwischen den VN und der PW, die ein eigenes, geschlossenes und komplexes soziales System darstellen, wie sich aus der vorgestellten Evolution ergibt (Punkt 6).

Das System der Partnerschaften zwischen den VN und der PW grenzt sich wiederum durch seine Operationsweise von anderen funktionalen Teilsystemen der Zusammenarbeit zwischen den VN und der PW ab und stellt entsprechend einen Teil des Gesamtsystems der Zusammenarbeit zwischen den VN und der PW dar. Aufgrund ihrer systemischen Natur differenzieren sich in einem nächsten Schritt auch die Partnerschaften in weitere Teilsysteme, die anhand ihrer jeweiligen Funktionen unterschieden werden können (Punkt 7): die politisch-unterstützenden Partnerschaften, die Partnerschaften zur Fürsprechung, die mittelgenerierenden Partnerschaften, die operativen Partnerschaften sowie die Informations- und Lernpartnerschaften.[148] Dabei ist anhand ihrer auf die jeweiligen Funktionen bezogenen Bezeichnung erkennbar, dass die funktionalen Teilsysteme der Partnerschaften ungleich sind und sich nicht durch einander ersetzen lassen. Entsprechend ist jedes dieser Teilsysteme in sich geschlossen

---

146 Horster, Detlef (1997), S. 147.

147 Diese funktionalen Teilsysteme der Zusammenarbeit zwischen den VN und der PW werden in Kapitel 5 ausführlich beschrieben.

148 Diese funktionalen Teilsysteme der Partnerschaften zwischen den VN und der PW werden in Abschnitt 5.4 ausführlich beschrieben.

In einem letzten Schritt differenzieren sich die jeweiligen funktionalen Teilsysteme der Partnerschaften in die einzelnen, individuellen Partnerschaften zwischen einem oder mehreren Akteuren der VN und einem oder mehreren Akteuren der PW.

und zeichnet sich durch eine individuelle Operationsweise aus, was jedoch nach Luhmann nicht ausschließt, dass sie alle demselben Zweck dienen.[149]

Dass die Partnerschaften zwischen den VN und der PW als ein soziales System bezeichnet werden können, stützt sich auf Luhmanns Definition sozialer Systeme, die in Unterabschnitt 2.1.2 vorgestellt wurde. Zudem wird der Beleg dadurch gestützt, dass sowohl für das System der Partnerschaften als auch für dessen funktionale Teilsysteme die Luhmannschen Prämissen greifen, dass nämlich

- Systeme sich durch Autopoiesis selbsterhalten;
- Systeme einen Zweck haben, der ihrer Erhaltung dient;
- Systeme eine Funktion haben, die der Gesellschaft an sich dient; und
- Systeme sich durch ihre spezifische Operationsweise von der Umwelt abgrenzen.[150]

Zur Verwendung des Luhmannschen Systembegriffs für die Partnerschaften zwischen den VN und der PW ist fundamental bedeutend, dass die Partnerschaften weniger als menschliche Kooperationsgefüge verstanden werden, sondern vielmehr als Sozialsystem eine Einheit konstituieren. Von diesem Verständnis der Partnerschaften ausgehend, stellen alle systemischen oder nicht-systemischen Konstellationen in- und außerhalb der VN und der PW, die nicht zu den Partnerschaften gehören, deren Umwelt dar, zu der somit sowohl politische und organisatorische Steuerungsinstrumente der VN und der PW als auch die Mitarbeiter[151] und andere Individuen gehören. Entsprechend gehören auch die anderen Teilsysteme der Zusammenarbeit zwischen den VN und der PW der Umwelt des Systems der Partnerschaften an, wie anhand von Abbildung 2 veranschaulicht werden kann.

Nichtsdestotrotz sind die Partnerschaften relational mit den Systemen und Elementen ihrer Umwelt verbunden, d.h. beispielsweise, dass die Handlungsempfehlungen des VN-Sekretariats einen Einfluss auf die Partnerschaften haben oder auch, dass die VN und die PW als Systeme von der Qualität der Partnerschaften profitieren können.[152] Die Grenzen des Systems der Partnerschaft

---

149 Vgl. hierzu die Ausführungen zu "Systemzweck, Systemfunktion und Operationsweise des Systems" in Unterabschnitt 2.1.2.

150 Vgl. Horster, Detlef (1997), S. 61ff.

151 An dieser Stelle ist anzumerken, dass im Folgenden mit den "Mitarbeitern der VN" die Festangestellten Mitarbeiter der VN Institutionen gemeint sind, was die bei den Botschaften zu den VN angestellten Vertreter der VN-Mitgliedstaaten nicht beinhaltet.

152 Diese inter-systemischen Verknüpfungen bzw. Wechselwirkungen werden in Abschnitt 3.2 ausführlich betrachtet.

hängen schließlich von der den Partnerschaften zugrundegelegten Definition ab, die für den Rahmen dieser Arbeit in Unterabschnitt 2.2.3 vorgestellt wurde.[153]

Abbildung 2: System der Partnerschaften und seine Umwelt

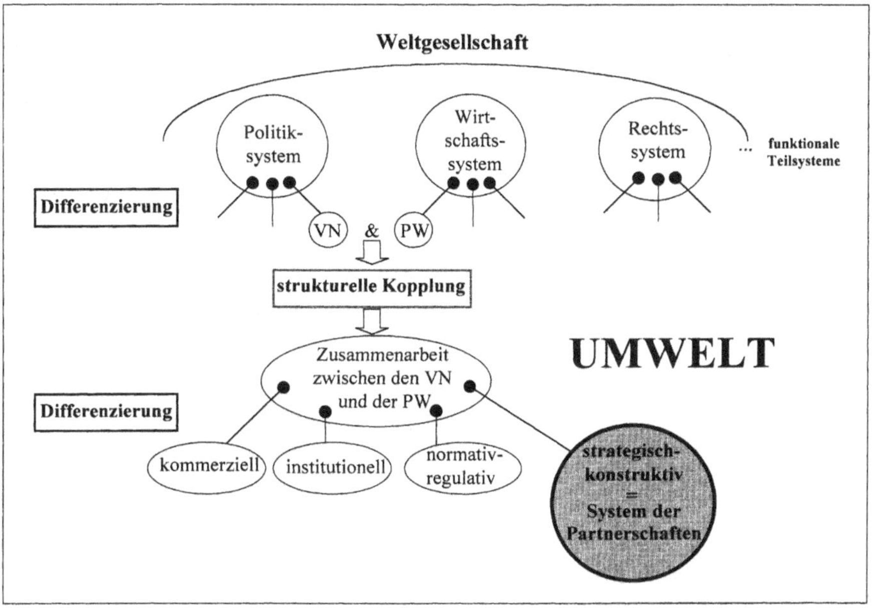

Quelle: Eigene Darstellung.

Unter Vernachlässigung der Ein- und Mitwirkungen von Individuen konnte somit die systemtheoretische Entstehung der Partnerschaften zwischen den VN und der PW hergeleitet werden. Im nächsten Abschnitt wird schließlich die tatsächliche Rolle von Individuen berücksichtigt, womit eine erweiterte und v.a. praxisbezogenere Antwort auf die Frage nach der Evolution und weitergehenden Entwicklung der Partnerschaften zwischen den VN und der PW geliefert werden kann.

153 Wenn angenommen wird, dass alle Formen der Zusammenarbeit zwischen den VN und der PW inklusive beispielsweise des Beschaffungswesens im Sinne der kommerziellen Zusammenarbeit zwischen den VN und der Privatwirtschaft (z.B. Lieferungen von Büromaterial oder Durchführung von Baumaßnahmen), als Partnerschaften verstanden werden, dann verfügt das System über andere - und weitere - Grenzen, als wenn, wie im Rahmen dieser Arbeit, den Partnerschaften eine wesentlich engere Definition zugrunde gelegt wird, die beispielsweise das Beschaffungswesen nicht beinhaltet.

3.2 ENTSTEHUNG UND ENTWICKLUNG UNTER EINBEZUG VON INDIVIDUEN

Für das praktische Zustandekommen und die qualitativen Merkmale der Partnerschaften zwischen den VN und der PW sind Individuen von fundamentaler Bedeutung. Um die Partnerschaften praxisbezogen analysieren zu können, muss somit zunächst die Frage beantwortet werden, welche Rolle Individuen hinsichtlich der Entstehung und Entwicklung von Partnerschaften zukommt. Zur Auflösung behält die im vorstehenden Abschnitt 3.1 dargestellte, auf Luhmann zurückführende theoretische Erläuterung zur Evolution des Systems der Partnerschaften zwar nach wie vor Gültigkeit und Relevanz. Sie wird jedoch im Folgenden unter Einbezug von Individuen bzw. psychischen Systemen mit Hilfe des sogenannten Makro-Mikro-Makro-Schemas (MMMS)[154] anwendungsorientiert interpretiert. Die Voraussetzung für diese Vorgehensweise besteht darin, dass die Partnerschaften zwischen den VN und der PW eine Form der PPP sind.[155]

Das MMMS ist in der wissenschaftlichen Literatur bislang das einzige theoretische Modell, das zur ausführlichen Erklärung der Entstehung von PPP angewendet wurde. Das Schema basiert auf handlungstheoretischen Grundlagen sowie dem Interpretationsschema des methodologischen Individualismus; entsprechend steht es auf den ersten Blick in theoretischem Widerspruch zur Luhmannschen Systemtheorie. Nutzt man jedoch die konzeptionelle Schablone des MMMS, ohne sich dabei auf der Mikro-Ebene in handlungstheoretischen Details beruhend auf dem *Rational-Choice*-Modell zu verfangen, so lässt sich das Schema anwendungsorientiert auf systemtheoretische Konzepte und somit auch zur Erklärung der Entstehung und weiteren Entwicklung von Partnerschaften anwenden. Basierend auf der Prämisse, dass die Partnerschaften zwischen den VN und der PW eine Form der PPP sind, erlaubt sich in der Konsequenz die Übertragbarkeit des MMMS auf die Entstehung - und nach Einbindung Luhmannscher Grundsätze auch der Entwicklung - der Partnerschaften zwischen den VN und der PW.[156]

---

154 Das MMMS (auch Coleman-Schema genannt) wurde von dem Soziologen James Coleman in Anlehnung an u.a. Talcott Parsons *Structure of Social Action* von 1937 weiterentwickelt und wird sowohl in der Soziologie, in der Ökonomie als auch in der Politikwissenschaft angewendet (vgl. Budäus, Dietrich; Grüning, Gernod; Steenbock, Andreas (1997b), S. 8).

155 Der Beleg dafür, dass die Partnerschaften zwischen den VN und der PW eine Form der PPP sind, erfolgt in Abschnitt 4.5.

156 Im Rahmen der Betrachtung der Entstehung von PPP ist die Differenzierung zwischen PPP im engeren und PPP im weiteren Sinne, wie sie in Abschnitt 4.5 vorgestellt wird, hinfällig.

Die einzelnen Partnerschaften zwischen den VN und der PW, wie auch alle anderen makro-sozialen Phänomene, setzen individuelle Wahlhandlungen voraus, was sich mit Hilfe des MMMS theoretisch abbilden lässt. Sobald sich eine einzelne Partnerschaft etabliert hat, beruht deren effiziente und nachhaltige Entwicklung sowohl auf strukturellen Rahmenbedingungen als auch auf individuellem Verhalten der involvierten Individuen; beide Faktoren werden durch die Determination der Handlungsfreiräume richtungsweisend gesteuert.[157]

Diese theoretische Herleitung kann, wie angedeutet, nur durch Kombination zweier an sich im Widerspruch zueinander stehender Theoriekomplexe, der Handlungs- und der Systemtheorie, gewährleistet werden. Dazu werden in einem ersten Schritt in Unterabschnitt 3.2.1 die relevanten Divergenzen der beiden theoretischen Konstrukte vorgestellt. Anschließend wird in Unterabschnitt 3.2.2 die Luhmannsche Interpenetration zwischen Individuen und sozialen Systemen näher erläutert, womit sich die systemischen Einwirkungen von Individuen auf die Partnerschaften zwischen den VN und der PW erklären lassen. Die Frage nach der praxisbezogenen Entstehung und weitergehenden Entwicklung der Partnerschaften unter Einbezug von Individuen wird schließlich in Unterabschnitt 3.2.3 durch die konzeptionelle Schablone des MMMS beantwortet. Nachdem somit die Entstehung und Entwicklung der Partnerschaften unter Einbezug von Individuen grundsätzlich erklärt wurde, werden die einzelnen Einflussfaktoren auf die Entwicklung der Partnerschaften genauer betrachtet. In einem ersten Schritt werden dabei in Unterabschnitt 3.2.4 die vorrangig externen Einflussparameter für die Entwicklung der Partnerschaften, Freiraum und Potential, vorgestellt. Das Verhältnis dieser beiden Parameter wird anhand des für den weiteren Verlauf der Arbeit zentralen theoretischen Modells der Freiraum-Potential-Matrix abgebildet, wobei v.a. theoretische Grundlagen für die nachhaltige und effiziente Entwicklung der Partnerschaften eingeführt werden. In einem nächsten Schritt wird in Unterabschnitt 3.2.5 die systeminterne Dimension der Einwirkungen auf die Entwicklung der Partnerschaften betrachtet und detailliert vorgestellt. Abschließend werden in Unterabschnitt 3.2.6 die im Rahmen des Kapitels gewonnenen Erkenntnisse zusammengefasst, um zu betonen, welche Parameter für die Entwicklung der Partnerschaften zwischen den VN und der PW maßgeblich sind.

---

157 Vgl. beispielsweise Luhmann, Niklas (1984), S. 156ff, S. 161f und S. 169f sowie Budäus, Dietrich; Grüning, Gernod; Steenbock, Andreas (1997b), S. 21.

3.2.1 Relevante Divergenzen zwischen System- und Handlungstheorie

Die Systemtheorie unterscheidet sich deutlich von der Handlungs- bzw. der Entscheidungstheorie: Zum einen, indem sie den Ansatz des sich selbst "beobachtenden Beobachtungssystems"[158] wählt, und zum anderen, indem sie keine "Verwendung für den Subjektbegriff"[159] mehr hat, woraus folgt, dass der Mensch nicht mehr maßgebend ist,[160] und entsprechend Prozesse und Strukturen, nicht Individuen wesentlich sind. Vor allem letzterer Unterschied zwischen der System- und der Handlungstheorie ist, wie sich zeigen wird, für die umfangreiche Erklärung der Entstehung und Entwicklung der Partnerschaften zwischen den VN und der PW von zentraler Bedeutung.

Hinsichtlich der Rolle des Individuums für die Partnerschaften besteht der fundamentale Unterschied zwischen Luhmanns systemtheoretischem Erklärungsansatz und der Handlungstheorie in den divergierenden Auffassungen zum methodologischen Individualismus sowie zur Positionierung des Individuums hinsichtlich dessen Bezug zum Sozialen bzw. zur Gesellschaft. Die Handlungstheoretiker vertreten diesbezüglich die Auffassung, dass das Individuum als handelnder Akteur Teil des Sozialen bzw. der Gesellschaft und somit Teil des Ganzen ist. Luhmann hingegen definiert in seiner Systemtheorie Individuen als autarke, autopoietische, psychische Systeme, die zur Umwelt der Gesellschaft bzw. sozialer Systeme gehören.

Diese fundamentale Kontroverse zwischen der System- und der Handlungstheorie impliziert unterschiedliche Erklärungsstränge zur Entstehung und Entwicklung sozialer Systeme unter Einbezug von Individuen. Die Handlungstheoretiker basieren ihre Erklärungsmodelle auf dem Konzept der Ausrichtung von Individuen auf Nutzenmaximierung und somit auf dem methodologischen Individualismus. Die Luhmannsche Systemtheorie hingegen distanziert sich eben davon und postuliert, die Verfolgung eines eigenen Nutzens von Individuen sei "eine viel zu anspruchsvolle Einstellung, als daß man sie generell voraussetzen könnte"[161]. Begründet auf seiner Ablehnung, das Individuum als Teil des Ganzen zu betrachten, und seiner These, die Gesellschaft bestünde aus Kommunikation, setzt Luhmann andere Prioritäten, wenn er meint, die Anfangsfrage laute vielmehr, "*ob der Partner eine Kommunikation annehmen oder ablehnen wird*, oder auf Handlung reduziert: *ob eine Handlung ihm nützen oder*

---

158 Reese-Schäfer, Walter (2001), S. 14. Hingegen wird in der Handlungstheorie versucht, "die Gesellschaftstheorie vom Individuum her zu konstruieren" (Reese-Schäfer, Walter (2001), S. 14).

159 Luhmann, Niklas (1984), S. 51.

160 Vgl. Luhmann, Niklas (1984), S. 289.

161 Luhmann, Niklas (1984), S. 160.

schaden wird. Die Position des Eigeninteresses ergibt sich erst sekundär aus der Art, wie ein Partner auf einen Sinnvorschlag reagiert."[162] Im Luhmannschen Sinne ist zur Determinierung der Verhaltensgrundlagen von sowohl psychischen als auch sozialen Systemen somit der Begriff der Absicht[163] dem des Interesses vorzuziehen. Luhmann distanziert sich von der Auffassung, dass soziale Phänomene nur aus der Kombination individueller Handlungen erklärt werden können, und geht davon aus, dass Soziales eine Eigenständigkeit besitzt,[164] auf die allenfalls durch Einflüsse von anderen Systemen, wie z.B. den psychischen Systemen des Individuums/Menschen, eingewirkt wird. Methodologische Individualisten müssen Luhmann zufolge "also entweder auf Realitätsbezug oder auf Erklärung verzichten"[165].

Die im Rahmen der Partnerschaften zwischen den VN und der PW zentralen Wechselwirkungen zwischen sozialen und psychischen Systemen umschreibt Luhmann mit dem Begriff der Interpenetration, der im folgenden Unterabschnitt beschrieben wird.

3.2.2 Interpenetration zwischen sozialen und psychischen Systemen nach Niklas Luhmann

Luhmann verwendet das Konzept der Interpenetration v.a. zur Beschreibung der Beziehungen bzw. Wechselwirkungen zwischen psychischen und sozialen Systemen. Interpenetration versteht er dann als gegeben, wenn sich Systeme gegenseitig zum Aufbau die eigene Komplexität zur Verfügung stellen,[166] also wenn Systeme ihre Strukturbildung und entsprechend die Konstitution ihrer Elemente gegenseitig beeinflussen. Grundlegend für Luhmanns Konzept der Interpenetration ist die erwähnte Annahme, dass jedes Individuum ein autopoietisches psychisches System darstellt und dass die Gesellschaft und ihre funktionalen Teilsysteme der Umwelt des Individuums angehören, wobei jedes Individuum Zugang zu jedem funktionalen System erhalten kann. Das Individuum bzw. die Gesamtheit der psychischen Systeme stellen im Gegenzug die Umwelt der Gesellschaft dar.[167]

Die Operationsweise des sozialen Systems ist die Kommunikation, die sich aus den Elementen der Information, der Mitteilung und des Verstehens zusammen-

---

162 Luhmann, Niklas (1984), S. 160; Hervorhebungen im Original.

163 Der Begriff der Absicht wird im Rahmen dieser Arbeit mit dem Begriff der Intention gleichgesetzt.

164 Vgl. Willke, Helmut (1996), S. 318.

165 Luhmann, Niklas (1994), S. 480.

166 Vgl. Luhmann, Niklas (1984), S. 290.

167 Vgl. Luhmann, Niklas (1981b), S. 26f und Horster, Detlef (1997), S. 94.

setzt.[168] Jede Kommunikation beruht auf der Operationsweise des psychischen Systems mit seinem zentralen Element, dem Bewusstsein.[169] Das psychische System nimmt seine Umwelt und somit auch einzelne soziale Systeme durch sein Bewusstsein wahr und stellt dadurch einen Zwischenspeicher für kommunikative Informationen dar.[170] Begründet auf seiner Selbstreferenz und entsprechend darauf, ob die Informationen an den eigenen Bewusstseinsstrom anschlussfähig sind, entscheidet das psychische System selbst, welche Informationen es aus der Umwelt aufnimmt.[171] Dabei ergibt sich die Frage nach dem Sinn, den die Information für das psychische System hat bzw. nicht hat.[172] Da die primäre Funktion des Sinns in der Selektion liegt, entscheidet das psychische System, welche "Informationen aus der Umwelt für es selbst sinnvoll sind"[173]. Das heißt eine Kommunikation wird angenommen oder abgelehnt bzw. verstanden oder nicht. "Sinn ermöglicht das Sichverstehen und Sichfortzeugen von Bewußtsein in der Kommunikation und zugleich das Zurückrechnen der Kommunikation auf das Bewußtsein der Beteiligten."[174] Durch Sinn wird also die Betrachtungsweise unterschieden, in der "das ganze Ereignis, in welchem die Operationsweisen der beiden Systeme"[175] sich befinden, zusammenfällt. Die Entscheidung des Individuums, dass eine Information sinnvoll ist, lässt sich anders ausgedrückt auch als individuelle Interpretation der Information verstehen, die in einem nächsten Schritt dann Handlung zur Folge haben kann.

Diese auf Kommunikation basierende Interdependenz ist dem Verhältnis zwischen psychischen und sozialen Systemen inhärent.[176] Die beiden Systeme müssen also strukturell gekoppelt sein, was schließlich über Interpenetration geregelt wird. Hierbei stößt man auf das bereits angesprochene Paradoxon, dass obwohl Systeme operationell geschlossen sind, sie dennoch strukturell

---

168 Vgl. Luhmann, Niklas (1981b), S. 26f, Luhmann, Niklas (1990) S. 24 und S. 125 sowie Horster, Detlef (1997), S. 20.

169 Somit besteht nach Luhmann die Gesellschaft aus Kommunikation zwischen Menschen.

170 Vgl. Luhmann, Niklas (1997), S. 103ff.

171 Vgl. Horster, Detlef (1997), S. 85.

172 Sofern die Information aus der Umwelt für das psychische System nicht sinnvoll ist, erscheint sie nur als so genanntes Rauschen und nicht als Information (vgl. Horster, Detlef (1997), S. 85).

173 Horster, Detlef (1997), S. 86.

174 Luhmann, Niklas (1984), S. 297.

175 Horster, Detlef (1997), S. 105.

176 Individuen können nicht ohne soziale Umwelt bestehen und umgekehrt (vgl. Horster, Detlef (1997), S. 99).

gekoppelt werden können bzw. müssen, um für Umwelteinflüsse geöffnet zu werden.[177]

Die Bedingungen für strukturelle Kopplung werden vom Moralsystem geschaffen.[178] Moral im Kontext psychischer Systeme "bezieht sich letztlich auf die Frage, ob und unter welchen Bedingungen Menschen einander achten bzw. mißachten"[179]. Die Moral eines sozialen Systems bezeichnet die gesamten Bedingungen, "nach denen im sozialen System über Achtung und Mißachtung entschieden wird"[180]. Standardisierung in Form von Moral ist somit notwendig, damit der Austausch zwischen psychischem und sozialem System nicht nur sogenanntes Rauschen ist.[181] Moral ist somit als eine "*symbolische Generalisierung*"[182] zu verstehen, deren Schematisierung über Achtung und Missachtung im Rahmen gesellschaftlicher Verhaltensspielräume entscheidet und die über die Komplexität der jeweiligen Systeme derart reduziert wird, dass sie die Nutzbarkeit durch das jeweils andere System ergibt.[183]

Die Aktion der Handlung beschreibt Luhmann über den Begriff der Kommunikation, indem eine Kommunikation auch als Handlung vorliegen kann. Dabei kann sich Handlung in zwei unterschiedlichen Kontexten sozial konstituieren: Entweder als Information bzw. als Thema einer Kommunikation oder als Mitteilungshandeln.[184] "Kommunikationssystemen steht es frei, über Handlungen oder über etwas anderes zu kommunizieren; sie müssen jedoch das Mitteilen selbst als Handeln auffassen, und nur in diesem Sinne wird Handeln zur notwendigen Komponente der Selbstproduktion des Systems (...). Deshalb ist es nie falsch (...), wenn ein Kommunikationssystem sich selbst als Handlungssystem auffaßt"[185].

Obwohl die Handlung selber eine Einheit konstituiert und folglich einen Anfang und ein Ende besitzt, kann sie nur im System gefunden werden. Somit gibt es für eine Operation "(und das gilt auch für Kommunikation, wenn diese denn eine autopoietische Operation sein soll) (...) nie einen Anfang, weil das System

177 Vgl. Horster, Detlef (1997), S. 99.

178 Vgl. Horster, Detlef (1997), S. 101.

179 Luhmann, Niklas (1984), S. 318.

180 Luhmann, Niklas (1984), S. 319.

181 Vgl. Horster, Detlef (1997), S. 102 und Luhmann, Niklas (1984), S. 197. Rauschen bedeutet in diesem Zusammenhang so viel wie unverständliche Information und lässt sich beispielsweise durch ein mangelndes Verständnis für Fachtermini oder ausländische Sprachen beschreiben.

182 Luhmann, Niklas (1984), S. 320; Hervorhebungen im Original.

183 Vgl. Horster, Detlef (1997), S. 106f und Luhmann, Niklas (1984), S. 317ff.

184 Vgl. Luhmann, Niklas (1984), S. 227.

185 Luhmann, Niklas (1984), S. 227.

immer schon angefangen haben muss, um seine Operationen aus eigenen Produkten reproduzieren zu können, und ebenso gibt es kein Ende, weil jede weitere Operation im Hinblick auf weitere Operationen produziert wird"[186]. Eine Handlung ist somit Teil eines zirkulären autopoietischen Prozesses, womit sich Luhmanns Auffassung der zirkulären Evolution sozialer Systeme andeutet. Er stellt fest, dass Evolutionsprozesse auf unterschiedlichen Komponenten der Autopoiesis des Gesellschaftssystems bestehen: Variation, Selektion und Stabilisierung. "Schon dem Begriff des autopoietischen Systems ist zu entnehmen, daß diese Komponenten des Systemaufbaus und der Evolution in einem zirkulären Verhältnis zueinander stehen."[187] Die Annahme der Handlungstheoretiker, dass gesellschaftlicher Wandel auf individuellem Handeln und somit auf einem rekursiven Verhältnis zwischen der sozialen Makro- und der Mikro-Ebene basiert, wodurch ein Anfang und ein Ende festgelegt werden können, lässt sich nach Luhmann schließlich "bei einer genaueren Analyse und vor allem bei einem besseren Verständnis gerade der Individualität organisch-psychischer Systeme nicht halten"[188]. Basierend auf seinem theoretischen Konzept der Interpenetration, das auf autopoietischen Systemen beruht, die sich selbst differenzieren und reproduzieren sowie auf den Variationen durch doppelte Kontingenz, schlussfolgert Luhmann also, dass Evolution "immer nur Modifikation der bestehenden Zustände"[189] ist, und erklärt somit sowohl die Entstehung als auch die weitergehende Entwicklung von Systemen durch einen Prozess.

Das grundlegende Verständnis der Wechselwirkungen zwischen psychischen und sozialen Systemen über Interpenetration sowie die geschilderte Feststellung Luhmanns, Handlung sei Teil eines zirkulären autopoietischen Prozesses, ist für den weiteren Verlauf dieser Arbeit von zentraler Bedeutung. Auf den gewonnenen Erkenntnissen aufbauend werden daher im folgenden Unterabschnitt die systemischen Einwirkungen auf die Partnerschaften und daraus abgeleitet die Entstehungs- und Entwicklungsprozesse der Partnerschaften anhand der konzeptionellen Schablone des MMMS abgebildet.

---

186 Luhmann, Niklas (1984), S. 440-441.

187 Luhmann, Niklas (1997), S. 455.

188 Luhmann, Niklas (1997), S. 457.

189 Luhmann, Niklas (1997), S. 455.

3.2.3 Das Makro-Mikro-Makro-Schema

Die Entstehung von PPP wird wissenschaftlich bislang kaum diskutiert.[190] Dietrich Budäus hat als einer der wenigen eben diesen Aspekt unter Einbezug von Individuen auf der Mikro-Ebene untersucht. Basierend auf der Annahme rational handelnder Individuen, legt er das MMMS als Modell zur Erklärung der Entstehung von PPP zugrunde.[191] Das MMMS dient grundsätzlich zur Erklärung der Entstehung makrosozialer Phänomene und eignet sich somit zur Erklärung der Entstehung sowohl von PPP als auch von Partnerschaften zwischen den VN und der PW. Dem Schema zufolge geht die Erklärung makrosozialer Phänomene immer vom methodologischen Individualismus und in dem Sinne von den Handlungen der beteiligten Individuen aus und gründet somit auf der Handlungstheorie.[192] Da in der Praxis jede Partnerschaft von Individuen initiiert, umgesetzt und weiterentwickelt wird, ist die gewählte Grundlage für die Erklärung der Entstehung von PPP begründet. Um das Konzept des MMMS jedoch auf die Partnerschaften zwischen den VN und der PW übertragen zu können, ohne auf die systemtheoretischen Prämissen nach Luhmann zu verzichten, wird das Schema im Folgenden zuerst in seiner ursprünglichen Form vorgestellt und anschließend im Hinblick auf die zentrale Fragestellung im Rahmen dieser Arbeit modifiziert.[193]

---

190 Budäus verweist auf die Besonderheit der Fragestellung vor dem Hintergrund des gängigen Rollenverständnisses, das von einer strikten Trennung zwischen privatem und öffentlichem Sektor ausgeht. "Wird die Frage nach der Entstehung von Public Private Partnership unter dem Blickwinkel einer oftmals nur impliziten aber strikten Trennung von privater und öffentlicher Sphäre untersucht, dann ist fraglich, ob eine adäquate Erklärung gefunden werden kann." (Budäus, Dietrich; Grüning, Gernod; Steenbock, Andreas (1997b), S. 5-6.) Im systemtheoretischen Sinne kann Budäus Fragestellung dahingehend aufgelöst werden, dass system-spezifische Absichten durch strukturelle Kopplungen bzw. durch gesellschaftliche Vernetzungen erweitert werden, und es somit durchaus möglich wird, dass sich die PW für das gesellschaftliche Gemeinwohl einsetzt.

191 Vgl. Coleman, James (1990), S. 6ff.

192 Der methodologische Individualismus wird hier dem methodologischen Kollektivismus vorgezogen. Letzterer, dessen Ursprünge in den Anfängen der Soziologie liegen, wird als Grundlage der Makro-Makro-Erklärung genutzt, die makrosoziale Phänomene (Bsp. PPP) ausschließlich durch andere makrosoziale Phänomene (Bsp. öffentliche Finanzkrise) erklärt. Im MMMS wird hingegen die Einseitigkeit der makrosozialen Ebene überwunden und um Mikro-Aspekte im Sinne des Verhaltens von Individuen erweitert.

193 Die Gegensätze zwischen dem ursprünglichen MMMS auf Grundlage der Handlungstheorie und Luhmanns Denkschema werden in der folgenden Ausführung in Fußnoten angemerkt, um die Übertragbarkeit zu veranschaulichen. Quellenangaben werden dabei vernachlässigt, sofern sich die Anmerkungen auf bereits vorgestellte Sachverhalte beziehen.

In seiner ursprünglichen Form geht das MMMS in drei Schritten vor:[194]

1. Logik der Situation: Rekonstruktion der sozialen Situation und ihrer Wirkung (Auswirkungen der Makro- auf die Mikro-Ebene).
2. Logik der Selektion: Erklärung des individuellen Handelns (Verbindung von zwei Elementen der Mikro-Ebene).
3. Logik der Aggregation: Feststellung der Auswirkungen des individuellen Handelns auf die Makro-Ebene bzw. das makrosoziale Phänomen (Verbindung der Elemente der Mikro- mit der Makro-Ebene).

Abbildung 3: Makro-Mikro-Makro-Schema

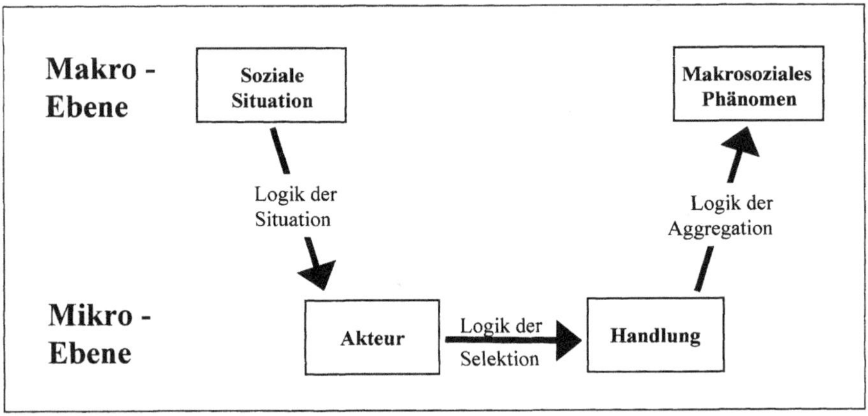

Quelle: Eigene Darstellung, auf der Basis von Abbildung 7 in Budäus, Dietrich; Grüning, Gernod; Steenbock, Andreas (1998), S. 21.

Im ersten Schritt wird die soziale Situation,[195] in der sich die Akteure befinden,[196] rekonstruiert und deren Wirkung auf den einzelnen Akteur dargestellt. Die soziale Situation setzt sich aus einer Vielzahl an Elementen zusammen (beispielsweise gebotene Handlungsfreiräume, Eigenlogik der funktionalen Sozialsysteme und deren vorhandene Ressourcen), die auf die Akteure einwirken, indem sie Handlungsalternativen, Erwartungen, situative Bewertungen usw.

---

194 Vgl. v.a. Coleman, James (1990), S. 6ff aber auch Budäus, Dietrich; Grüning, Gernod; Steenbock, Andreas (1997b), S. 11f.

195 Die soziale Situation eines Individuums würde Luhmann als komplexe Umwelt des psychischen Systems beschreiben (vgl. Horster, Detlef (1997), S. 92).

196 Dabei liegt dem ursprünglichen MMMS, wie es von Budäus in Bezug auf PPP eingeführt wird, zugrunde, dass "Akteure" menschliche Individuen sind.

für die Akteure festlegen.[197] Im Folgenden wird diese Beziehung zwischen Bedingungen der sozialen Situation auf der Makro-Ebene und dem Akteur auf der Mikro-Ebene "Logik der Situation" genannt.[198] Im zweiten Schritt wird das individuelle Handeln der Akteure erklärt, wobei es darum geht, aus den zur Verfügung stehenden Handlungsalternativen diejenige zu identifizieren, die der Akteur tatsächlich ausführt.[199] Um das Selektionsverhalten des Akteurs in diesem zweiten Schritt, der "Logik der Selektion", zu erklären, wird die Handlungstheorie bzw. genauer genommen das *Rational-Choice*-Modell angewendet. "Die Logik der Selektion verbindet also zwei Elemente der Mikroebene miteinander, die Handlungssituation eines einzelnen Akteurs und sein soziales Handeln."[200] Den dritten Schritt schließlich bildet die "Logik der Aggregation", in der untersucht wird, welche Auswirkungen die individuellen Handlungen auf die Makro-Ebene haben.[201] Es ist hierbei von grundlegender Bedeutung, dass nur zeitlich parallele Handlungen von mindestens zwei Akteuren zu einem Effekt auf der Makro-Ebene führen.[202] "Es werden also die Handlungen als Elemente der Mikroebene mit der Makroebene verbunden."[203] Das MMMS besteht somit aus der sukzessiven und schließlich kombinierten Lösung von drei ganz unter-

---

197 Luhmann stellt diesen Prozess wesentlich komplexer dar. Zur Erklärung der Beziehung zwischen psychischen und sozialen Systemen führt er das Konzept der Interpenetration ein. Er argumentiert hinsichtlich der gegebenen Situation, dass das Bewusstsein des psychischen Systems nur diejenige Kommunikation aus seiner Umwelt als Zwischenspeicher aufnimmt und weiterverarbeitet, die es in das System integrieren kann.

198 Vgl. Budäus, Dietrich; Grüning, Gernod; Steenbock, Andreas (1997b), S. 12 und Esser, Hartmut (1996), S. 94.

199 Luhmanns Erklärung für diesen Schritt beruht fundamental auf der Selbstreferenz psychischer Systeme, die vereinfacht ausgedrückt Selektionen bestimmter Handlungen zur Folge haben. In diesem Zusammenhang ist auch auf Abbildung 6 zu verweisen.

200 Budäus, Dietrich; Grüning, Gernod; Steenbock, Andreas (1997b), S. 12.

201 Vgl. Budäus, Dietrich; Grüning, Gernod; Steenbock, Andreas (1997b), S. 12. Luhmann beschreibt diesen Vorgang wiederum durch Interpenetration.

202 "*The (...) transition is mirrored by the consequences of the player's action: how it combines with, interferes with, or in any other way interacts with the actions of others (which in the play of the game as in reality may be simultaneous with or precede or follow the given player's action), thus creating a new context within which the next action takes place.*" (Coleman, James (1990), S. 11-12.) Luhmann beschreibt diesen Vorgang, indem er feststellt, dass mehrere Individuen durch gemeinsame Beiträge basierend auf doppelter Kontingenz die Reproduktion eines sozialen Systems bewirken.

203 Budäus, Dietrich; Grüning, Gernod; Steenbock, Andreas (1997b), S. 12. "Dabei ist es wichtig zu verstehen, dass die Auswirkungen der aggregierten Handlungen auf der Makroebene nicht vollständig intendiert sind, sogar im Gegenteil oftmals nichtintendiert sind." (Budäus, Dietrich; Grüning, Gernod; Steenbock, Andreas (1997b), S. 12. Vgl. hierzu das in Unterabschnitt 2.1.2 vorgestellte Luhmannsche Konzept der doppelten Kontingenz.)

schiedlichen Fragestellungen: "Die typisierende *Beschreibung* von Situationen über *Brückenhypothesen*; die *Erklärung* der Selektion von Handlungen durch ihre Akteure über eine allgemeine *Handlungstheorie*; und die Aggregation der individuellen Handlungen zu dem kollektiven Explanandum über *Transformationsregeln*."[204]

Anwendung des MMMS auf die Partnerschaften

Da das MMMS die Entstehung von PPP unter Berücksichtigung der Rolle von Individuen erklären kann und weil die Partnerschaften zwischen den VN und der PW eine Form der PPP sind,[205] ermöglicht das MMMS eine Erklärung für die Entstehung und im Luhmannschen Sinne auch für die Entwicklung der Partnerschaften zwischen den VN und der PW unter Einbezug von Individuen. Um jedoch von der Grundlage Luhmanns systemtheoretischen Denkens im Rahmen dieser Arbeit nicht abzuweichen, stellt sich zunächst die Frage, wie das handlungstheoretisch fundierte Schema auf einen systemtheoretisch abgeleiteten Sachverhalt angewendet werden kann. Dazu muss das MMMS modifiziert und an systemtheoretische Sachverhalte angepasst werden. Die erforderlichen Modifikationen sind folgende:

- Erstens muss auf der Mikro-Ebene die handlungstheoretische Erklärung, die das individuelle Handeln der Akteure bzw. ihr Selektionsverhalten erklärt, durch die systemtheoretische Erklärung nach Luhmann[206] ersetzt werden.
- Zweitens muss die Prämisse, dass sich die Mikro-Ebene aus Menschen bzw. Individuen konstituiert, dahingehend erweitert werden, dass sie im systemtheoretischen Sinne Akteure umfasst, die sowohl psychische als auch soziale Systeme sein können.[207]

---

204 Esser, Hartmut (1996), S. 97; Hervorhebungen im Original.

205 Vgl. Abschnitt 4.5.

206 Vgl. Unterabschnitte 3.2.1 und 3.2.2.

207 Theoretisch müssen in der modifizierten Form des MMMS somit zwei Akteurstypen auf der Mikro-Ebene unterschieden werden: Die Organisationsindividuen im Sinne von dem Akteur als formale Organisation/Institution (beispielsweise ein bestimmtes Unternehmen oder eine bestimmte VN-Institution) und den menschlichen Individuen im Sinne von real existierenden Personen (beispielsweise der VN-Mitarbeiter oder der PW-Angestellte). Diese Spezifikation ist nicht unüblich und wurde von Coleman selbst angeführt, der beschrieb, dass ähnlich wie in der Diplomatie "*the players represent not individual persons, but nations, exemplifying the case in which the actors at the micro level are not individuals but corporate actors*" (Coleman, James (1990), S. 12). Obwohl die Differenzierung zwischen Organisations- und menschlichen Individuen zwar von semantischer und logischer Bedeutung ist, wird sie im Kontext der Verwendung des Begriffs "Individuen" in diesem Abschnitt nicht explizit artikuliert, sondern grundsätzlich angenommen.

- Drittens muss die handlungstheoretische Annahme von Anfang und Ende so ergänzt werden, dass sich die systemtheoretische Prämisse der Zirkularität ergibt.

Dem MMMS diese drei Modifikationen zugrundelegend, lassen sich die Entstehung sowie die weitergehende Entwicklung[208] der Partnerschaften zwischen den VN und der PW anhand von Abbildung 4 veranschaulichen.

Abbildung 4: Systemtheoretisch modifiziertes Makro-Mikro-Makro-Schema

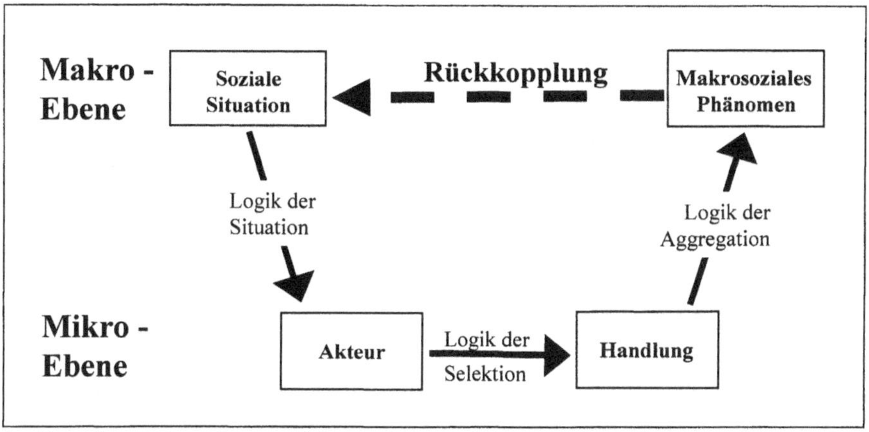

Quelle: Eigene Darstellung, auf der Basis von Abbildung 7 in Budäus, Dietrich; Grüning, Gernod; Steenbock, Andreas (1998), S. 21.

Im Einzelnen lassen sich die Prozesse nach der Modifikation des MMMS folgendermaßen beschreiben:

Von der Makro- zur Mikro-Ebene: Zur Logik der Situation

Den Ausgangspunkt des modifizierten MMMS bildet die Makro-Ebene und entsprechend die soziale Situation, die auf die Mikro-Ebene einwirkt. Im vorliegenden Sachverhalt befinden sich die Systeme der PW und der VN[209] bzw. im konkreteren Fall beispielsweise ein Unternehmen bzw. eine VN-Institution

---

208 Die Entwicklung ergibt sich durch die hinzugekommene Zirkularität im Sinne von Rückkopplung.

209 In einem erweiterten Modell bzw. in der Vorstufe des vorliegenden Modells sind die VN und die PW wiederum auf der Mikro-Ebene angesiedelt, wobei sich die Makro-Ebene, die auf sie einwirkt, durch die Umwelteinflüsse auszeichnet, die v.a. in Kapitel 4 beschrieben werden.

auf der Makro-Ebene. Sie wirken auf das sich ihnen zugehörig fühlende Individuum (beispielweise VN- oder PW-Mitarbeiter) auf der Mikro-Ebene ein. Dabei wird die PW anders auf das ihr zugehörige Individuum einwirken als die VN, was sich anhand unterschiedlicher Absichten verdeutlichen lässt, die fundamental von der jeweiligen systemischen Funktion, Operationsweise und Eigengesetzlichkeit des Systems auf der Makro-Ebene abhängen.[210]

Die VN bzw. die PW wirken auf die Mikro-Ebene ein, indem sie bestimmte Informationen mitteilen, Verhaltenserwartungen und Rahmenbedingungen vorgeben und somit den situativen Freiraum begrenzen. Sie geben entsprechend eine Situation vor,[211] aus der sich für das Individuum bestimmte Kommunikations- bzw. Handlungsalternativen ergeben.

Auf der Mikro-Ebene: Zur Logik der Selektion

Auf der Mikro-Ebene stellt sich die Frage danach, welche der gegebenen Kommunikations- bzw. Handlungsalternativen das Individuum auswählen wird. Hierbei geht es also darum, welche Mitteilungen aus der Makro-Ebene das Individuum gemäß seiner Eigengesetzlichkeit annimmt oder ablehnt, wie es die Mitteilung interpretiert und welche Informationen es sich entschließt, in einem folgenden Schritt abzugeben bzw. weiterzuleiten.[212]

Auf das konkrete Beispiel der Partnerschaften zwischen den VN und der PW angewendet, muss das Individuum in einem ersten Schritt also die für die Partnerschaft sprechende Mitteilung aus der Makro-Ebene angenommen haben. Daraufhin ist zentral, wie es diese Mitteilung (auch gegebenenfalls übermittelte Restriktionen) versteht bzw. interpretiert, woraus es die für sich möglichen Kommunikations- bzw. Handlungsalternativen individuell ableitet. Um dem hier zu erklärenden Zustand der tatsächlichen Entstehung einer Partnerschaft näher zu kommen, muss das Individuum folglich das Potential besitzen, die angenommene Mitteilung dahingehend zu interpretieren, dass sich zumindest die elementaren Handlungsoptionen ergeben, ob eine Partnerschaft eingegangen werden soll oder nicht. Im nächsten und letzten Schritt auf der Mikro-Ebene muss sich das Individuum dann für die Kommunikation bzw. Handlung im Sinne der Partnerschaft entscheiden,[213] auf die es schließlich einwirkt.

---

210 Vgl. Abschnitt 4.7.

211 Dieser Umstand umfasst den Prozess von der Information zur Mitteilung.

212 Der theoretische Vorgang nach Luhmann ist in Unterabschnitt 3.2.2 beschrieben worden.

213 In der Praxis ist diese Situation komplexer, da das Individuum nicht nur entscheiden muss, ob es auf die Partnerschaften einwirkt sondern auch in welcher Form. Hierbei sind die Restriktionen des Freiraums von besonderer Bedeutung, da sie gewisse Handlungsalternativen bzw. -vorgaben determinieren (vgl. Unterabschnitt 3.2.4).

Damit eine Partnerschaft zwischen den VN und der PW zustande kommt, sind entsprechend von den jeweiligen Individuen der VN und der PW die Alternativen zu wählen, eine Partnerschaft mit den VN bzw. der PW einzugehen.

Von der Mikro- zur Makro-Ebene: Zur Logik der Aggregation

Im Übergang von der Mikro- zur Makro-Ebene werden die makrosozialen Auswirkungen des individuellen Handelns festgestellt. Dabei ist es Bedingung für die Entstehung eines makrosozialen Phänomens, dass mindestens zwei Individuen vor- oder nachgelagert zueinander, gleichgerichtet handeln. Mit anderen Worten muss eine Relation zwischen den Handlungen mindestens zweier Individuen bestehen.

Auf die Partnerschaften zwischen den VN und der PW angewendet, muss sich somit auf der Mikro-Ebene mindestens ein Individuum der PW und mindestens ein Individuum der VN für die Gründung einer Partnerschaft zwischen den Systemen, die sie repräsentieren, entscheiden. Somit kann nur durch die Aggregation der interdependenten Handlungen beider Akteure die Entstehung des Phänomens der Partnerschaft zwischen den VN und der PW erklärt werden.[214] Wenn also schließlich eine Partnerschaft zwischen den VN und der PW entsteht, haben sich beide Individuen für ein integratives Kooperationsmodell und gegen ein einseitiges Handlungsmodell und somit für eine strategisch-konstruktive Zusammenarbeit entschieden.

Weitergehende Entwicklung durch Rückkopplung

Die weitergehende und theoretisch unbefristete Entwicklung einer Partnerschaft ergibt sich im modifizierten MMMS durch die Einführung der Rückkopplung auf der Makro-Ebene, indem das System der Partnerschaften wiederum basierend auf seiner Eigengesetzlichkeit auf die sozialen Systeme der VN bzw. der PW zurückwirkt und somit ein neuer Kreislauf im Sinne des MMMS angestoßen wird. Dabei kann es - und praxisbezogen wird es - dazu kommen, dass sich im Zeitablauf das Potential des Individuums vergrößert,[215] um selbstständig und zweckmäßig zu handeln. Das Individuum wird somit auf das soziale System der VN bzw. der PW zurückwirken, indem es sein weiterentwickeltes Potential demonstriert, wodurch die VN bzw. die PW mit großzügigeren oder auch mit

---

214 Vgl. Budäus, Dietrich; Grüning, Gernod; Steenbock, Andreas (1997b), S. 18. Nach Budäus ist dabei bedeutend, dass die Implikationen der angehäuften Handlungen auf die Makro-Ebene nicht allesamt beabsichtigt, sondern häufig sogar unbeabsichtigt sind, was im konkreten Fall heißen kann, dass die Akteure nicht konkret eine Partnerschaft, sondern eine lockere Kooperation beabsichtigt haben, die sich dann als Partnerschaft erweist, oder dass sich die Akteure etwas Bestimmtes von der Kooperation erhofft haben, was nicht eintritt (vgl. Budäus, Dietrich; Grüning, Gernod; Steenbock, Andreas (1997b), S. 12).

215 Vgl. den nächsten Abschnitt.

restriktiveren Handlungs- bzw. Kommunikationsvorgaben reagieren kann.[216] Dabei ist schließlich anzumerken, dass hinsichtlich der Rückkopplung im Sinne der weitergehenden Entwicklung der Partnerschaften bei genauer Betrachtung verschiedene Faktoren relevant sind, die im Folgenden näher betrachtet werden.

3.2.4 Externe Entwicklungsfaktoren: Die Freiraum-Potential-Matrix

Zum besseren Verständnis der Entwicklungskriterien und in diesem Sinne der systemischen Einwirkungen auf die Partnerschaften ist es sinnvoll, die aus der Luhmannschen Denkweise gewonnenen, relevanten Erkenntnisse zusammenfassend zu veranschaulichen und dabei zwei für die weitere Analyse maßgebliche Faktoren für die externe Einwirkung auf die Entwicklung des Systems der Partnerschaften "Freiraum" und "Potential"[217] einzuführen. Das Verhältnis zwischen diesen beiden Faktoren kann im Rahmen einer Matrix, der Freiraum-Potential-Matrix abgebildet werden, die als theoretische Grundlage für die optimale bzw. nachhaltige und effiziente Entwicklung der Partnerschaften dient. In diesem Sinne kann auch eine Erklärung dafür geliefert werden, welchen direkten Bezug Individuen[218] zum System der Partnerschaften haben.

Begründet auf der Luhmannschen Denkweise wirken vorrangig drei Systeme mit einer jeweils eigenen Komplexität auf das System der Partnerschaften ein,[219] wie anhand von Abbildung 5 veranschaulicht wird: Die sozialen Systeme der PW und der VN sowie das Individuum.[220] Diese Erkenntnis ist insofern von

---

216 Dieser Prozess erklärt die parallele Vergrößerung der Potentiale von Individuen und der vorgegebenen Freiräume durch die sozialen Systeme auf der Makro-Ebene, die im nächsten Abschnitt im Rahmen der Freiraum-Potential-Matrix vorgestellt werden.

217 Naujoks liefert in seinen Ausführungen einen wesentlichen Denkanstoß für diese Veranschaulichung (vgl. Naujoks, Henrik (1994), S. 13ff).

218 In Abgrenzung zum vorherigen Abschnitt bezeichnen hiernach Individuen psychische Systeme im Sinne von Menschen.

219 Hierbei wird zur Vereinfachung das System der Zusammenarbeit zwischen den VN und der PW, das gemäß der Luhmannschen Systematik zwischen den Systemen der PW bzw. der VN und dem System der Partnerschaften steht, in der praktischen Anwendung vernachlässigt, wodurch keine nachvollziehbaren Implikationen ignoriert werden. Man könnte im Rahmen der anwendungsorientierten Abbildung der Partnerschaften entsprechend ohne einen theoretischen Stilbruch die Ebene der Zusammenarbeit zwischen den VN und der PW auslassen, um das Phänomen der Partnerschaft zu erklären.

220 In der Praxis handelt es sich selbstverständlich um eine Vielzahl an Individuen. Entsprechend müssen die geschilderten Umstände für deren Praxisrelevanz potenziert werden. Zudem ist anzumerken, dass die VN und die PW leichter bzw. nur bedingt auf die Partnerschaften einwirken, während sich die Einwirkung durch Individuen stärker bzw. direkter gestaltet, wie Abbildung 5 veranschaulicht.

Bedeutung, weil sowohl der PW als auch der VN eine eigene Handlungsfähigkeit zusteht, die aber nicht auf das Handeln einzelner Individuen reduzierbar ist.

Abbildung 5: Wechselwirkungen zwischen den Systemen

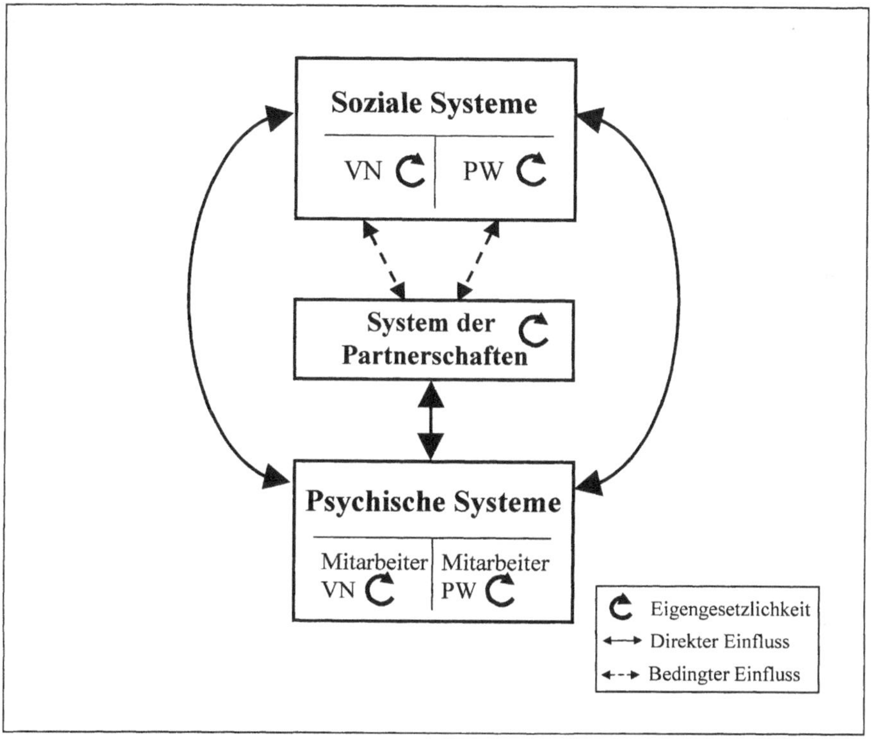

Quelle: Eigene Darstellung.

Am Beispiel der PW verdeutlicht, heißt das, dass die PW als ein eigenständiges, autopoietisches System begründet auf seiner Selbstreferenz eine Eigengesetzlichkeit besitzt, die sie zu Handlungen befähigt, die losgelöst vom Individuum stattfinden. Das Individuum wiederum, auch wenn es sich dem System der PW zugehörig fühlt und beispielsweise in einem bestimmten Unternehmen tätig ist, wird zwar in seinem professionellen Handeln von den Handlungen bzw. Vorgaben der PW (bzw. des jeweiligen Unternehmens) beeinflusst, doch auch dem Individuum kommt, basierend auf seiner Eigengesetzlichkeit, eine individuelle Handlungsfähigkeit zu. Es ergibt sich also, dass die PW zwar auf das Individuum und dieses rekursiv auf die PW einwirkt, doch interagieren dabei zwei selbstständige Systeme miteinander.

Diese Eigengesetzlichkeit von Systemen beruht vorrangig auf deren Vergangenheit und Leistungsvermögen und wird im Folgenden als "Potential"[221] bezeichnet. Das Potential setzt sich aus den individuellen Fähigkeiten[222] und der eigenen Identität (geprägt durch eigene Strukturen) zusammen und ist ausschlaggebend für die individuellen Wahrnehmungs-, Interpretations- und Handlungsprozesse. Im Rahmen der Partnerschaften ist dabei anzumerken, dass relevante Potentiale v.a. auf zwei Ebenen von Bedeutung sind: Zum einen das Potential des im Mittelpunkt stehenden Systems der Partnerschaften und zum anderen das Potential des auf das System der Partnerschaft einwirkenden Individuums, das hier im Mittelpunkt steht.

Systeme und ihre individuellen Handlungen sind untrennbar miteinander verbunden. Getragen von ihrer eigenen Gesetzlichkeit wirken sie jeweils unterschiedlich aufeinander und somit auch auf die Partnerschaften ein.[223] Aus den Kommunikationen bzw. den Handlungen jedes dieser Systeme ergeben sich Impulse für die jeweils anderen Systeme, die diese wiederum basierend auf ihrem Potential annehmen oder ablehnen, individuell interpretieren und gegebenenfalls weiterleiten. Dieser Sachverhalt beruht auf dem Prozess der Kommunikation, in dem eine Information mitgeteilt wird und abhängig von der jeweiligen Identität bzw. Eigengesetzlichkeit des Empfängersystems anders verstanden wird und somit unterschiedliche Folgen hat.

In jeder Situation bestehen für ein System mehrere Interpretations- bzw. Handlungsoptionen.[224] Auf der basalen Ebene stellt sich also beispielsweise die grundsätzliche Frage des Handelns oder Nicht-Handelns, während sich im komplexeren Regelfall die Optionen differenzierter gestalten (beispielsweise: Wie soll gehandelt werden?). Auch muss betont werden, dass eine Option nicht zwangsläufig bewusst gewählt werden muss, sondern in der Praxis oft unbewusste Entscheidungen getroffen werden, die häufig durch internalisierte systemische Vorgaben geprägt sind.[225]

---

221 Vgl. begriffliche Anlehnung an Naujoks, Henrik (1994), S. 51ff. An dieser Stelle ist darauf hinzuweisen, dass Kommunikation und Handlung i.d.R. nicht so verstanden werden, wie sie mitgeteilt werden, sondern dass sich eine Verzerrung basierend auf dem Potential des aufnehmenden Systems ergibt.

222 Die Fähigkeit bezieht sich z.B. auf die Anschlussfähigkeit eines psychischen Systems.

223 Dabei sind die systemspezifischen Absichten der VN und der PW von besonderer Bedeutung, da sie ausschlaggebend für die vom jeweiligen System ausgehenden Informationen sind (vgl. Abschnitt 4.7).

224 Vgl. auch Luhmanns Konzept der doppelten Kontingenz in Unterabschnitt 2.1.2.

225 Als Beispiel dient die alljährlich im September stattfindende Generalversammlung der VN, die einberufen wird, ohne zu hinterfragen, ob sie angesetzt werden soll oder nicht. Für das Individuum beispielsweise ist dieser Umstand auf das tägliche Erscheinen am Arbeitsplatz übertragbar, vorausgesetzt der Mensch ist gesund und arbeitswillig.

Jedes System besitzt somit beruhend auf seiner Eigengesetzlichkeit eine grundsätzliche Souveränität gegenüber Umwelteinflüssen und ist in seinen Wahrnehmungs-, Interpretations- und folgenden Handlungsakten bzw. in seinem Verhalten autark.[226] Diese Freiheit wird allerdings in der Praxis bzw. in der gesellschaftlichen Realität durch bestehende direkte oder indirekte Kopplungen zwischen Systemen und somit durch die inter-systemischen Einflüsse von individuellen Kommunikationen bzw. Handlungen beschränkt. Solche Beschränkungen bzw. Restriktionen[227] liegen beispielsweise in Form von systemischen Regeln, Normen oder Gesetzen[228] sowie im weitesten Sinne von Moral vor und dienen der Sicherstellung systemischer Ordnung. Sie determinieren für jedes System einen individuellen (Handlungs-)Freiraum[229] bzw. Spielraum, der entsprechend auf das Verhältnis zwischen System und Umwelt verweist. Dabei muss betont werden, dass Freiräume sowohl durch eindeutige Restriktionen als auch durch Ungewissheiten, prozessuale Unvollkommenheiten, mangelnde Kontrollierbarkeit und machtdeterminierte Aushandlungsprozesse abgegrenzt

---

226 "Der Begriff der Autarkie bezieht sich unmittelbar auf Austauschprozesse zwischen System und Umwelt. Ein System ist autark in dem Maße, als es solche Austauschbeziehungen drosseln, sich also von seiner Umwelt unabhängig machen und aus sich selbst heraus existieren kann." (Luhmann, Niklas (1987), S. 69. Vgl. auch Naujoks, Henrik (1994), S. 36 und S. 41.)

Die Umwelt kann zwar auf das System bzw. seine Eigengesetzlichkeit einwirken, das System ist aber gegenüber seiner Umwelt souverän und kann sich von ihr losgelöst selbstreferentiell weiterentwickeln. Als Beispiel auf der Ebene des Individuums dient hierzu die Selbstreflexion. Ein Individuum kann sich aufgrund seiner zum Zeitpunkt t gegebenen internen Struktur, seiner Vergangenheit und seinen Fähigkeiten bis zum Zeitpunkt t_1 geistig und gesellschaftlich weiterentwickeln, ohne auf neue Impulse aus der Umwelt angewiesen zu sein. Das Verhalten im Sinne von Handlungen eines Systems wird somit sowohl durch Umwelteinflüsse als auch durch systeminterne Selbstreferenz geprägt.

Die vollständige Nutzung der Freiheit kann in der Praxis allerdings zur Folge haben, dass beispielsweise ein Unternehmen aufgrund seiner Handlungen gesellschaftlich kritisiert oder ein Individuum von seinen beruflichen Aufgaben entlassen wird, sofern es sich nicht an vorgegebene Regeln hält.

227 Restriktionen determinieren "Grenzen, die die Aktionen bzw. deren Folgen und Wirkungen in eine Menge erlaubter oder erwünschter einerseits und unerlaubter bzw. unerwünschter andererseits aufteilen" (Türk, Klaus (1980), S. 163).

228 Die von einem System erstellten Regeln, Normen und Gesetze zur Gewährleistung der eigenen Ordnung beruhen auf den systemspezifischen Funktionen und Absichten. Da angenommen wird, dass die Funktionen der PW und der VN bekannt sind, werden im Exkurs in Abschnitt 4.7 ausschließlich die Absichten der VN und der PW hinsichtlich der Partnerschaften abgebildet.

229 Vgl. begriffliche Anlehnung an Naujoks, Henrik (1994), S. 45ff.

werden.[230] Schließlich jedoch entscheidet jedes souveräne System begründet durch seine individuellen Absichten selbst, ob es sich an die Restriktionen hält oder nicht.[231]

Abbildung 6: Einwirkungen von Freiraum und Potential auf eine Handlung

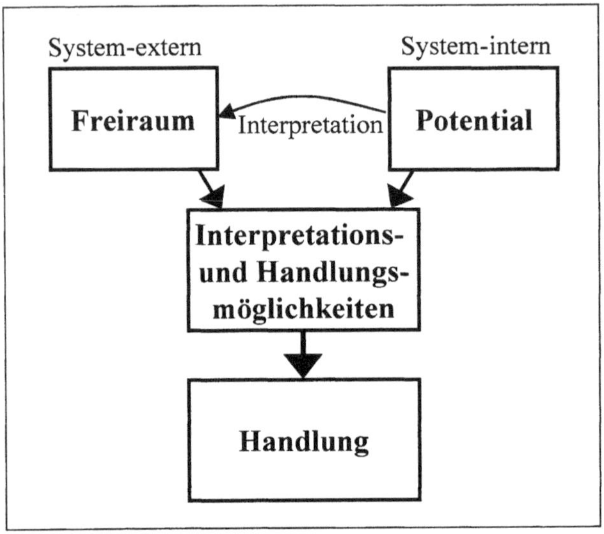

Quelle: Eigene Darstellung, auf der Basis von Abbildung I-6 in Naujoks, Henrik (1994), S. 43.

Durch die Verbindung des von der Umwelt determinierten Freiraums und des eigenen Potentials ergeben sich somit für jedes System individuelle Interpretations- und Handlungsmöglichkeiten, aus denen schließlich eine konkrete Handlung folgen kann. Mit anderen Worten, nutzt bzw. interpretiert beispielsweise jeder Mensch gemäß seines Potentials die ihm gebotenen Freiräume anders, um im konkreten Beispiel auf die Partnerschaften einzuwirken.[232] Die Einwirkungen

---

230 Vgl. Türk, Klaus (1980), S. 165.

231 Grundsätzlich ist jedoch davon auszugehen, dass ein Individuum - sofern es dem jeweiligen sozialen System auch weiterhin angehören möchte - die vorgegebenen Handlungsfreiräume respektiert und ihnen gemäß agiert. An einem praktischen Beispiel verdeutlicht heißt das: Ein Angestellter wird nicht gegen unternehmerische Vorgaben, wie beispielsweise die Verschwiegenheitspflicht, aufbegehren, sofern er sein Angestelltenverhältnis nicht gefährden möchte.

232 Wie bereits angedeutet, wirken die VN und die PW leicht auf die Partnerschaften ein, während sich die Einwirkung durch Individuen stärker gestaltet.

von Freiraum und Potential auf eine konkrete Handlung lassen sich anhand von Abbildung 6 veranschaulichen.

Anhand der gewonnenen Erkenntnisse über die maßgeblichen Einflüsse vom gebotenen Freiraum und gegebenen Potential kann ein Verhältnis zwischen Freiraum und Potential abgeleitet werden, das sich in Form einer Matrix[233] abbilden lässt, wie Abbildung 7 zeigt.

Abbildung 7: Freiraum-Potential-Matrix

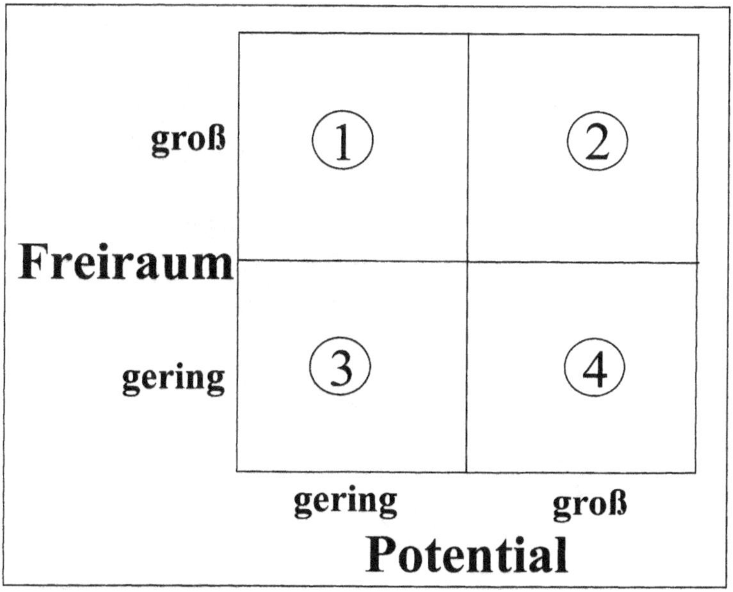

Quelle: Eigene Darstellung.

Anhand der Matrix ergeben sich vier mögliche Verhältniskonstellationen zwischen Freiraum und Potential, durch die Entwicklungszustände von Systemen beschrieben werden können:

- großer Freiraum - geringes Potential (Punkt 1);
- großer Freiraum - großes Potential (Punkt 2);
- geringer Freiraum - geringes Potential (Punkt 3); und
- geringer Freiraum - großes Potential (Punkt 4).

233 Das zugrundeliegende grafische Konzept der Freiraum-Potential-Matrix wurde übernommen von Abbildung III-5 von Naujoks, Henrik (1994), S. 150.

In der Praxis ist es üblich, dass sich Systeme entwickeln und sich somit im Zeitablauf die Position ihres Entwicklungszustands in der Freiraum-Potential-Matrix verschiebt. Zur Veränderung sowohl des Freiraums als auch des Potentials sind, wie in den vorangegangenen Unterabschnitten ausführlich beschrieben wurde, sowohl inter- als auch intra-systemische Entwicklungsprozesse verantwortlich.

Abbildung 8: Optimaler Entwicklungsbereich gemäß der Freiraum-Potential-Matrix

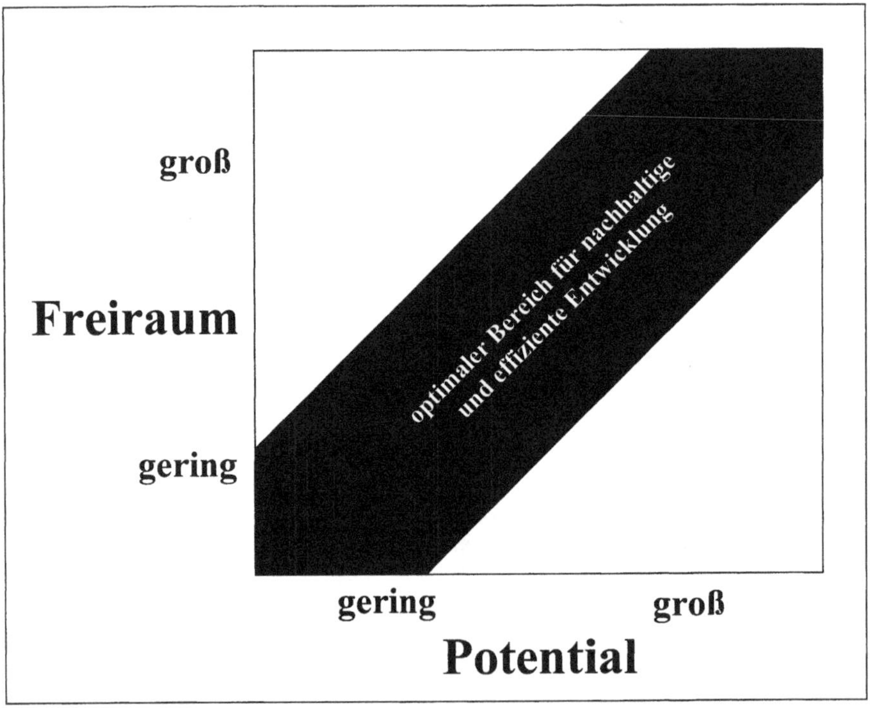

Quelle: Eigene Darstellung.

Damit sich ein System optimal entwickeln kann, wäre ein paralleles Wachstum von gebotenem Freiraum und systemischen Potentialen die beste Voraussetzung. Mit anderen Worten sollte ein System, um die eigene Nachhaltigkeit und Effizienz zu gewährleisten, eine Entwicklung durchlaufen, in der mit wachsendem Potential auch die Freiräume vergrößert werden.[234] Zur Veranschaulichung

234 Vgl. in Unterabschnitt 3.2.3 den im Rahmen des Prozesses der Rückkopplung beschriebenen Effekt.

dient als Beispiel ein Jugendlicher im Sinne eines psychischen Systems: Solange dieser junge Mensch sich in der persönlichen Entwicklung befindet, wird es für seine Eltern notwendig sein, seinen Freiraum gering zu halten, um ihn zu erziehen, zu schützen und zu leiten. Je mehr dann im Zeitablauf das Potential des Jugendlichen mit steigendem Alter und reicherem Erfahrungsschatz anwächst, desto größere Freiräume können ihm von den Eltern gewährt werden, da er, basierend auf seinem individuellen Potential, zunehmend in der Lage ist, eigene Verantwortung zu übernehmen. Somit wäre eine nachhaltige und effiziente Entwicklung des Jugendlichen gewährleistet, wenn in adäquatem Maße zur steigenden Entwicklung seines Potentials sein Freiraum ebenso vergrößert werden würde. Das optimale Verhältnis zwischen Freiraum und Potential hinsichtlich einer nachhaltigen und effizienten Entwicklung kann anhand von Abbildung 8 veranschaulicht werden.

Abbildung 9: Optimale Ausgangsposition gemäß der Freiraum-Potential-Matrix

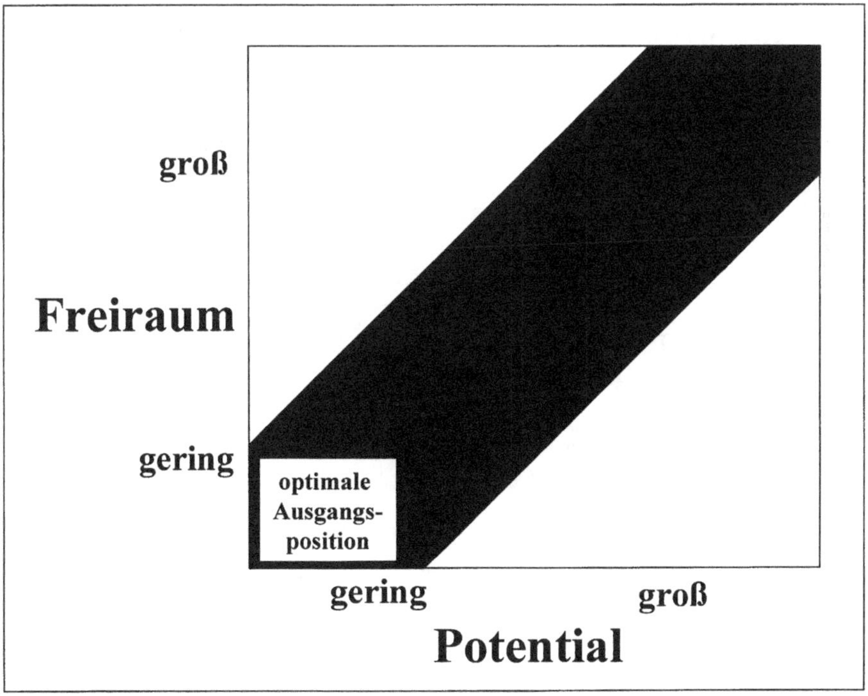

Quelle: Eigene Darstellung.

Wie das Beispiel verdeutlicht, kann grundsätzlich davon ausgegangen werden, dass das Ausgangspotential eines neu entstandenen bzw. situativ neu positionierten Systems gering ist.[235] Um also die nachhaltige und effiziente Entwicklung eines Systems zu steuern und im Rahmen der neuen Umstände die Zielerreichung trotz Unsicherheit zu fördern, ist es in der Anfangsphase bei geringem vorhandenen Potential sinnvoll, dass die einwirkenden Systeme die Freiräume für das beeinflusste System gering gestalten.[236] Die optimale Ausgangsposition für ein neues System liegt somit im Bereich des geringen Freiraums und des geringen Potentials, wie Abbildung 9 verdeutlicht.

Abbildung 10: Optimaler Entwicklungsverlauf gemäß der Freiraum-Potential-Matrix

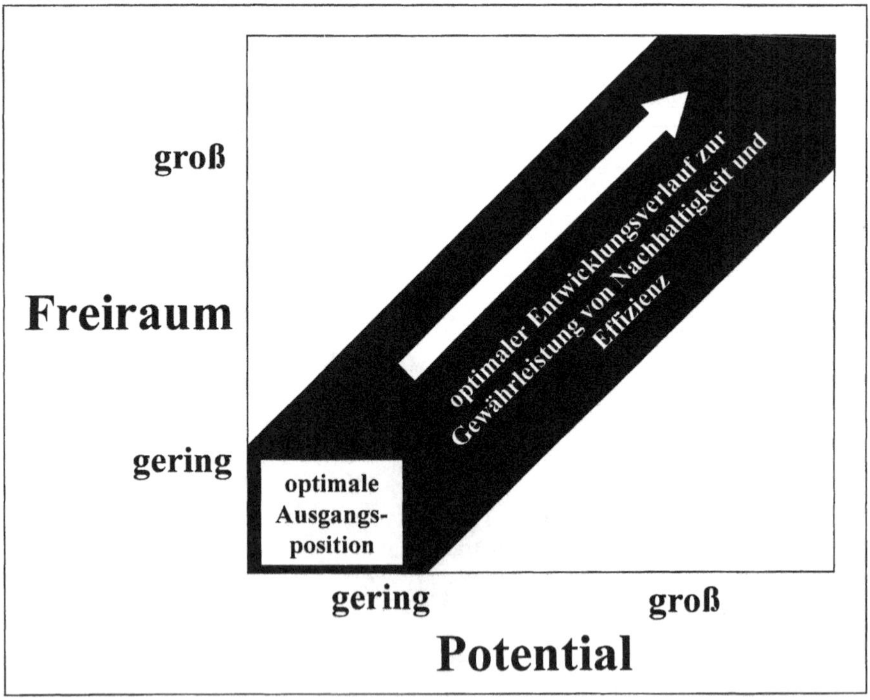

Quelle: Eigene Darstellung.

---

235 Ein weiteres Beispiel hierfür wäre die erste berufliche Anstellung für einen Universitäts-Absolventen.

236 Auf das Beispiel des Universitäts-Absolventen bezogen wäre es beispielsweise sinnvoll, wenn sein erster Vorgesetzter ihm anfangs entsprechend wenig Freiraum bzw. Gestaltungsfreiheit lässt und ihm stattdessen umfangreiche und deutliche Vorgaben macht.

Veranschaulicht man nun die optimale Entwicklung eines Systems im Zeitablauf, so ist davon auszugehen, dass sich dessen Potential, basierend auf individuellen und umstandsspezifischen Lernerfahrungen, Bildung usw. vergrößert. Sofern diese Entwicklung gegeben ist und das beeinflusste System inzwischen die Abläufe wesentlicher Prozesse internalisiert hat, kann es aufgrund seines gewachsenen Potentials Situationen flexibler bzw. umfassender einschätzen als am Anfang. Somit ist das System zunehmend in der Lage, eigenständig Nachhaltigkeit und Effizienz zu fördern, so dass sich für die einwirkenden Systeme die Option ergibt, die vorgebenden Freiräume angemessen zu vergrößern. Im Zeitablauf sollten sich somit optimalerweise sowohl das Potential als auch die Freiräume des Systems vergrößern,[237] was sich grafisch anhand von Abbildung 10 veranschaulichen lässt.

Abbildung 11: Entwicklungsbehindernde Zustände gemäß der Freiraum-Potential-Matrix

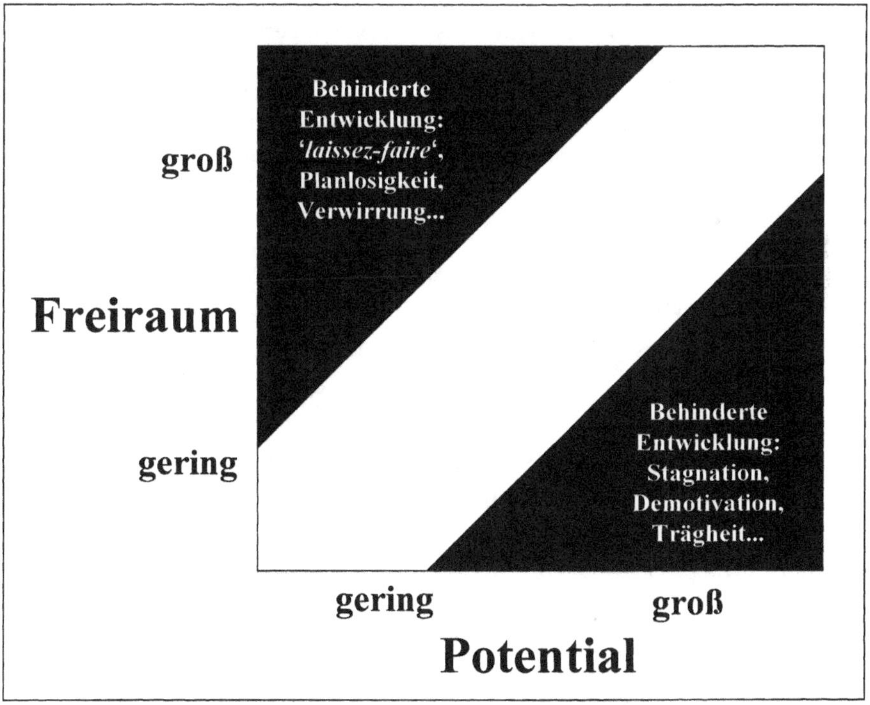

Quelle: Eigene Darstellung.

[237] Vgl. in Abbildung 7 die Entwicklung von Punkt 3 zu Punkt 2.

Wie sich in Abbildung 11 andeutet, existieren auch weniger optimale Entwicklungsbereiche bzw. entwicklungsbehindernde Zustände für ein System. So zeichnet sich ein System, dessen Freiraum groß und dessen Potential gering ist,[238] durch Verwirrung, Planlosigkeit und das Vorherrschen des "*laissez-faire*-Prinzips"[239] aus. Der durch den großen Freiraum etablierte Mangel an Koordination und Führung ist auf das Fehlen von offensichtlichen Zielsetzungen und Strategien zurückzuführen, wobei das beeinflusste System i.d.R. situativ überfordert ist. Dieser Zustand kann schließlich auf folgenden Ursachen gründen:

(a) das beeinflussende System hat den Freiraum aufgrund eigener strategischer Defizite großzügig gestaltet;

(b) das beeinflussende System hat den Freiraum schnell vergrößert, weil es das Potential des beeinflussten Systems überschätzt hat; und/oder

(c) das beeinflusste System ist aufgrund seiner Eigengesetzlichkeit nicht entwicklungs- bzw. lernfähig.

Hingegen zeichnet sich ein System, dessen Freiraum gering und dessen Potential groß ist,[240] durch Stagnation und Demotivation aus, was meist eine Verlangsamung der Entwicklung zur Folge hat. Durch den geringen Freiraum lassen sich stark bürokratisierte Prozesse, eine geringe Flexibilität und ein Mangel an Vertrauen gegenüber dem beeinflussten System feststellen. Das System ist dabei meist unterfordert und neigt durch das Fehlen kreativen Freiraums zu Frustration und destruktivem Verhalten. Der Mangel an Entwicklungsoptionen bei geringem Freiraum und großem Potential ist in der Praxis häufig kostenintensiv, da vorhandene Potentiale nicht genutzt werden. Die Ursachen für diesen Zustand können darin liegen, dass

(a) das Potential des beeinflussten Systems unterschätzt wurde;

(b) das beeinflussende System kein Vertrauen zum beeinflussten System hat und deshalb den Freiraum gering hält; und/oder

(c) das beeinflussende System aufgrund seiner Eigengesetzlichkeit nicht in der Lage ist, den Freiraum zu vergrößern.

Diese entwicklungsbehindernden Zustände gemäß der Freiraum-Potential-Matrix können grafisch anhand von Abbildung 11 veranschaulicht werden.

---

238 Vgl. Punkt 1 in Abbildung 7.

239 Das '*laissez-faire*-Prinzip', in dem das Experiment und die Improvisation der Steuerung und der Professionalität vorgezogen werden, hat sowohl Unsicherheit als auch Skepsis und Opposition seitens der involvierten Individuen zur Folge.

240 Vgl. Punkt 4 in Abbildung 7.

Schließlich ist es in der Praxis auch durchaus möglich, dass sich weder der geringe Freiraum noch das geringe Potential jemals tatsächlich vergrößern bzw. vergrößern sollen, was beispielsweise in standardisierten Prozessen üblich ist.[241]

Die Freiraum-Potential-Matrix liefert die theoretische Grundlage für die weiteren Ausführungen zur effizienten und nachhaltigen Entwicklung der Partnerschaften. Instrumentarisch integriert sie die externe Ein- und Mitwirkung auf das im Mittelpunkt stehende System durch andere soziale Systeme und Individuen. Entsprechend ist die Matrix geeignet, um Aufschluss über den derzeitigen Entwicklungszustand und die Möglichkeiten der weitergehenden Entwicklung der Partnerschaften zwischen den VN und der PW zu liefern.

Wie in diesem Unterabschnitt verdeutlicht werden konnte, wird das System der Partnerschaften durch Einwirkungen aus seiner Umwelt tangiert. Zudem entwickeln sich Systeme im Luhmannschen Sinne aufgrund ihrer Selbstreferenz, vorausgesetzt sie besitzen die Fähigkeit, sowohl Beziehungen zu sich selbst herzustellen als auch diese Beziehungen gegen Beziehungen zu ihrer Umwelt zu differenzieren. Folglich lässt sich ableiten, dass sich die Entstehung und die weitere Entwicklung des Systems der Partnerschaften zwischen den VN und der PW sowohl durch Einwirkungen aus seiner Umwelt als auch durch eigene Prozesse ergeben. Nachdem die systemischen Einwirkungen aus der engeren Umwelt der Partnerschaften erläutert wurden, werden im nächsten Unterabschnitt die systemeigenen, internen Entwicklungsprozesse der Partnerschaften untersucht.

3.2.5 Interne Entwicklungsfaktoren

Neben den externen Umwelteinwirkungen, die zur Entstehung und Entwicklung des Systems der Partnerschaften beitragen, reproduziert bzw. konstituiert sich das System fortwährend selbst.[242] Diese Parallelität zwischen externen

---

241 Vgl. beispielsweise Produktionsprozesse oder Fließbandarbeit, wobei der Fließbandarbeiter genaue Anweisungen erhält und nicht gefordert ist, sich in Bezug auf seine Tätigkeit persönlich weiterzuentwickeln.

Schließlich besteht theoretisch auch die Möglichkeit, dass sich das Potential verringert, was in der Praxis i.d.R. nur dann auftritt, wenn das betreffende System durch beispielsweise Krankheit oder unvorhergesehene externe Einflüsse in seinem Leistungsvermögen stark beeinträchtigt wird oder sich das betreffende System aufgrund gewandelter Umstände wiederum in einer neuen bzw. unbekannten Situation befindet, für die das bestehende Potential sehr gering ist.

242 In diesem Sinne differenziert sich das System durch Selbstbeobachtung von seiner Umwelt.

Umwelteinwirkungen und internen Selbstkonditionierungsprozessen[243] ermöglicht somit die Dualität zwischen der Offenheit des Systems gegenüber seiner Umwelt und der selbstreferentiellen Geschlossenheit des Systems.[244] Nachdem die Offenheit des Systems im vorangegangenen Unterabschnitt thematisiert wurde, wird im Folgenden die Frage nach den internen Prozessen des Systems beantwortet, wobei sowohl die Konstitution systemeigener Strukturen als auch der systemeigene Umgang mit Problemen betrachtet wird.

Nach Luhmann bestehen soziale Systeme aus sinngemäß zusammenhängenden, faktischen Handlungen, die erwartbar sind. Handlungen können "nur durch Stabilisierung von Verhaltenserwartungen [zu Systemen zusammengeschlossen werden] (...). Erst dadurch, daß bestimmte Verhaltenserwartungen garantiert werden (und andere nicht garantiert werden), erhält ein Handlungszusammenhang eine Systemstruktur, die invariant gehalten werden kann und die dann wiederum dazu dient, das System selbst in seinem konkreten Erwarten und Handeln gegenüber der Umwelt relativ invariant zu halten."[245] Mit anderen Worten bildet sich der innere Aufbau eines Systems durch seine Struktur. Die Struktur besteht aus generalisierten Verhaltenserwartungen, die stabilisiert werden müssen, damit das System überhaupt funktionsfähig ist.[246] Systeme verfügen in dem Sinne also nicht über eindeutige und vorgegebene Strukturen, sie sind vielmehr auf Selbstorganisation angewiesen, was beinhaltet, dass die eigenen Strukturen nur durch eigene Operationen aufgebaut und verändert werden können.

Zur Stabilisierung der Struktur eines Systems sind nach Luhmann "Prozesse der zeitlichen, sachlichen und sozialen Generalisierung von Verhaltenserwartungen"[247] im Sinne von Dauer, Konsistenz und Konsensfähigkeit erforderlich. Das heißt die "strukturbildenden Verhaltenserwartungen müssen Dauergeltung gewinnen (...). Außerdem müssen die Verhaltungserwartungen zu sachlich konsistenten, d.h. im Nacheinander wechselnder Situationen praktisch durchführbaren Rollen zusammengefügt werden. (...) Und schließlich müssen die

243 In diesem Zusammenhang kommt schließlich die Selbstreferenz (vgl. Unterabschnitt 3.2.5) eines Systems zum Tragen, die beinhaltet, dass Systeme die Fähigkeit besitzen, einerseits Beziehungen zu sich selbst herzustellen und andererseits diese Beziehungen gegen Beziehungen zu ihrer Umwelt zu differenzieren. Selbstreferenz ist somit die Operation, in der ein System seine Elemente mittels dieser Elemente selbst produziert, d.h. kontinuierlich seine Teile und somit sich selbst konstituiert.

244 Vgl. u.a. Boronoev, Asalkhan (1994), sowie Luhmann, Niklas (1984), S. 63 sowie Unterabschnitt 2.1.2.

245 Luhmann, Niklas (1970a), S. 42.

246 Vgl. Luhmann, Niklas (1966), S. 66f. Dabei konstituiert sich die Struktur für jedes System individuell, d.h. es gibt keine allgemein gültige Rahmenstruktur für Systeme.

247 Luhmann, Niklas (1970a), S. 42.

Verhaltenserwartungen in gewissem Umfange institutionalisiert werden, also, wenn auch mit Hilfe indirekter Motivationen, konsensfähig sein."[248] Genauer betrachtet beinhalten die drei Dimensionen, die nach Luhmann zur Stabilisierung eines Systems beitragen,[249] Folgendes: In der zeitlichen Dimension, die in vorher/nachher zerlegt wird, werden Verhaltenserwartungen dadurch generalisiert, dass ihnen enttäuschungsfeste Dauergeltung verliehen wird (beispielsweise indem sie genormt werden). In der sachlichen Dimension, die in dies/anderes zerlegt wird, werden Verhaltenserwartungen durch "situationsabhängige Identifikation ihres Sinnes und Grundes generalisiert"[250]. Dabei steht v.a. "die Identifikation von konkret benannten Personen, von Rollen, von Entscheidungsprogrammen (...) und von abstrakten Werten"[251] im Vordergrund. In der sozialen Dimension schließlich, die in ego/alter zerlegt wird, generalisieren sich Verhaltenserwartungen, indem sie institutionalisiert werden, wodurch sie in dem Sinne Konsensfähigkeit erhalten, dass "der Erwartende von Zustimmung ausgehen [kann], ohne individuelle Meinungen und Motive geprüft zu haben. Das erspart es in der Regel, die Konsensfrage zu stellen und zu diskutieren, und ermöglicht so rasche Verständigung über ausgewählte Themen der Situation."[252] Nach Luhmann kann ein System sein Potential für Komplexität und somit seine Überlebenschance steigern, wenn es in diesen drei Dimensionen Einrichtungen ausbildet.[253] Dabei ist zu bemerken, dass sich die verschiedenen Dimensionen nur analytisch unterscheiden lassen und in der Praxis kombiniert und aufeinander abgestimmt eingesetzt werden müssen.[254] Entsprechend wird es kaum möglich sein, vollkommene Verhaltenserwartungen in allen drei Dimensionen konstituieren zu können. Zudem kann selbst eine ausbalancierte Lösung nie definitiv sein, da das System wie dargestellt auch durch Veränderungen in seiner Umwelt tangiert wird. Und schließlich muss daran erinnert werden, dass Systeme sich verändern bzw. ihre Leistungsfähigkeit steigern können und ihre eigene Komplexität reduzieren, indem sie sich differenzieren, also die Differenz von System und Umwelt in sich selbst wiederholen.

Darüber hinaus stellt sich die Frage, wie die gegebenen Strukturen und Prozesse zur Lösung von Problemen des Systems beitragen können. Dabei sind nach Luhmann Probleme permanente Gegebenheiten, "die als solche die Stabilisie-

---

248 Luhmann, Niklas (1970a), S. 42-43.

249 Vgl. Luhmann, Niklas (1970a), S. 42f und Luhmann, Niklas (1970b), S. 121f.

250 Luhmann, Niklas (1970b), S. 121.

251 Luhmann, Niklas (1970b), S. 121.

252 Luhmann, Niklas (1970b), S. 122.

253 Vgl. Luhmann, Niklas (1966), S. 66.

254 Vgl. Luhmann, Niklas (1966), S. 67.

rung von Systemen nicht verhindern"[255], die aber durch Strukturbildung, in der die Verhaltenserwartungen stabilisiert werden, gelöst werden können. Um Probleme also angehen zu können, müssen Systeme Einrichtungen mit Grundstrukturen im Sinne von generalisierten und stabilisierten Verhaltenserwartungen entwickeln. Nur eine institutionalisierte Systemstruktur kann die Grundprobleme eines Systems lösen, nämlich Informationen und Handlungen auszuwählen, die den Bestand des Systems in der Umwelt nicht gefährden.[256]

Im Mittelpunkt der systemeigenen Entwicklung stehen somit die Parameter der Struktur, mit deren Hilfe die Verhaltenserwartungen stabilisiert und in der Folge die Entwicklungsfähigkeit des Systems und seine Problemlösungskapazitäten ausgebildet werden. Die Betrachtungen abschließend, werden die für die nachhaltige und effiziente Entwicklung der Partnerschaften zwischen den VN und der PW relevanten theoretischen Entwicklungsparameter im folgenden Abschnitt zusammengefasst.

3.2.6 Fazit: Theoretische Entwicklungsparameter

Wie im Rahmen der Ausführungen verdeutlicht wurde, basiert die Entwicklung der Partnerschaften zwischen den VN und der PW sowohl auf system-externen Einflüssen als auch auf system-internen Faktoren. Die externen Einflüsse beinhalten direkte sowie indirekte Einwirkungen aus der Umwelt des Systems der Partnerschaften und lassen sich anhand der Parameter Freiraum und Potential zusammenfassend abbilden. Der Freiraum gestaltet sich v.a. durch handlungsempfehlende bzw. -beschränkende Vorgaben der VN und der PW. Das Potential beinhaltet vorrangig die Eigengesetzlichkeiten der auf die Partnerschaften einwirkenden Individuen und hat somit einen maßgeblichen Einfluß auf die individuellen Handlungsentscheidungen bezüglich der Partnerschaften. Der interne Faktor, der das System der Partnerschaften vorrangig prägt, ist dessen Struktur, die nicht zuletzt durch das systemeigene Potential mitgeprägt wird und u.a. zur Lösung systemeigener Probleme beiträgt.

Es lassen sich somit drei zentrale Parameter hervorheben, die maßgeblich für die Entwicklung des im Mittelpunkt stehenden sozialen Systems der Partnerschaften zwischen den VN und der PW sind:

---

255 Luhmann, Niklas (1970a), S. 40.

256 Dieser Sachverhalt ist insofern relevant, als es im weiteren Verlauf dieser Arbeit darum geht, die bestehenden Probleme des Systems der Partnerschaften zu lösen, um Nachhaltigkeit und Effizienz von dessen Entwicklung zu gewährleisten. Dafür müssen die derzeit gegebenen Umstände verändert werden, was wiederum Zeit braucht (vgl. Luhmann, Niklas (1970a), S. 40).

- Freiraum: Veränderung der Freiräume durch Vergrößerung bzw. Verringerung der Freiräume für das im Mittelpunkt stehende System der Partnerschaften und/oder v.a. Vergrößerung bzw. Verringerung der Freiräume für das zwischengeschaltete Indviduum bzw. psychische System;
- Potential: Veränderung des Potentials der Partnerschaften durch Vergrößerung (bzw. in seltenen Fällen Verringerung) des Potentials des im Mittelpunkt stehenden Systems der Partnerschaften und/oder v.a. Vergrößerung (bzw. in seltenen Fällen Verringerung) des Potentials des zwischengeschalteten Indviduums bzw. psychischen Systems;
- Struktur: Veränderung der Struktur bzw. der generalisierten Verhaltenserwartungen des im Mittelpunkt stehenden Systems der Partnerschaften.

Dabei ist anzumerken, dass die Struktur, obwohl sie als system-interner Parameter zu verstehen ist, in engem Zusammenhang mit den vorrangig system-externen Parametern Freiraum und Potential steht. Das heißt, dass die Veränderung eines sozialen Systems, beispielsweise der Partnerschaften, zwar durch externe Einflüsse geprägt wird, dass aber der Effekt der externen Einwirkung wiederum durch den Aufbau interner Strukturen gesteuert werden kann und auch sollte, um die nachhaltige und effiziente Entwicklung des Systems im eigenen Sinne zu gewährleisten.

Diese Grundlagen sind v.a. für die Bewertung des aktuellen Entwicklungszustands der Partnerschaften von Bedeutung. Das Ergebnis der Bewertung schließlich kann Anstöße für Lösungsansätze zur optimalen Entwicklung von Partnerschaften liefern. Im folgenden Kapitel wird jedoch zunächst erläutert, worauf sich die aktuelle Relevanz der Zusammenarbeit und v.a. der Partnerschaften zwischen den VN und der PW gründet. Dabei liefern sowohl die historischen Entwicklungen als auch wesentliche Umwelteinflüsse auf die soziale Situation der Kooperationsbeziehungen relevante Ansätze.

4 Begründung der aktuellen Relevanz der Zusammenarbeit und insbesondere der Partnerschaften

Um zu veranschaulichen, warum die Zusammenarbeit und insbesondere das Konzept der Partnerschaft zwischen den VN und der PW gerade Ende der 90er Jahre zu einem zentralen Thema geworden ist, aber auch um in diesem Zusammenhang das gegebene Potential des Systems der Partnerschaften abzubilden, werden in diesem Kapitel die wesentlichen Einflussgrössen auf die aktuelle Relevanz der Kooperationen zwischen den VN und der PW vorgestellt. Dabei sind sowohl die historische Entwicklung der Zusammenarbeit und schwerpunktmäßig der strategisch-konstruktiven Zusammenarbeit zwischen den VN und der PW als auch die aktuellen Umwelteinflüsse auf die Partnerschaften von maßgeblicher Bedeutung.[257] Es werden somit in Abschnitt 4.1 historische Ereignisse und Prozesse abgebildet, vor deren Hintergrund sich die strategisch-konstruktive Zusammenarbeit zwischen den VN und der PW entfaltet hat. In den darauf folgenden Abschnitten werden die fünf zentralen Einflussgrössen aus der Umwelt im Sinne von Penetrationen oder Einwirkungen aus der Umwelt auf das System der Partnerschaften zwischen den VN und der PW beschrieben, die dessen Entwicklung und aktuelle Relevanz begünstigt haben.[258] Diese sind:

- Das Ende des Ost-West-Konflikts, das einen gesellschaftsprägenden Systemzerfall beinhaltete, der sich sowohl auf die Struktur und die Operationsweise der VN als auch auf die Reproduktion der anderen weltgesellschaftlichen Funktionssysteme auswirkte (Abschnitt 4.2).

---

257 Die Abbildung dieser beiden Erklärungsstränge dient der Erfassung und Reduktion von Komplexität und muss vor dem Hintergrund der Luhmannschen Prämisse bewertet werden, dass jeder Beobachter über eine andere Wahrnehmung verfügt, bzw. "daß man auf eine einzig-richtige Repräsentation (...) verzichten muß" (Luhmann, Niklas (1988), S. 299).

258 Diese Umweltfaktoren wurden bewusst gewählt, da die Zusammenarbeit bzw. die Partnerschaften zwischen den VN und der PW in einem direkten - dennoch eingeschränkten - Abhängigkeitsverhältnis zu diesen fünf Einflüssen stehen. Das heißt die Zusammenarbeit bzw. die Partnerschaften wären heute nicht in der gegebenen Form existent, hätte es einen dieser fünf Faktoren nicht gegeben bzw. hätten sich diese nicht so entwickelt, wie geschehen. Dabei ist nicht zu verkennen, dass sich die fünf Einflüsse untereinander auch verstärkt haben, wie beispielsweise an den Auswirkungen der Globalisierung und dem Trend zu sozialer Verantwortung von Unternehmen verdeutlicht werden kann. An dieser Stelle ist zu betonen, dass, so wie andere Beobachter wahrscheinlich andere Akzente in der Aufarbeitung der Historie der Zusammenarbeit zwischen den VN und der PW gesetzt hätten, mit den fünf gewählten Umwelteinflüssen weitere Einflüsse auf die soziale Situation der Partnerschaften verbunden sind.

- Die Globalisierung, die in Form eines Paradigmenwechsels gesellschaftlichen und sozialen Wandel zur Folge hat, mit dem soziale Systeme neu strukturiert bzw. deren Grenzen verschoben wurden bzw. werden (Abschnitt 4.3).
- Der Trend zu sozialer Verantwortung von Unternehmen, in dessen Rahmen sich die PW zunehmend über die eigenen Systemgrenzen hinaus gesellschaftlich engagiert (Abschnitt 4.4).
- Der Trend zu öffentlich-privaten Partnerschaften, durch den neue Ausprägungen struktureller Kopplung gesellschafts-relevante Bedeutung erhalten und sich zunehmend eine innovative Kooperationsform zwischen zwei bislang eigenständigen sozialen Systemen herausbildet (Abschnitt 4.5).
- Und schließlich die anhaltende und dennoch akute Finanzkrise der VN, die zwar einerseits die gesellschaftliche Funktion der VN behindert, ihr aber andererseits - und nicht zuletzt durch die bewusstere Wahrnehmung der Risiken durch doppelte Kontingenz - Flexibilität und Innovationsgeist abverlangt, um durch strukturellen Wandel dennoch grundlegende Zielsetzungen zu erreichen (Abschnitt 4.6).

Um die Vielschichtigkeit der Intentionen hinter der partnerschaftlichen Zusammenarbeit zwischen den VN und der PW zu veranschaulichen, werden schließlich im Rahmen eines Exkurses in Abschnitt 4.7 mögliche Absichten und Beweggründe dargestellt, die seitens der VN bzw. der PW durch Handlungen im Sinne einer Partnerschaft verfolgt werden können.

4.1 Historische Entwicklung

Bereits mit der Gründung der VN kam es verschiedentlich zu Kooperationen zwischen den VN und der PW,[259] doch kühlte sich das anfänglich freundschaftliche Verhältnis schon wenige Jahre später ab. Bis in die 1990er Jahre dominierten ideologische Differenzen und sachliche Kontroversen die Beziehungen zwischen den beiden Systemen. Erst die gesellschaftspolitischen Entwicklungen der 90er und der Amtsantritt Kofi Annans als Generalsekretär der VN verliehen

---

[259] Zur Gründungskonferenz der VN in San Francisco 1945 entsandte US-Präsident Roosevelt 42 US-amerikanische Organisationen u.a. der Wirtschaft, um Zuspruch für die VN-Charta zu sichern (vgl. Tesner, Sandrine; Kell, Georg (2000), S. 6). 1946 wurde der ICC Mitwirkung bei den VN im Rahmen des offiziellen Konsultativstatus zum ECOSOC gewährt (vgl. Tesner, Sandrine; Kell, Georg (2000), S. 9). Und nicht zuletzt markierte schon die Gründung der ILO 1919 Kooperationsbereitschaft mit der PW durch die Dreigliedrigkeit ihrer Repräsentativorgane (*Tripartism*: Die Delegationen der Mitgliedstaaten schließen neben Regierungsvertretern auch Repräsentanten der Arbeitnehmer- und Arbeitgeberverbände mit ein).

der strategisch-konstruktiven Zusammenarbeit mit der PW eine neue Dynamik.[260] Die Meilensteine der historischen Entwicklungen der Beziehungen zwischen den VN und der PW werden im Folgenden aufgewiesen.

- Die Gründung und somit auch die wirtschaftliche Ausrichtung der VN vollzogen sich vor dem Hintergrund der großen Depression, woraus der zentrale, in Artikel 55 der VN-Charta[261] verankerte Kompromiss folgte, dass die Wirtschaftsorgane der VN zwar auf den Prinzipien des Multilateralismus und der Nichtdiskriminierung gründeten, ihre ökonomischen Zielsetzungen jedoch v.a. Wirtschaftswachstum und Vollbeschäftigung beinhalteten.[262] Dieses zentrale Arrangement wurde mit dem Ende der Kolonialregime in den frühen 60er Jahren in Frage gestellt.
- Die Entkolonisierung hatte für die VN eine drastische Veränderung der Mitgliederstruktur und einen grundlegenden Wandel ihrer Entwicklungspolitik zur Folge.[263] Die zahlreichen neuen Staaten, die den VN während dieser Zeit beitraten, erlangten innerhalb der VN-Institutionen eine quantitative Macht, was dazu führte, dass die Bedürfnisse und Ansichten der Entwicklungsländer fortan stärker und bestimmter artikuliert wurden. Daraus resultierte, dass die VN ihren Arbeitsschwerpunkt auf die Unterstützung der Entwicklungsländer legte, wobei sie v.a. den Handel mit Entwicklungsländern und direkte Kapitaltransfers in diese Länder unterstützten. Die PW hingegen lehnte eine aktive Beteiligung an der Entwicklungspolitik der VN ab, da zum einen der Handel mit Entwicklungsländern nur ein geringes Ertragspotential beinhaltete, und zum anderen hohe Ertragsaussichten durch den Handel mit den wiederaufgebauten Ländern Europas zu erwarten waren. Diese strategischen Divergenzen führten zu dauerhaften Beziehungsstörungen zwischen den VN und der PW, die durch die Gründung der UNCTAD 1964 als Stimme des Südens und dem langjährigen Einfluss der UNCTAD auf die Debatten über eine Neue Internationale Wirtschaftsordnung verstärkt wurden.[264]
- Als Reaktion auf die globale Hungerkrise Mitte der 1960er Jahre, gründete die *Food and Agriculture Organization* (FAO) 1966 mit dem *Industry*

260 Dabei ist anzumerken, dass mit Ausnahme der kommerziellen Zusammenarbeit (vgl. Abschnitt 5.1) hiervon alle Formen der Zusammenarbeit zwischen den VN und der PW mehr oder weniger betroffen waren.

261 Vgl. United Nations (1945).

262 Vgl. Tesner, Sandrine; Kell, Georg (2000), S. 1.

263 Die Entwicklungen wurden zum Vorboten einer neo-marxistischen Analyse des internationalen Wirtschaftssystems und einer neuen Gewichtung des Themas Umverteilung.

264 Vgl. Tesner, Sandrine; Kell, Georg (2000), S. 13ff.

Cooperative Programme (ICP) die erste formal institutionalisierte und partnerschaftlich ausgerichtete Kooperation zwischen den VN, Regierungen und der PW, deren Mitglieder Unternehmen waren.[265] Mit der Zielsetzung soziale und wirtschaftliche Entwicklung in Entwicklungsländern durch privatwirtschaftliche Investitionen zu fördern, war das ICP darauf ausgerichtet, Regierungsvertreter aus Entwicklungsländern und Industrievertreter zusammenzubringen, um v.a. für die Bereiche Nahrung, Fischerei sowie Land- und Forstwirtschaft privatwirtschaftliche Ressourcen menschlicher und materieller Art zu mobilisieren.[266] 1978 wurde das ICP aus politischen Erwägungen aber auch vor dem Hintergrund seines abgeschlossenen Auftrags aufgelöst.[267]

- 1969 fand unter der Führung von VN-Generalsekretär U Thant ein Wiederannäherungsversuch zwischen den VN und der PW statt, indem ein *Consultative Committee* zwischen der *International Chamber of Commerce* (ICC), den VN und dem *General Agreement on Tariffs and Trade* (GATT) gegründet wurde, das die Funktion hatte "*an established and permanent dialogue between business and intergovernmental organizations, with special reference to economic development*"[268] zu schaffen. Obwohl eine offizielle Auflösung nie stattfand, scheiterte der Versuch an der geringer werdenden Teilnahme der VN, woraufhin Vertreter der PW die Initiative aufgaben.[269]
- Nachdem 1972 im Rahmen der UNCTAD Konferenz in Santiago erstmalig auf VN-Ebene internationale *Codes of Conduct* für *Transnational Corporations* (TNCs) gefordert wurden, erkannte der ECOSOC die zunehmende Bedeutung von TNCs an und bat den Generalsekretär, "*to appoint a group to study the impact of multinational corporate activity on the development process*"[270].

---

265 Es wurde ein eigenes Sekretariat für das ICP in Rom eingerichtet, ein *Executive Committee* gegründet, das sich aus 12 Unternehmensvertretern zusammensetzte, und verschiedene *Sub-Committees*, *working groups* und *task forces* etabliert. Die formale Funktion des ICP kam beispielsweise im Rahmen der *World Food Conference* 1974 zum Tragen, als das Programm aktiv in die stattfindenden Diskussionen involviert wurde. (Vgl. Friedrich, Alexander; Gale, Valence (2004), S. 52f.) Für weitere Einzelheiten zur Funktion und Ausrichtung des ICP siehe Industry Cooperative Programme (1973) abgedruckt in Friedrich, Alexander; Gale, Valence (2004), S. 113ff.

266 Vgl. Friedrich, Alexander; Gale, Valence (2004), S. 6, S. 11 und S. 49f.

267 Vgl. Friedrich, Alexander; Gale, Valence (2004), S. 12.

268 ICC News (1969).

269 Vgl. Tesner, Sandrine; Kell, Georg (2000), S. 19f.

270 Dres, Kristine (2002).

- 1974 forderten die Entwicklungsländer eine *New International Economic Order* (NIEO) und mit dieser stärkere Mitspracherechte und grundlegende Veränderungen im internationalen Wirtschaftssystem.[271] Die Mehrheit der Forderungen, die auch eine stärkere Kontrolle der Operationen von TNCs beinhalteten, wurde im Dezember 1974 in der *Charter of Economic Rights and Duties of States* von der Generalversammlung angenommen.[272]
- Vor dem Hintergrund der wachsenden Forderungen wurde 1974 die UN *Commission on Transnational Corporations* mit dem UN *Center on Transnational Corporations* (CTC) als Recherche- und Verwaltungsapparat vom ECOSOC gegründet, um die Aktivitäten der TNCs durch *Codes of Conduct* zu regulieren.[273] Das CTC verfolgte das Ziel, Unternehmen zur Einhaltung politischer Forderungen zu zwingen, erkannte aber schließlich die wachsende Interdependenz zwischen Politik- und Wirtschaftssystem an und relativierte gegen Ende der 1970er Jahre seine Bestrebungen entsprechend.[274]
- Anfang der 1980er führte das Versagen der Politik der Entwicklungsländer und die Erkenntnis des Scheiterns der Annahmen, die der NIEO zugrundegelegt worden waren, für die VN zu einer noch kompromissloseren Rückkehr zum Liberalismus.[275]
- Angetrieben durch die neoliberale *Heritage Foundation*[276] begann in den 1980er Jahren eine Unternehmensoffensive gegen die VN.[277] Im Verbund

---

271 Die Anliegen beinhalteten Reduktion der Zollschranken in entwickelten Ländern, die nicht auf Reziprozität basieren sollten, Verbesserung der "*preference schemes already obtained from GATT*" (Tesner, Sandrine; Kell, Georg (2000), S. 19), internationale Rohstoffabkommen und verschiedene unterstützende Programme, um die Importkosten für Entwicklungsländer zu reduzieren. Die UNCTAD fungierte in diesem Zusammenhang als Sprachrohr der Entwicklungsländer. (Vgl. Tesner, Sandrine; Kell, Georg (2000), S. 18f.)

272 Vgl. United Nations/General Assembly (1974a) sowie United Nations/General Assembly (1973).

273 Vgl. Piel, Gerard (1992) und Dres, Kristine (2002). Das CTC "*saw its role as the hammer of multinationals*" (Strange, Susan (1991), S. 45).

274 Tesner, Sandrine; Kell, Georg (2000), S. 18f.

275 Zu betonen ist, dass die Ideologie der NIEO die Glaubwürdigkeit der VN gegenüber der PW derart beschädigt hat, dass das Vermächtnis zum Teil heute noch aufgearbeitet werden muss (vgl. Tesner, Sandrine; Kell, Georg (2000), S. 22).

276 Paine beschreibt die Heritage Foundation als "*one of the most prestigious Washington think tanks*" (Paine, Ellen (2000)).

277 Vgl. Paul, James (2001), S. 106f. "*Heritage produced more than a hundred reports on the United Nations, denouncing every aspect of the organization and its agencies. Again and again, it warned that the UN favors regulation of global business.*" (Paine, Ellen (2000).)

mit der Thatcher-Administration nutzte die Reagan-Administration die Umstände für Reformforderungen an die VN, wobei der Reformdruck auf die VN über die Medien kontinuierlich verstärkt wurde.[278] Zahlreiche Unternehmen schlossen sich den Entwicklungen an. In diesem Kontext veränderten die VN ihre Entwicklungspolitik und erkannten an, dass Unternehmertum in Entwicklungsländern gefordert werden muss, um nachhaltige Entwicklung gewährleisten zu können. Hinzu kam die Erkenntnis, dass internationale Organisationen zwar die Voraussetzungen für wirtschaftlichen und sozialen Fortschritt schaffen, sie jedoch Entwicklungspolitik nicht eigenständig implementieren können, womit die liberale Sicht innerhalb der VN und somit auch das Verständnis weiter gestärkt wurde, dass die PW vermehrt in entwicklungsfördernde Aktivitäten eingebunden werden muss.[279]

- Das Ende des Ost-West-Konflikts und die Entwicklungen im Rahmen der Globalisierung förderten Anfang der 90er Jahre bei den VN die Wahrnehmung der eigenen Kapazitätsgrenzen, was nicht zuletzt ausschlaggebend für die Wiederannäherung an die PW war. Die VN hatten eingesehen, dass wirtschaftliche Entwicklung den Unternehmen überlassen werden muss, und man deren Aktivitäten bestenfalls in eine Richtung lenken kann, die sowohl der sozialen, politischen als auch der wirtschaftlichen Entwicklung zugute kommt. Der damalige VN-Generalsekretär Boutros Boutros-Ghali bekräftigte das Umdenken der VN in seiner Agenda für Entwicklung: "Wirtschaftliches Wachstum ist der Motor der Entwicklung überhaupt"[280]. Und ferner: "Wichtig ist, daß das Wirtschaftswachstum nachhaltig und bestandsfähig ist."[281]
- 1992 wurden seitens der VN die Verhandlungen über *Codes of Conduct* für TNCs beigelegt.[282] Das CTC gab seinen Wiederstand gegen TNCs endgültig auf, und begann deren positiven Einfluss auf die Schaffung neuer Arbeitsplätze, den Technologietransfer und die - ansatzweise - Zugangserleichterung für Entwicklungsländer zu globalen Märkten zu würdigen.[283]

---

278 Vgl. u.a. Paine, Ellen (2000).

279 Vgl. Tesner, Sandrine; Kell, Georg (2000), S. 23.

280 Berliner Komitee für Unesco-Arbeit e.V. (1995), S. 77, Absatz 41.

281 Berliner Komitee für Unesco-Arbeit e.V. (1995), S. 77, Absatz 43.

282 Vgl. Tesner, Sandrine; Kell, Georg (2000), S. 23.

283 Paine betont, dass sich unternehmerischer Druck auf Regierungen - v.a. in den USA - auf die inhaltlichen Richtungsänderung des CTC ausgewirkt hätte (vgl. Paine, Ellen (2000)). 1992 wurde das CTC UNCTAD's *Division on Investment and Technology* der zugeordnet, wodurch sich sowohl die inhaltliche Ausrichtung als auch die Effektivität maßgeblich verschlechterten (vgl. Tesner, Sandrine; Kell, Georg (2000), S. 23).

- Zunehmende Forderungen nach internen Reformen und Steigerung der wirtschaftlichen Effizienz der VN führten Anfang der 90er Jahre zu ersten Ausprägungen operativer Partnerschaften mit der PW, wie sich am Beispiel der *Peacekeeping operations* (PKOs) veranschaulichen lässt: Die gestiegene Anzahl an PKOs in den frühen 90er Jahren und die einhergehenden logistischen und kommunikationstechnischen Herausforderungen führten dazu, dass sich das UN *Department of Peacekeeping Operations* (DPKO) 1992 mit der Bitte um Unterstützung an die PW wandte.[284]
- Seit Anfang der 1990er wurde die PW von der VN zunehmend an inhaltlichen Diskussionen beteiligt, was sich v.a. durch die steigende Teilnahme von Akteuren der PW an VN-Konferenzen ausdrückte.[285]
- Mit der Gründung des *United Nations Office for Project Services* (UNOPS) 1994, das ausschließlich für Projektmanagement und -implementation zuständig sein sollte, begannen die VN, die Methoden der PW in den Dienst der VN-Charta zu stellen. Einhergehend wurde bei den VN eine Managementkultur eingeführt und die Verbindung zwischen wirtschaftlicher Effizienz und politischem Mandat offiziell anerkannt. Darüber hinaus zeichnete sich die Gründung des UNOPS dadurch aus, dass Regierungen der Gründung einer neuen VN-Institution erstmalig aufgrund einer ökonomischen Rationalität zustimmten.[286]
- Nachdem die VN die Bedeutung der Einbeziehung des privaten Sektors in ihre Politik erkannt hatten, wurden ab Mitte der neunziger Jahre die Kontakte zur PW vertieft. In diesem Sinne suchten verschiedenste hochrangige VN-Vertreter den Dialog mit Vertretern der PW[287] und bemühten

---

[284] Anzumerken ist, dass das DPKO damals von Unter-Generalsekretär Kofi Annan geleitet wurde. Eine Unternehmensberatung bekam den Auftrag, für das DPKO u.a. sogenannte *mission templates*, wie das *Mission Planning Manual* oder das *Standard Cost Manual* zu erstellen (vgl. Tesner, Sandrine; Kell, Georg (2000), S. 28f).

[285] Als Vorreiter gilt die *United Nations Conference on Environment and Development* (UNCED) in Rio 1992. Die Konferenz Habitat II in Istanbul 1996 rief die PW sogar zu aktiver Beteiligung auf. In diesem Zusammenhang ist erneut darauf hinzuweisen, dass schon das ICP und somit auch Vertreter der PW an den Konsultationen im Rahmen des *World Food Congress* 1974 aktiv involviert waren (vgl. Friedrich, Alexander; Gale, Valence (2004), S. 76).

[286] "*UNOPS was to be a 'demand-driven, client-oriented entity' providing project management services, project supervision, and loan administration, and other management services to UN and multilateral organizations.*" (United Nations/Office for Project Services (1994).)

[287] So trat Boutros-Ghali beispielsweise im November 1995 vor den *Business Council for the United Nations* und rief zur Unterstützung in der Bewältigung der Finanzkrise der VN auf: "*I ask you to speak out in support of settling arrears, and of paying future contributions in time, and in full.*" (United Nations/Press Release (1995).)

sich um die Gestaltung gemeinsamer Projekte. Die konkrete Umsetzung blieb jedoch meist aus.[288]

- Der Amtsantritt Kofi Annans 1997 hatte für die Beziehungen zwischen VN und PW zwei zentrale Folgen: Erstens beinhaltete der Amtsübergang von Boutros-Ghali, der das Konzept einer "sozialen Marktwirtschaft" vertrat, zu Annan, dass sich die VN fortan offen zum Konzept des Kapitalismus bekannten.[289] Und zweitens wurde der Zusammenarbeit mit der PW eine grundlegend neue Dynamik verliehen.[290] Als erster VN-Generalsekretär mit wirtschaftswissenschaftlichem Hochschulabschluss verfügt Annan über ein grundlegendes Verständnis für das Verhältnis zwischen Wirtschaft und anderen Gesellschaftssystemen. Überzeugt davon, dass die Ziele der VN "heutzutage nicht länger dadurch zu erreichen sind, daß Probleme auf die Ebene der Institutionen gehoben werden, sondern daß man sich der

---

288 "Umfang und Reichweite dieser Bemühungen waren beachtlich. Die Zusammenarbeit mit der Privatwirtschaft stagnierte allerdings meist auf der konkreten Ebene der sich an den realen Bedürfnissen und Gegebenheiten orientierenden Projektarbeit und hatte genau genommen keine konzeptionelle Grundlage. Die gewonnenen Erfahrungen flossen nicht in eine konsistente Programmpolitik ein und die verschiedenen UN-Organisationen, die oftmals um den Zugang zum gleichen Partner aus der Wirtschaft konkurrierten, tauschten ihre Erfahrungen nicht einmal aus." (Kell, Georg (1999), S. 163.)

289 Vgl. Hüfner, Klaus; Martens, Jens (2000), S. 176.

290 "*The idea of how to bring the private sector and the UN together is something I know many people were thinking of already for a few years. But (...) until Kofi Annan came, nobody decided to make it a priority of the UN system. (...) And surely no Secretary-General before him would ever have taken the risk he has taken to make this happen.*" (Tesner, Sandrine (2000).) Annans Konzept lagen zwei zentrale Gedanken zugrunde: "Das Argument, daß expandierende Märkte und das Gemeinwohl sich wechselseitig zugutekommen, und die Auffassung, daß die Globalisierung der unterstützenden Rahmenbedingungen bedarf" (Kell, Georg (1999), S. 164). "*In a short time, the UN High Commissioner for Refugees (UNHCR), the UN Educational, Scientific and Cultural Organization (UNESCO), the UN Development Programme (UNDP) and other agencies announced initiatives*" (Paine, Ellen (2000)). Dabei kooperierten die VN zunehmend mit Organisationen, wie der ICC und dem PWIBLF. Seit Herbst 1997 fanden mehrere Treffen zwischen den VN und der ICC statt, wobei im September 1998 die *Geneva Business Declaration* verkündet wurde, durch die die ICC sowohl eine offene Unterstützung von multilateralen Organisationen im Rahmen der Globalisierung und ausländischer Investitionen bejaht als auch an einen kontinuierlichen Dialog zwischen der PW und internationalen Organisationen appelliert. Im Gegensatz zur Zusammenarbeit mit der ICC gestaltet sich die Kooperation mit dem PWIBLF praktischer, indem es darum geht, die mit der ICC abgesprochenen Konzepte umzusetzen. Im Oktober 1998 traf sich Annan zum ersten Mal mit Vertretern des PWIBLF, wobei die Grundlagen für die gemeinschaftlichen Aktivitäten zwischen dem PWIBLF und dem UNSC in Turin geschaffen wurden.

Unterstützung derjenigen Akteure versichern muß, die in zunehmendem Maße die reale Welt tatsächlich gestalten"[291], setzte sich Annan für seine Amtsperiode das Ziel, Kooperationen und insbesondere Partnerschaften zwischen den VN und der PW zu fördern und zu festigen.[292] Annan konzentrierte sich darauf, die Beziehungen zur PW neu zu definieren, sowie gegenseitiges Vertrauen und Verständnis zu schaffen. In zahlreichen Begegnungen ging er auf Vertreter der PW zu und animierte seine Führungsmannschaft, sich gegenüber der PW zu öffnen und Kooperationen zu fördern.[293] Kurz nach seinem Amtsantritt kündigte der neue Generalsekretär seine Ambitionen medienwirksam vor Vertretern der PW an: "*The private sector is the dominant engine of growth. If the private sector does not deliver (...) economic opportunity - equitably and sustainably - around the world, then peace will remain fragile and social justice a distant dream. This is why I call today for a new partnership amongst governments, the private sector and the international community.*"[294] Vor Annan hatte kein anderer VN-Generalsekretär den universellen Wert des Kapitalismus derart betont.[295]

➢ Im Juli 1997 veröffentlichte Annan einen allgemeinen Reformvorschlag für die VN,[296] in dem betont wurde, dass die Beziehung der VN zur PW "*of particular importance*"[297] seien und "*it would be timely to develop better means of consultation between the United Nations and the business community*"[298]. In diesem Kontext wurde zum einen die Gründung eines *Office for Development Financing* vorgeschlagen, das trotz heftiger Kritik

---

291 Kell, Georg (1999), S. 163.

292 Dabei muss Annans Motivation auch vor dem Hintergrund der finanziellen Krise der VN und dem Reformdruck der USA betrachtet werden.

293 Vgl. Kell, Georg (1999), S. 164.

294 United Nations/Press Release (1997b). Im Anschluss an seine Rede vor dem *Annual Meeting* des *World Economic Forum* in Davos, der das vorstehende Zitat entstammt, initiierte Annan mit dem *World Economic Forum* die Gründung der *Business Consultative Group*, die aus 30 Unternehmensvertretern, Gewerkschaftlern und VN-Persönlichkeiten bestehend, den Austausch der Akteure fördern sollte; wenige Jahre später stellte diese jedoch ihre Aktivitäten aufgrund mangelnden Engagements ein.

295 Tesner, Sandrine; Kell, Georg (2000), S. 32. "Erstaunlicherweise sehen Annan und sein Team in der neuen Beziehung zur Wirtschaft ein sehr geringes Risiko für die UN. Ohne Kontakt zu potentiellen Kritikern ging das Exekutivbüro die neuen Partnerschaften an, als seien sie die magische Lösung für die enormen Probleme der UN." (Paul, James (2001), S. 119.)

296 Vgl. United Nations/General Assembly (1997a).

297 United Nations/General Assembly (1997a), Absatz 213.

298 United Nations/General Assembly (1997a), Absatz 213.

schließlich mit abgeschwächtem Mandat etabliert wurde.[299] Und zum anderen wurde die Einrichtung eines *United Nations Enterprise Liaison Service* nach dem Modell des bestehenden *Non-Governmental Liaison Service* empfohlen, um administrative Prozesse zu erleichtern und der PW einen zentralen Ansprechpartner zu bieten.[300] Letztere Empfehlung stieß auf großen Widerstand: Die VN-Mitgliedstaaten sahen in der Institutionalisierung der Beziehungen "*a direct challenge to their sovereignty and monopoly on policymaking*"[301] und innerhalb der VN wurde befürchtet, dass sowohl die Flexibilität der dezentral organisierten Kooperationen mit der PW als auch die Souveränität der einzelnen VN-Institutionen bedroht wären.[302] Daraufhin wurde stattdessen 1999 ein *Virtual Liaison Office* in Form einer Webseite über VN-PW-Aktivitäten geschaffen, das alle VN-Institutionen auf dezentraler Basis mit Inhalten füllen können.[303]

- Im September 1997 spendete der ehemalige *Time-Warner* Vize-Vorsitzende Ted Turner den VN eine Mrd. USD.[304] Als institutionell verankerte Partnerschaft wurde daraufhin der *United Nations Fund for International Partnerships* (UNFIP) als Schnittstelle zwischen Turners *United Nations Foundation* (UNF) und den VN eingerichtet, der über diese

---

299 Nachdem die öffentliche Entwicklungshilfe in den 90er Jahren bei jährlich unter 60 Mrd. USD stagnierte, sollte das zu gründende *Office for Development Financing* die rückläufigen *Official Development Assistance* (ODA)-Flüsse durch *fund-raising* von Unternehmen zumindest teilweise auffangen und Zugang zu privaten Kapitalmärkten ermöglichen (vgl. United Nations/General Assembly (1997a), Aktion 11). Kritisiert wurde, dass Regierungen diese Bemühungen zum Anlass nehmen könnten, um ihren Verpflichtungen künftig nicht mehr nachzukommen. Einige VN-Entwicklungsabteilungen zweifelten ferner daran, dass die zu erwartende Konditionalität von Unternehmenskrediten mit den langfristigen Entwicklungsobjektiven der VN korrespondieren würde. Schließlich wurde das Mandat des *Office for Development Financing* dahingehend abgeschwächt, dass es politische Maßnahmen erörtern und Ideen entwickeln solle, anstatt Unternehmen um Geld zu bitten.

300 Vgl. United Nations/General Assembly (1997a), Aktion 17c sowie United Nations/ General Assembly (1997c), Absatz 32. Auf diesen Vorschlag wird in Kapitel 7 noch ausführlich eingegangen.

301 Tesner, Sandrine; Kell, Georg (2000), S. 33.

302 Vgl. Tesner, Sandrine; Kell, Georg (2000), S. 34.

303 Diese Idee wiederum beruht auf dem Reformansatz Annans von 1997, "*to create an electronic United Nations*" (United Nations/General Assembly (1997a), Strategie 7). Diese Webseite wurde Anfang 1999 aktiviert und wird seitdem sehr unregelmäßig und inkonsistent aktualisiert (vgl. Unterabschnitt 6.1.3).

304 Turners Spende führte zu einer öffentlichen Debatte über die Legitimität von Einflussnahme auf die Mittelverwendung im Rahmen von Spenden.

umfangreiche Partnerschaft hinaus, weitere Kooperationen u.a. mit Unternehmen und Stiftungen fördern soll.[305]

- Erstmalig widmete das *Administrative Committee on Coordination* (ACC) im Rahmen seiner 2. Sitzung 1997 den Beziehungen zwischen den VN und der *civil society* sowie der PW einen eigenen Agendapunkt[306] und hob somit die Relevanz der Kooperationen zwischen den VN und der PW auf der höchsten formalen Ebene der Vertreter der VN-Institutionen hervor. Dabei wurde bekundet, dass "*this item was a central concern in the reform process and a key dimension of most of the major policy issues with which the United Nations system is confronted*"[307].
- 1998 begannen Vertreter und Organisationen der *civil society* verstärkt Kritik an der neuen Aufgeschlossenheit der VN gegenüber der PW zu üben, und bekundeten ihre Ablehnung offen durch Protestbriefe, Sachdiskussionen und Appelle im Internet.[308]
- Im Rahmen des *Annual Meeting* des *World Economic Forum* in Davos im Januar 1999 schlug Annan der PW den *Global Compact* vor: "*To initiate a global compact of shared values and principles*"[309]. Dabei forderte er die Vertreter der PW zu mehr Verantwortung in den Bereichen der Menschenrechte, der Arbeitsbeziehungen und der Umwelt auf. Der *Global Compact* umfasst sozial ausgerichtete Verhaltensansätze für Unternehmen und führte dazu, dass die "Vereinten Nationen und die Geschäftswelt (...) damit nicht länger weltanschauliche Gegner, sondern Partner im Zeichen eines neu entdeckten Pragmatismus"[310] waren.
- Darüber hinaus markierte das Jahr 1999 den Durchbruch der offiziellen Anerkennung der Zusammenarbeit mit der PW. Der JIU veröffentlichte die erste schriftliche - und zugleich kritische - Auseinandersetzung der VN zur Zusammenarbeit mit der PW in Form eines Berichts,[311] wodurch dem Thema eine Legitimität für die öffentliche Diskussion zukam.

---

305 Vgl. United Nations Fund for International Partnerships (2004).

306 Vgl. United Nations/Administrative Committee on Coordination (1997), Agenda Punkt II.

307 United Nations/Administrative Committee on Coordination (1997), Absatz 5.

308 Vgl. u.a. Bennis, Phyllis (2001), S. 143.

309 United Nations/Press Release (1999b). Eine ausführliche Darstellung des *Global Compact* folgt in Abschnitt 5.5.

310 Kell, Georg (1999), S. 164.

311 United Nations/Joint Inspection Unit (1999). Die darin enthaltene Analyse der Beziehungen wies die vorliegenden Probleme auf und formulierte konkrete Handlungsoptionen, deren Umsetzung jedoch bis heute weitestgehend aussteht.

- Im Juli 2000 fand auf Initiative des *Global Compact-Office* ein Treffen zwischen Vertretern der VN, der PW, von NGOs und von Arbeitnehmerverbänden statt, um Bereiche zukünftiger Arbeit zu identifizieren. Nachdem bis zu diesem Zeitpunkt die VN jeweils unabhängig mit Vertretern der *civil society* und Vertretern der PW interagierten, markierte dieses Treffen einen Höhepunkt für weitergehende tri-sektorale Kooperationen zwischen den VN, der PW und der *civil society*.[312]
- Im selben Monat wurden die *Guidelines for cooperation between the United Nations and the business community*[313] vom VN-Sekretariat herausgegeben, die den VN-Mitarbeitern Handlungsempfehlungen und Richtlinien zur Zusammenarbeit mit der PW liefern sollen.
- In der *Millennium Declaration*[314] im Herbst 2000, wurde seitens der VN das Bestreben angekündigt, zur Hinwirkung auf Entwicklung und Armutsbekämpfung enger mit der PW zu kooperieren[315] und dieser mehr Gelegenheiten zu bieten, "*to contribute to the realization of the Organization's goals and programmes*"[316].
- Im Rahmen der 55. Generalversammlung wurde am 21. Dezember 2000 die Resolution "*Towards global partnerships*"[317] verabschiedet, mit der "*the General Assembly recognized the concept of corporate citizenship for the first time*"[318].
- Basierend auf dieser Resolution, wurde im Namen des Generalsekretärs im August 2001 ein zusammenfassender Bericht über die Partnerschaften zwischen der VN und der PW unter dem Titel "*Cooperation between the*

---

312 Vgl. O'Brien, Denise (2001).

313 Generalsekretär der Vereinten Nationen (2000). An der Formulierung der *Guidelines* war die im Juni 1999 eingerichtet *Inter-agency Senior Management Group* maßgeblich beteiligt (vgl. United Nations/Joint Inspection Unit (1999), Absatz 85 und United Nations/General Assembly (2001b), Absatz 92).

314 United Nations/General Assembly (2000b).

315 Vgl. United Nations/General Assembly (2000b), Absatz 20.

316 United Nations/General Assembly (2000b), Absatz 30.

317 United Nations/General Assembly (2001d). Die Resolution basiert auf einer Initiative der deutschen Delegation.

318 Kell, Georg; Levin, David (2002), S. 11. Die Inhalte der Resolution führten zu zahlreichen Debatten: So sah die Gruppe der Entwicklungsländer (G77) in der Resolution die Gefahr, dass der staatliche Charakter der VN - des "für sie wichtigsten multilateralen Gremiums" (Frankfurter Allgemeine Zeitung (2000b)) - aufgeweicht würde und auch einige Staaten der Europäischen Union äußerten Vorbehalte, "weil sie die Resolution als möglichen Bremsklotz in der internationalen Zusammenarbeit mit der Wirtschaft erachteten" (Frankfurter Allgemeine Zeitung (2000b)).

United Nations and all relevant partners, in particular the private sector"[319] veröffentlicht, in dem Einschätzungen der Mitgliedstaaten zu der Zusammenarbeit zwischen den VN und der PW veröffentlicht wurden.[320] Im Zusammenhang mit diesem Bericht wurde seitens der VN zum Ausdruck gebracht, dass "*the cooperation between the United Nations and non-State actors should be viewed as a means of achieving United Nations goals and enhancing performance, not as an end in itself*"[321].

- Im November 2001 wurde die *Information and Communication Technologies* (ICT) *Task Force* vom VN-Generalsekretär gegründet,[322] die Vertreter der VN, der PW und andere Akteure zusammenbringt, um gemeinsam die *digital divide* zwischen Entwicklungsländern und entwickelten Ländern zu überwinden. Die Gründung der ICT *Task Force* markiert - in anders formalisierter Form als der UNFIP - den Durchbruch im Sinne einer institutionlisierten Partnerschaft zwischen den VN, der PW und weiteren gesellschaftlichen Akteuren.[323]
- 2002 wurden in einer Resolution der Generalversammlung[324] Prinzipien betont, die im Rahmen von Partnerschaften zwischen den VN und der PW eingehalten werden sollten. Des Weiteren wurde der VN-Generalsekretär im Rahmen dieser Resolution aufgefordert, "*to submit a report on the implementation of the present resolution, containing proposals of modalities for enhanced cooperation between the United Nations and all relevant partners, in particular the private sector, for consideration by the General Assembly at its fifty-eighth session*"[325].
- In den Jahren 2000 und 2002 wurden sogenannte *Advisory Councils* aus bzw. mit Vertretern der PW etabliert: Zum einen wurde im Mai 2000 der UNOPS *Business Advisory Council* geschaffen, der sich aus über 20 internationalen Vertretern der PW zusammensetzt, UNOPS in der Verbesserung der eigenen Praxis und den Reformansätzen unterstützen soll und darüber hinaus anderen VN-Institutionen nach Bedarf zur Verfügung

---

319 United Nations/General Assembly (2001b). Dieser Bericht wurde von Jane Nelson im Auftrag des Generalsekretärs verfasst.

320 In dem Bericht wurde angekündigt, dass "*the Secretariat will establish a working group to consider measures to enhance coherence and capacity*" (United Nations/General Assembly (2001b), Absatz 120) im Rahmen der strategisch-konstruktiven Zusammenarbeit mit der PW, deren Umsetzung allerdings ausblieb.

321 United Nations/Economic and Social Council (2002), S. 14.

322 Vgl. United Nations/Economic and Social Council (2000).

323 Vgl. United Nations/Economic and Social Council (2002), S. 4.

324 United Nations/General Assembly (2002b).

325 United Nations/General Assembly (2002b).

steht.[326] Und zum anderen wurde im Januar 2002 der *Global Compact Advisory Council* eingerichtet, der das erste Konsultativgremium zu den VN darstellt, das sich aus Vertretern sowohl der PW als auch des öffentlichen Sektors zusammensetzt, und Beratung zur inhaltlichen und operativen Ausrichtung des *Global Compact* leistet.[327]

- Und nicht zuletzt lassen sich v.a. seit Ende der 90er Jahre verschiedene Einzelinitiativen und Partnerschaften aufweisen, die durch ihre Neuartigkeit als Meilensteine in der Historie der Zusammenarbeit zwischen den VN und der PW gewertet werden können und durch ihre Entstehung darauf hindeuten, dass eine neue Ebene in den Beziehungen zwischen den VN und der PW erreicht wurde.[328]

Insgesamt ist hervorzuheben, dass nach Jahrzehnten eines distanzierten Verhältnisses zwischen den VN und der PW nun seit einigen Jahren eine "*new willingness of the United Nations to embrace the private sector and cooperate with business rather than confront it*"[329] erkennbar und ein "*shift in the way that the private sector now perceives the United Nations system and its role in developing a 'business-friendly' international environment*"[330] feststellbar ist. Und obwohl in der Praxis noch einige Hürden für eine nachhaltige und effiziente Zusammenarbeit zwischen den VN und der PW überwunden werden müssen,[331] sind bisher zumindest alte Vorbehalte bzw. Verhaltensmuster aufgebrochen und neue Möglichkeiten eröffnet worden,[332] die insgesamt eine positive Bewertung der aktuellen Entwicklungen rechtfertigen.

Betrachtet man schließlich die Historie der Beziehungen zwischen den VN und der PW aus der systemtheoretischen Perspektive, so können die Entwicklungen

---

326 Vgl. United Nations Office for Project Services (2003).

327 Vgl. Global Compact Office (2002b).

328 Vgl. Abschnitt 5.4 für Beispiele.

329 United Nations/Joint Inspection Unit (1999), Absatz 17.

330 United Nations/Joint Inspection Unit (1999), Absatz 19.

331 So werden Annans Kooperationsbestrebungen z.B. durch die Sorge der Mitgliedstaaten, an politischer Relevanz einzubüßen, durch den quantitativen Stimmenvorteil der Entwicklungsländer in der Generalversammlung, durch die bürokratische Verlangsamung der Prozesse, durch übersteigerte Erwartungen, durch organisationskulturelle Unterschiede zwischen VN und PW sowie durch die Skepsis seitens der PW erschwert.

332 Es zeichnet sich bei den VN-Mitgliedstaaten eine neue Bereitschaft ab, die PW bei der Suche nach politischen Lösungsansätzen im Bereich der Finanzen bzw. der Investitionen einzubeziehen. Und bei der PW lässt sich mittlerweile gestiegenes Interesse und aktivere Beteiligung an der Grundlagenarbeit der VN im Rahmen des Setzens von Normen und Standards erkennen.

anhand Luhmanns Prinzip der doppelten Kontingenz umschrieben werden: Auf der Vielfalt der Handlungsmöglichkeiten basierend, war die Zusammenarbeit von sich abwechselnden Phasen der Kooperation und des Misstrauens zwischen den VN und der PW geprägt. Das Problem der doppelten Kontingenz veränderte sich schließlich in den 90er Jahren und gewann eine neue Qualität, indem sich das Handeln des einen Partners am Handeln des anderen Partners orientierte. Es stabilisierten sich sowohl das Vertrauen zueinander als auch das gegenseitige Interesse aneinander, und es bildeten sich gegenseitig akzeptierte Verhaltensregeln heraus. Im Rahmen der stabilisierten Kooperation entfaltete sich schließlich das soziale System der Partnerschaften zwischen den VN und der PW.

Die historische Entwicklung bildet eine wesentlich Grundlage zum Verständnis der Aktualität des Themas der Partnerschaften und umfasst einen der beiden Aspekte, die sich maßgeblich auf das Potential der Zusammenarbeit bzw. der Partnerschaften zwischen den VN und der PW auswirken. Der zweite Schritt zur Erläuterung der aktuellen Relevanz und zur Reduktion der externen Komplexität der Partnerschaften zwischen den VN und der PW liegt in der Erfassung der wesentlichen Einflussgrößen aus der Umwelt, die in den folgenden Abschnitten beschrieben werden.

4.2 ENDE DES OST-WEST-KONFLIKTS

Das Ende des Kalten Krieges ist im Luhmannschen Sinne als ein Systemzerfall zu beschreiben,[333] der sich auf alle gesellschaftlichen Funktionssysteme, v.a. aber auf die Politik und die Wirtschaft, auswirkte und in der Folge grundlegende Veränderungen sowohl in der Struktur als auch in der Operationsweise der VN forderte. Den steigenden Wohlstandsforderungen der BürgerInnen entsprechend rückte weltweit das Wirtschaftssystem ins Zentrum des Geschehens. Die Planwirtschaft als Alternative zur liberalen Marktwirtschaft hatte versagt, und der Kapitalismus erlebte einen Aufschwung. Befreit von dem Zwang, sich der Konfliktstrategie des Politiksystems unterwerfen zu müssen, nahm der Einfluss der TNCs im internationalen Wirtschaftssystem und nicht zuletzt auch in anderen gesellschaftlichen Teilsystemen stetig zu.

Darüber hinaus zählt auch die Emanzipation der *civil society* gegenüber der Gesellschaft und v.a. gegenüber ihren nationalen Politiksystemen zu den bemerkenswerten, durch das Ende des Ost-West-Konflikts geprägten

---

333 Vgl. Luhmann, Niklas (1984), S. 383.

Entwicklungen.[334] Im politischen Sinne führte dies dazu, dass die Bi-Polarisierung im globalen Politiksystem aufgelöst wurde und die Fortsetzung der Lagerbildung keine politische Zielsetzung mehr darstellte. Daraus ergab sich zwar für die Weltregionen und Staaten eine neue und willkommene Handlungsfreiheit, doch führten die Veränderungen auch dazu, dass die finanziellen Zuwendungen an die Entwicklungsländer mangels politischer Motivationen zurückgingen und die *Official Development Assistance* (ODA) - entgegen der Hoffnung auf eine "Friedens-Dividende" - drastisch einbrach.

Auch für die VN bedeuteten die neuen Umstände die Beendung jahrzehntelanger bipolarer Politisierung, woraufhin sich die Organisation fortan auf ihre ursprünglichen Zielsetzungen konzentrieren konnte. Doch erfolgte mit dem Ende des Ost-West-Konflikts "weder eine 'Renaissance' der Vereinten Nationen noch eine 'Ära des Weltfriedens'. Die 90er Jahre waren vielmehr durch eine Phase größerer Instabilitäten und weltweiter Turbulenzen gekennzeichnet"[335]. Eine Folge für die VN besteht darin, dass die Stimmenverteilung in vielen VN-Institutionen den realen global-politischen Verhältnissen nicht mehr entspricht. Hinzu kommt, dass die erhöhte Anzahl an Mitgliedstaaten,[336] die gestiegene Relevanz von nicht-staatlichen Akteuren und deren zunehmende Forderungen nach Mitsprache[337] sowie die inhaltliche Umorientierung der VN-Programme neue und v.a. zeitgemäße Strukturen erfordern.[338] Durch die

---

334 Hierzu trugen sowohl die seit den 70er Jahren steigende Tendenz zur Demokratisierung und die dadurch verstärkte Durchsetzung von Menschen- und Bürgerrechten als auch die Verbesserung der Kommunikations- und Bildungssysteme in den einzelnen Staaten bei. Ferner wurde dieser Prozess durch die Abspaltung des Informationsmonopols der Medien von der Politik unterstützt. Die Einflüsse der emanzipierten *civil society* zeichnen sich dabei auf allen politischen Ebenen ab, u.a. bei den VN, wie anhand der wachsenden Einflussnahme der NGOs verdeutlicht werden kann.

335 Hüfner, Klaus; Martens, Jens (2000), S. 155.

336 Die Anzahl der Mitgliedstaaten stieg von 159 im Jahr 1990 auf 191 im Jahr 2002.

337 Eingeleitet wurde die stärkere Mitsprache, v.a. der NGOs, beim UNCED-Gipfel in Rio 1992. 1996 wurden die Mitwirkungsrechte nicht-staatlicher Akteure bei den VN durch die ECOSOC Resolution 1996/31 verbessert. So ist seitdem für Vertreter der *civil society* die Erlangung des Beraterstatus ebenso vereinfacht worden, wie eine unbürokratischere Teilnahme an VN-Konferenzen.

338 "Die Tätigkeiten der Vereinten Nationen auf dem Gebiet des Friedens und der Sicherheit haben sowohl vom Umfang als auch von ihrer Natur her tiefgreifende Veränderungen erfahren. Neue und umfassendere Leitkonzepte für diese Tätigkeiten und ihre Verknüpfung mit der Entwicklungsförderung sind im Entstehen begriffen. Alte Konzepte werden abgewandelt." (Berliner Komitee für Unesco-Arbeit e.V. (1995), S. 34-35, Absatz 4.) In seinem Jahresbericht 1998 schrieb Annan: "*The international economic policy agenda today is beset with complex problems that were unimaginable when the rules for managing the post-war economic order were written in the late 1940s*" (United Nations/Secretary General (1998), Absatz 149).

veränderten Rahmenbedingungen seit dem Ende des Kalten Krieges stehen die VN vor neuen Herausforderungen: Sie müssen sowohl ihre systemischen Strukturen als auch ihre Strategie den veränderten Rahmenbedingungen anpassen, dabei ihre bislang vorrangig operative Ausrichtung überwinden,[339] und Konzepte erarbeiten, die zur Behebung der derzeitigen Unsicherheit und Strategielosigkeit im globalen Politiksystem beitragen. Dabei sind primär strukturelle und inhaltliche Reformen gefordert.

Das Ende des Ost-West-Konfliktes stellt somit einen wesentlichen Impuls für die Zusammenarbeit und v.a. die Entwicklung von Partnerschaften zwischen den VN und der PW dar. So haben sich zum einen die strukturellen und die funktionalen Veränderungen im Politik- sowie im Wirtschaftssystem auf die allgemeine und die spezifische Handlungsfähigkeit im Rahmen der Kooperationen zwischen den VN und der PW ausgewirkt. Und zum anderen können die Fortschritte im Rahmen der Zusammenarbeit im Allgemeinen und der Partnerschaften im Speziellen als ein Ergebnis des Umdenkens der VN im Rahmen ihrer Anpassung an die veränderten globalpolitischen Rahmenbedingungen verstanden werden. Dabei ist festzustellen, dass die Auswirkungen des Endes des Kalten Krieges auf die Zusammenarbeit bzw. die Partnerschaften zwischen den VN und der PW in engem Zusammenhang mit den Einflüssen durch die Globalisierung stehen.

In diesem Sinne werden sowohl in der Literatur als auch im allgemeinen Verständnis die Folgen des Endes des Ost-West-Konflikts meist in engen Zusammenhang mit den Auswirkungen der Globalisierung gestellt, was daran liegt, dass beide Entwicklungen

(a) praktisch parallel stattgefunden haben und weiter stattfinden,

(b) historisch gesehen in ihren Ausprägungen und ihrer Bedeutung einzigartig sind und somit keine erfahrungsbasierte Trennung der Auswirkungen abgeleitet werden kann,

(c) sich auf die gesamte Weltgesellschaft auswirkten und

(d) einander interpenetrieren und beschleunigen.

---

339 Die Machtrivalität zwischen den USA und der Sowjet-Union zu Zeiten des Kalten Krieges spiegelte sich insbesondere in der Rolle der ODA wider; dabei ergab die Zunahme der zur Verfügung gestellten ODA-Mittel – u.a. bedingt durch die steigende Anzahl an Staaten, die durch die Entkolonisierung unabhängig wurden – für die VN die Möglichkeit, stetig neue Projekte zu initiieren, woraufhin immer neue VN-Institutionen entstanden, um diese Projekte zu managen. "*UNDP evolved this way, so did UNCTAD, UNIDO, UNFPA. All of this was mid-60s. So all of this was the direct consequence of the Cold War and decolonisation happening at the same time – feeding each other.*" (Tesner, Sandrine (2001).) Aus diesem Zusammenhang leitete sich schließlich die operative Rolle der VN ab, die sie bis in die frühen 90er Jahre einnahmen.

Entsprechend wurden die Zusammenarbeit und das grundlegende Verhältnis zwischen den VN und der PW sowohl maßgeblich vom Ende des Kalten Krieges als auch durch die Globalisierung geprägt. Nachdem also die Effekte der Beendigung des Ost-West-Konflikts dargestellt wurden, stellt sich im Folgenden die Frage nach den entsprechenden Auswirkungen der Globalisierung auf die strategisch-konstruktive Zusammenarbeit zwischen den VN und der PW.

4.3 GLOBALISIERUNG

Die Globalisierung, die ungerechtfertigterweise meist auf die ökonomische Dimension reduziert wird,[340] war grundlegend für den vielschichtigen gesellschaftlichen und sozialen Wandel der 90er Jahre. Die Globalisierung lässt sich als ein vielschichtiges Phänomen umschreiben, das Tatsachen ebenso beinhaltet wie Prozesse und Konzepte. Entsprechend ist die Globalisierung eine Tatsache im Sinne der weltweiten technologischen Vernetzung sowie der Entstehung neuer Märkte, Instrumente, Akteure und Regeln; ihre Chancen und Risiken sind bekannt und werden auf allen Ebenen kontrovers diskutiert. Sie ist ein Prozess im Sinne eines stetigen Wandels, der sich an den weltweiten Möglichkeiten orientiert. Im Rahmen dieses gestaltbaren Prozesses wandeln sich v.a. globale und individuelle Werte, politische Machtstrukturen und -verhältnisse sowie wirtschaftlicher Wettbewerb. Eine Beschleunigung zeichnet sich durch netzwerkartigen Wissenstransfer ab, der in der zunehmenden Transparenz von Informationen resultiert. Parallel findet ein intensiver kultureller Austausch statt, der einerseits gesellschaftliche Umorientierung und andererseits die Festigung von Traditionen zur Folge hat. Interdependenzen und intersektorale Verknüpfungen verstärken dabei die Auswirkungen des Prozesses in allen Bereichen menschlichen Lebens. Schließlich ist die Globalisierung ein Konzept im Sinne einer geistigen Freiheit, die sich im Denken der Individuen manifestiert und ein intensiveres Bewusstsein der kollektiven Verantwortung fördert.

Auf Luhmanns Denkschema übertragen ist die Globalisierung als eine systemische Revolution[341] der Gesellschaft bzw. der funktionalen gesellschaftlichen Teilssysteme zu verstehen. Die Grenzen zwischen den einzelnen Teilsystemen und ihren Umwelten verschieben sich und - nicht intendiert - ergibt sich ein

---

340 Historisch betrachtet begann das Zeitalter der wirtschaftlichen Globalisierung - zunächst beschränkt auf die Erscheinungsform Handel - mit der Idee des Liberalismus der britischen Nationalökonomen Adam Smith und David Ricardo Ende des 18./Anfang des 19. Jahrhunderts. Den Grundstein der Liberalisierung des Geld- und Kapitalverkehrs legte jedoch erst der Zusammenbruch des Systems fester Wechselkurse Anfang der 1970er Jahre und die Uruguay-Runde (1986-1993) brachte schließlich eine erhebliche Ausweitung der Handelsfreiheit.

341 Vgl. Walton, Clarence (1999), S. 26.

Übergang zu neuen Strukturen. Dabei entsteht eine neue Kohärenz, was sich v.a. an den Grenzen des Politik- und des Wirtschaftssystems beobachten lässt. Entsprechend sind auch gesellschaftlich relevante Operationen nicht mehr eindeutig einem funktionalen System zurechenbar, was sowohl auf Kompetenzüberlagerung als auch auf -übertragung innerhalb der gesellschaftlichen Teilsysteme basiert. Die Folgen für die Weltgesellschaft sind immens und bis heute weder vollständig greifbar noch planbar. In allen gesellschaftlichen Funktionssystemen sind neue Strategien gefordert und mehr als je zuvor wird eine gesamtgesellschaftliche Konzeption benötigt, wobei die VN eine tragende Rolle spielen, da "nur im Rahmen der UN gemeinsame Antworten auf die globalen Herausforderungen der Gegenwart und der Zukunft gefunden werden können"[342].

Die Ausprägungen der Globalisierung auf die gesellschaftlichen Teilsysteme können nicht isoliert voneinander betrachtet werden. Die strukturelle Kopplung ist den Entwicklungen immanent und stellt die Grundlage für ein umfangreiches Verständnis der Globalisierung dar.[343] Im Rahmen dieser Arbeit sind jedoch vorrangig die Auswirkungen der Globalisierung auf das Politik- und das Wirtschaftssystem von Bedeutung, weswegen die Effekte für andere gesellschaftliche Teilsysteme, wie z.B. das Rechts- und das Bildungssystem, vernachlässigt werden.

Im Politiksystem provoziert die Globalisierung die schrittweise Auflösung der jahrhundertelangen diskreten, geo-politischen Koexistenz von Nationalstaaten zugunsten einer steigenden Interpenetration und Kooperation zwischen den Politiksystemen einzelner Staaten. Daraus abgeleitet sind v.a. zwei Entwicklungen bemerkenswert: Die Zunahme eines inter-staatlichen Kooperationszuwachses unter dem Leitbild "Kooperation statt Isolation"[344] und die wachsende Beteiligung am Politiksystem durch Akteure aus dessen Umwelt,[345] wie beispielsweise Unternehmen und NGOs.

---

342 Schorlemer, Sabine von (2000), S. 200.

343 Dabei beschleunigt sich der Prozess der Globalisierung nicht zuletzt durch eben diese einander verstärkenden Kopplungen und Interpenetrationen.

344 Dieser Kooperationszuwachs zeichnet sich seitens der nationalen Politiksysteme durch zunehmende Bereitschaft zur Beteiligung an regionalen und global-staatlichen Kooperationen, großzügigere Kompetenzverlagerung auf internationale Regierungsorganisationen und durch selbstverständlichere Beteiligung an internationalen politischen Interessenbündnissen aus, wie beispielsweise der "Allianz gegen den Terror".

345 Dies begründet sich sowohl durch vorsätzliche Kompetenzverlagerung des Politiksystems auf andere gesellschaftliche Teilsysteme (z.B. die Versorgung Obdachloser durch NGOs oder die Auflösung staatlicher Monopole durch Beteiligung von privaten Unternehmen) als auch durch unaufgeforderte direkte (z.B. durch offenen Druck eines Unternehmens bei der Standortwahl) oder indirekte (z.B. durch Wählerboykotte) Pertubation des Politiksystems seitens der Akteure aus der Umwelt.

Das Wirtschaftssystem erfuhr durch die Globalisierung einen historischen Aufschwung: Die einhergehende Liberalisierung der Märkte förderte sowohl produktive Effizienzsteigerung als auch Standortflexibilität, was sich wiederum positiv auf die Einflusssphäre der PW auswirkte. Die zunehmende Internationalisierung der PW ermöglichte ihren Akteuren Zugang zu unbekannten und unterentwickelten Märkten, woraus sich sowohl Absatzsteigerungen als auch eine zunehmend differenziertere Markenpolitik ergaben. Darüber hinaus wurde die Umwelt und v.a die soziale Umwelt der einzelnen Unternehmen erweitert,[346] was u.a. den Trend zu sozialer Verantwortung von Unternehmen förderte.[347]

Schließlich wurden bzw. werden durch die Globalisierung auch grundlegende gesellschaftspolitische Veränderungen provoziert, wie einerseits beispielsweise technische Entwicklungen, die sich v.a. in entwickelten Ländern vorteilhaft auf die Lebensumstände der Bevölkerung ausprägen, und andererseits die zunehmende Marginalisierung von Entwicklungsregionen.[348] Bemerkenswerterweise hat sich jedoch trotz schärferer Selektionsprozesse[349] im Zuge der Globalisierung ein höheres Maß an globalem Engagement und Solidarität herausgebildet.[350]

---

346 Die PW und v.a. TNCs gehen als die Gewinner der Globalisierung hervor. Die Anzahl an TNCs hat sich seit den 70er Jahren verfünffacht, sie trugen Ende der 1990er "ca. 25% zum Weltsozialprodukt bei" und wickelten "drei Viertel des Welthandels ab" (Hengsbach, Friedhelm (1999)). Heute sind von den 100 größten Wirtschaftseinheiten der Welt 51 Unternehmen und 49 Länder; die Einnahmen der 200 größten Unternehmen betragen mehr als ein Viertel der weltweiten Wirtschaftsaktivität (vgl. Zitat von John Cavanagh, Direktor des *Institute for Policy Studies*. In: Fleischauer, Jan; Hogrefe, Jürgen; Röbel, Sven (u.a.) (2001), S. 23).

347 Vgl. hierzu auch Abschnitt 4.4 sowie die Ergebnisse des Jahrestreffens 2001 des *World Economic Forum* (World Economic Forum (2001)).

348 Obwohl 23% der Weltbevölkerung in extremer Armut lebt (vgl. United Nations Development Programme (2002), S. 10), bietet der technologische Fortschritt auch Chancen für Entwicklungsländer (beispielsweise die *GrameenPhone*, die sich auf Mobilfunk-Telekommunikation in Bangladesch spezialisiert, oder die Pionierleistungen im indischen Informationstechnologiesektor) und Risiken für Industrieländer (beispielsweise Hackerangriffe auf private Daten und damit verbundene Kriminalität). Nichtsdestotrotz betragen die Gesamtkosten, die daraus entstehen, dass Entwicklungsländern Marktchancen vorenthalten werden, ca. 500 Mrd. USD pro Jahr. Beispielhaft ist der Vergleich zwischen einem durchschnittlichen Familieneinkommen in den USA, welches 60 Mal größer ist als das in Äthiopien. (Vgl. Bundeszentrale für politische Bildung (1999).)

349 Beispielsweise in der Bildung und auf dem Arbeitsmarkt.

350 Die Erkenntnis, dass kollektives Aufbegehren gegen die eigene Gesellschaft schneller zum gewünschten - teilweise auch persönlich motivierten - Erfolg führt, ist als historischer Durchbruch zu bewerten. Im Grundsatz ist diese Entwicklung zwar nicht neu, doch ihre Dimension ist weitaus globaler als je zuvor.

Die VN befinden sich seit Anfang der 90er Jahre "in einer höchst widersprüchlichen weltpolitischen Situation, charakterisiert durch Globalisierungstendenzen einerseits und Fragmentierungstendenzen andererseits"[351]. Die Schwächung der Nationalstaaten sowie der wachsende Einfluss von PW und anderen nicht-staatlichen Akteuren v.a. auf das Politiksystem erfordern eine neue *global public policy*. Die global-politischen Veränderungen zwingen die VN, Reformen umzusetzen sowie neue Konzepte zu implementieren und dabei die Interessen und Forderungen nicht-staatlicher Akteure - v.a. der PW und der NGOs - ernst zu nehmen: "*The UN will move towards marginalisation unless it opens up to the real world.*"[352] So sind die VN gefordert, eine gesellschaftlich verträgliche Symbiose aus nationalstaatlicher Souveränität, inter-staatlicher Kooperation und nicht-staatlicher Mitwirkung zu schaffen und dabei sozial gerechtes wirtschaftliches Wachstum für alle sozialen Systeme und Menschen zu fördern. Schließlich stehen die VN vor der Herausforderung, "die Globalisierung" in "die Globalisierung mit menschenwürdiger Ausprägung" zu transformieren,[353] wobei v.a. die Wirtschaftsinstitutionen der VN gefordert sind, neue und annehmbare Konzepte für die Regulierung des globalen Wirtschaftssystems zu entwickeln und umzusetzen.

Die Einflüsse der Globalisierung auf die Zusammenarbeit bzw. die Partnerschaften zwischen den VN und der PW stehen, wie oben angedeutet, in engem Zusammenhang mit den Auswirkungen durch die Beendigung des Kalten Krieges. Hervorzuheben sind schließlich zwei Aspekte: Zum einen der Umstand, dass im Rahmen der Globalisierung soziale Systeme neu strukturiert bzw. deren Grenzen neu definiert werden, was für die Entstehung und weitergehende Entwicklung von Partnerschaften im Allgemeinen und zwischen den VN und der PW im Speziellen von außerordentlicher Bedeutung ist. Und zum anderen, dass vor dem Hintergrund der Globalisierung die partnerschaftliche Kooperation mit der PW innerhalb der VN wachsende Bedeutung erlangt. So wurde beispielsweise im ACC festgestellt, die Kapazität der VN "*to have an impact on the process of globalization is increasingly linked to its ability to*

---

351 Hüfner, Klaus; Martens, Jens (2000), S. 156. So erfahren beispielsweise nationalstaatliche Steuerungsmechanismen zu Gunsten regionaler und globaler Bündnisse eine Schwächung, während in verschiedensten Regionen vermehrt religiöse, soziale und ethnische Konflikte aufflammen. Die Anzahl der beschlossenen PKOs verdoppelte sich seit 1988, was bedeutet, dass sich die Arbeitsschwerpunkte der VN, zum Nachteil der anderen VN-Hauptorgane, auf den Sicherheitsrat konzentrieren.

352 Silber, Laura (1998), S. 7.

353 "*Only universal organizations like the United Nations have the scope and legitimacy to generate the principles, norms and rules that are essential if globalization is to benefit everyone.*" (United Nations/Secretary General (1998), Absatz 233.)

involve the private sector"[354] und "*contributing to a more effective response to global challenges involved* (...) ***forging new strategic alliances and partnerships with key stakeholders, including the private sector***"[355]. Darüber hinaus ist festzustellen, dass erst durch die Globalisierung die weltweit stattfindende und in diesem Sinne globale Verschiebung der systemischen Grenzen sowie die über nationale Grenzen hinausgehende, praktische Umsetzung neuer Kooperationsformen zwischen den VN und der PW in Form der Partnerschaften ermöglicht wurde. Und schließlich stabilisierten die im Rahmen der Globalisierung neu gefundenen Mittel, wie beispielsweise die Informationstechnologie, das Fortbestehen und die globale Anerkennung dieser neuen Konzepte.

Über die Auswirkungen der Globalisierung hinaus lässt sich im Wirtschaftssystem seit einigen Jahren ein Trend zu sozialer Verantwortung von Unternehmen erkennen, der wiederum für die strategisch-konstruktive Zusammenarbeit zwischen den VN und der PW förderlich ist und im folgenden Abschnitt vorgestellt wird.

4.4 Trend zu sozialer Verantwortung von Unternehmen

"*Companies are learning that as markets have gone global, so too must the concept and practice of corporate social responsibility.*"[356] *Corporate Social Responsibility* (CSR) lässt sich übersetzen als soziale Verantwortung von Unternehmen[357] und erlebt seit Anfang der 1990er in der wissenschaftlichen Debatte eine Renaissance.[358] Die Aktualität des Themas resultiert vorrangig aus der steigenden Informationstransparenz in der Gesellschaft und dem wachsenden öffentlichen Druck auf die PW, sich über ihre klassische gesellschaftliche

---

354 United Nations/Administrative Committee on Coordination (1999a), Absatz 7.

355 United Nations/Administrative Committee on Coordination (1999b), Absatz 17; Hervorhebungen im Original.

356 Annan, Kofi (2001).

357 Dabei sollte CSR nicht mit *corporate citizenship* verwechselt werden, das die grundsätzliche Annahme und Umsetzung gegebener Vorschriften und Gesetze bereits beinhaltet (vgl. Kolodner, Eric (1994), S. 23f). CSR wird in der Literatur auch als *triple-bottom-line* bezeichnet (vgl. Nelson, Jane (1998)).

358 Die strategische Management-Theorie führte das Thema CSR Mitte der 80er Jahre ein und wird v.a. von McIntosh, Leipziger, Spar sowie Jones und Coleman diskutiert (vgl. Ruchat, Bérangère (2000), S. 69). Diskussionsbeiträge zum Thema sind aber auch in theoretischen und methodologischen Arbeiten von unabhängigen Beratern wie David Logan, Laurie Regelbrugge oder Jane Nelson zu finden. Eine theoretische Abhandlung zur Thematik liefert Fischer (vgl. Fischer, Wolfgang (1999)).

Funktion bzw. ihre Systemgrenzen hinaus für die Gesellschaft einzusetzen.[359] Historisch betrachtet entstammt das Konzept der CSR der Philanthropie und wird seit vielen Jahrzehnten in zunehmendem Maße von Unternehmen weltweit praktiziert.[360]

Der *World Business Council for Sustainable Development* (WBCSD) definiert CSR als "*the commitment of business to contribute to sustainable economic development, working with employees, their families, the local community and society at large to improve their quality of life*"[361]. In Anlehnung an diese Definition ist CSR im Folgenden als eine Form des verantwortungsbewussten, wirtschaftlichen, ökologischen und sozialen Handelns von Unternehmen zum Ausdruck des eigenen unternehmerischen Wertesystems zu verstehen, das die *sustainability* der engeren und weiteren Umwelt des Unternehmens zu fördern sucht. Die PW braucht zum wirtschaftlichen Handeln eine stabile Umwelt, zu der sie durch CSR beiträgt. Im weitesten Sinne ist CSR als ein unternehmerisches Marketinginstrument zu verstehen,[362] wobei heute zu beobachten ist, dass das Konzept zunehmend in den einzelnen Unternehmensphilosophien verankert wird.[363] Dennoch muss angemerkt werden, dass durch die Umsetzung von CSR in erster Linie dem Unternehmenszweck gedient wird. Das heißt, dass diejenigen Unternehmen, die im Umfeld sozialer Bedürfnisse agieren, CSR eine größere Bedeutung beimessen als andere, und dass sich aus den durch praktizierte CSR entstehenden Aufwänden immer ein Nutzen für das jeweilige Unternehmen ableiten lässt. Dabei ist jedoch nicht zu vernachlässigen, dass praktizierte CSR *Benchmarks* setzt, die auch solche Unternehmen zur

---

359 Unternehmen, die CSR ohnehin praktizieren, publizieren ihre diesbezüglichen Aktivitäten in sogenannten CSR-Berichten sowie verstärkt in den Medien und diejenigen Unternehmen, die sich bislang wenig oder gar nicht sozial engagierten, werden auf Druck der engagierten und informierten Öffentlichkeit zunehmend dazu aufgefordert.

360 Vgl. World Business Council for Sustainable Development (1998) für eine Darstellung der historischen Entwicklung.

361 World Business Council for Sustainable Development (2000).

362 Daraus erklärt sich, dass entsprechende Aktivitäten häufig in den Marketing- bzw. *Public Relations*-Abteilungen von Unternehmen gemanagt werden.

363 "*Over the last two decades, it has been fascinating to watch quite a few large companies move through four stages of increasing 'corporate responsibility'. First, some had small charity departments. Then, as they were attacked by NGOs regarding labor practices and the environmental consequences of their activities, they created larger corporate responsibility departments. Next, some became agents of development of their own (...). Now some are seriously interested in participating with government and civil society in urgent problem-solving going far beyond their own fields - not for a direct commercial reason, but because, like civil society, they too are beginning to seriously wonder what state the world will be in ten or fifteen years from now.*" (Rischard, Jean-François (2002), S. 50.)

Implementierung motivieren können, die bisher keinen direkten Nutzen aus Aufwendungen im Sinne von CSR ableiten konnten. Im Luhmannschen Sinne kann der Trend zu CSR entsprechend als eine Vorstufe des kollektiven Handelns bezeichnet werden.[364]

Sofern ein Unternehmen soziale Verantwortung übernimmt, muss diese nicht in allen Produktions- oder Absatzländern und auch nicht in allen sozialen Bereichen eines Unternehmens praktiziert werden. Vielmehr ist es bislang üblich, dass sich beispielsweise TNCs nur in einem bestimmten Land zu einem bestimmten Thema engagieren, um einen direkten Nutzen zu erzielen.[365] Insgesamt basiert das Wirkungsfeld der unternehmerischen CSR sowohl auf der strategischen Ausrichtung als auch auf der Umwelt des Unternehmens[366] und kann dabei entweder vorwärts gerichtet sein oder als Reaktion vorliegen: Vorwärts gerichtete CSR beruht i.d.R. auf persönlich-motiviertem, moralischen Grundverhalten eines individuellen Akteurs im Unternehmen, während CSR als Reaktion meist eine Antwort auf öffentliche Kritik am Unternehmen oder eine präventive Maßnahme zur Vorbeugung künftiger Kritik ist.[367] Wesentlich für die Implikationen von CSR auf Unternehmensstrategien ist die Beobachtung, dass sich praktizierte CSR positiv auf Kaufentscheidung von Konsumenten auswirkt.[368] Daraus resultiert für die PW ein neuer Wettbewerbsfaktor durch praktizierte CSR. Hinzu kommt, dass Unternehmen zunehmend durch die auf CSR basierenden Wettbewerbsvorteile der Konkurrenz unter Zugzwang geraten,

---

364 Vgl. Luhmann, Niklas (1984), S. 271f.

365 So kann sich beispielsweise ein Unternehmen nur im Heimatland oder nur in seinen Gastgeberländern engagieren. Auch muss CSR von Unternehmen nicht unbedingt in allen Sachgebieten und auf allen unternehmerischen Ebenen umgesetzt werden. Entsprechend ist es nicht unüblich, dass sich ein Unternehmen in einem Bereich (z.B. Umwelt) durch hohe soziale Verantwortung auszeichnet und in einem anderen (z.B. Menschenrechte) dagegen gar nicht.

366 Regelbrugge, Laurie (1999a), S. 10.

366 Die derzeit für CSR bevorzugten Sachgebiete der PW liegen in den Bereichen *community involvement*, Menschen- und Arbeitnehmerrechte, Umweltschutz und Zuliefererbeziehungen (vgl. World Business Council for Sustainable Development (2000)).

367 Die potentiellen Auswirkungen der Kritik können von Konsumboykotten und Sachbeschädigung über Arbeitnehmerfluktuation bis hin zur Ablenkungen von den eigentlichen unternehmerischen Zielen reichen und u.a. finanzielle Einbußen und einen langfristigen Imageverlust für das Unternehmen zur Folge haben.

368 Wenn sich beispielsweise Konkurrenzprodukte nicht über den Preis, die Qualität oder die Beschaffbarkeit differenzieren, dann werden Kaufentscheidungen inzwischen häufig auf Grundlage des Unternehmensimages bzw. des sozialen Engagements des Herstellers getroffen (vgl. Regelbrugge, Laurie (1999a), S. 11). Beispiel hierfür sind die "Rettet den Regenwald-Kampagne" des Bierherstellers Krombacher oder das Unternehmenskonzept des *Body Shop*.

sich den neuen Marktkräften anzupassen. Entsprechend ist absehbar, dass immer mehr Unternehmen soziale Verantwortung demonstrieren, um den eigenen ökonomischen und sozialen Wert langfristig zu steigern.[369]

Der Trend zu CSR hat in der Praxis viel Kritik hervorgerufen, wobei v.a. die Glaubwürdigkeit und die vorgegebene Selbstlosigkeit der praktizierten sozialen Verantwortung von Unternehmen angezweifelt werden.[370] NGOs, deren Funktion in der Beobachtung bzw. dem *monitoring* der PW liegt, unterstellen Unternehmen *blue washing*[371] und sehen hinter den sozial ausgerichteten Aktivitäten oft das alleinige Streben nach Profiten. Im Rahmen der Kritik wird jedoch häufig vernachlässigt, dass, zumindest was die Wirkung betrifft, der Effekt maßgeblicher sein sollte als die Motivation und zum anderen, dass das Praktizieren von CSR bislang freiwillig ist und entsprechend nicht erfordert, dass Unternehmen CSR in allen Bereichen und auf allen Ebenen des eigenen Handelns umsetzen.[372]

CSR ist ein erweitertes Verantwortungsprinzip der Unternehmen, das sowohl eine qualitative als auch eine quantitative Zunahme gesellschaftlicher Mitwirkungsbereitschaft seitens der PW zur Folge hat und die Zielsetzungen von Unternehmen erweitert. In diesem Sinne wirkt sich der Trend zu sozialer Verantwortung von Unternehmen auch positiv auf die VN aus: Zum einen, weil immer mehr Unternehmen, die CSR praktizieren oder praktizieren wollen, die Vorteile einer entsprechenden Kooperation mit den VN erkennen, wodurch die VN in ihren Bemühungen unterstützt werden, enger mit der PW zu kooperieren bzw. Partnerschaften einzugehen. Und zum anderen, weil die VN durch die Eigendynamik des Trends zu CSR weniger Aufwand in die gesellschafts-

---

369 Vgl. World Business Council for Sustainable Development (1998).

370 So schrieb Hacker schon 1966: "Die moderne Firma ist weder eine 'verantwortliche' Institution in unserer Gesellschaft, noch kann das von ihr erwartet werden. Trotz aller selbstbeweihräuchernden Broschüren, in denen sich große Unternehmen als 'gute Mitbürger' präsentieren, bleibt die Tatsache bestehen, dass Unternehmen einzig und allein danach streben, noch mehr Gewinn zu machen – von dem sie einen großen Teil wieder in sich selbst investieren." (Hacker, Andrew (1966).)

371 Der Begriff bedeutet umgangssprachlich "sich eine reine Weste zuzulegen". Pike umschreibt die zunehmenden Anforderungen an Unternehmen: "*Behaving as a socially responsible company (...) is becoming an ever-more demanding challenge. It is no longer sufficient to be good in parts. A company with the most enviable reputation for supporting educational projects in its home market, for example, would soon lose all credibility if its overseas suppliers were shown to be employing child labour in inhumane conditions.*" (Pike, Alan (2001).)

372 Um für die Gesellschaft wertvoll zu sein, müssen Unternehmen in erster Linie der Funktion des Wirtschaftssystems gerecht werden, ihren Kernaufgaben nachkommen und Profit erwirtschaften, um Löhne, Dividenden, Steuern und sonstige Abgaben leisten zu können.

verantwortliche Erziehung von Unternehmen investieren müssen, da diese sich in verstärktem Maße freiwillig an gesellschaftlichen Grundprinzipien ausrichten. In der Folge zeichnen sich durch die zunehmende Praktizierung von CSR neue soziale und entwicklungsbezogene Projekte - auch für die VN - ab.

In der Praxis wird CSR häufig in Form öffentlich-privater Partnerschaften umgesetzt, woraus sich u.a. ableiten lässt, dass die Trends zu CSR und zu öffentlich-privaten Partnerschaften einander begünstigen, wie im Rahmen der Ausführungen im folgenden Abschnitt dargestellt wird.

4.5 TREND ZU ÖFFENTLICH-PRIVATEN PARTNERSCHAFTEN

Die Konzeption der PPP hat ihren Ursprung in den 1940er Jahren, als in Pittsburgh, USA, vor dem Hintergrund leerer Gemeindekassen und dem daraufhin steigenden Druck auf den öffentlichen Sektor, ein neues Finanzierungskonzept gefordert war. Die lokalen Behörden nutzten das Eigeninteresse der ortsansässigen Unternehmen an einem stabilen sozialen und wirtschaftlichen Umfeld und einer funktionierenden Verwaltung und konnten diese dazu motivieren, Finanzmittel und Know-how in gemeinsam betriebene Wirtschaftsförderungsgesellschaften einzubringen. Ziel war es, durch vereinte Anstrengungen zur Überwindung städtischer Problemzonen beizutragen. Die Zurücknahme staatlicher Programme vertiefte in den 1970er Jahren in den USA die Bedeutung lokaler Stadtentwicklung und regionaler Strukturpolitik und führte zu einer drastischen Zunahme an PPP.[373] In Europa wurde das Konzept fünf bis zehn Jahren nach dem amerikanischen *Boom* aufgegriffen und führte erst wesentlich später zu vergleichbaren Ausprägungen.[374] In Deutschland fanden PPP in der wissenschaftlichen Literatur in den siebziger Jahren erstmals Erwähnung und werden seit Mitte der achtziger Jahre praktisch[375] umgesetzt, wobei der tatsächliche Durchbruch in Deutschland erst mit der Wiedervereinigung kam.[376]

---

373 In seiner Regierungserklärung vom 28.3.1978 prägte der damalige amerikanische Präsident Carter den Begriff, indem er sein Konzept der marktwirtschaftlich gesteuerten Stadtentwicklungspolitik als PPP bezeichnete. (Vgl. Höftmann, Björn (2001), S. 8.)

374 Vgl. Kirsch, Daniela (1997), S. 22.

375 Die ersten praktischen Beispiele in Deutschland entwickelten sich v.a. im Ruhrgebiet und wurden zunächst nahezu ohne Ausnahme für Projekte im Rahmen der Stadt- und Regionalentwicklung genutzt (vgl. Höftmann, Björn (2001), S. 12).

376 Vgl. Budäus, Dietrich; Grüning, Gernod; Steenbock, Andreas (1997a), S. 22. Nachdem sich die ersten PPP noch vorrangig mit der lokalen, nationalen bzw. regionalen Verbesserung der Umwelt im Luhmannschen Sinne befassten, sind inzwischen in zahlreichen anderen Praxisbereichen PPP entstanden. Die wissenschaftliche Auseinandersetzungen konzentriert sich in der Literatur jedoch nach wie vor fast ausnahmslos auf Praxisbeispiele aus der Stadt- bzw. Regionalentwicklung.

Abbildung 12: Klassische Dichotomie zwischen Politik- und Wirtschaftssystem

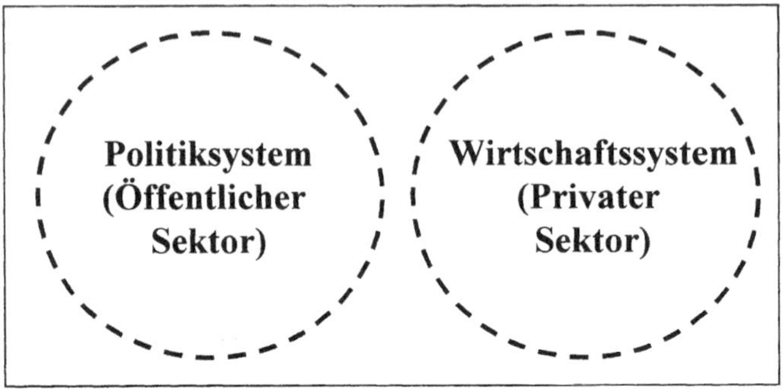

Quelle: Eigene Darstellung.

Wie aus dem zusammengesetzten Attribut *public-private* deutlich wird, liegt dem Konzept der PPP die Annahme zugrunde, dass sich die klassische Dichotomie (siehe Abbildung 12) zwischen Politik- und Wirtschaftssystem bzw. öffentlichem und privatem Sektor verschoben hat (siehe Abbildung 13).[377]

Abbildung 13: Hybridform zwischen Politik und Wirtschaftssystem

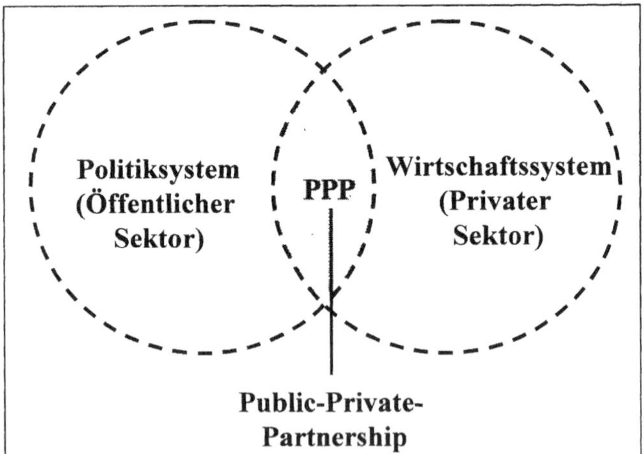

Quelle: Eigene Darstellung.

---

[377] Rischard umschreibt diese Begebenheit als "*blurring of the boundary lines between the public sector, business, and civil society*" (Rischard, Jean-François (2002), S. X).

PPP sind als innovative Organisationsmodelle zwischen öffentlichem und privatem Sektor - im Sinne einer Hybridform zur öffentlichen Aufgabenwahrnehmung - zu verstehen, in denen das *public* und das *private* in einem komplementären Verhältnis zueinander stehen.[378] Die zu beobachtende Zunahme der strategischen Zusammenarbeit zwischen öffentlichem und privatem Sektor deutet darauf hin, dass die konzeptionelle Grenze zwischen den beiden Systemen weiter verschwimmt und die Interdependenzen zunehmen werden. Entsprechend wird, wie angedeutet, im Rahmen dieser Arbeit die Aufhebung der klassischen Dichotomie zugrundegelegt, um durch die strukturelle Kopplung des Politik- und des Wirtschaftssystems PPP als eigenes soziales System darzustellen.

Der Begriff PPP wird in der Literatur uneinheitlich und meist unscharf definiert.[379] Die Mehrheit versteht unter PPP "die Zusammenarbeit von öffentlicher Hand und privaten Unternehmen zur Verfolgung gemeinsamer Ziele"[380] und misst dem Begriff dadurch eine sehr weite Bedeutung bei, die zu dem Missverständnis führen kann, dass sämtliche Kooperationsbeziehungen zwischen

---

378 Vgl. Bendick, Marc; Levinson, Phyllis (1981), S. 456.

379 PPP werden in der Praxis mit einer Vielzahl an Begriffen umschrieben, die alle jedoch nur Teilaspekte markieren: "Built-Operated-Transferred (wenn Unternehmen öffentliche Einrichtungen, etwa Krankenhäuser, bauen und betreiben), Corporate Community Investment, Humankapital, Social Entrepreneur, Verantwortungsgesellschaft, Kommunitarismus, Prinzip Verantwortung, Menschenpflichtserklärung, Bürgerarbeit, Bürgergesellschaft, Citizenship." (Späth, Lothar; Michels, Günter; Schily, Konrad (1998), S. 26.)

380 Eichhorn, Peter (1995) S. 174. Laut Eichhorn besagt die Verfolgung gemeinsamer Ziele, "dass sich die Partner von der Zusammenarbeit eine Förderung ihrer eigenen Ziele versprechen. Bei der öffentlichen Hand dominiert in der Regel die Erfüllung öffentlicher Aufgaben, während sich private Unternehmen von Renditegesichtspunkten leiten lassen. Anders gesagt: Ohne PPP können diese Ziele nicht so umfassend stringent, schnell, flexibel, kostengünstig, nachhaltig und/oder allgemein praktiziert werden." (Eichhorn, Peter (1995) S. 174.) Eichhorn unterscheidet im Rahmen von PPP zwischen kontraktbestimmter Zusammenarbeit (*Contracting Out*), gemischtwirtschaftlicher Kooperation, dem Betreibermodell, dem Betreuungsmodell, strategischen Allianzen, den Leasing-, Pacht- oder Konzessionsmodellen, dem geschlossenen Immobilienfonds und der Objektgesellschaft. Bei diesen PPP-Typen besteht eine (gesellschafts-)vertragliche Grundlage, womit PPP vernachlässigt werden, die nicht auf juristischen Grundlagen basieren. Clemens-Ziegler liefert einen weiteren Ansatz, der wiederum grundlegende definitorische Versäumnisse aufweist: PPP werden "in der heutigen Zeit von der öffentlichen Hand als hilfreicher Weg aus der finanziellen Not gerne bestritten. Mit der Wahl eines so bezeichneten Projektes verbindet sich eine Imageveränderung i.S.v. Verwaltungsmodernisierung und neuem Denken staatlicher Institutionen" (Clemens-Ziegler, Brigitte; Look, Friedrich (1998), S. 5). Die von Clemens-Ziegler betont finanzielle Orientierung des öffentlichen Sektors wird dem PPP-Konzept nur unzureichend gerecht, da die Zielsetzungen i.d.R. weit umfangreicher sind.

dem öffentlichen und dem privaten Sektor als PPP verstanden werden. Die Minderheit konkretisiert den Begriff der PPP durch stärkere Abgrenzung: "Aus dieser Perspektive erscheinen alle Kooperationen in Form von Zulieferbeziehungen, wie z.B. im Falle des Contracting Out, der Objektgesellschaft oder des Leasing, nicht als Partnerschaften, sondern als Liefer- bzw. Kontraktbeziehungen. Dies bedeutet, dass die unterschiedlichen Arten von Kooperationen zwischen dem privaten und öffentlichen Sektor in **Public Private Partnership** und **andere Formen der Kooperation** unterteilt werden."[381] Im Kontext der engeren Betrachtung von PPP, die dieser Arbeit zugrunde liegt, sind PPP jedoch konzeptionell klar von den Modellen zur Betreibung öffentlicher Leistungserbringung und den Modellen zur Finanzierung öffentlicher Leistungen abzugrenzen.[382]

Da die Verwendung von PPP als Sammelbegriff für alle Kooperationsmodelle zwischen öffentlichem und privatem Sektor nicht sachgemäß ist, schließen sich die folgenden Ausführungen an die Begriffsabgrenzung Kouvenhowens[383] an, der zwischen PPP im engeren und PPP im weiteren Sinne unterscheidet: PPP im engeren Sinne sind Interaktionen zwischen Akteuren der öffentlichen Hand und Akteuren des privaten Sektors,[384] bei denen komplementäre Ziele verfolgt werden, Synergiepotentiale erschlossen werden können, die jeweilige Identität und Verantwortung der Partner authentisch bleiben und bei denen die Zusammenarbeit (gesellschafts-)vertraglich formalisiert ist. PPP im weiteren Sinne finden auf informeller Ebene statt ohne zwangsläufig (gesellschafts-) vertraglich formalisiert zu sein.[385] Das heißt, dass PPP im engeren Sinne Organisationen bzw. *Joint-ventures* sind, "die durch **relationale Verträge**, in Form eines Gesellschaftsvertrages, geregelt sind"[386]. Entsprechend findet die Koordination ihrer Tätigkeiten in einer Hierarchie statt. PPP im engeren Sinne werden auch als formelle Partnerschaften bezeichnet.[387] Es existieren

---

381 Budäus, Dietrich; Grüning, Gernod; Steenbock, Andreas (1997a), S. 15; Hervorhebungen im Original.

382 Vgl. Budäus, Dietrich; Grüning, Gernod; Steenbock, Andreas (1997a), S. 13.

383 Vgl. Kouwenhoven, Vincent (1993), S. 120. Es muss an dieser Stelle darauf hingewiesen werden, dass Kouwenhoven und Budäus den Akteuren des öffentlichen Sektors sowohl Politiker als auch Beamte und den Akteuren des privaten Sektors sowohl Unternehmer, Manager und Vertreter der PW als auch Bürger zuordnen. Nichtsdestotrotz wird im Rahmen dieser Arbeit jedoch Luhmanns Trennung von psychischen und sozialen Systemen beibehalten (vgl. Unterabschnitt 2.1.2).

384 PPP können sich durch zwei oder mehr Akteure formieren.

385 Vgl. Kouwenhoven, Vincent (1993), S. 120.

386 Budäus, Dietrich; Grüning, Gernod; Steenbock, Andreas (1997b), S. 50; Hervorhebungen im Original.

387 Vgl. Budäus, Dietrich; Grüning, Gernod; Steenbock, Andreas (1997b), S. 47.

zahlreiche Abstufungen von formeller zu informeller Zusammenarbeit zwischen PPP im engeren und PPP im weiteren Sinne.[388] PPP im weiteren Sinne werden auch als informelle Partnerschaften bezeichnet,[389] deren zugrunde liegender Koordinationsmechanismus als Netzwerk beschrieben werden kann, in dem die Koordination über den Konsens von Gleichen funktioniert. Dabei stellen PPP komplexe soziale Beziehungen dar, die sich dadurch auszeichnen, dass sie stark von Handlungen Dritter abhängen bzw. von Dritten stabilisiert werden; folglich gründen sie sehr viel stärker auf Vertrauen als PPP im engeren Sinne.[390]

PPP ergeben sich nach der Luhmannschen Denkweise als eine mögliche Ausprägung durch strukturelle Kopplung zwischen den funktionalen Gesellschaftssystemen der Politik und der Wirtschaft bzw. deren Teilsystemen. Dabei unterscheiden sich PPP von anderen strukturell gekoppelten Teilsystemen des Politik- und des Wirtschaftssystems durch Kombination einer dynamischen, projektartigen Natur, durch ökonomische Verteilung eingebrachter Ressourcen, durch partnerschaftliches Teilen von Risiken und Nutzen und durch problemlösungsorientierte Ansätze.[391] Die Zielkomplementarität bzw. das gemeinsame Sachziel der Akteure ist zum Verständnis von PPP entscheidend. Die Zusammenarbeit im Rahmen dieser Partnerschaften beruht sowohl auf gemeinsamem Handeln zur Erreichung gemeinsamer Ziele als auch auf Synergieeffekten. Nach Budäus kann die Erreichung des Ziels "zwar unterschiedliche Merkmalsausprägungen haben, an denen die Akteure unterschiedlich interessiert sind, aber trotzdem steht ein gemeinsames Ziel im Mittelpunkt der Kooperation"[392]. Ebenso ist die Erschließung von Synergiepotentialen grundlegend für das

---

[388] Die gemeinsam gegründete Aktiengesellschaft oder Gesellschaft mit beschränkter Haftung sind beispielsweise relativ stark formalisierte Partnerschaftsformen; weniger stark formalisiert aber dennoch nicht informell sind hingegen beispielsweise Gesellschaften bürgerlichen Rechts und einfache Kooperationsverträge (vgl. Budäus, Dietrich; Grüning, Gernod; Steenbock, Andreas (1997b), S. 51).

[389] Vgl. Budäus, Dietrich; Grüning, Gernod; Steenbock, Andreas (1997b), S. 51.

[390] Vgl. Budäus, Dietrich; Grüning, Gernod; Steenbock, Andreas (1997b), S. 51f. Ein markanter Unterschied zwischen PPP im engeren und PPP im weiteren Sinne liegt per Definition in ihrer vertraglichen Formalisierung. Während PPP im engeren Sinne verbindliche, gerichtlich durchsetzbare Verträgen zugrundeliegen, zeichnen sich PPP im weiteren Sinne - wenn überhaupt - durch so genannte *self-enforcing contracts* aus.

[391] Vgl. Kouwenhoven, Vincent (1993). Zur wissenschaftlichen Auseinandersetzung mit PPP werden in der Literatur heute v.a. der Neo-Institutionalismus und die Neue Politische Ökonomie angewendet, wobei dem Konzept der PPP bislang keine eigene theoretische Fundierung zuteil wurde.

[392] Budäus, Dietrich; Grüning, Gernod; Steenbock, Andreas (1997a), S. 17.

Funktionieren einer PPP.[393] Im Gegensatz zu anderen Kooperationsformen bleiben bei PPP bezeichnenderweise die jeweilige Identität und auch die Verantwortung der Partner in ihrer Ausgangsform bewahrt, wodurch folglich keine Verschmelzung der originären Institutionen stattfindet.

Obwohl sich der Trend zu PPP zunehmend auch auf internationaler Ebene manifestiert, haben die Partnerschaften zwischen den VN und der PW nach aktuellem Kenntnisstand in der wissenschaftlichen PPP-Literatur bislang keine Erwähnung gefunden. Dies ist umso verwunderlicher, als sich durch die Gegenüberstellung der Definition der Partnerschaft zwischen den VN und der PW und der Definition von PPP feststellen lässt, dass die Partnerschaften zwischen den VN und der PW eine Form der PPP im weiteren Sinne sind.[394] Die notwendige zusätzliche Annahme ist, dass sich die öffentliche Seite von PPP in Zukunft nicht mehr nur auf einzelne nationalstaatliche Regierungen bzw. lokale öffentliche Verwaltungen bezieht, sondern auch internationale Verwaltungen, wie z.B. die VN, einschließt. Der Trend zu PPP sowie dessen zunehmend internationale Dimension führen dazu, dass diese Form der Partnerschaften zunehmend zwischen der PW und internationalen Organisationen und dabei v.a. von VN-Institutionen geschlossen wird, weswegen der Trend zu PPP für die Kooperationsbestrebungen der VN mit der PW und v.a. für die Partnerschaften als überaus förderlich zu bewerten ist.

Wie oben beschrieben, entstanden PPP aus der Suche nach alternativen Finanzierungskonzepten in städtischen Verwaltungen. Betrachtet man in diesem Zusammenhang die akute Finanzkrise der VN, so liegt die Parallele nahe, dass die Mittelknappheit der VN sich auf deren Bemühungen um partnerschaftliche Zusammenarbeit mit der PW auswirkt, was im folgenden Abschnitt diskutiert wird. Nichtsdestotrotz muss nochmals betont werden, dass Mittelgenerierung lediglich eine der möglichen Absichten der VN im Rahmen der engeren Zusammenarbeit mit der PW darstellen kann, wie im Rahmen des Exkurses in Abschnitt 4.7 noch näher veranschaulicht wird.

393 Könnten die jeweiligen Ziele der Akteure auch ohne einen Partner im Rahmen einer PPP erreicht werden, so käme die PPP mit großer Wahrscheinlichkeit nicht zustande. Hingegen wird im Rahmen einer PPP durch gemeinsames, zielorientiertes Handeln eine gesteigerte Effizienz und/oder Effektivität erwartet, als durch alleiniges Handeln.

394 Vgl. Definition der Partnerschaft zwischen den VN und der PW in Unterabschnitt 2.2.3 und die vor einigen Absätzen gelieferte Definition von PPP im weiteren Sinne.

4.6 FINANZKRISE DER VEREINTEN NATIONEN

Seit der Gründung der VN mangelt es deren Finanzierungssystem[395] an Stabilität, was sich v.a. durch die drei substantiellen Finanzkrisen[396] ausdrückt, von denen die Dritte noch andauert. Die erste Finanzkrise resultierte aus einem Streit über die Finanzierung der ersten beiden Friedensoperationen der VN 1956/1957, woraufhin zahlreiche Mitgliedstaaten aufgrund konzeptioneller Meinungsverschiedenheiten zur Finanzierung der PKOs ihre Beitragszahlungen verweigerten. Die zweite Finanzkrise begann Anfang der 80er Jahre, als die USA von den VN für den Zwei-Jahreshaushalt 1982/1983 ein reales Nullwachstum und für den Haushalt 1984/1985 gar ein nominales Nullwachstum forderten. Die Durchsetzung des nominalen Nullwachstums scheiterte zunächst und veranlasste die USA, Beitragszahlungen für Programme zurückzuhalten, die sie politisch nicht unterstützten; darüber hinaus beschlossen die USA, ihre Pflichtbeiträge verzögert zu leisten, woraufhin die Außenstände der VN dramatisch anstiegen. Zur Behebung der Krise wurde 1985 auf japanische Initiative eine Kommission von 18 hochrangigen Sachverständigen (Gruppe der 18) einberufen, um die administrative, strukturelle und finanzielle Effizienz der VN zu überprüfen. Die Empfehlungen der Gruppe bildeten die Grundlage für Verhandlungen des 5. Hauptausschusses der Generalversammlung über ein neues Haushaltsverfahren, das mit Konzessionen an die USA und andere Hauptbeitragszahler verabschiedet wurde. Die dritte Finanzkrise schloss sich daraufhin nahtlos der zweiten an, als die USA trotz des Kompromisses ihren Verpflichtungen nicht nachkamen und sich zudem auch die Zahlungsmoral anderer Mitgliedstaaten verschlechterte. Zwar versprach die US-Administration v.a. nach dem Ende des Ost-West-

---

395 Der in USD aufgestellte Zwei-Jahreshaushalt der VN basiert auf drei Säulen, wobei zusätzlich geringfügige Einnahmen aus der Besteuerung der Mitarbeiter und dem Verkauf eigener Erzeugnisse, beispielsweise Briefmarken und Publikationen, erzielt werden: (1) den Pflichtbeiträgen der Mitgliedstaaten (für den ordentlichen Haushalt der VN sowie ihrer Sonderorganisationen), (2) den Pflichtbeitragsumlagen (für Sonderkonten zur Finanzierung nahezu sämtlicher PKOs) und (3) den freiwilligen Beitragsleistungen der Mitgliedstaaten für die Arbeit der Spezialorgane und Sonderorganisationen. Die prozentualen Anteile an den Pflichtbeiträgen zum VN-Haushalt, die jeder Mitgliedstaat zu tragen hat basieren auf einer Beitragstabelle, die alle drei Jahre auf Empfehlung des *Committee on Contributions* neu festgelegt wird. Dabei hängen die Pflichtbeiträge der Mitgliedstaaten vorrangig von ihrem jeweiligen Bruttosozialprodukt als Ausgangsbasis für ihre *capacity to pay* bezogen auf den vom *Committee on Contributions* festgesetzten Veranlagungszeitraum ab; der Pflichtbeitragssatz beträgt mindestens 0,001% und höchstens 22%. Die USA zahlen als einziger Mitgliedstaat den Höchstsatz von 22%, wobei dieser ihre tatsächliche Zahlungsfähigkeit deutlich unterschreitet; 44 Mitgliedstaaten zahlen den Mindestsatz von 0,001%. (Vgl. v.a. Hüfner, Klaus (1997a), Hüfner, Klaus (1997b) und Hüfner, Klaus (2003).)

396 Vgl. v.a. Hüfner, Klaus (2000a) für weitere Ausführungen zu den Finanzkrisen.

Konflikts die VN voll zu unterstützen, doch blieb eine Umsetzung vorerst aus. Inzwischen haben die USA ihre Außenstände teilweise beglichen und zahlen inzwischen ihre vollen Beiträge, jedoch immer noch mit Verspätung.[397] Im Ergebnis sind die Beitragszahlungen zum VN-System zu einem politischen Instrumentarium verkommen, das auf Machtausübung beruht und mittels finanziellen Drucks wohlhabender Mitgliedstaaten zur Durchsetzung eigener Interessen genutzt wird.

Im Luhmannschen Sinne ist zu bemerken, dass die Finanzkrise grundsätzlich die gesellschaftliche Funktion der VN behindert. Dabei ist festzustellen, dass die finanzielle Instabilität der VN in den vergangenen Jahrzehnten eine Vielzahl an Vorschlägen und Publikationen zu alternativen Finanzierungsmöglichkeiten und Reformen des Haushaltssystems hervorgebracht hat,[398] um durch strukturellen Wandel dennoch grundlegende Zielsetzungen zu erreichen. Die Vorschläge reichen von der Besteuerung globaler Güter über VN-Charta-Revisionen bis hin zu kompromissloseren Sanktionen gegen Zahlungsverweigerer. In diesem Kontext ist anzumerken, dass jedoch kaum zu erwarten ist, dass nicht-staatliche monetäre Leistungen als Alternative zu staatlichen Pflichtbeiträgen den ordentlichen Haushalt der VN tragen werden. Entsprechend wäre es grundsätzlich falsch, anzunehmen, die VN hätten sich der PW nur geöffnet, um finanzielle Engpässe zu überwinden. Dennoch ist nicht zu verachten, dass sich die VN durch zunehmende Mittelgenerierung aus der PW, und dabei v.a. durch mittelgenerierende Partnerschaften,[399] einen erweiterten Handlungsspielraum sowie mehr Flexibilität ermöglichen, um einzelne Projekte zu finanzieren und umzusetzen. Entsprechend ergeben sich im weiteren Sinne durch die Finanzkrise der VN Implikationen auf die Zusammenarbeit bzw. die Partnerschaften mit der PW. Allerdings muss in diesem Zusammenhang auf das potentielle Risiko hingewiesen werden, dass die VN in eine finanzielle Abhängigkeit von der PW geraten könnten. Denn eine wachsende finanzielle Abhängigkeit kann schließlich dazu führen, dass die geldgebenden Akteure der PW ihre Zuwendungen an Bedingungen knüpfen oder auf Mitspracherechte hinsichtlich des Verwendungszwecks bestehen. Entsprechend muss die mittel-generierende Form der

---

397 "Im Oktober und November 2001 zahlte die US-Regierung nach den Ereignissen des 11. September in mehreren Tranchen insgesamt 1,342 Milliarden US-Dollar zum ordentlichen Haushalt, für Friedensoperationen sowie die Internationalen Tribunale. (...) Mit diesen Zahlungen wurden die gesamten Rückstände Ende 2001 auf rund 2,1 Milliarden US-Dollar reduziert, wobei die USA mit fast 900 Millionen US-Dollar weiterhin der Hauptschuldner blieben." (Hüfner, Klaus (2003), S. 616.)

398 Vgl. Hüfner, Klaus; Martens, Jens (2000) für eine detaillierte Analyse der Reformvorschläge.

399 Vgl. Unterabschnitt 5.4.3.

Zusammenarbeit zwischen den VN und der PW immer unter dem Aspekt "Nutzen versus Aufwand" bewertet werden.

Zusammenfassend lässt sich somit festhalten, dass sich die Finanzkrise der VN – auch wenn in geringerem Maße als zunächst angenommen - auf die Bereitschaft der VN mit der PW zu kooperieren ausgewirkt hat. Nichtsdestotrotz stellt die Generierung von Mitteln aus der PW - wie der anschließende Exkurs zeigt - nur eine der möglichen Absichten dar, die die VN im Rahmen der Partnerschaften mit der PW verfolgen können.

4.7 EXKURS: ABSICHTEN DER VEREINTEN NATIONEN UND DER PRIVATWIRTSCHAFT

Die VN und die PW können im Rahmen der Partnerschaften bzw. mit Handlungen im Sinne der Partnerschaften unterschiedlichste Absichten verfolgen.[400] Bezogen auf das MMMS sind die individuellen Absichten von besonderer Bedeutung für die Bestimmung der sozialen Situation, die im Sinne der Logik der Situation auf die jeweiligen Individuen einwirkt, indem sie deren Freiraum bzw. Handlungsspielraum festsetzt.[401] Je deutlicher sich somit die Absichten des einwirkenden Systems gestalten und kommuniziert werden, desto eindeutiger sind auch die Freiräume zum einen für das System abgegrenzt, auf das eingewirkt wird, und zum anderen für die - v.a. psychischen - Systeme abgegrenzt, die wiederum auf das im Mittelpunkt stehende System einwirken. Letzteres ist schließlich vorteilhaft für die Umsetzbarkeit des Handlungskonzepts sowie die Treffsicherheit und Effektivität des zu erwartenden Resultats.[402] Darüber hinaus lässt sich aus der Vielfalt an möglichen Absichten, die die VN und die PW im Rahmen der Partnerschaften verfolgen können, schließen, dass es im Rahmen der Partnerschaften nicht allein darum geht, dass die VN von der PW Geld erhalten bzw. die PW ihr Image durch die demonstrierte Nähe zu den VN

---

400 Im Gegensatz zu den durch eine Partnerschaft verfolgten Absichten, die subjektiver Natur und im Einzelnen meist nur dem jeweiligen Individuum oder sozialen System bekannt sind, stellen die Ziele einer Partnerschaft die objektive Ebene dar, die nicht nur allen beteiligten Akteuren bekannt ist, sondern auch gemeinsam verfolgt wird. Mit anderen Worten verfolgen die VN und die PW im Rahmen der Partnerschaften jeweils individuelle Absichten und ein gemeinsames und i.d.R. gemeinschaftlich festgelegtes Ziel.

401 Vgl. Ausführungen zum MMMS in Unterabschnitt 3.2.3.

402 Es schließt sich hier die Erkenntnis an, dass im Sinne der doppelten Kontingenz die Verhaltenserwartungen der potentiellen Partner dadurch stabilisiert werden können, dass ihre jeweiligen Absichten einander bekannt sind: "Das System verliert die Offenheit für Beliebiges und gewinnt Sensibilität für Bestimmtes." (Luhmann, Niklas (1984), S. 185.)

verbessern wollen.[403] Eine Auflistung der möglichen Absichten, die seitens der VN im Rahmen der Partnerschaften mit der PW verfolgt werden können, ergibt folgendes Bild:

- die Förderung privatwirtschaftlicher Entwicklung (v.a. in Entwicklungs- und Schwellenländern) bzw. die Steuerung privater Investitionen;
- das Erhalten von Unterstützung in der Schaffung und/oder Bereitstellung von Infrastruktur;
- die Stärkung der eigenen global-politischen Relevanz bzw. Legitimität durch demonstrative bzw. verantwortungsbewusste Integration nicht-staatlicher Akteure;
- die Ausweitung des eigenen Wirkungspotentials im Rahmen von zusätzlichen Projekten;
- die Generierung zusätzlicher materieller oder immaterieller Ressourcen;
- die Beeinflussung des (sozial-verantwortlichen) Verhaltens der PW;
- die Instrumentalisierung der PW als Fürsprecher für VN-Interessen bzw. als zwischengeschalteter Dritter zur Erzeugung von Druck hinsichtlich bestimmter Themen auf die Mitgliedstaaten;
- der Zugewinn an fachlicher Kompetenz und interdisziplinärer Erfahrung;
- die Nutzung operativer Kapazitäten der PW;
- die effizientere und beschleunigte Projektzielerreichung durch Integration externer Projektmanagementkompetenzen;
- die Reduktion bzw. Teilung des Risikos im Rahmen einzelner Projekte.

Hingegen gehen die Akteure der PW im Rahmen der Partnerschaften mit den VN meist einer Kombination aus den folgenden möglichen Absichten[404] nach:

- CSR zu praktizieren;
- Unterstützung in der sachkundigen Identifikation sozialer Bedürfnisse zur Implementierung von CSR zu bekommen;
- das Unternehmensimage zu verbessern und/oder den Unternehmenswert zu steigern;
- Zugang zu Regierungskontakten zu erhalten;

---

403 Im Rahmen der folgenden Ausführungen muss angemerkt werden, dass die Absichten nicht gleichmäßig relevant und auch nicht parallel gegeben sein müssen. Sie spiegeln vielmehr mögliche Einflussvariablen wieder, die zur grundsätzlichen Entscheidung für eine Partnerschaft relevant sind.

404 Vgl. beispielsweise Paul, James (2001), S. 119 zu den folgenden Ausführungen.

- eine stabile Unternehmensumwelt durch die Unterstützung der VN zu erhalten bzw. zu fördern;
- Zugang zu fachlicher Kompetenz und interdisziplinärer Erfahrung zu erlangen;
- Zugang zu neuen Märkten zu erhalten und dadurch Wettbewerbsvorteile zu generieren;
- die eigenen Mitarbeiter zu motivieren;
- den Absatz oder die Bekanntheit eigener Produkte zu fördern;
- die Politikgestaltung im sozialen und wirtschaftlichen Bereich bzw. die inhaltliche und konzeptionelle Arbeit der VN zu beeinflussen;
- steuerliche Vorteile durch die Abschreibung von Zuwendungen bzw. Spenden geltend zu machen;
- das Projektrisiko zu reduzieren bzw. zu verlagern; und nicht zuletzt
- im weiteren Sinne Profite zu steigern.

Schließlich können aber auch die individuellen Einstellungen entscheidender Führungspersonen der PW oder der VN dazu führen, dass im Sinne einer Partnerschaft gehandelt wird. So ist es beispielsweise für viele Unternehmer zu einem persönlichen Anliegen geworden, sich für universale Werte einzusetzen und soziale Verantwortung zu demonstrieren, um sowohl eigene Ideale zu realisieren, als auch Altruismus oder dem Wunsch nach persönlicher Anerkennung gerecht zu werden.

Die Gegenüberstellung der jeweils möglichen Absichten erlaubt die Schlussfolgerung, dass im Rahmen der Partnerschaften grundsätzlich zwischen drei Verhältniskonstellationen zwischen den Absichten der VN und der PW unterschieden werden kann:

- Absichten, die von beiden Partnern verfolgt werden können, wie beispielsweise die Reduktion bzw. Verlagerung des Projektrisikos;
- Absichten, die in ergänzendem Verhältnis zueinander stehen, wie beispielsweise die Generierung zusätzlicher materieller Ressourcen seitens der VN und die Förderung der Bekanntheit eigener Produkte seitens der PW; und
- Absichten, die in keinem Verhältnis zueinander stehen.

Da ein System in der Praxis voraussichtlich eine Kombination mehrerer Absichten verfolgt, lässt sich im Rahmen der Partnerschaften somit eine nahezu unbegrenzte Anzahl an möglichen Interessenkombinationen zwischen den VN und der PW erwarten.

4.8 Fazit: Zusammenfassung der zentralen Einflussgrössen

Die Ausführungen in diesem Kapitel dienten vorrangig zur Beantwortung der Frage, warum und wodurch sich die Zusammenarbeit und insbesondere die Partnerschaften zwischen den VN und der PW gerade in den vergangenen Jahren derart herausgebildet haben. Dabei konnte im Rahmen der Historie veranschaulicht werden, dass die aktuellen Ausprägungen der Zusammenarbeit zwischen den VN und der PW auf einer jahrzehntelangen Entwicklung basieren, die seit Mitte der 90er Jahre an Dynamik und Komplexität gewonnen hat. In diesem Zusammenhang konnte zudem praxisbezogen aufgewiesen werden, dass Individuen, wie beispielsweise Kofi Annan, im Rahmen der Partnerschaften eine maßgebliche Rolle zukommt. Das Ende des Ost-West-Konflikts führte für die VN zu neuen Herausforderungen in dem Sinne, dass sie ihre jahrzehntelang kaum angezweifelte Legitimation aber auch ihre Praxis überdenken und den neuen global-politischen Gegebenheiten anpassen mussten. Dieser Prozess ist bis heute nicht abgeschlossen. Für die PW ging das Ende dieser Ära v.a. durch zunehmende Privatisierungen im Rahmen der Demokratisierungsprozesse mit der Erweiterung der eigenen Verantwortungen gegenüber den (nationalen) Politiksystemen sowie der Gesellschaft einher. Die Globalisierung dynamisierte die neue Aufgabenverteilung zwischen Politik- und Wirtschaftssystem und verstärkte v.a. soziale Problematiken im Sinne gesellschaftlicher Marginalisierung und führte zu einer bislang unbekannten Informationstransparenz. Die VN waren und sind gefordert, sich im Kontext der neuen Rahmenbedingungen ebenso zu positionieren, wie die PW, die sich v.a. mit der neuen Transparenz ihrer Tätigkeiten und der verstärkt von ihr geforderten - und bereits praktizierten - sozialen Verantwortung auseinandersetzen müssen. Der zunehmend artikulierte und schließlich auch praktizierte Anspruch auf Mitwirkung der *civil society* an den global-politischen Prozessen ist hierbei von besonderer Bedeutung. Nicht zuletzt aus den veränderten Rahmenbedingungen ergab sich der Trend bzw. die verstärkte Hinwendung der PW zu sozialer Verantwortung, zu gesellschaftlicher Mitwirkung und zur Abwendung von potentiellen Imageverlusten. Zur gleichen Zeit nahmen auf nationaler (und regionaler) Ebene Anzahl und Wirkung der öffentlich-privaten Partnerschaften zu, womit es schließlich nur eine Frage der Zeit war, bis dieses Konzept sich auch auf internationaler Ebene etablieren würde. Parallel erlangte die akute Finanzkrise der VN Mitte der 90er Jahre einen neuen Höhepunkt und zwang die Organisation, sich im Kontext der veränderten global-politischen Situation mit neuen Finanzierungskonzepten zu befassen, wobei auch finanzielle Hilfestellung durch die PW zunehmend zu einem Thema wurde.

Es konnte somit aufgezeigt werden, worauf sich die aktuelle Relevanz der Entwicklung der partnerschaftlichen Kooperation zwischen den VN und der PW stützt. Dabei konnte im Sinne Luhmanns die Komplexität der System/ Umweltbeziehungen verdeutlicht werden. Nachdem somit die Betrachtungen der externen Umwelt des Systems der Partnerschaften abgeschlossen sind, stellt sich im folgenden Kapitel die Frage, wie sich das System der Zusammenarbeit zwischen den VN und der PW zur internen Komplexitätsreduktion funktional differenziert. Entsprechend wird der innere Kreis sowohl des Systems der Zusammenarbeit als auch des Systems der Partnerschaften näher betrachtet.

5 FUNKTIONALE ANALYSE DER ZUSAMMENARBEIT UND INSBESONDERE DER PARTNERSCHAFTEN

Die Zusammenarbeit zwischen den VN und der PW umfasst verschiedene Arten von Kooperationsbeziehungen, die sich basierend auf Luhmanns Ansatz der funktionalen Analyse anhand ihrer primären Funktionen unterscheiden lassen: die kommerzielle Zusammenarbeit, die institutionelle Zusammenarbeit, die normativ-regulative Zusammenarbeit und die strategisch-konstruktive Zusammenarbeit. Wie in Kapitel 3 vorgestellt wurde, haben die Partnerschaften eine strategisch-konstruktive Funktion und können somit als strategisch-konstruktive Zusammenarbeit zwischen den VN und der PW beschrieben werden. Die Partnerschaften stellen somit eine der möglichen Kooperationsformen zwischen den VN und der PW dar. Auch sie differenzieren sich wiederum systemtheoretisch in weitere Teilsysteme bzw. verschiedene Formen von Partnerschaften mit unterschiedlichen Funktionen.[405]

Obwohl sich nach Luhmann die Funktion eines Systems durch dessen Bedeutung für die Gesellschaft begründet,[406] können Funktionen "ähnlich wie Subhierarchien, auf Teilbereiche eines Systems bezogen werden"[407] und verbleiben somit immer im "Fragehorizont des Systems"[408]. Eben dies vollzieht sich im Rahmen der Zusammenarbeit und der Partnerschaften: Nachdem dem Rahmen dieser Arbeit die Betrachterperspektive der VN zugrunde liegt und somit die betrachteten Systeme der Zusammenarbeit zwischen den VN und der PW ihren primären Bezug zu den VN haben, unterscheiden sich die Funktionen dieser Systeme vorrangig durch ihre Bedeutung für die VN. Das heißt es handelt sich im Rahmen der verschiedenen Systeme der Zusammenarbeit zwischen den VN und der PW um Funktionen, die über das System der VN bzw. über das Politiksystem schließlich für die Gesellschaft von Bedeutung sind. Auf der Ebene der Partnerschaften beziehen sich die jeweiligen Funktionen der Teilsysteme entsprechend zuerst auf die VN und im weiteren Sinne schließlich auf die Gesellschaft als Ganzes.

Für die Differenzierung des Systems der Zusammenarbeit bzw. des Systems der Partnerschaften in die jeweiligen funktionalen Teilsysteme ist die klare Unterscheidung zwischen der Zusammenarbeit zwischen den VN und der PW im Allgemeinen und den Partnerschaften als einer möglichen Form dieser

---

405 Daraus lässt sich ableiten, dass eine Beziehung bzw. Kooperation zwischen den VN und der PW nicht unbedingt eine Partnerschaft, aber jede Partnerschaft zwischen den VN und der PW eine Beziehung bzw. eine Kooperation ist.

406 Vgl. Unterabschnitt 2.1.2.

407 Luhmann, Niklas (1984), S. 405.

408 Luhmann, Niklas (1984), S. 405.

Zusammenarbeit notwendig.[409] Diese grundlegende Unterscheidung wird jedoch in der Literatur nicht abgebildet, wie die vier Hauptdokumente zu den Partnerschaften zwischen den VN und der PW belegen: Im JIU-Bericht von 1999 werden zwar verschiedene Formen von *partnerships* umschrieben, jedoch wird eine eindeutige Abgrenzung zwischen Partnerschaften und anderen Formen der Zusammenarbeit dadurch umgangen, dass unter der Überschrift *relationships* mannigfaltige Kooperationsformen beispielhaft präsentiert werden.[410] Auch bei Tesner und Kell[411] werden die Partnerschaften nicht eindeutig von anderen Formen der Zusammenarbeit unterschieden. Vielmehr werden sämtliche Kooperationsformen zwischen den VN und der PW als Partnerschaften bezeichnet, wobei zwischen *Policymaking and Related Activities*, *Fund-Raising*, *Awareness and Advocacy* und *Operational Activities* unterschieden wird.[412] Über den Mangel an begrifflicher Abgrenzung hinaus, ist der Ansatz von Tesner und Kell auch unvollständig, da die Informations- und Lernpartnerschaften zwischen den VN und der PW vernachlässigt werden. In dem für die 56. Generalversammlung in 2001 erstellten Bericht des Generalsekretärs "*Cooperation between the United Nations and all relevant partners, in particular the private sector*"[413] wird der Klassifizierung der verschiedenen Kooperationsformen zwischen den VN und der PW ein gesamtes Kapitel gewidmet, ohne jedoch eine nachvollziehbar deutliche Einordnung der Partnerschaften zu liefern. Dabei werden zwischen "*cooperative initiatives (...) that are focused on one or more of the following purposes: policy dialogue; advocacy; mobilizing private funds; information and learning; and operational delivery*"[414] unterschieden. In dem Buch von Nelson[415] werden einerseits verschiedene Beziehungsarten zwischen den VN und der PW unterschieden: "*These range from transactional types of relationship, (...) to multi-stakeholder policy dialogues, consultation structures and partnerships.*"[416] Und andererseits werden verschiedene Kategorien, wie beispielsweise *products and services for private sector development* oder *public policy networks*, vorgestellt und davon ausgegangen, dass "*most relationships or cooperative initiatives between the United Nations and the private sector can be described under one or more of the (...) categories*"[417]. Trotz wiederum ungenauer Einordnung der Partnerschaften in den Rahmen der verschiedenen

---

409 Vgl. Punkte 4 und 6 in Abbildung 1.

410 Vgl. United Nations/Joint Inspection Unit (1999).

411 Tesner, Sandrine; Kell, Georg (2000).

412 Vgl. Tesner, Sandrine; Kell, Georg (2000), S. 69ff.

413 United Nations/General Assembly (2001b).

414 United Nations/General Assembly (2001b), Absatz 46.

415 Nelson, Jane (2002).

416 Nelson, Jane (2002), S. 44.

417 Nelson, Jane (2002), S. 45.

Kooperationsformen zwischen den VN und der PW, liefert ausschließlich Nelson einen Hinweis darauf, dass die Partnerschaften lediglich als eine der möglichen Formen der Zusammenarbeit zwischen den VN und der PW zu verstehen sind.[418]

Nachdem somit festzustellen ist, dass im Rahmen der bisherigen Literatur keine eindeutige Kategorisierung der Zusammenarbeit und der Partnerschaften zwischen den VN und der PW vorliegt, durch die eine Systemdifferenzierung nach Luhmann belegt werden kann, wird folgender Ansatz verfolgt: Im ersten Teil dieses Kapitels werden die vier funktionalen Formen der Zusammenarbeit zwischen den VN und der PW vorgestellt und voneinander abgegrenzt: die kommerzielle Zusammenarbeit in Abschnitt 5.1, die institutionelle Zusammenarbeit in Abschnitt 5.2, die normativ-regulative Zusammenarbeit in Abschnitt 5.3 und die strategisch-konstruktive Zusammenarbeit bzw. die Partnerschaften in Abschnitt 5.4. Da letztere Form der Zusammenarbeit zwischen den VN und der PW im Mittelpunkt dieser Arbeit steht, wird sie besonders ausführlich betrachtet, indem ihre funktionalen Teilsysteme im Einzelnen dargestellt werden. Abschließend wird im Rahmen eines Exkurses in Abschnitt 5.5 der *Global Compact* vorgestellt und begründet, welcher Kooperationsform zwischen den VN und der PW er zugeordnet werden sollte.

5.1 KOMMERZIELLE ZUSAMMENARBEIT

Die Funktion der kommerziellen Zusammenarbeit zwischen den VN und der PW liegt in der Beschaffung und dem Absatz von Waren und Dienstleistungen (im Folgenden Beschaffungswesen genannt). Die zugrunde liegende Operationsweise besteht in dem Erwerb und der Veräußerung von wirtschaftlichen Gütern und Dienstleistungen zur Eigennutzung oder zum Weiterverkauf.[419] Die

---

418 In Bezug auf drei der vier Hauptdokumente zu den Partnerschaften zwischen den VN und der PW ist anzumerken, dass Georg Kell das *Global Compact-Office* leitet und mit Sandrine Tesner an dem Buch *The United Nations and Business* (Tesner, Sandrine; Kell, Georg (2000)) gearbeitet hat. Der Bericht des Generalsekretärs (United Nations/General Assembly (2001b)) wurde von Jane Nelson, damals Mitarbeiterin des PWIBLF, im Auftrag Kofi Annans verfasst, die zur Erstellung des Berichts auf *secondment* im *Global Compact-Office* tätig war. Die Studie von Nelson (Nelson, Jane (2002)) basiert schließlich auf den gewonnenen Erkenntnissen der Recherchen für den Bericht des Generalsekretärs. Vor diesem Hintergrund sind inhaltliche Konvergenzen der drei Dokumente erklärbar.

419 Die Liste der hierbei bedeutendsten Güter umfasst u.a. Fahrzeuge, Bewässerungssysteme, Stromgeneratoren, medizinische Ausstattung und Unterkunftszubehör. Die am häufigsten nachgefragten Dienstleistungen sind: technische Unterstützung, juristische Hilfe sowie Beratung in den Bereichen Landwirtschaft, Energie, Ressourcen und Umwelt. (Vgl. UNDP/IAPSO (1998).)

Funktion des Beschaffungswesens ist für die VN existentiell, wie sich am Beispiel der PKOs verdeutlichen lässt, die ohne über das Beschaffungswesen erworbene Ausstattung nicht gewährleistet werden könnten. Das Beschaffungswesen beruht auf dem Prinzip des Tauschhandels zwischen den VN und der PW und wird von institutionalisierten Regeln und Verträgen getragen. Im Jahr 2000 hatte das Beschaffungswesen bei den VN ein Volumen von 3,6 Mrd. USD.[420]

Ein Großteil der VN-Institutionen verfügt über eigene Beschaffungs- und Absatzstellen, die eng mit dem UNDP/*Inter-Agency Procurement Services Office* (UNDP/IAPSO; im Folgenden IAPSO genannt) und auch mit dem UNOPS zusammenarbeiten.[421] Um Synergien zu nutzen und um Duplikationen zu vermeiden, haben das IAPSO und das UNOPS gemeinsam den *Joint Procurement Service* eingerichtet.[422] Das IAPSO hat ferner die zentrale *United Nations Common Supply Database* eingeführt, die Informationen über potentielle Zulieferer anbietet und von den Beschaffungsstellen der VN-Institutionen genutzt werden kann.[423]

Das System der kommerziellen Zusammenarbeit zwischen den VN und der PW, das auch als *Contracting Out*, als *Supply Management*[424] oder als *transactional types of relationships*[425] bezeichnet wird, differenziert sich von den Partner-

---

420 Vgl. Nelson, Jane (2000), S. 48. Insgesamt werden von den VN jährlich über 135.000 Verträge abgeschlossen und Aufträge erteilt (vgl. Nelson, Jane (2000), S. 48).

421 Das IAPSO wurde 1978 unter dem Namen *Inter-Agency Procurement Services Unit* (IAPSU) vom UNDP gegründet, um das Beschaffungswesen im VN-System zu vereinfachen (vgl. Inter-Agency Procurement Services Office (2002)). 1973 wurde vom UNDP die *Division for Project Execution* gegründet, um Programm- und Projektmanagement zu implementieren. Aus dieser ging schließlich 1988 das *Office for Project Services* (OPS) hervor. 1995 wurde das UNOPS von der Generalversammlung der VN als Spezialorgan und Instrumentarium der VN für Projektmanagement eingerichtet. (Vgl. United Nations Office for Project Services (2002).) Zudem gibt es zur Abwicklung des Beschaffungswesens z.B. die *United Nations Field Administration and Logistics Division* (UN/FALD) und die *United Nations Procurement Division* (UN/PD).

422 Vgl. Inter-Agency Procurement Services Office (2002).

423 Ein potentieller Zulieferer hat zwei Möglichkeiten des Zugangs zu den VN: Entweder er erhält einen direkten Beschaffungsauftrag von einer VN-Institution oder er nimmt an einem Bieterverfahren teil. Um am Bieterverfahren teilzunehmen, muss ein Unternehmen eine gesunde finanzielle Grundlage besitzen und seit mindestens zwei Jahren in seinem jetzigen Geschäftsbereich tätig sein. Ferner müssen die angebotenen Produkte technisch ausgereift und die Serviceleistungen (Wartung, Instandsetzung, Garantie) gut organisiert sein. (Vgl. Miesel, Martin (1997), S. 28.) Internationale Ausschreibungen für Beschaffungen werden ab ca. 30.000 USD durchgeführt, Ausschreibungen kleineren Umfangs gehen an registrierte Lieferanten.

424 Vgl. Budäus, Dietrich; Grüning, Gernod; Steenbock, Andreas (1997a), S. 13.

425 Vgl. Nelson, Jane (2000), S. 44.

schaften zwischen den VN und der PW primär durch seine vertragsbasierte Austauschfunktion. Der nächste Abschnitt wird zeigen, welche Funktionen die institutionelle Zusammenarbeit hat und wie diese sich von der strategisch-konstruktiven Zusammenarbeit unterscheidet.

5.2 INSTITUTIONELLE ZUSAMMENARBEIT

Die institutionelle Zusammenarbeit zwischen den VN und der PW umfasst die formell bzw. konstitutionell verankerten Beziehung zwischen den beiden Systemen. Die Verankerung der Beziehung leitet sich entweder direkt aus der VN-Charta bzw. dem Statut der jeweiligen VN-Institution, indirekt durch die inhaltliche Ausrichtung bzw. sachliche Aufgabenstellung der jeweiligen VN-Institution oder durch die Regulierung des Beraterstatus nicht-staatlicher Akteure der betreffenden VN-Institution ab. Funktional kann die institutionelle Zusammenarbeit zwischen den VN und der PW in die mandat-basierte und in die mitwirkungsorientierte Zusammenarbeit untergliedert werden.

Die Funktion der mandat-basierten Zusammenarbeit liegt in der Steuerung derjenigen Beziehungen zwischen den VN und der PW, die aus der inhaltlichen Ausrichtung auf für die PW relevante Themen (v.a. mikro- und makroökonomische Themen) einzelner VN-Institutionen hervorgehen. In der Regel geht dabei aus dem Statut der jeweiligen VN-Institution hervor, dass eine Beziehung zur PW bzw. die Zusammenarbeit mit der PW für die Mandatserfüllung unumgänglich ist. Das heißt, dass beispielsweise basierend auf einer ökonomisch ausgerichteten Zielsetzung[426] der VN-Institution eine institutionelle Beziehung zur PW bei Verabschiedung des Statuts bewusst vorausgesetzt wurde.

Beispiele der mandat-basierten Zusammenarbeit liefern die ITU sowie die WB *Group*. Die ITU verfolgt die Zielsetzung, "die internationale Zusammenarbeit und die wirtschaftliche und soziale Entwicklung durch den Auf- und Ausbau leistungsfähiger Fernmeldedienste und der Planung der Strukturen der Kommunikationsdienste zu gewährleisten"[427]. Die WB *Group* verfolgt u.a. die Zielsetzung, durch Krieg zerstörte Volkswirtschaften, das weltweite Wirtschaftswachstum und den wirtschaftlichen Fortschritt insbesondere in Entwicklungsländern zu unterstützen.[428]

---

[426] Dabei ist die ökonomische Ausrichtung sehr weit gefasst und beinhaltet beispielweise Handelserleichterungen, Unterstützung ökonomischer Infrastruktur, Förderung von Direktinvestitionen und wirtschaftlicher Entwicklung.

[427] Volger, Helmut (2000c), S. 294.

[428] Vgl. Metzger, Martina (2000), S. 628.

In Anlehnung an Zacher[429] können vier Gruppen von VN-Institutionen unterschieden werden, die durch eine mandat-basierte Beziehungen mit der PW verbunden sind:

- Institutionen mit hoher Bedeutung und regulativer Funktion für die globale Wirtschaft. In dieser Kategorie beschäftigen sich der *International Monetary Fund* (IMF) und die *World Bank-Group* (WB *Group*) mit Finanzangelegenheiten, die *World Trade Organization* (WTO) mit Handelsangelegenheiten, die *International Civil Aviation Organization* (ICAO), die *International Maritime Organization* (IMO), die *International Telecommunication Union* (ITU) und die *Universal Postal Union* (UPU) mit der operativen Seite der globalen Wirtschaft (Transport und Kommuni-ka-tion) sowie die *International Labour Organization* (ILO) und die *World Intellectual Property Organization* (WIPO) mit anderen wirtschaftsrelevanten Themen.
- Institutionen mit limitierter, aber dennoch bedeutender Rolle in der internationalen Wirtschaftsregulierung sind die *Food and Agriculture Organization* (FAO), der *International Fund for Agricultural Development* (IFAD), die *United Nations Educational, Scientific and Cultural Organization* (UNESCO), die *United Nations Industrial Development Organization* (UNIDO), die *World Health Organization* (WHO) und die *World Meteorological Organization* (WMO).
- Spezialorgane der Generalversammlung und des ECOSOC mit Einfluss auf den globalen Handel.[430]
- Sonstige Institutionen mit mandat-basierter Verbindung zur PW sind das *World Food Programme* (WFP) und das *United Nations Development Programme* (UNDP).

Darüber weisen auch einige *Centres* und *Working Groups* der VN mandatbasierte Beziehungen zur PW auf, wie z.B. die *Commission on Transnational*

---

429 Zacher, Mark (1999), S. 12f. Eine weitere mögliche Einordnung der mandat-basierten Beziehungen zwischen den VN und der PW beruht auf der Unterscheidung zwischen interner und externer ökonomischer Ausrichtung der VN-Institution, wobei die externe Ausrichtung den eindeutigen Bezug zur PW eher aufweist. Intern kann die jeweilige VN-Institution entweder auf Finanzen bzw. den Haushalt ausgerichtet sein (Bsp. ACABQ) oder auf Wirtschaftlichkeit im Allgemeinen (Bsp. JIU). Extern hingegen kann die VN-Institution mikroökonomisch (Bsp. CTC) oder makroökonomisch (Bsp. UNCTAD) ausgerichtet sein.

430 Beispiele hierfür sind die *United Nations Commission on International Trade Law* (UNCITRAL), die *United Nations Conference on Trade and Development* (UNCTAD), das *United Nations Environment Programme* (UNEP) sowie die fünf *Regional Economic Commissions*.

Corporations, das *Centre for Transnational Corporations* und das *International Trade Centre* UNCTAD/WTO.[431]

Die Funktion der mitwirkungsorientierten Zusammenarbeit besteht hingegen darin, die Teilnahme der PW an zwischen-staatlichen Prozessen der VN zu steuern. Sie umfasst:

- die Mitwirkung von Akteuren der PW an der Mandatsumsetzung einer VN-Institution (als bislang einzigartige Beispiele dienen die ILO und das *United Nations Programme on HIV/AIDS* (UNAIDS));
- den formalen Konsultativ- oder Beobachterstatus von Akteuren der PW und v.a. NGOs der PW zu VN-Institutionen (beispielsweise zum ECOSOC);
- den Status der Verbundenheit von NGOs der PW zum *Department of Public Information* (DPI) der VN;
- die formal geregelte Teilnahme von Akteuren der PW an der spezifischen Arbeit von Kommissionen, Komitees, *Task Forces* und *Working Groups* der VN;
- die akkreditierte Teilnahme von Akteuren der PW an bestimmten Konferenzen und Veranstaltungen der VN; sowie
- die Teilnahme von Akteuren der PW in nationalen Delegationen zu VN-Konferenzen.[432]

Hervorzuhebende Beispiele der mitwirkungsorientierten Zusammenarbeit zwischen den VN und der PW sind zum einen die dreigliedrige Struktur der ILO und zum anderen der Konsultativstatus von NGOs der PW zum ECOSOC. Der *Tripartism* der ILO gründet sich auf der konstitutionell verankerten Struktur ihrer Repräsentativorgane, deren Mitgliedsdelegationen sich aus zwei Regierungsvertretern sowie je einem Repräsentanten der Arbeitnehmer- und Arbeitgeberverbände zusammensetzen, die alle über Mitwirkungsrechte verfügen. Der Konsultativstatus anerkannter NGOs und entsprechend auch von NGOs der PW zum ECOSOC ist in Artikel 71 der VN-Charta[433] konstitutionell verankert und unterscheidet drei Kategorien von NGOs, die ihre Beraterfunktion

---

431 Vgl. Acquaah, Kwamena (1983) und Dell, Sidney (1990) für weitere Einzelheiten.

432 Vgl. Nelson, Jane (2000), S. 66ff und Nelson, Jane (2000), S. 70ff für weitere Ausführungen zur Teilnahme der PW an VN-Konferenzen.

433 Vgl. United Nations (1945).

je nach kategorischer Einstufung ausüben können.[434] Die Anerkennung des Konsultativstatus setzt von den NGOs u.a. voraus, dass sie sich mit für den ECOSOC relevanten Themen beschäftigen und ihre Zwecke und Zielsetzungen im Einklang mit dem Geist, den Zwecken und den Prinzipien der VN-Charta stehen. Im August 2001 hatten von den 2.088 NGOs mit Konsultativstatus zum ECOSOC rund 200 einen inhaltlichen Bezug zu Wirtschaft, Handel oder Industrie.[435]

Obwohl es im Rahmen der institutionellen Zusammenarbeit zwischen den VN und der PW für die jeweilige VN-Institution unerlässlich ist, mit der PW zusammenzuarbeiten, ist dadurch nicht ausgeschlossen, dass die betreffenden VN-Institutionen auch in anderer Form mit der PW kooperieren, um beispielsweise konkrete Zielsetzungen zu verfolgen oder bestimmten Projektanforderungen gerecht zu werden. In der Praxis wirkt sich die mandat-basierte Zusammenarbeit gelegentlich auf die Entstehung normativ-regulativer Kooperationen zwischen den VN und der PW aus, die im nächsten Abschnitt vorgestellt werden.

5.3 NORMATIV-REGULATIVE ZUSAMMENARBEIT

Das System der normativ-regulativen Zusammenarbeit zwischen den VN und der PW hat die operative Funktion, in erster Linie die Aktivitäten der PW zu regulieren bzw. deren Handlungsfreiheit im Sinne des gesellschaftlichen Gemeinwohls zu beschränken.[436] Dies umfasst die Festlegung von Handlungsrichtlinien und Verhaltensauflagen, die die PW befolgen kann bzw. muss, sofern entsprechende verbindliche Verträge von den VN-Mitgliedstaaten unterzeichnet wurden. Die Elemente dieser Kooperationsform sind i.d.R. Abkommen,

434 Vgl. Hüfner, Klaus (2000b), S. VI.B./5-VI.B.8, United Nations/Economic and Social Council (1950) und United Nations/Economic and Social Council (1968) für weitere Einzelheiten zum Thema Beraterstatus. Der Mitwirkungsspielraum reicht hierbei von der Einreichung gewünschter Diskussionsthemen (nur Kategorie 1), über die bedingte Entsendung von Beobachtern und Einreichung von schriftlichen Stellungnahmen (Kategorien 1 und 2) bis hin zur sehr beschränkten Mitwirkung gestützt auf den eigenen Sachkompetenzen (Kategorie 3). Die meisten VN-Fonds, Programme und Sonderorganisationen gewähren nicht-staatlichen Akteuren - NGOs sowie in manchen Fällen auch Unternehmen oder Experten der PW -, deren Ziele und Aktivitäten einen direkten Bezug zu den eigenen haben, einen institutionenspezifischen Beraterstatus. (Vgl. u.a. United Nations/General Assembly (2001b), Absätze 51 und 52.)

435 Vgl. United Nations/General Assembly (2001b), Absatz 51.

436 Wie die WTO zeigt, kann es aber auch darum gehen, die Regulierungskompetenz der Mitgliedsstaaten im Interesse der PW einzuschränken (z.B. Inländerbehandlung). Aufgrund ihrer geringeren Dimension, wird diese Perspektive allerdings im Folgenden nicht explizit behandelt.

Konventionen, Übereinkommen, Pakte, Richtlinien usw., die nach Konsultationen mit repräsentativen Akteuren der PW entstehen, schriftlich dokumentiert werden und sich teilweise aus der mandat-basierten Zusammenarbeit zwischen den VN und der PW ergeben.

Die normativ-regulative Zusammenarbeit zwischen den VN und der PW hat eigenen Überlegungen zur Folge neben ihrer regulierenden Funktion grundsätzlich einen visionären und sozialen Charakter, der darin besteht, die PW zu animieren, ihrer global-gesellschaftlichen Verantwortung gerecht zu werden, indem sie bestimmte Grundprinzipien der VN annimmt. Der Charakter dieser Kooperationsform wird operationalisiert, indem die VN bestimmte handlungsorientierte Parameter für die PW festlegen und durch Lobbyarbeit bei der PW bzw. Zusammenarbeit mit der PW die Absicht verfolgen, Unternehmen zur praktischen Umsetzung zu bewegen. Nicht selten werden von den VN hierbei Regierungen der Mitgliedstaaten bewusst umgangen und Unternehmen direkt motiviert, um die Implementierung zu beschleunigen.[437] Die langfristige, konzeptionelle Zielsetzung dieses Kooperationssystems besteht darin, die PW durch Wertevermittlung zum substantiellen Umdenken bzw. verantwortungsbewussten Weiterdenken zu motivieren.

Das prominenteste Beispiel der normativ-regulativen Zusammenarbeit zwischen den VN und der PW mit visionärem bzw. sozialen Charakter liefert der *Global Compact*,[438] der auf drei internationalen Abkommen gründend, neun Prinzipien[439] beinhaltet, die die VN der PW zur selbstverpflichtenden Einhaltung nahe legen. Das Beispiel des *Global Compact* verdeutlicht, dass die VN die PW direkt ansprechen, zur Einhaltung der zugrunde liegenden Konventionen beizutragen, anstatt auf deren Implementierung durch nationalstaatliche Regierungen zu warten. Weitere und definitorisch weniger umstrittene Beispiele der normativ-regulativen Zusammenarbeit zwischen den VN und der PW sind das von der UPU niedergelegte Postpaketabkommen, die umfassenden Normenwerke zur Regelung des internationalen Zivilluftverkehrs der ICAO sowie das VN-Abkommen zu Verträgen über den internationalen Warenverkauf der *United Nations Commission on International Trade Law* (UNCITRAL).[440]

---

437 Vgl. Kell, Georg (2000).

438 Vgl. Abschnitt 5.5 für weitere Einzelheiten. Tesner und Kell (Tesner, Sandrine; Kell, Georg (2000)) und auch der Bericht des Generalsekretärs (United Nations/General Assembly (2001b)) bezeichnen den *Global Compact* als eine Partnerschaft zwischen den VN und der PW. Diese unpräzise Einordnung gründet vorrangig auf dem Mangel an einer einheitlichen Definition des Begriffs der "Partnerschaft zwischen den VN und der PW".

439 Vgl. Anhang 9.3.

440 Vgl. Kämmerer, Jörn (2000), S. 635ff.

Als letzter der vier wesentlichen Formen der Kooperation zwischen den VN und der PW schließt sich im folgenden Abschnitt die Vorstellung der im Rahmen dieser Arbeit zentralen Funktionsform der strategisch-konstruktiven Zusammenarbeit im Sinne der Partnerschaften an.

5.4 Strategisch-konstruktive Zusammenarbeit: Partnerschaften

Die strategisch-konstruktiven Zusammenarbeit zwischen den VN und der PW umfasst alle Partnerschaften, die zwischen den beiden sozialen Systemen bestehen.[441] Die begriffliche Abgrenzung strategisch-konstruktiv setzt sich aus dem Attribut "strategisch" im Sinne von vorausschauend und richtungsweisend geplant sowie kurz-, mittel-, bzw. langfristig ausgerichtet und dem Attribut "konstruktiv" im Sinne von aufbauend bzw. erweiternd zusammen, und beschreibt somit synergiegetriebene Kooperationen zwischen den dabei gleichberechtigten Akteuren VN und PW.

Ebenso wie das soziale System der Zusammenarbeit, differenziert sich das soziale System der Partnerschaften zwischen den VN und der PW in weitere funktionale Teilsysteme, um die eigene Komplexität durch "reflexive Steigerung der Ausdifferenzierung des Systems"[442] zu reduzieren. Dabei sind die einzelnen Funktionen der Partnerschaften als jeweils vorrangige Funktionen zu verstehen, was beinhaltet, dass sie sich gegenseitig nicht ausschließen und sogar parallel gegeben sein können. In der Regel überwiegt jedoch bei jeder einzelnen Partnerschaft eine funktionale Komponente, die ihre Zuordnung zu einem bestimmten funktionalen Teilsystem der Partnerschaften entsprechend erleichtert.

Insgesamt lassen sich fünf Funktionen zur Differenzierung des Systems der Partnerschaften unterscheiden, die im Folgenden vorgestellt werden: die politische Unterstützung in Unterabschnitt 5.4.1, die Fürsprechung in Unterabschnitt 5.4.2, die Mittelgenerierung in Unterabschnitt 5.4.3, die operative Unterstützung in Unterabschnitt 5.4.4 sowie Informationsaustauch und Lernen in Unterabschnitt 5.4.5.[443]

---

441 Vgl. Unterabschnitt 2.2.3 für die Definition von Partnerschaften zwischen den VN und der PW und die Vorstellung ihrer Funktion.

442 Luhmann, Niklas (1984), S. 259.

443 Die funktionale Kategorisierung beruht auf Modifikationen der Inhalte der vier Hauptdokumente zu den Partnerschaften zwischen den VN und der Privatwirtschaft, die in der Einleitung (vgl. Kapitel 1) vorgestellt wurden.

5.4.1 Politisch-unterstützende Partnerschaften

Die zentrale Funktion des Systems der politisch-unterstützenden Partnerschaften liegt in der gegenseitigen Hilfestellung der VN und der PW bei der Suche nach politischen Lösungsansätzen in bestimmten Problembereichen. Die Operationen umfassen dabei vorrangig Aktivitäten auf der *policy*-Ebene, die für die Zielerreichung und das Arbeitsprogramm einer bestimmten VN-Institution oder den VN insgesamt förderlich sind. Hierzu gehören sowohl partnerschaftliches Engagement der PW im Rahmen von *policy dialogues* mit VN-Institutionen und anderen Akteuren als auch die Unterstützung fundamentaler Anliegen der VN durch die schriftlich bzw. verbal bekundete Mitwirkung der PW.[444] Gelegentlich beabsichtigen die VN im Rahmen der politisch-unterstützenden Partnerschaften, indirekten Druck auf Regierungen auszuüben[445] oder die Legitimität gefällter Entscheidungen bzw. offener Diskussionen durch die Unterstützung der PW zu stärken.

Im Wesentlichen weisen die politisch-unterstützenden Partnerschaften ähnliche Merkmale auf, wie die institutionelle Zusammenarbeit zwischen den VN und der PW. Über den systemtheoretischen Differenzierungsgrad hinaus unterscheiden sich diese beiden Kooperationsformen v.a. durch den jeweiligen Formalisierungsgrad der Beziehungen zwischen den VN und der PW, der bei der institutionellen Zusammenarbeit stärker ausgeprägt ist, als bei den politisch-unterstützenden Partnerschaften, was jedoch für den Beobachter nicht immer eindeutig erkennbar ist.

Ein Beispiel der politisch-unterstützenden Partnerschaften liefert das UNICEF, das "*engages in policy activities when it enlists business associations to co-sign statements against or help combat child labor and the sexual exploitation of children for commercial ends*"[446]. Von allen VN-Institutionen treffen jedoch die UNCTAD und das UNDP am regelmäßigsten mit der PW zur Besprechung wirtschaftspolitischer Angelegenheiten zusammen. Die VN kooperieren im Rahmen dieser Form der Partnerschaften meist mit Wirtschaftsverbänden, wie beispielsweise der ICC oder anderen NGOs der PW, wie beispielsweise dem *Prince of Wales International Business Leaders Forum* (PWIBLF) oder dem *World Economic Forum*, und nutzen hierbei deren Plattform als Sprachrohr zur PW. In einigen Fällen wurden erfolgreiche politisch-unterstützende Partner-

---

444 Hierzu gehört im weitesten Sinne auch die sachbezogene Unterstützung der VN im Rahmen privatwirtschaftlicher Entwicklung in Entwicklungs- und Schwellenländern.

445 Dies kann sich beispielsweise dadurch ausdrücken, dass die Position der PW gegenüber der Politik gestärkt, der Einfluss der PW auf die Politik gezielt genutzt oder der PW eine bestimmte (Ver-)Handlungsposition plausibel nahe gelegt wird, die diese dann zugunsten der VN gegenüber der Politik vertreten soll bzw. vertritt.

446 Tesner, Sandrine; Kell, Georg (2000), S. 74.

schaften in Form globaler Diskussionsforen unter vorrangiger Leitung der PW institutionalisiert, wie an den Beispielen der *Business-Humanitarian Forum Association* oder des WBCSD ersichtlich ist.

In engem inhaltlichen Zusammenhang mit den politisch-unterstützenden Partnerschaften stehen die Partnerschaften zur Fürsprechung, die im folgenden Unterabschnitt betrachtet werden.

5.4.2 Partnerschaften zur Fürsprechung

Die Funktion des Systems der Partnerschaften zur Fürsprechung besteht darin, durch gemeinschaftliche Kooperation mit der PW das öffentliche Bewusstsein bzw. die Kenntnis der Öffentlichkeit über die VN und ihre Anliegen zu steigern sowie Unterstützung und Engagement für die Zielsetzungen und Aktivitäten der VN in der Öffentlichkeit zu generieren. In einzelnen Fällen können diese Partnerschaften darauf ausgerichtet sein, für die Tätigkeit der VN bzw. einer bestimmten VN-Institution zu werben. Die gängigste Operation der Partnerschaften zur Fürsprechung zwischen den VN und der PW liegt in der Bewusstseins- und Wahrnehmungssteigerung der Öffentlichkeit hinsichtlich eines bestimmten Themas bzw. Problems, wie beispielsweise HIV/AIDS, Armut oder Hunger. Meist wird dabei das Ziel verfolgt, die Öffentlichkeit zu mobilisieren, indem an das individuelle Verantwortungsbewusstsein appelliert wird. Als konkrete Beispiele der Partnerschaften zur Fürsprechung dienen die Kampagne zur Nutzung von Kondomen zum Schutz vor HIV/AIDS resultierend aus einer Partnerschaft zwischen UNAIDS und Medienunternehmen sowie die Partnerschaft zwischen dem *United Nations International Drug Control Programme* und der Sportindustrie, um jungen Menschen die Gefahren des Drogenmissbrauchs zu vermitteln. Wie Tesner und Kell beschreiben, haben Partnerschaften in diesem Sinne die Funktion zu erklären, aufzuklären und ein positives Interesse zu wecken, wobei zunehmend die Möglichkeiten des Internets zur Verständigung genutzt werden.[447]

Weitere Beispiele für Partnerschaften zur Fürsprechung liefern *Bennettons* Kampagne zum 50-jährigen Bestehen der VN, die weltweit medienwirksam zur Aufklärung über die VN beitrug, FAOs jährliche *TeleFood* Kampagne sowie das

---

447 Vgl. Tesner, Sandrine; Kell, Georg (2000), S. 75. Als Beispiel zur Nutzung des Internets dient *Netaid*.

Da durch *Co-Branding* im Sinne der gemeinsamen Abbildung der Logos einer VN-Institution und eines Unternehmens die Partnerschaft breitenwirksam - und meist unkontrollierbar - visualisiert werden kann, führte die Praxis dieser Form der Partnerschaften zu einer offenen Diskussion über die Nutzung des VN-Logos für nichtstaatliche Akteure (vgl. beispielsweise Tesner, Sandrine; Kell, Georg (2000), S. 79ff).

UN *Works Program*, eine Initiative zur Demonstration der praktischen Umsetzung von Partnerschaften zwischen u.a. den VN und der PW.

Partnerschaften zur Fürsprechung sind nicht selten eine Folge finanziell oder politisch motivierter Partnerschaften, wodurch die Komplexität der eindimensionalen funktionalen Betrachtung von Partnerschaften verdeutlicht wird. Die Funktion der Mittelgenerierung wird im nächsten Unterabschnitt beschrieben.

5.4.3 Mittelgenerierende Partnerschaften

Das System der mittelgenerierenden Partnerschaften hat die Funktion der Mobilisierung von Ressourcen, wobei i.d.R. der Ressourcenfluss einseitig von der PW zu den VN stattfindet. Nichtstdestotrotz unterscheidet sich diese Form der Partnerschaft vom *Sponsoring*, da die Elemente einer Partnerschaft vorliegen, wie die unten stehenden Beispiele verdeutlichen. Die generierten Ressourcen im Rahmen dieser Partnerschaften können sowohl materielle und finanzielle Zuwendungen als auch kostenlos zur Verfügung gestellte Dienstleistungen für ein bestimmtes Projekt, Programm oder für Entwicklung im Allgemeinen sowie in seltenen Fällen personelle Unterstützung beinhalten. Die Zuwendung kann hierbei entweder direkt von der PW generiert werden oder die PW kann als Mittler die Mobilisierung von Dritt-Ressourcen unterstützen. Die Funktion des Systems der mittelgenerierenden Partnerschaften liegt entsprechend weder darin, die Fixkosten der VN zu decken, noch darin, finanzielle Alternativen zu den Pflicht- oder freiwilligen Beiträgen der Mitgliedstaaten zu generieren, sondern vielmehr sollen zusätzliche Ressourcen beschafft werden, die den Handlungsspielraum und die Effektivität der VN steigern. Mittelgenerierende Partnerschaften können darüber hinaus auch darauf ausgerichtet sein, privatwirtschaftliche Investitionen in bestimmten Ländern zu fördern sowie Kontakte zwischen potentiellen Investoren und bedürftigen Projekten zu vermitteln.

In diesem Zusammenhang ist anzumerken, dass finanzielle und materielle Zuwendungen an die VN - meist institutionenspezifisch - festgelegten Bestimmungen unterliegen. So ist es beispielsweise den WHO-Angestellten aus Gründen der Vermeidung von Bestechlichkeit nicht erlaubt, Reisekosten zu einer Veranstaltung von einer VN-externen Institution erstattet zu bekommen, sofern anderen Teilnehmern nicht die selben Begünstigungen geboten werden. Vor allem aber unterliegen materielle Zuwendungen feststehenden Qualitätsanforderungen im Hinblick auf deren Funktionsfähigkeit, Haltbarkeit und Nutzbarkeit.

Das UNICEF ist seit vielen Jahren der größte *fund-raiser* innerhalb der VN und liefert zwei prominente Beispiele mittelgenerierender Partnerschaften: Zum einen das *Change for Good*-Programm, im Rahmen dessen ausgewählte

Flugreisegesellschaften Umschläge verteilen, in denen Passagiere ihr restliches Urlaubskleingeld ("*change*") für das UNICEF ("*for good*") spenden können. Und zum anderen die Partnerschaft mit *McDonalds* zum *World Children's Day* am 20. November, mit der durch Spendensammlung die *Ronald McDonald House Charities* ebenso begünstigt werden, wie UNICEF Projekte.[448] Ein weiteres Beispiel liefern die von der *International Finance Corporation* (IFC) entwickelten öffentlich-privaten Finanzierungsmechanismen zur Generierung von Investitionen, z.B. für Umwelttechnologieunternehmen und Mikrofinanzinstitutionen.[449] Innerhalb der VN ist es lediglich dem UNOPS untersagt, Zuwendungen aus der Umwelt der VN anzunehmen.

Den mittelgenerierenden Partnerschaften können ferner die philanthropischen Zuwendungen von in der PW etablierten Individuen, Stiftungen mit privatwirtschaftlichem Hintergrund und einzelnen Unternehmen zugeordnet werden, sofern sich die Zuwendung nicht auf *Sponsoring* beschränkt sondern den Grundsätzen einer Partnerschaft entspricht. Beispiele nachhaltiger Kooperationen in diesem Zusammenhang sind die Partnerschaften zwischen den VN und der *Rockefeller*- bzw. der *Ford*-Stiftung. In den letzten Jahren sind v.a. die finanziellen Zuwendungen des CNN-Gründers Ted Turner sowie der *Bill and Mellinda Gates Foundation* bekannt geworden, die vom finanziellen Umfang alle bisherigen finanziellen Zuwendungen zu den VN weit überschreiten und dabei die Kriterien einer Partnerschaft erfüllen. So wurde v.a. zur Verwaltung der Milliarden-Dollar Spende von Turner der UNFIP gegründet, der in Kooperation mit seinem VN-externen *Counterpart*, der UNF, über die Mittel-Verwendung verfügt.[450]

---

448 Vgl. Cohen, Jonathan (2002).

449 Eines der bekanntesten Beispiele einer mittelgenerierenden Partnerschaft, das jedoch aufgrund massiver Kritik inzwischen eingestellt wurde, war das Vorhaben des UNDP in Zusammenarbeit mit TNCs die so genannte *Global Sustainable Development Facility* einzurichten, mit deren Hilfe Investitionsprojekte in Entwicklungsländern gefördert werden sollten. Im Gegenzug für eine einmalige Zahlung von 50.000 USD wollte das UNDP dabei den Unternehmen, gänzlich unabhängig von deren Reputation und Absichten, sein internationales Netzwerk an *Country Offices* und Regierungskontakten zur Verfügung stellen. (Vgl. u.a. Transnational Resource & Action Center (2000).)

450 Das potentielle Risiko der Zweckgebundenheit finanzieller Zuwendungen bzw. mittelgenerierender Partnerschaften hat innerhalb und außerhalb der VN zu kontroversen politischen Diskussionen geführt. Kritisiert wird, dass die Handlungsautonomie der VN durch Vorgaben zur Mittelverwendung der Geber beschränkt würde und die Gefahr eines "Ausverkaufs" der Organisation bestünde; Gegner dieser Auffassung hingegen postulieren, dass die Verwirklichung der VN-Zielsetzungen von zweckgebundenen Mitteln profitieren würde, was förderlicher sei, als sich ausschließlich auf staatliche Unterstützung zu verlassen. Die Kontroverse gründet nichtzuletzt auf unterschiedlichen Vorstellungen hinsichtlich der gewandelten Rolle der PW in der Gesellschaft.

Ungerechtfertigterweise wird die Mittelgenerierung häufig als die einzig existierende bzw. als die bedeutsamste Funktion der Partnerschaften zwischen den VN und der PW verstanden. Dieses Missverständnis führt oft zu sehr scharfer Kritik an der Zusammenarbeit zwischen den VN und der PW im Allgemeinen und den Partnerschaften im Speziellen. Wie die vorangegangenen und nachstehenden Ausführungen bestätigen, ist jedoch über die mittelgenerierende Funktion der Partnerschaften hinaus eine funktionale Differenzierung der Partnerschaften Tatsache. Die operativen Partnerschaften, die hierzu einen weiteren Beleg liefern, werden im folgenden Unterabschnitt vorgestellt.

5.4.4 Operative Partnerschaften

Die Funktion der operativen Partnerschaften zwischen den VN und der PW liegt in der aktiven Unterstützung der VN im Rahmen ihrer Feldoperationen. Operative Partnerschaften umfassen humanitäre und technische Unterstützung, die Förderung praktischer Entwicklungskooperationen, gemeinsame Programmplanung bzw. Projektplanung, -implementierung und/oder -evaluierung sowie in manchen Fällen die Mobilisierung von finanziellen, materiellen, technischen und personellen Ressourcen der Partner[451] für Feldoperationen. Entsprechend können funktionale Überschneidungen mit den mittelgenerierenden Partnerschaften bestehen. Im Rahmen der operativen Partnerschaften arbeiten die VN und die PW meist mit NGOs vor Ort zusammen.

In der Praxis existieren mannigfaltige Beispiele operativer Partnerschaften, die i.d.R. auf lokaler bzw. nationaler Ebene umgesetzt und von den *Regional Bureaus* einzelner VN-Institutionen gefördert werden. Bekannte Beispiele sind die Partnerschaft zwischen *Microsoft* und dem *United Nations High Commissioner for Refugees* (UNHCR) zur elektronischen Registrierung von Flüchtlingen im Kosovo sowie die *First on the Ground* Partnerschaften zwischen *L.M. Ericsson* und dem *Office for Coordination of Humanitarian Affairs* der VN bzw. *L.M. Ericsson* und dem WFP zur Verbesserung der Kommunikation in Feldoperationen, wie beispielsweise im Rahmen des Wiederaufbaus in Afghanistan.[452]

Die Vorstellung der funktionalen Teilsysteme abschließend, werden im folgenden Abschnitt die Informations- und Lernpartnerschaften vorgestellt.

---

451 Vgl. United Nations/General Assembly (2001b), Absatz 81.

452 Vgl. United Nations/Economic and Social Council (2002), S. 17.

5.4.5 Informations- und Lernpartnerschaften

Die Funktion der Informations- und Lernpartnerschaften zwischen den VN und der PW besteht in der Entwicklung und gemeinsamen Nutzung von Wissen und Know-how v.a. in Bezug auf Entwicklungsprobleme, -prozesse und -methoden. Die Operationen dieser Partnerschaften umfassen den Austausch von Informationen, gemeinschaftliche Recherchen und Studien sowie gegenseitige Lernerfahrung zwischen den VN und der PW. Der Austausch beruht dabei sowohl auf sachlicher, technischer und logistischer Expertise als auch auf den persönlichen Erfahrungen der Akteure. Gängige Elemente dieser Form der Partnerschaften sind gegenseitige bzw. gemeinsam für Dritte gehaltene Schulungen, Seminare und Vorträge sowie gemeinschaftlich erstellte Veröffentlichungen, Handbücher und technische Berichte. Eine weniger entwickelte Operation der Informations- und Lernpartnerschaften umfasst den Austausch von Mitarbeitern (*secondment of staff*) zwischen den VN und der PW mit der Absicht, im praktischen Alltag voneinander zu lernen.

Beispiele für Informations- und Lernpartnerschaften liefern das *Executive Action Program*, die *How to Do Business Guides* und das *Staff Exchange Programme* der WB *Group*. Das *Executive Action Program* ist ein Partnerschaftsprojekt zwischen dem *United Nations Staff College* (UNSC) und dem PWIBLF, in dessen Rahmen VN-Mitarbeiter und Akteure der PW u.a. in *Workshops* zu Themen wie *Management of Partnerships* oder *Partnership Brokers* (Partnerschaftsmanagern/-mediatoren) durch Vermittlung von praktischem Know-how ausgebildet werden.[453] Die *How to Do Business Guides* sind Publikationen, die im Rahmen der Partnerschaft zwischen *PricewaterhouseCoopers* und der UNCTAD veröffentlicht wurden. Diese privatwirtschaftlich-praxisbezogen angelegten Handbücher sind zur Vereinfachung potentieller Investitionsentscheidungen v.a. in Entwicklungsländern für Unternehmen erstellt worden und bieten fundiertes Basiswissen (beispielsweise juristische, kulturelle, steuerliche und infrastrukturelle Informationen) über bestimmte Entwicklungsländer mit der Absicht, dadurch unternehmerische Investitionsunsicherheiten zu beseitigen und ausländische Direktinvestitionen zu fördern. Das *Staff Exchange Programme* der WB *Group* schließlich ist ein Mitarbeiteraustauschprogramm zwischen der WB *Group* und Unternehmen sowie anderen Institutionen der PW, in dem Angestellte bis zu zwei Jahren in der jeweils anderen Organisation praktisch tätig sind.[454]

---

453 Das Programm ist inzwischen von der ursprünglichen Partnerschaft zwischen dem UNSC und dem PWIBLF in eine informelle Kooperation zwischen den beiden übergegangen.

454 Vgl. United Nations/Joint Inspection Unit (1999), Absatz 35 und Nelson, Jane (2000), S. 174.

In den vorstehenden Abschnitten und Unterabschnitten wurde eine umfangreiche Kategorisierung der verschiedenen Formen der Zusammenarbeit und der Partnerschaften zwischen den VN und der PW vorgestellt, die es ermöglicht, einzelne Kooperationen zwischen den VN und der PW zumindest anhand ihrer vorrangigen Funktion katagorisch einzuordnen. Nachdem der *Global Compact* oft als eine Partnerschaft zwischen den VN und der PW bezeichnet wird,[455] ohne eine solche zu sein, aber auch weil der *Global Compact* ein besonders prominentes Beispiel der Zusammenarbeit zwischen den VN und der PW ist, wird er im folgenden Exkurs vorgestellt und diskutiert.

5.5 EXKURS: GLOBAL COMPACT

Mit den Worten: "*I propose to you, (...) a global compact of shared values and principles, which will give a human face to the global market*"[456] initiierte Kofi Annan am 31. Januar 1999 eine bislang einzigartige Kooperationsform zwischen den VN und der PW: den *Global Compact*. Annan legte damit den Grundstein für ein sowohl innovatives und progressives als auch für ein umstrittenes und komplexes Konzept zur Zusammenarbeit zwischen den VN und der PW, das sich seitdem kontinuierlich weiter entwickelt.

Annans Aufruf folgte im Sommer 1999 die Veröffentlichung von neun Prinzipien,[457] woraufhin zahlreiche Akteure der PW[458] den VN ihre Unterstützung anboten und die *Global Compact*-Webseite[459] Ende Januar 2000 initialisiert wurde. Erst ab Oktober 2000 fanden konkrete Gespräche der VN-Vertreter mit PW-, Gewerkschafts- und NGO-Vertretern statt, um die praktische Umsetzbar-

---

455 Vgl. beispielsweise Tesner, Sandrine; Kell, Georg (2000).

456 United Nations/Press Release (1999b). Diesen Appell richtete Annan an die beim Jahrestreffen des *World Economic Forum* in Davos anwesenden Vertreter der PW.

457 Vgl. Anhang 9.3.

458 Zu diesen gehörten beispielsweise das PWIBLF, die ICC, der WBCSD, die *International Confederation of Trade Unions* und die *International Organization of Employers* (IOE).

459 Vgl. Global Compact Office (2003b). Neben den VN wird diese Webseite u.a. vom ICC, dem WBCSD, der IOE und NGOs, wie *Amnesty International* und *Human Rights Watch* mit Inhalten gefüllt und bietet z.B. Zugang zu Datenbanken mit detaillierten Informationen zu weltweiten Menschen- und Arbeitsrechten. (Vgl. Tesner, Sandrine; Kell, Georg (2000), S. 85ff und S. 127ff für weitere Einzelheiten zur Vermarktung des *Global Compact*.)

keit des *Global Compact* vorzubereiten.[460] Am 26. Juli 2000 fand schließlich im Rahmen eines Treffens am VN-Hauptsitz in New York der praktische Auftakt des *Global Compact* statt, bei dem alle Teilnehmer, zu denen rund 50 Vertreter der PW ebenso gehörten wie Vertreter von NGOs und Gewerkschaften, dem *Global Compact*-Leitbild zustimmten. Den nächsten institutionellen Höhepunkt markierte kurz nach Ende der Pilotphase das erste Treffen des neuformierten *Advisory Council for the Global Compact* am 8. Januar 2001, der, zusammengesetzt aus 17 wechselnden Vertretern der PW, der Gewerkschaften und der NGOs, zentrale Fragen der Struktur und der Strategie des *Global Compact* beleuchten, Unternehmen werben, zusätzliche Aktionsbereiche identifizieren sowie bessere Teilnahmebedingungen zur Steigerung der Effizienz und Wahrung der Integrität des Paktes vorschlagen soll.[461] Hervorzuheben ist, dass erst im Rahmen der 55. Generalversammlung 2001 die Unterstützung des *Global Compact* durch die Mitgliedstaaten der VN formalisiert wurde.[462]

Der *Global Compact* ist ein "*innovative, open-ended and network based*"[463] Experiment und kann als *multi-stakeholder network* oder auch als *voluntary corporate citizenship initiative* beschrieben werden. Mit dem Konzept des *Global Compact* werden zwei komplementäre Absichten verfolgt: Zum einen, "der Globalisierung allgemein gültige Wert- und Verhaltensmaßstäbe einzuziehen"[464], um einen Beitrag zur nachhaltigeren und inklusiveren wirtschaftlichen Entwicklung zu leisten. Und zum anderen, praktisch ausgerichtete Beziehungen zwischen den VN, der PW und anderen Akteuren zu fördern, "*to tackle some of*

---

460 Auf die seitens der VN langfristig ausgerichtete Absicht, eine Allianz mit Vertretern der PW, der NGOs und der Gewerkschaften zu schließen, wurde hingearbeitet, indem im Juli 2000 vorerst eine Allianz mit Vertretern der PW und der Gewerkschaften bekannt gegeben wurde, da man nicht *business on board* kriegen könne, wenn von vornherein zehn NGOs da seien; vielmehr müsse man mit der PW zuerst abstimmen, wo Gemeinsamkeiten und Grenzen lägen und Vertrauen aufbauen (vgl. Kell, Georg (2000).) Für die angestrebte Allianz mussten schließlich gezielt diejenigen NGOs ausgesucht werden, die sich für ein Thema anstatt für eine Ideologie einsetzen, wie z.B. *Amnesty International*, der *World Wide Fund for Nature* (WWF), die *International Union for Conservation of Nature and Natural Resources* (IUCN) und das *World Resources Institute* (vgl. Kell, Georg (2000)). "Da wir nicht *monitoren* und Druck ausüben können, wollen wir, dass diese Gruppen das machen." (Kell, Georg (2000)).

461 Vgl. United Nations/Press Release (2002). Der *Advisory Council for the Global Compact* ist der "*first UN advisory body composed of both private and public sector leaders*" (Global Compact Office (2002a)).

462 United Nations/General Assembly (2002b) und vgl. Kell, Georg; Levin, David (2002) für weitere Einzelheiten zur Entwicklung des *Global Compact*.

463 Global Compact Office (2001b).

464 Fischer, Joseph (2000).

the most urgent problems of today"[465]. Die Umsetzung des *Global Compact*-Konzepts basiert auf besagten neun *corporate citizenship* Prinzipien[466] im Bereich der Menschenrechte, der Arbeitsbeziehungen und der Umwelt,[467] die der PW zur Einhaltung bzw. zur Integration in ihre Strategien und Operationen nahegelegt werden und eine unverbindliche und freiwillige Orientierungshilfe zur Verbesserung ihrer sozialen Verantwortung bieten sollen.[468] Im praktischen Sinne wird mit dem *Global Compact* somit institutionelles Lernen v.a. der PW durch netzwerkartige Kommunikation gefördert. Betrachtet man jedoch den isolierten Eigennutzen der VN, so ist der *Global Compact* im Kern "*simply a strategy to make the UN relevant by leveraging its authority and convening powers in ways that will actually produce the social change it aspires to create*"[469]. Darüber hinaus ist der *Global Compact* ein *action oriented model*, was bedeutet, dass die Mitwirkung für Unternehmen weder auf einer Unterschrift noch auf einer Mitgliedschaft basiert, sondern ausschließlich auf dem Willen und der praktischen Umsetzung der neun Prinzipien.[470] Um sich im Sinne

---

465 U.S. Chamber of Commerce (2003). "*No effort had yet been made to integrate UN values and principles relevant to business into a single platform that would link the effective functioning of global markets with social, environmental and human rights issues.*" (Kell, Georg; Levin, David (2002), S. 5.)

466 Die Prinzipien werden von der *Universal Declaration of Human Rights* von 1948, der *Declaration on Fundamental Principles and Rights at Work* der ILO von 1998 und der *Rio Declaration of the 1992 Conference on Environment and Development* getragen.

467 Vgl. United Nations/Administrative Committee on Coordination (1999a), Absatz 9 zur Begründung der Auswahl der drei Bereiche.

468 "*The Global Compact is not designed as a code of conduct. Instead, it is meant to serve as a framework of reference to stimulate best practices* (…) [*and to*] *bring about convergence around universally shared values.*" (Kell, Georg; Ruggie, John (1999).) Der Pakt verfügt über keine legislative Funktion, weswegen entsprechend nicht die Befugnis besteht, Unternehmen auf Einhaltung der Prinzipien zu kontrollieren. Das *Global Compact-Office* unterstützt seit November 2001 offiziell die *Global Reporting Initiative*, in deren Aufklärungsarbeit über Unternehmen, die gegen den *Global Compact* oder andere gesellschaftliche Grundwerte verstoßen.

469 Kell, Georg; Levin, David (2002), S. 2.

470 "*We don't have signatories. We have only participants.* (...) *They've got to show action.*" (O'Brien, Denise (2001).) Dabei ist es für Unternehmen nicht erforderlich, alle Prinzipien umzusetzen bzw. einer eindeutigen Interpretation der Prinzipien gerecht zu werden: "*Companies can choose one, or several, or all of the principles. Moreover, we are not interested in debating the meaning of the principles, but in promoting good practices that are inspired by them and that seek to act on them.*" (Niles, Thomas (2000).) Nach langjähriger Kritik wurde am 20.11.2002 erstmals eine vollständige Liste aller Unternehmen, deren Absichtserklärung seitens des VN-Generalsekretärs akzeptiert wurde, auf der Webseite des *Global Compact* veröffentlicht. Diese wird seitdem regelmäßig aktualisiert. (Davor wurden nur diejenigen Unternehmen bekannt gegeben, die sowohl eine Absichtserklärung als auch einen Fortschrittsbericht eingereicht hatten.)

des *Global Compact* zu engagieren, müssen Unternehmen zuerst eine schriftliche Absichtserklärung an den VN-Generalsekretär richten, in der sie die Unterstützung des *Global Compact* ankündigen.[471] Zudem sollten die Unternehmen spezifische Beispiele des Fortschritts oder der Lernerfahrung durch die Umsetzung der Prinzipien schriftlich mitteilen.[472] Und schließlich werden die Unternehmen aufgefordert, v.a. politisch-unterstützende Partnerschaften mit den VN einzugehen.

Zur Umsetzung werden im Rahmen des *Global Compact* vier praktische Maßnahmen angewendet bzw. angeboten: Der *country outreach*, in dem lokale Strukturen und Projekte umgesetzt werden, die *policy* oder *issue dialogues*, in denen mit jährlich wechselnden Kernthemen zur Globalisierung der aktionsorientierte und inter-disziplinäre Austausch im Netzwerk stattfindet,[473] das *learning forum*, das dem Austausch von Erfahrungen zwischen Unternehmen dient,[474] und die *Compact initiatives and projects* zur Förderung der Zusammenarbeit und insbesondere der Partnerschaften zwischen der PW und VN-Institutionen.

Organisatorisch betrachtet setzt sich der *Global Compact* im Kern aus dem *Global Compact-Office* als koordinierender Institution, fünf VN-Institutionen, dem *Office of the High Commissioner for Human Rights* (OHCHR), der *International Labour Organization* (ILO), dem *United Nations Environment Programme* (UNEP), dem *United Nations Development Programme* (UNDP) und der *United Nations Industrial Development Organization* (UNIDO) sowie dem *Advisory Council* zusammen und fördert ein Netzwerk aus Vertretern von

---

471 Dieses Schreiben soll ferner bestätigen, dass die Vertreter des Aufsichts- oder Geschäftsführungsorgans der PW-Institution in die Entscheidung zur Unterstützung des *Global Compact* involviert waren und erläutern, wie das Unternehmen beabsichtigt, auf seine Mitwirkung am *Global Compact* hinzuweisen (z.B. im Rahmen der Bekundung des Unternehmensziels oder im Jahresbericht).

472 Bis zum *Advisory Council* Treffen am 16.1.2003 war die Mitteilung eines Fortschrittsberichts für Unternehmen verbindlich. Eingereichte Berichte werden nach Freigabe durch die VN auf der Webseite des *Global Compact* veröffentlicht.

473 Jedes Jahr wird im Konsens aller Beteiligten ein Thema beschlossen, zu dem mehrere Besprechungen sowie informelle Netzwerkkontakte gepflegt werden. Dabei soll Unternehmen und NGOs u.a. eine Plattform angeboten werden, auf der durch Empfehlungen den Prinzipien des *Global Compact* praktische Bedeutung beigemessen wird. Das Thema 2001 war *The Role of the Private Sector in Zones of Conflict*; das Thema 2002 war *Business and Sustainable Development* (Global Compact Office (2003b)).

474 Derzeit stehen bei diesen Netzwerken drei Themen im Vordergrund: *Strengthening Company Submissions* zur Unterstützung der unternehmerischen Leistungsdokumentation, *Improved Technical Capacities* zum Ausbau des virtuellen Lernportals und *Expanded Program of Meetings and Conferences* zur persönlichen Vermittlung praktischer Erfahrungen (vgl. Global Compact Office (2002a)).

PW, Regierungen, Gewerkschaften, Organisationen der *civil society*, akademischen Institutionen und den VN.[475]

Fasst man die konzeptionelle Ausrichtung und praktische Implementierung des *Global Compact* zusammen, so ergibt sich bei einem Vergleich mit der in Unterabschnitt 2.2.3 vorgestellten Defintion der Partnerschaft zwischen den VN und der PW, dass der *Global Compact* nicht als strategisch-konstruktive Kooperation im Sinne einer Partnerschaft zu bezeichnen ist. Aufgrund sowohl seiner Funktion als auch seiner Operationsweise stellt der *Global Compact* vielmehr eine Kooperation im Rahmen der normativ-regulativen Zusammenarbeit zwischen den VN und der PW dar, die im Rahmen der Umsetzung Partnerschaften zwischen den VN und der PW zur Folge haben kann.[476] Im Luhmannschen Sinne basiert der *Global Compact* auf dem Konzept der Interpenetration, das in diesem Fall auf soziale Systeme und dabei v.a. die PW und die VN und weniger auf die Beziehung zwischen psychischen und sozialen Systemen bezogen ist. Im Vordergrund steht dabei die Absicht seitens der VN, das Verhalten und somit die Strukturbildung der PW zu beeinflussen bzw. mitzubestimmen.

Der *Global Compact* bzw. dessen Konzept stößt teilweise auf sehr heftige Kritik v.a. von NGOs,[477] wobei insbesondere die unpräzise Formulierung der zugrunde liegenden Prinzipien, die Unverbindlichkeit der Mitwirkung der Unternehmen, der Mangel an Durchsetzungs- und Kontrollmechanismen, die Intransparenz, das Fehlen von Auswahlkriterien bzw. die Teilnahme fragwürdiger Unternehmen und schließlich die Gelegenheit des *blue washing* für Unternehmen und die potentiell einhergehenden Risiken für das Image der VN[478]

---

475 Die Gründungsorganisationen des *Global Compact* waren das OHCHR, die ILO und das UNEP; später folgten das UNDP und die UNIDO. Im Juni 2002 wurde aus 50 Vertretern ein *Academic Network* zusammengesetzt.

476 "*The implementation of the Compact's vision is first and foremost a regulatory and normative challenge. The difficulty lies in defining a unique and effective UN role against the richness of decentralized and global regulatory standards currently available.*" (Tesner, Sandrine; Kell, Georg (2000), S. 127.)

477 Dabei ist anzumerken, dass ein Großteil der am *Global Compact* geäußerten Kritik auf einer grundlegend ablehnenden Haltung gegenüber der PW, deren Vertrauenswürdigkeit bzw. dem Glauben an deren Übernahme sozialer Verantwortung beruht.

478 "*The UN's corporate policy strains the organization's relations with NGOs and many governments. (...) Secretary-General Annan is gambling with the UN's most precious heritage - its reputation as an institution that works for the well-being of the world's peoples.*" (Paine, Ellen (2000).) "*The UN's positive image is vulnerable to being sullied by corporate criminals, while companies get a chance to 'bluewash' their image by wrapping themselves in the flag of the United Nations.*" (CorpWatch (2000).)

bemängelt werden.[479] Grundsätzlich ist dabei festzustellen, dass dem Konzept des *Global Compact* einige Kontroversen inhärent sind:

- So bietet beispielsweise die vage Formulierung der Prinzipien den teilnehmenden Unternehmen einen breiten Interpretations- und entsprechenden Handlungsspielraum, der einerseits zwar bewusst gewählt wurde, um Flexibilität zu gewährleisten, andererseits aber auch ermöglicht, dass Unternehmen den Grundanforderungen des *Global Compact* schon durch oberflächliche Umsetzung der Prinzipien gerecht werden können.[480]
- Und die Unverbindlichkeit der Teilnahme, die auf der Prämisse basiert, dass die Unterstützung des *Global Compact* durch die PW nur dann gesichert ist, wenn seine Umsetzung freiwillig ist[481] bzw. wenn ein dynamischen Lernmodells angewendet wird,[482] widerspricht VN-internen und externen Forderungen nach Regulierung unternehmerischer Aktivitäten.[483]

---

479 Vgl. Bruno, Kenny; Karliner, Joshua (2000). Als Forum der öffentlichen Diskussion wird u.a. die Webseite von *Corporate Watch* (vgl. CorpWatch (2003)) genutzt. Als Reaktion auf die von NGOs kritisierten fundamentalen Mängel am *Global Compact* wurde der *Citizens Compact* initiiert, mit dem über 70 NGOs und Einzelpersonen die Kooperation zwischen den VN und nicht-privatwirtschaftlichen, nicht-regierungs-Gruppen unterstützen. "*The Citizens Compact emphasizes the need for monitoring and the enforcement of a legal framework for corporate behavior.*" (CorpWatch (2000).)

480 Vgl. Paine, Ellen (2000) und Hengsbach, Friedhelm (2002).

481 "*Business would look askance at any suggestion involving external assessment of corporate performance, whether by special interest groups or UN agencies. The Global Compact is a joint commitment to shared values, not a qualification to be met. It must not become a vehicle for governments to burden business with prescriptive regulations.*" (Cattaui, Maria Livanos (2000).) Zahlreiche NGOs hingegen fordern Verbindlichkeit: "*We thus hope that the Compact is seen not as an end in itself but as a first step toward promoting a binding legal regime for corporate conduct, and that this regime is backed by an effective enforcement mechanism.*" (Roth, Kenneth (2000).)

482 Vgl. Kell, Georg (2000). Arvind Ganesan, Direktor der *Business and Human Rights Programs* von *Human Rights Watch* hingegen kritisiert gerade die Konzeption des Lernmodells: "*Viewing the program solely as a learning experience represents a wasted opportunity in assuring corporate responsibility.*" (Cohen, Jonathan (2001b).)

483 Diese werden beispielsweise in der *Sub-Commission for the Promotion and Protection of Human Rights diskutiert* und im UNDP *Human Development Report* 1999 gefordert: "*Multinationals are too important and too dominant a part of the global economy for voluntary codes to be enough. Globally agreed principles are needed*" (United Nations Development Programme (1999), S. 100). "*Since the 1992 Earth Summit, the concept of 'voluntary agreements' or 'self-regulation' remains a red flag for many NGOs, as this was given to justify removing the Code of Conduct for Transnational Corporations from the Agenda 21 negotiations.*" (United Nations/Department of Economic and Social Affairs (1998), Absatz 21.)

- Auch dem kritisierten Mangel an Durchführungs- und Kontrollmechanismen im Rahmen der Umsetzung des *Global Compact*, der grundsätzlich ungelöst bleiben wird solange die Teilnahme am *Global Compact* freiwillig und unverbindlich ist, steht entgegen, dass die VN die Aufklärungsarbeit von NGOs hinsichtlich fragwürdiger Unternehmenspraktiken v.a. im Rahmen der Umsetzung der neun Prinzipien unterstützen.[484]
- Der Kritik am Fehlen von Auswahlkriterien bzw. an der Teilnahme von Unternehmen, die für unsoziales oder umweltschädigendes Verhalten bekannt sind,[485] wird schließlich seitens der VN entgegnet, dass der Ansatz des *Global Compact* eben gerade darin liegt, diejenigen Unternehmen zur Warnehmung sozialer Verantwortung zu motivieren, die bislang konträr agieren.[486]

Abschließend lässt sich festhalten, dass die Bilanz des *Global Compact*, bislang eher ernüchternd ist und zeigt, "wie sehr das Projekt noch am Anfang steht"[487]. Trotz mannigfaltiger nationaler und internationaler Appelle hatten sich bis Ende 2002 nur 800 vorrangig national tätige Unternehmen zu den Prinzipien bekannt und lediglich 55 veröffentlichte Fortschrittsberichte unterschiedlichster Qualität dokumentieren den tatsächlichen Erfolg.[488] Bewertet man den *Global Compact* jedoch auf Basis seiner Absichten, so ist es mit dem Konzept gelungen, einen ernstzunehmenden Beitrag zur nachhaltigen Zusammenarbeit aller gesellschaftlichen Akteure und zur Mobilisierung sozialer Verantwortung von Unternehmen zu leisten. Doch sollten auch weiterhin - und der VN-eigenen Auffassung entsprechend - konzeptionelle und praktische Schwachstellen verbessert werden.[489]

---

484 Vgl. die oben genannte offizielle Kooperation mit der *Global Reporting Initiative*.

485 Vgl. CorpWatch (2000) und Alliance for a Corporate-Free UN (2000).

486 "*Because we want to change the way they are doing business. We want these companies to evaluate the impact they have on the communities around them. And we want to work with them to help them do that.*" (O'Brien, Denise (2001). Vgl. auch Mathews, Jessica (2002).)

487 Hamm, Brigitte (2002b), S. 24.

488 Festzustellen ist auch, dass die VN im Rahmen der Zusammenarbeit mit der PW die Anerkennung oder Umsetzung der neun Prinzipien des *Global Compact* von ihren privatwirtschaftlichen Kooperationspartnern bislang nicht fordern.

489 "*We are continually looking for ways to improve the functioning of the Global Compact.*" (United Nations (2002).)

6 PRAXISBEZOGENE ANALYSE DER PARTNERSCHAFTEN

In diesem Kapitel werden die Partnerschaften zwischen den VN und der PW praxisbezogen analysiert, um feststellen zu können, ob sie sich im gegebenen Entwicklungszustand nachhaltig und effizient entwickeln. Den Bezugsrahmen bilden dabei die VN, was heißt, dass die praxisbezogenen Umstände der Partnerschaften dahingehend analysiert werden, wie sie sich innerhalb der VN konstituieren. Da dem Rahmen dieser Arbeit zudem ein Makro-Ansatz zugrunde liegt, bildet die Untersuchung des Makro-Managements des Systems der Partnerschaften und in diesem Sinne auch derjenigen Bereiche, die zum Management des Systems gehören, den Schwerpunkt der folgenden Analyse. Entsprechend wird das Mikro-Management einzelner Partnerschaften, wie beispielsweise die Sicherung des Engagements durch den Partner oder die Verhandlungen von Details in einzelnen Partnerschaften, vernachlässigt.

Im Rahmen der praxisbezogenen Bewertung der Partnerschaften zwischen den VN und der PW nehmen diejenigen Systeme, die auf die Partnerschaften einwirken - und v.a. Individuen und das soziale System der VN -, eine zentrale Rolle ein.[490] In diesem Sinne basieren die Einwirkungen auf die Partnerschaften im Sinne von Handlungen und Handlungsvorgaben vorrangig auf den durch die VN[491] determinierten Freiräumen und den vorhandenen Potentialen, der im Rahmen der Partnerschaften tätigen Individuen.[492]

Insgesamt muss die praxisbezogene Analyse, die auf den gegebenen Umständen Ende des Jahres 2002 basiert, vor den Hintergründen betrachtet werden, dass die Mehrzahl der VN-Institutionen in jeweils maximal zehn Partnerschaften involviert ist,[493] die meisten dieser Partnerschaften noch nicht abgeschlossen sind und

---

490 Vgl. Abschnitt 3.2.

491 Da im Rahmen dieser Arbeit die Betrachterperspektive der VN gewählt wurde, werden die Einwirkungen der PW im Rahmen der folgenden Ausführungen vernachlässigt.

492 Hinsichtlich der Potentiale der relevanten VN-Mitarbeiter ist noch einmal auf die Bedeutung deren individuellen Meinungen zu den Partnerschaften für die weiterführende Kommunikation bzw. Handlung im Sinne der Partnerschaften hinzuweisen.

493 Vgl. u.a. Friel, Patrick (2001), Wyseley, Megan (2001), Fioretta, Lawrence (2001) und Dossal, Amir (2001). Dabei wurden die Partnerschaften auf Länderebene vernachlässigt, die unter die Kompetenz der *Country Offices* der VN-Institutionen fallen. Ferner ergab sich, dass zwischen Juni 2000 und Juni 2001 lediglich 50 Kooperationsanfragen beim UNFIP eingingen, von denen ca. 75% von Unternehmen, 20% von Stiftungen und 5% von Einzelpersonen bzw. Unternehmern und der Großteil aus den USA kamen. (Die meisten Anfragen an das Büro des Generalsekretärs werden an den UNFIP weitergeleitet.) Außerdem ergab sich, dass sich die bisherigen Partnerschaften v.a. mit den Themen Internet, Technologie und Kommunikation und seit Frühjahr 2001 auch mit HIV/AIDS befassen (vgl. Wyseley, Megan (2001) und Schippa, Camilla (2001)).

darüber hinaus keine zentrale Informationsquelle zu den Partnerschaften besteht bzw. wesentliche Informationen teilweise nicht zugänglich sind. Somit beruhen die folgenden Untersuchungen auf 16 v.a. mit VN-Mitarbeitern persönlich geführten Interviews, die im Frühjahr 2000 und 2001 in New York und im Herbst 2001 in Genf stattfanden,[494] auf Veröffentlichungen auf zentralen Webseiten[495] sowie auf den vier Hauptdokumenten zu den Partnerschaften zwischen den VN und der PW.

Im Rahmen der praxisbezogenen Analyse der Partnerschaften, die funktionale und institutionelle Managementaspekte ebenso berücksichtigt wie die Abbildung der einzelnen Elemente und Relationen, werden in Abschnitt 6.1 die existentiellen Rahmenbedingungen und in Abschnitt 6.2 die Steuerungsbereiche der Partnerschaften zwischen den VN und der PW untersucht. Anschließend wird in Abschnitt 6.3 eine praxisbezogene Bewertung des aktuellen Entwicklungszustands der Partnerschaften vorgenommen und der Theoriebezug wiederhergestellt, indem die gewonnenen Ergebnisse den für die Entwicklung der Partnerschaften relevanten Parametern[496] Freiraum, Potential und Struktur kategorisch zugeordnet werden. Dadurch ergibt sich schließlich die Möglichkeit, die praxisbezogene Bewertung des Entwicklungszustands der Partnerschaften anhand der Freiraum-Potential-Matrix theoretisch zu belegen.

6.1 Existentielle Rahmenbedingungen

Die existentiellen Rahmenbedingungen stellen im Folgenden Mindestanforderungen dar, die die praktische Bestandsfähigkeit eines Systems abbilden, und zu dessen Überlebensfähigkeit beitragen. Die Mindestanforderungen weisen sowohl auf die Funktion, den Zweck als auch auf die Operationsweise des Systems und seine Strukturen als Ausdruck generalisierter Verhaltenserwartungen hin. Zur praxisbezogenen Analyse eines Systems lassen sich die existentiellen Rahmenbedingungen für die Partnerschaften zwischen den VN und der PW auf drei Ebenen untersuchen und wie folgt gliedern: Erstens auf der konzeptionellen Ebene, auf der sich die Vision und daraus abgeleitet die Absichten hinsichtlich der Partnerschaften erkennen lassen, die wiederum durch entsprechend formulierte Strategien praktisch umgesetzt werden sollen (Unterabschnitt 6.1.1); zweitens auf der formgebenden Ebene, die Aufschluss über Definitionen, formalisierte Prozesse und Richtlinien liefert (Unterabschnitt 6.1.2); und drittens auf der organisatorischen Ebene, die Institutionen und

---

494 Eine Liste der Gesprächspartner befindet sich im Quellenverzeichnis in Unterabschnitt 10.3.3.

495 Vgl. United Nations (2003) und Global Compact Office (2003b).

496 Vgl. Abschnitt 3.2.6.

Strukturen zur Unterstützung der konzeptionellen Ebene aufweisen sollte, wobei auch personalbezogene Gegebenheiten Berücksichtigung finden (Unterabschnitt 6.1.3).

Damit sich ein System, wie das der Partnerschaften zwischen den VN und der PW, in der Praxis bewähren und v.a. nachhaltig und effizient entwickeln kann, sind etablierte Rahmenbedingungen auf allen drei Ebenen erforderlich. Im Folgenden werden die Rahmenbedingungen somit genauer untersucht, um festzustellen, ob sie für eine nachhaltige und effiziente Entwicklung des Systems der Partnerschaften hinreichend sind.

6.1.1 Konzeptionelle Ebene

Aus der Perspektive der VN sind hinsichtlich der existentiellen Rahmenbedingungen für die Partnerschaften mit der PW auf der konzeptionellen Ebene drei Kernelemente zu betrachten: Die Vision, die Absichten sowie die Strategien im Rahmen der Partnerschaften. Diese drei Elemente stehen in einer kettenartigen Relation zueinander, indem es zuerst einer zugrunde liegenden Vision bedarf, aus der die Absichten abgeleitet und in praxisbezogene Strategien übersetzt werden.

Die Vision umschreibt den Systemzweck, der nach Luhmann in der Komplexitätsreduktion liegt. Obwohl anzunehmen ist, dass seitens der VN eine Vision für die Partnerschaften mit der PW vorliegt, lässt sich praxisbezogen betrachtet keine eindeutig formulierte und als solche ausgewiesene Vision feststellen.

Absichten sind insofern von praktischer Bedeutung, als sie richtungsweisend sind und v.a. im Rahmen der Implementierung in mehrdeutigen Situationen eine Orientierungshilfe bieten. Je transparenter die sachbezogenen Absichten sind, umso effizienter können praxisbezogene Strategien abgeleitet bzw. formuliert werden. Die praxisbezogenen Untersuchungen hierzu ergaben, dass die seitens der VN festgelegten Absichten hinsichtlich der Partnerschaften mit der PW bislang nicht explizit formuliert und dokumentiert wurden.[497] Die Konsequenz ist, dass die Mehrzahl der VN-Mitarbeiter, die im Rahmen der strategisch-konstruktiven Zusammenarbeit mit der PW tätig sind, die seitens der VN mit den Partnerschaften verfolgten Absichten nicht nachvollziehen können und

---

[497] Im Rahmen der geführten Interviews wurde zwar mehrfach angegeben, dass die VN im Rahmen der Partnerschaften vorrangig beabsichtigen, das Verhalten der PW zu modifizieren, "*making corporations understand that by doing good they are doing well*" (Dossal, Amir (2001)) oder "*what we ultimately want to do is generate change in the private sector*" (Tesner, Sandrine (2000)), doch lassen sich daraus keine Schlüsse auf seitens der VN festgelegte Absichten im Rahmen der Partnerschaften ziehen. (Vgl. auch Kell, Georg (2000).)

entsprechend unkoordiniert und vielfach wirkungslos agieren, wie die folgenden Beispiele verdeutlichen. So kann zwar oberflächlich bekundet werden, man sei "*keen on strengthening (...) links with the private sector*"[498], doch lassen sich weder präzise noch systematische Ansätze erkennen. Entsprechend wird im JIU-Bericht festgestellt, dass die im Rahmen der Partnerschaften engagierten VN-Mitarbeiter "*often lacked a clear sense of direction, advice to guide them into what they perceived to be a rewarding but difficult and complex relationship*"[499]. Die ausgewiesene Formulierung der Absichten im Rahmen der Partnerschaften ist somit seitens der VN als mangelhaft zu bewerten.

Strategien schließlich dienen zur Erfüllung bzw. zur praktischen Umsetzung von Absichten und sind in der Praxis erforderlich, um den beteiligten Akteuren die Operationsweise des Systems zu verdeutlichen und somit die möglichen Handlungsalternativen zu steuern. Die eindeutige Formulierung von Strategieinhalten als Ergebnis aus Strategiebildungsprozessen setzt jedoch eine klare Festlegung der Absichten voraus. Nicht zuletzt weil deren Formulierung seitens der VN im Rahmen der Partnerschaften aussteht, lassen sich bislang auch keine nachvollziehbaren Strategien zu den Partnerschaften mit der PW erkennen.[500] Das Fehlen einer Gesamtstrategie der VN zu den Partnerschaften mit der PW wirkt sich wiederum darauf aus, dass sich auch seitens der VN-Institutionen bislang keine nachvollziehbaren individuellen Strategien zu den Partnerschaften entwickelt haben.

Zusammenfassend sind somit bislang seitens der VN die erforderlichen Rahmenbedingungen auf der konzeptionellen Ebene der Partnerschaften im Sinne einer festgelegten und kommunizierten Vision und daraus abgeleiteten Absichten und Strategien für die Partnerschaften mit der PW nicht ausreichend geschaffen worden.

6.1.2 Formgebende Ebene

Auf der formgebenden Ebene der für die Partnerschaften existentiellen Rahmenbedingungen stehen zwei Elemente im Mittelpunkt: Definitionen und Richtlinien. Definitionen im Sinne von inhaltlichen Abgrenzungen der für eine

---

498 United Nations/Joint Inspection Unit (1999), Absatz 2.

499 United Nations/Joint Inspection Unit (1999), Absatz 2.

500 So steht beispielsweise im JIU-Bericht: "*In order to dispel the remaining confusion and misunderstanding within the United Nations system as well as in the private sector as to the purpose and nature of the proposed relationship, the heads of all United Nations entities who have not yet done so may want to examine the possibility of clearly formulating and advertising their expectations for the relationship with the business community through the drawing of a strategic document on this subject.*" (United Nations/Joint Inspection Unit (1999), Absatz 25.)

Sachlage zentralen Begriffe sind wesentlich, da nur auf ihrer Grundlage vorausgesetzt werden kann, dass alle beteiligten Akteure über ein Mindestmaß an gleichgerichtetem Sachverständnis verfügen. Sofern ihre Formulierung eindeutig ist, sind Richtlinien im Sinne von empfohlenen Verhaltensregeln für die Akteure zentral, weil sie einerseits Freiräume determinieren und somit den relevanten Individuen eine Bandbreite an möglichen Handlungsalternativen vorgeben und andererseits bei entsprechender Befolgung durch die relevanten Individuen Konsens und Einheitlichkeit im Sinne der Absichten erwirken und v.a. nach außen demonstrieren.

Bezogen auf die Partnerschaften zwischen den VN und der PW sind - zumindest innerhalb der VN gültige - Definitionen für die Begriffe "PW" und "Partnerschaft" notwendig, um eine unmissverständliche Kommunikation der involvierten VN-Mitarbeiter zur Sachlage gewährleisten zu können. Die praxisbezogene Analyse jedoch ergibt, dass es seitens der VN an eindeutigen, einheitlichen und von allen Akteuren angewandten Definitionen dieser Grundbegriffe fehlt.[501] So wird beispielsweise *business* im Sinne der PW im zentralen Richtlinien-Dokument des VN-Sekretariats als *"for-profit enterprises"*[502] definiert, doch ist diese Auslegung sehr eng gefasst und darüber hinaus ausdrücklich für den Rahmen der Richtlinien bestimmt. Eine Definition des Begriffs der Partnerschaft fehlt ganz. Zudem ist festzustellen, dass die beiden Begriffe "Partnerschaft" und "PW" von manchen VN-Institutionen individuell definiert wurden,[503] was nicht zuletzt zu inhaltlichen Abweichungen führt, wodurch wiederum die Effizienz des sachbezogenen Austauschs zwischen den VN-Institutionen behindert wird.

Im Rahmen der Partnerschaften mit der PW sind Richtlinien von den VN für ihre Mitarbeiter als empfohlene Verhaltensregeln zu verstehen, deren Befolgung erwünscht, aber nicht verbindlich ist.[504] Im Rahmen der Partnerschaften gibt es für die VN-Mitarbeiter VN-weite Richtlinien sowie institutionenspezifische Richtlinien. Die VN-weit anwendbaren *Guidelines for cooperation between the United Nations and the business community*[505] wurden auf Empfehlung des JIU-Berichts[506] und durch Mitwirkung einer internen *inter-agency working*

---

501 Vgl. Unterabschnitte 2.2.2 und 2.2.3.

502 Generalsekretär der Vereinten Nationen (2000), Absatz 7.

503 Vgl. die Ausführungen in Unterabschnitten 2.2.2 und 2.2.3.

504 Es liegt nahe, an dieser Stelle darauf hinzuweisen, dass innerhalb der VN bislang keine umfangreiche Überprüfung der Gültigkeit gegebener VN-Regeln bzw. Regularien (wie z.B. zum Haushalt), die eine Relevanz für die Partnerschaften mit der PW haben könnten, stattgefunden hat. (Vgl. United Nations/Joint Inspection Unit (1999), Absatz 76 für ein Beispiel zu den Folgewirkungen dieses Versäumnisses.)

505 Generalsekretär der Vereinten Nationen (2000). Diese *Guidelines* sind in Anhang 9.2 abgedruckt.

506 United Nations/Joint Inspection Unit (1999), Empfehlung 4.

group im Sommer 2000 vom VN-Sekretariat herausgegeben. Sie sollen denjenigen VN-Institutionen, die über keine eigenen Richtlinien zu den Partnerschaften mit der PW verfügen, als Grundlage und denjenigen VN-Institutionen, die eigene Richtlinien verfasst haben, als Ergänzung dienen. Da die *Guidelines* VN-weit anwendbar sein sollen, wurden sie inhaltlich sehr vage formuliert, erlauben entsprechend breite Interpretationsmöglichkeiten und liefern den Mitarbeitern allenfalls einen "*common point of reference*"[507] zur partnerschaftlichen Zusammenarbeit mit der PW.[508] Die darüber hinaus von manchen VN-Institutionen unabhängig und für eigene Zwecke verfassten institutionenspezifischen Richtlinien[509] dienen primär zur individuellen Steigerung der Effizienz von Partnerschaften, weil "bei vielen UN-Organen die Umsetzung von Projekten noch durch das Fehlen eindeutiger Richtlinien verkompliziert oder verzögert [wird], da selbst weniger bedeutende Fragen erst einmal dem Justitiar vorgelegt werden"[510]. Grundsätzlich ist festzuhalten, dass nicht alle im Rahmen der Partnerschaften engagierten VN-Institutionen eigene *Guidelines* herausgegeben haben und die bereits herausgegebenen Richtlinien unterschiedliche Merkmale und Schwerpunkte aufweisen. Diese Inkonsistenz ist zwar aufgrund der Selbstständigkeit der VN-Institutionen durchaus begründet, doch führt sie zu Unübersichtlichkeit, was v.a. im Rahmen der Kommunikation mit externen Akteuren der PW Schwierigkeiten verursachen kann, weil sich daraus für die PW bzw. für ein Unternehmen, das eine Partnerschaft mit den VN anstrebt, unterschiedliche Konditionen für die partnerschaftlichen Kooperationen mit einzelnen VN-Institutionen ergeben.

Es lässt sich somit zusammenfassen, dass auf der formgebenden Ebene die für effiziente und nachhaltige Partnerschaften erforderlichen existentiellen Rahmenbedingungen seitens der VN nur ansatzweise geschaffen wurden: Die grundlegenden Begriffe wurden nicht allgemein gültig definiert und sowohl die Qualität als auch die Quantität der Richtlinien sind unübersichtlich, ihre Inhalte sind nicht aufeinander abgestimmt und die Natur der freiwilligen Implementierung ist hinsichtlich der erforderlichen Determinierung von Freiräumen für die betroffenen VN-Mitarbeiter durchaus fragwürdig.

---

507 United Nations/Joint Inspection Unit (1999), Absatz 86.

508 Die den *Guidelines* zugrunde liegende vage Formulierung wird durch die Berücksichtigung der spezifischen Mandate der einzelnen VN-Institutionen, deren unterschiedliche organisatorische Abläufe und Vorstellungen zur partnerschaftlichen Zusammenarbeit mit der PW gerechtfertigt.

509 VN-Institutionen, die bislang eigene Richtlinien erstellt haben, sind beispielsweise das UNICEF, die WHO, die WB *Group* und das UNDP.

510 Kell, Georg (1999), S. 165.

6.1.3 Organisatorische Ebene

Aufgrund der Vielzahl an Elementen sowie an verbindenden Relationen weist die organisatorische Ebene der Partnerschaften ein hohes Maß an Komplexität auf, wobei zur Analyse die eng miteinander verbundenen strukturellen Rahmenbedingungen und personalbezogenen Gegebenheiten der Partnerschaften in den Mittelpunkt der Betrachtungen gestellt werden. Hinsichtlich der Strukturen sind dabei zwei Dimensionen zu berücksichtigen: Zum einen die seitens der VN grundlegend bestehenden Strukturen, die für die Partnerschaften von Bedeutung sind und zum anderen die seitens der VN speziell für die Partnerschaften mit der PW etablierten Strukturen bzw. Institutionen. Letztere stehen in engem Zusammenhang mit den personalbezogenen Gegebenheiten, bei denen sowohl strukturelle, quantitative und kognitive Aspekte als auch fachliche Qualitäten der im Rahmen der Partnerschaften beschäftigten Mitarbeiter sowie Weiterbildungsmaßnahmen zu berücksichtigen sind. Insgesamt sollte im Ergebnis eine ausgewogene Qualität der einzelnen organisatorischen Elemente gegeben sein, um die existentiellen Rahmenbedingungen auf der organisatorischen Ebene der Partnerschaften als hinreichend für eine nachhaltige und effiziente Entwicklung des Systems bewerten zu können.

Grundsätzlich ist die Struktur der VN durch für Bürokratien typische Merkmale geprägt, die sich auch auf die Partnerschaften auswirken. In diesem Sinne sind beispielsweise hierarchische Entscheidungs- und administrative Arbeitsprozesse, zeitliche Verzögerungen und hohe Transaktionskosten bestehende Rahmenbedingungen, die eine effiziente und nachhaltige Entwicklung der Partnerschaften zwischen den VN und der PW behindern.[511] Zudem beinhalten die Autarkie und das dezentrale bzw. autonome Management der einzelnen VN-Institutionen, dass diese selbstständig entscheiden können, ob und wie sie mit der PW kooperieren bzw. partnerschaftlich zusammenarbeiten. In der Konsequenz liegen gravierende Unterschiede hinsichtlich der Entwicklungsstadien der Partnerschaften und der im Rahmen der Kooperationen angewandten Methoden und Prozesse bei den einzelnen VN-Institutionen vor.[512] Vor allem ist jedoch bemerkenswert, dass innerhalb der VN keine Institution designiert oder geschaffen wurde, die über sämtliche Kooperationsbeziehungen und v.a. Partnerschaften der VN-Institutionen mit der PW informiert ist, Anfragen aus der PW filtert bzw. weiterleitet und/oder eine sachbezogene Steuerungsfunktion

---

[511] Vgl. United Nations/General Assembly (2001b), Absatz 37 und Absatz 78 sowie United Nations/General Assembly (2001b), Absatz 30. "Wirtschaftsvertreter beklagen sich häufig darüber, dass die Bearbeitungszeiten seitens der Vereinten Nationen zu lang und die Entscheidungsprozesse zu schwerfällig seien." (Kell, Georg (1999), S 165.)

[512] Vgl. die geführten Interviews (für eine Auflistung vgl. im Quellenverzeichnis Unterabschnitt 10.3.3).

einnimmt.[513] Somit fehlt im Rahmen der Partnerschaften innerhalb der VN sowohl eine koordinierende Schnittstelle zwischen den einzelnen VN-Institutionen als auch ein ausgewiesenes "Zugangsportal" für die PW zu den VN.

Zur organisatorischen Ebene gehören ferner strukturelle, inhaltliche und kognitive Aspekte der Personalsituation. Betrachtet man dabei die seitens der VN-Institutionen zum Makro- und Mikro-Management der Partnerschaften geschaffenen Strukturen, so ist festzustellen, dass die Mehrzahl der partnerschaftlich aktiven VN-Institutionen Stabsstellen oder Abteilungen - sogenannte *focal points* - eingerichtet hat,[514] die Akteuren der PW als Anlaufstelle dienen und mit dem institutionenspezifischen Mikro- und Makro-Management der Partnerschaften betraut sind. Bei den einzelnen VN-Institutionen liegen bezüglich dieser *focal points* jedoch gravierende Unterschiede vor: Erstens werden sie uneinheitlich bezeichnet;[515] zweitens sind sie mit unterschiedlichen Kompetenzen ausgestattet bzw. Aufgaben betraut; drittens wurden sie in der Aufbauorga-

---

513 In diesem Zusammenhang wurde betont, dass es den VN an "*appropriate management structures*" (Nelson, Jane (2002), S. 159) mangelt, um die neuen Herausforderungen im Rahmen der Partnerschaften zu bewältigen, die eine engere Zusammenarbeit v.a. zwischen den einzelnen VN-Institutionen erfordern (vgl. Nelson, Jane (2002), S. 159ff und United Nations/General Assembly (2001b), Absatz 35). Und obwohl es im Bericht des Generalsekretärs heißt, dass "*there were calls for increased (...) management development efforts (...) on an inter-agency basis, and on a joint basis between the United Nations, business and civil society*" (United Nations/General Assembly (2001b), Absatz 35), blieben diese Appelle bislang ohne praktische Folgen.

514 Vgl. Nelson, Jane (2002), S. 168ff. Diese Einrichtungen basieren u.a. auf Empfehlungen des VN-Sekretariats in den *Guidelines* (vgl. Generalsekretär der Vereinten Nationen (2000), Absatz 19a). Vorrangig sollte ein solcher *focal point*, Partner aus der PW akquirieren, potentielle Projekte identifizieren, Partnerschaften entsprechend den Bedürfnissen und Absichten der eigenen Institution umsetzen, die institutionenspezifischen Richtlinien aktualisieren und zugänglich machen, sachbezogene Informationen veröffentlichen und als genereller Ansprechpartner der jeweiligen VN-Institution zu den Partnerschaften mit der PW zu dienen (vgl. United Nations/Joint Inspection Unit (1999), Absatz 27 und Generalsekretär der Vereinten Nationen (2000), Absatz 19c). Darüber hinaus wird im Rahmen der *Guidelines* gefordert: "*Focal points should exchange learning experiences on a regular basis and aim at building shared data banks and problem-solving methodologies and guides.*" (Generalsekretär der Vereinten Nationen (2000), Absatz 19c).

515 Beispiele für die Bezeichnung sind *Division for Business Partnerships* des UNDP, *Private Partnership Unit* der WHO, *Division for Technology, Industry and Economics* des UNEP, *Private Sector and Public Affairs Service* des UNHCR, *Private Sector Division* des UNICEF, *Programme for New Partnerships* der UNESCO, *Private-Sector Initiative* des UNFPA und *Private Sector/Capital Markets Unit* des IFAD (vgl. Nelson, Jane (2002), S. 168ff).

nisation an unterschiedlichen Stellen eingegliedert;[516] und viertens unterscheiden sie sich hinsichtlich der in ihrem Rahmen beschäftigten Mitarbeiterzahl. Da auch keine VN-weite Aufschlüsselung der gegebenen Strukturen - beispielsweise in Form einer Tabelle oder eines Organigramms - vorliegt, wird der analytische Vergleich der *focal points* ebenso erschwert wie die direkte Verständigung und die praktische Zusammenarbeit zwischen den einzelnen VN-Institutionen bzw. zwischen den VN-Institutionen und der PW im Rahmen der Partnerschaften. Abschließend kann somit festgestellt werden, dass, obwohl bei einigen VN-Institutionen zweckmäßige Stabsstellen zum Management der Partnerschaften eingerichtet wurden, der Mangel an gleichgerichteter Koordination und Transparenz der Strukturen v.a. die Effizienz der Partnerschaften in der Praxis behindert.

Da jede für die Partnerschaften relevante Aktivität in der Praxis von einem oder mehreren Menschen ausgeht,[517] kommt im Rahmen der personalbezogenen Rahmenbedingungen den inhaltlichen Qualifikationen sowie den persönlichen Einstellungen der involvierten VN-Mitarbeiter eine besondere Bedeutung zu. In diesem Sinne beruht die nachhaltige und effiziente Entwicklung von Partnerschaften in der Praxis zu einem wesentlichen Teil auf den Potentialen - und dabei v.a. der Fachkompetenz und dem Erfahrungsschatz - der beteiligten Individuen.[518] Vor diesem Hintergrund ist die Erkenntnis bedeutend, dass den VN ungenügend Personal mit betriebswirtschaftlichen Fachkenntnissen, privatwirtschaftlichen Praxiserfahrungen und Routine in inter-systemischen Partnerschaften mit der PW zur Verfügung steht.[519] Des Weiteren ergab die Untersuchung, dass im Rahmen der Partnerschaften beschäftigte VN-Mitarbeiter entweder inkohärent oder gar nicht sachbezogen geschult bzw.

---

516 Die Koordination der Zusammenarbeit mit der PW ist bei manchen VN-Institutionen organisatorisch im Bereich der Ressourcenmobilisierung angesiedelt, was darauf hindeutet, dass diese Institutionen primär mittelgenerierende Absichten im Rahmen der Partnerschaften verfolgen.

517 Vgl. Unterabschnitt 3.2.3.

518 Entsprechend ist seitens der VN-Mitarbeiter Verständnis für die Zielsetzungen und Arbeitsweisen der PW förderlich, um die Erwartungen des potentiellen Partners besser managen zu können (vgl. Duffy, Mary (2001)). In diesem Zusammenhang konnte bei zahlreichen VN-Mitarbeitern Unsensibilität gegenüber der jeweiligen Wirtschaftslage von Unternehmen oder konjunkturellen Umständen im Allgemeinen festgestellt werden (vgl. United Nations/General Assembly (2001b), Absatz 31).

519 Vgl. u.a. Duffy, Mary (2001) und Friel, Patrick (2001). "Wir haben viele, (...) die überhaupt nichts von Wirtschaft verstehen. (...) Pragmatisten der neuen Generation sind rar. Aber es gibt sie in vermehrtem Maße." (Kell, Georg (2000).)

weitergebildet werden.[520] Insgesamt kann somit der Schluss gezogen werden, dass die partnerschaftlichen Bemühungen innerhalb der VN bislang meist durch den persönlichen Einsatz und das Wissen einiger weniger VN-Mitarbeiter getragen werden.[521] Zudem wird den erforderlichen Qualifikationen des im Rahmen der Partnerschaften tätigen Personals seitens der VN und ihren Institutionen bislang zu wenig Bedeutung beigemessen.

Die Untersuchungen zur kognitiven Dimension der personalbezogenen Gegebenheiten im Rahmen der Partnerschaften führten schließlich zu folgenden Ergebnissen: Das Meinungsbild im Sinne der persönlichen Einstellungen der VN-Mitarbeiter gegenüber den Partnerschaften mit der PW ist ausgewogen,[522] was heißt, dass bei einigen VN-Mitarbeitern Vorbehalte, Misstrauen und auch aktive Opposition überwiegen,[523] während andere die Partnerschaften klar befürworten.[524] Ferner konnte festgestellt werden, dass diejenigen VN-Mitarbeiter positiver gegenüber den Partnerschaften eingestellt sind, die über die

---

520 Vgl. Nelson, Jane (2002), S. 159, Tesner, Sandrine; Kell, Georg (2000), S. 43 und S. 120 sowie United Nations/General Assembly (2001b), Absatz 35. Um das qualitative Personalproblem anzugehen, engagieren die VN im Rahmen von *secondment of staff* seit mehreren Jahren Mitarbeiter aus der PW (vgl. United Nations/Joint Inspection Unit (1999), Absatz 34). Bislang haben die VN-Mitgliedstaaten jedoch einen Anstieg des *secondment of staff* blockiert, um die potentielle Gefahr abzuwenden, dass dadurch Arbeitsplätze bei den VN für ihre Landsleute verloren gehen (vgl. Tesner, Sandrine; Kell, Georg (2000), S. 134). Eine fundierte Sachdiskussion zum Thema *secondment of staff*, aus der eine kompromissbasierte Grundsatzregelung hervorgehen könnte, hat seitens der VN im Rahmen der Partnerschaften mit der PW bislang nicht stattgefunden.

521 Vgl. Tesner, Sandrine; Kell, Georg (2000), S. 134.

522 Vgl. die persönlich geführten Interviews (für eine Auflistung vgl. im Quellenverzeichnis Unterabschnitt 10.3.3).

523 "*Resistance to the UN's outreach to business emanates from the UN's own ranks*" (Tesner, Sandrine; Kell, Georg (2000), S. 113).

524 "*You are still going to have resistance from people who think that corporations are just profit-makers and those people are not going to change their views. Then you have the middle ground which are people who think companies are good and bad. And then you have the other extreme of people thinking corporations should be able to do anything within the UN.*" (O'Brien, Denise (2001).) "*The partnership is accepted*", wobei "*the general service staff - which is the larger group - doesn't really 'get into partnerships' as much as the professional service staff*" (Duffy, Mary (2001); vgl. auch Wyseley, Megan (2001)). Fioretta bewertet die Einstellung der VN-Mitarbeiter als positiv, obwohl es nach wie vor Skepsis gebe, die auf den unterschiedlichen beruflichen Hintergründen der Mitarbeiter hinsichtlich der Zusammenarbeit mit der PW basieren (vgl. Fioretta, Lawrence (2001)). Ferner ist festzustellen, dass keine eindeutige Beziehung zwischen dem Alter oder der professionellen Erfahrung der VN-Mitarbeiter und ihrer Einstellung zu den Partnerschaften besteht (vgl. Friel, Patrick (2001) und Dossal, Amir (2000)).

Hintergründe und Vorteile der Kooperationen aufgeklärt sind.[525] Und schließlich ist anzumerken, dass dem Erwartungsmanagement im Sinne von Aufklärung über und Bewusstseinsförderung von möglichst realistischen Erwartungen an die Partnerschaften und die potentiellen Partner seitens der VN bislang zu wenig Aufmerksamkeit geschenkt wird, wie aus dem Mangel an Beachtung in den vier Hauptdokumenten zu den Partnerschaften zwischen den VN und der PW geschlossen werden kann.

Zusammenfassend lässt die praxisbezogene Analyse der organisatorischen Ebene der Rahmenbedingungen vorrangig Umstände erkennen, die der nachhaltigen und effizienten Entwicklung der Partnerschaften entgegenwirken. Im Vordergrund stehen dabei drei Aspekte: Die bürokratischen Strukturen der VN, die nicht nur im Rahmen der Zusammenarbeit mit der PW eine organisatorische Schwäche darstellen und zu zahlreichen Reformaufrufen und -bemühungen geführt haben;[526] das Fehlen einer VN-weit zentralen Koordinationsinstitution bzw. institutionellen Schnittstelle für die Partnerschaften mit der PW, was zur Folge hat, dass weder die notwendige Informationstransparenz noch ein Mindestmaß an strategischem Management für die Partnerschaften gewährleistet werden können; und die qualitativen Schwächen der Personalsituation im Rahmen der Partnerschaften, die v.a. durch geringfügig geschultes Personal sowie durch den Mangel an gezielten Ausbildungsmaßnahmen geprägt sind. Hingegen ist positiv anzumerken, dass im Rahmen der Partnerschaften zweckmäßige Strukturen seitens der meisten VN-Institutionen in Form von *focal points* geschaffen wurden, deren Inhomogenität sich jedoch eher kontraproduktiv auf die nachhaltige und effiziente Entwicklung des Systems der Partnerschaften auswirkt.

Die Ausbildung und Qualität der existentiellen Rahmenbedingungen und dabei v.a. der systemeigenen Strukturen sind für die (Über-)Lebenschancen eines Systems ausschlaggebend. Sowohl auf der konzeptionellen als auch auf der formgebenden und der organisatorischen Ebene wurden seitens der VN entweder die grundlegenden Rahmenbedingungen nicht geschaffen oder die geschaffenen Rahmenbedingungen sind unzureichend, um insgesamt sowohl eine effiziente als auch eine nachhaltige Entwicklung der Partnerschaften zu unterstützen. Die Überwindung dieser fundamentalen Missstände stellt folglich im Hinblick auf die weitere Entwicklung der Partnerschaften eine dringende Priorität dar. Zudem ergeben sich möglicherweise im Rahmen der Regulierung der Steuerungsbereiche weitere entwicklungsbezogene Herausforderungen für die VN hinsichtlich der Partnerschaften, wie die Betrachtungen im folgenden Abschnitt zeigen werden.

---

[525] Vgl. Tesner, Sandrine (2001) und Friel, Patrick (2001).

[526] Vgl. beispielsweise Hüfner, Klaus; Martens, Jens (2000).

6.2 STEUERUNGSBEREICHE

Die Steuerungsbereiche umfassen im Rahmen der praxisbezogenen Analyse die Mechanismen und Abläufe, die für die praktische Entwicklung von Systemen ausschlaggebend sind. Sie unterstützen die Systemrationalität und stehen dabei in engem Zusammenhang mit der Operationsweise des jeweiligen Systems. Zur Gewährleistung von Nachhaltigkeit und Effizienz müsste der bedeutendste Steuerungsbereich im Rahmen der Partnerschaften in der Überwachung, Revision und Anpassung liegen, was auf der Makro-Ebene das Controlling, die Revisions- und die Adaptionsmechanismen des Gesamt-Systems der Partnerschaften und auf der Mikro-Ebene die entsprechend standardisierten Prozesse für die einzelnen Partnerschaften beinhaltet. Bemerkenswerterweise liegen zu diesem Steuerungsbereich jedoch keine analytischen Erkenntnisse vor, was die Annahme stützt, dass seitens der VN im Rahmen der Partnerschaften weder auf der Makro- noch auf der Mikro-Ebene entsprechende Kontroll-, Revisions- und Adaptionsprozesse bzw. entsprechende Regularien praktisch angewendet werden.

Neben diesem Steuerungsbereich sind im Rahmen der Partnerschaften drei weitere Steuerungsbereiche wesentlich: die Partnerfindung, die Kommunikation[527] und die Kontrolle potentieller Problembereiche. Diese drei Steuerungsbereiche werden im Folgenden genauer betrachtet, um festzustellen, ob ihre gegenwärtige Qualität für eine nachhaltige und effiziente Entwicklung der Partnerschaften hinreichend ist oder ob es diesbezüglich einer professionelleren und weitsichtigeren Ausrichtung bedarf.

6.2.1 Partnerfindung

Als Voraussetzung für das praktische Zustandekommen einer Partnerschaft zwischen den VN und der PW ist die Partnerfindung ein zentraler Steuerungsbereich, weil die Qualität des Zusammenpassens der Partner für den Erfolg der Partnerschaft entscheidend ist. Seitens der VN umfasst die Partnerfindung drei aufeinander folgende Prozesse: die Suche, die Auswahl und die Kontaktierung von Partnern aus der PW.

Am Anfang einer effizienten Partnersuche sollte eine Bedarfsanalyse stehen und als Grundlage für die Auswahl potentieller Partner und die praktische Kontaktanbahnung dienen. Dabei sollten die durch die jeweils angestrebte Partnerschaft verfolgten Absichten und entsprechenden Strategien definiert und

---

527 In diesem Kontext wird der Begriff der "Kommunikation" nicht im Luhmannschen Sinne sondern vielmehr im Management-Sinne angewandt.

durch möglichst konkrete Vorstellungen von dem potentiellen Partner unterstützt werden, wobei sich nach Berücksichtigung verbindlicher Anforderungsprofile bzw. Ausschlusskriterien eine engere Auswahl an potentiellen Partnern ergäbe.[528] In diesem Zusammenhang sollte die suchende Institution grundsätzlich potentielle Partner auswählen, die eigene Schwächen kompensieren können.[529] Die tatsächliche Kontaktanbahnung sollte sich schließlich entsprechend aktiv an den potentiellen Partner richten.

Bezüglich der Partnerschaften zwischen den VN und der PW kann die Kontaktanbahnung entweder direkt von den VN an die PW oder indirekt über sogenannte Intermediäre im Sinne von beispielsweise Wirtschaftsverbänden oder NGOs der PW vorgenommen werden. Im weniger optimalen Fall, ist die Partnerfindung eine passive Reaktion auf Angebote von potentiellen Partnern. Unter diesen Umständen sollte die Partnerauswahl darin bestehen, auf Basis unmissverständlicher Auswahlkriterien passende Partner anzunehmen und unpassende Partner abzulehnen, wobei sowohl dem Bearbeitungsprozess für eingehende Angebote aus der PW als auch dem Formalisierungs- und internen Bekanntheitsgrad der Auswahlkriterien eine besondere Bedeutung zukommt.

Die praxisbezogenen Untersuchungen ergaben, dass sich die Partnersuche im Rahmen der Partnerschaften seitens der VN durch Passivität auszeichnet. Mit anderen Worten werden seitens der VN so gut wie keine gezielten Maßnahmen unternommen, um potentielle Partner aus der PW zu suchen, auszuwählen und zu kontaktieren. Entsprechend reagieren die VN bislang vorrangig auf partnerschaftliche Angebote aus der PW.[530]

Betrachtet man die Gegebenheiten anhand der oben geschilderten Prozesse zur Partnerfindung seitens der VN genauer, so ergibt sich Folgendes: Bezüglich der Partnersuche werden keine nachvollziehbaren Bedarfsanalysen unternommen,

---

528 In diesem Zusammenhang ist anzumerken, dass die Partnerauswahl negative Folgen für das Image der VN bzw. ihrer Institutionen aber auch für die grundsätzliche Bewertung der partnerschaftlichen Zusammenarbeit zwischen den VN und der PW haben kann, sofern die VN Partner aus der PW auswählen, die in der Öffentlichkeit kritisiert werden. Entsprechend sind unmissverständliche Auswahlkriterien seitens der VN von außerordentlicher Bedeutung.

529 Vgl. Tennyson, Ros (1998), S. 8ff und S. 56.

530 "*It is really much more at this point of them* [*the companies*] *coming to us* [*UNDP*]." (Wyseley, Megan (2001).) "*It is generally that UNHCR is being more reactive.*" (Fioretta, Lawrence (2001).) Und auch das UNOPS und das *Global Compact-Office* bestätigen explizit, dass Unternehmen üblicherweise auf die VN zukommen anstatt umgekehrt (vgl. Tesner, Sandrine (2001) und O'Brien, Denise (2001)). Der UNFIP berichtet zwar von aktiven Ansätzen, doch stützen sich diese eher auf persönliche Kontakte als auf marketingstrategische Ansätze (vgl. Dossal, Amir (2001)).

um die Suche nach potentiellen Partnern zielführend zu optimieren bzw. zu erleichtern. Hinsichtlich der geschaffenen Auswahlkriterien liegen zwar einerseits keine formalisierten und VN-weit gültigen Auswahlkriterien für potentielle Partner aus der PW vor, doch werden andererseits im Rahmen der *Guidelines* des VN-Sekretariats (unverbindliche) Handlungsempfehlungen aufgeführt.[531] Darüber hinaus weisen die einzelnen VN-Institutionen unterschiedliche Standpunkte zur Frage nach der Formalisierung der Partnerauswahl auf: Manche lehnen die Formalisierung von Auswahlkriterien grundsätzlich ab, "*which they see as potentially arbitrary and discouraging to private enterprises*"[532], während andere diese fordern bzw. für ihre jeweilige Institution erstellt haben.[533] Welche VN-Institutionen sich durch Festlegung in ihren individuellen Richtlinien dazu verpflichtet haben, mit Unternehmen bestimmter Branchen nicht zu kooperieren, lässt sich folgendermaßen abbilden:[534]

---

531 Vgl. Generalsekretär der Vereinten Nationen (2000), Abschnitt III. Diese beinhalten: Erstens, dass der potentielle Partner aus der PW "*responsible citizenship by supporting the United Nations core values and causes as reflected in the Charter and other relevant conventions and treaties*" (Generalsekretär der Vereinten Nationen (2000), Absatz 12a) demonstrieren sollte. Zweitens, dass der Akteur der PW im Rahmen seiner Möglichkeiten ein "*commitment to meeting or exceeding the principles of the* [*Global*] *Compact by translating them into operational corporate practice*" (Generalsekretär der Vereinten Nationen (2000), Absatz 12b) demonstriert haben sollte. Und drittens, dass Akteure der PW "*not eligible for partnership*" (Generalsekretär der Vereinten Nationen (2000), Absatz 12c) sind, die Menschenrechtsverletzungen verschuldet haben, Zwangs- oder Kinderarbeit tolerieren, in den Verkauf bzw. die Produktion von Landminen oder deren Komponenten verwickelt sind oder die "*otherwise do not meet relevant obligations or responsibilities stipulated by the United Nations*" (Generalsekretär der Vereinten Nationen (2000), Absatz 12c). Dabei ist allerdings ausdrücklich darauf hinzuweisen, dass diese Empfehlungen unverbindlich sind und die Einhaltung entsprechend bislang eher sporadisch überprüft wird.

532 United Nations/Joint Inspection Unit (1999), Absatz 63. Zu den VN-Institutionen, die Auswahlkriterien im Rahmen der Partnerschaften ablehnen gehören das UNDP, das UNOPS und das *Global Compact-Office* (vgl. u.a. Wyseley, Megan (2001), Tesner, Sandrine (2001) sowie O'Brien, Denise (2001)). Ferner ist anzumerken, dass die Auswahl grundsätzlich durch die Unbekanntheit der unternehmerischen Beteiligungsverhältnisse erschwert wird: "*WHO and UNICEF both cited the case of a company that because of cross-participation in controversial activities was not considered eligible for cooperation.*" (United Nations/Joint Inspection Unit (1999), Absatz 64.)

533 Die Folge ist, dass "*organizations of the United Nations system become extremely vulnerable to attempts by some controversial companies to 'cash in' on their name and reputation and to criticisms from Member States and non-governmental organizations*" (United Nations/Joint Inspection Unit (1999), Absatz 63).

534 Die in Klammern gesetzten VN-Institutionen schließen die Zusammenarbeit mit vorstehenden Unternehmen aus.

- Hersteller von Tabakwaren und Waffen (UNDP, UNCTAD, WHO, UNICEF, UNOPS);
- Unternehmen, deren Hauptgeschäft in der Herstellung oder dem Vertrieb von alkoholischen Getränken liegt (UNICEF, UNCTAD);
- Unternehmen, die in der pornografischen Branche tätig sind (UNICEF);
- Unternehmen, die in Glücksspiel, illegale Finanztransaktionen und Drogenhandel verwickelt sind (UNDP, UNCTAD, UNICEF);
- Unternehmen, die Kinder beschäftigen oder Güter umweltschädlich produzieren (UNDP, UNICEF); und
- Unternehmen, denen diskriminierende (u.a. bezüglich Geschlecht und Rasse) Praktiken nachgewiesen werden können (UNDP, UNCTAD).[535]

Betrachtet man schließlich die Kontaktanbahnung, so lässt sich aufgrund der vorherrschenden Passivität in der Partnersuche lediglich anmerken, dass die wenigen aktiven Ansätze der VN größtenteils darin liegen, dass Vertreter der PW im Rahmen von Reden der VN-Führungsmannschaft adressiert oder von VN-Mitarbeitern auf Konferenzen persönlich angesprochen werden, und dass ferner im Rahmen der Vermarktung des *Global Compact* auf die Möglichkeit der partnerschaftlichen Zusammenarbeit hingewiesen wird. Insgesamt markieren diese Vorstöße jedoch eher Anreize für die PW auf die VN mit konkreteren Vorschlägen zuzugehen, als dass sie eine aktive Ansprache potentieller Partner durch die VN darstellen.

Die gegebenen Umstände schließlich lenken die Aufmerksamkeit des Betrachters auf zwei weitere Untersuchungsbereiche: Zum einen auf die Frage nach dem Bearbeitungsprozess von eingehenden Anfragen und zum anderen auf die Frage nach der Existenz von Instrumenten zur Recherche über potentielle Partner. Da seitens der VN keine aktive Partnersuche stattfindet, ist die professionelle und effiziente Bearbeitung bzw. Weiterleitung von Partnerschaftsangeboten aus der PW umso bedeutender, damit potentielle Partner in der Praxis überhaupt zueinander finden können. Die Praxisanalyse führt jedoch zu dem Ergebnis, dass es VN-intern keine formalisierte Bearbeitungsprozedur für partnerschaftsbezogene Anfragen und Vorschläge aus der PW gibt und sich die gegebenen Prozesse durch Unübersichtlichkeit, mangelhafte Koordination und weitestgehende Unbekanntheit bei den Mitarbeitern auszeichnen.[536] Zudem

---

[535] Vgl. Tesner, Sandrine; Kell, Georg (2000), S. 78f.

[536] Die meisten Anfragen der PW gehen direkt an das Büro des Generalsekretärs, von wo aus sie dem *Global Compact-Office* (vgl. O'Brien, Denise (2001)) bzw. dem UNFIP (vgl. Dossal, Amir (2001)) zur Bearbeitung übergeben werden. Diese wiederum leiten sie an VN-Institutionen weiter, die ein Interesse an der Zusammenarbeit haben könnten: "*We leave it to them to follow up if they find it useful*" (Schippa, Camilla (2001)).

ergibt die Untersuchung der Rechercheinstrumente, dass mit einer Ausnahme[537] VN-intern keine gemeinschaftlichen Anstrengungen zur Nachforschung über die Hintergründe bzw. *track records* von potentiellen Partnern aus der PW unternommen werden und entsprechend auch weder eine externe oder interne Rechercheinstitution noch eine sachbezogene interne Datenbank[538] zur Verfügung steht. In der Konsequenz ist die Wahrscheinlichkeit bislang eher gering, dass der passende Partner aus der PW für eine Partnerschaft gefunden wird.[539]

Insgesamt ergibt sich somit, dass die für nachhaltige und effiziente Partnerschaften mit der PW notwendigen Voraussetzungen zur Partnerfindung seitens der VN nicht geschaffen wurden. Durch die dominierende Passivität in der Suche nach Partnern und die unübersichtliche Organisation der Bearbeitung von Anfragen sind die Grundvoraussetzungen für einen optimalen *Fit* zwischen VN-Institution und potentiellem Partner aus der PW bislang nicht gewährleistet.

6.2.2 Kommunikation

Im Rahmen der Partnerschaften zwischen den VN und der PW ist die Kommunikation, die jetzt als Steuerungsbereich im Management-Sinne und entsprechend in anderem Sinne als bei Luhmann angewandt wird, zentral, weil sie in allen Bereichen und auf allen Ebenen der Partnerschaften stattfinden muss, um die elementare Operationsfähigkeit des Systems als Ganzem zu gewährleisten. Um darüber hinaus Nachhaltigkeit und Effizienz der Partnerschaften zu fördern, sind die Frequenz und die Qualität der Kommunikation von Bedeutung. Hinsichtlich der praxisbezogenen Analyse müssen dabei Aspekte der VN-internen und der VN-externen Kommunikation berücksichtigt werden. Die VN-interne Kommunikation richtet sich im weiteren Sinne an die VN-Mitarbeiterschaft als Ganzes, unabhängig von ihrer praktischen Beteiligung an den Partnerschaften, und im engeren Sinne an die im Rahmen der Partnerschaften beschäftigten VN-Mitarbeiter, die u.a. Teil der einzelnen *focal points* bei den VN-Institutionen

---

537 Bestehend aus sechs Fonds, Programmen und Organisationen, wurde eine interne Arbeitsgruppe zusammengesetzt, die durch Erfahrungsaustausch zur Verbesserung von Qualität und Zugang zu öffentlichen Informationen über potentielle Partner führen soll (vgl. United Nations/General Assembly (2001b), Absatz 97).

538 Es fehlt somit eine Datenbank, aus der neben Hintergrundinformationen zu Unternehmen auch Details zu bisherigen Kooperationen und v.a. Bewertungen von ehemaligen Partnern aus der PW ersichtlich sind.

539 Unter anderem bedingt durch die unkoordinierte Auswahl seitens der VN, sind die bisherigen Partner aus der PW vorrangig TNCs aus westlichen Industrienationen. In dem Zusammenhang fordern v.a. die Mitgliedstaaten, dass die VN und ihre Institutionen mehr auf das Partnerschaftspotential sowohl von Unternehmen aus Entwicklungsländern als auch kleiner und mittelständischer Unternehmen achten sollen (vgl. United Nations/General Assembly (2001b), Absatz 11).

sind. Auch die VN-externe Kommunikation adressiert zwei Zielgruppen: Die generelle Umwelt der VN im weiteren Sinne und die potentiellen Partner aus der PW im engeren Sinne.

Untersucht man die VN-interne Kommunikation im weiteren Sinne, so ist festzustellen, dass bislang weder allgemeine Informationsveranstaltungen über die Grundlagen zu den Partnerschaften mit der PW abgehalten noch schriftliche Informationen regelmäßig publiziert wurden. Auch wird die personalbezogene Unterstützung der Partnerschaften VN-intern bislang nicht nachhaltig durch Aufweisung von Grundlagen, Fortschritten und (Teil-)Erfolgen gefördert. Demnach sind hinsichtlich der VN-internen Kommunikation im Rahmen der Partnerschaften, die sich an die gesamte Mitarbeiterschaft richtet, grundlegende Versäumnisse festzustellen.

Die Untersuchung der VN-internen Kommunikation im engeren Sinne zwischen den einzelnen, im Rahmen der Partnerschaften beschäftigten VN-Mitarbeitern lässt weder Regelmäßigkeiten noch ein aktives *information sharing* erkennen. Die Unregelmäßigkeit der Kommunikation ist Ausdruck nicht formalisierter Informationsflüsse, die durch den Mangel an regelmäßigen und VN-Institutionen übergreifenden *Meetings* ebenso belegt werden können, wie durch wiederholte Aussagen involvierter VN-Mitarbeiter, dass man sich gegenseitig nur bei Bedarf kontaktieren würde.[540] Da im Rahmen der Partnerschaften Informationen zwischen den tätigen VN-Mitarbeitern i.d.R. nur auf Nachfrage und entsprechend nicht aktiv geteilt werden, ist die Kommunikation geprägt durch die "*unwillingness to share examples or contacts*"[541], was zur Folge hat, dass Fachkenntnisse nahezu gar nicht ausgetauscht und somit nicht intern repliziert werden. Mit anderen Worten, wird VN-intern zum Zweck des Erfahrungsaustauschs, der gemeinsamen Beratung und strategischen Abstimmung zu

540 Vgl. u.a. Friel, Patrick (2001), Schippa, Camilla (2001) und Dizier, Bernard (2001). "*We do not have regular contact with other UN agencies on this*" (Fioretta, Lawrence (2000)). Die Interviews ergaben ferner, dass wenn kommuniziert wird, dies meist per E-Mail stattfindet.

541 United Nations/General Assembly (2001b), Absatz 38. Darin heißt es auch: "*A few people commented explicitly on the level of competitiveness between agencies and an unwillingness to share examples or contacts*" (United Nations/General Assembly (2001b), Absatz 38. Vgl. auch Tesner, Sandrine; Kell, Georg (2000), S. 33f.) Die Zurückhaltung von Informationen mache sich besonders bei dem UNICEF und dem UNDP bemerkbar: "*They build a lot of partnerships and they don't necessarily work with other people.*" (Schippa, Camilla (2001).) Ferner wirkt sich die räumliche Trennung zwischen New York, Genf und anderen VN-Sitzen insofern negativ auf die interne Kommunikation aus, als die VN-Mitarbeiter im Rahmen der Partnerschaften eher mit Kollegen am eigenen VN-Sitz als mit Kollegen in anderen Städten kommunizieren (vgl. beispielsweise Dossal, Amir (2001) und Fioretta, Lawrence (2001)).

den Partnerschaften kaum bzw. nur sporadisch kommuniziert.[542] Wie oben angedeutet, kommt hinzu, dass selbst grundlegende Informationen im Rahmen der Partnerschaften nicht zur Verfügung stehen: Die personellen Zuständigkeiten werden nirgendwo aufgeführt und eine Auflistung der internen Kontaktpersonen bzw. *focal points* zur Zusammenarbeit mit der PW liegt nicht vor.[543] Und es existiert auch keine zentrale Datenbank zu den Partnerschaften, in der zentrale Informationen dokumentiert und zugänglich gemacht werden.[544]

Für die geschilderten Kommunikationsdefizite lassen sich schließlich verschiedene Gründe feststellen: die Autonomie der VN-Institutionen, der nicht nur im Rahmen der Partnerschaften vorherrschende Wettbewerb zwischen den einzelnen VN-Institutionen, das Fehlen einer zentralen Koordinationsinstanz, das Nichtvorhandensein homogener institutionenspezifischer Kontaktstellen und nicht zuletzt der Mangel an Ressourcen im Rahmen der Partnerschaften. Die vermutlich unbeabsichtigte Folge des erschwerten Zugangs zu internen Informationen im Rahmen der Partnerschaften besteht schließlich darin, dass gegenseitiges *Benchmarking* und Lernen voneinander grundsätzlich behindert wird.[545]

Zusammenfassend ergibt sich somit, dass keine VN-interne Kommunikationsstruktur zu den Partnerschaften mit der PW existiert und sich die derzeitigen Umstände durch individuelle und unkoordinierte Kommunikationsnetzwerke auszeichnen, wobei die offensichtlichen Kommunikationskanäle bzw. -instrumente[546] weder zentral noch individuell koordiniert und in ausreichendem Maße genutzt werden.

---

542 Nur vereinzelte Beispiele deuten darauf hin, dass VN-Institutionen überhaupt bereit sind, ihre partnerschaftsbezogene Expertise mit anderen VN-Institutionen zu teilen (vgl. United Nations/Joint Inspection Unit (1999), Absatz 79 für ein solches Beispiel). In den geführten Interviews wurde zwar wiederholt das Interesse an einer engeren Zusammenarbeit mit anderen VN-Institutionen bekundet, doch sind bislang nur vereinzelte Schritte unternommen worden (vgl. Dossal, Amir (2001).

543 Wyseley bestätigt die Schwierigkeiten, da man nicht wisse, "*who is it in which agency*" (Wyseley, Megan (2001)).

544 In der Folge ist es selbst VN-Mitarbeitern nicht möglich, eine Auflistung sämtlicher Partnerschaften mit der PW abzurufen. Es bestehen zwar Webseiten (vgl. United Nations (2003) und Global Compact Office (2003b)), auf denen einige Kerndaten zusammengetragen werden, doch sind diese wenig aktualisiert und können eine interne Datenbank nicht ersetzen.

545 Vgl. United Nations/Joint Inspection Unit (1999), Absatz 84.

546 Im Rahmen der internen Kommunikation sind u.a. interne Intranet-Seiten, Memos, *Newsletter* oder Informationsveranstaltungen gängige Informationskanäle. Instrumente, die der internen Kommunikation dienen, sind beispielsweise Erfahrungsberichte, Präsentationen und Informationsdatenbanken.

Die VN-externe Kommunikation sollte in Bezug auf die Partnerschaften dazu dienen, die Öffentlichkeit und v.a. die potentiellen Partner der PW über die Partnerschaften im Allgemeinen sowie die entsprechenden Möglichkeiten und die Rahmenbedingungen im Speziellen zu informieren. Dafür stehen den VN grundsätzlich sämtliche der gängigen *Public Relations* Kanäle und Instrumente[547] zur Verfügung, die jedoch, wie die praxisbezogene Analyse ergibt, nur schlecht bzw. gar nicht genutzt werden. Zudem ist anzumerken, dass auch die VN-externe Kommunikation im Rahmen der Partnerschaften nicht zentral gesteuert wird. Genauer untersucht, konzentriert sich die VN-externe Kommunikation bislang auf die Nutzung des Internets. So wurde vom VN-Sekretariat eine zentrale Webseite[548] zu den Partnerschaften mit der PW eingerichtet, die Basisinformationen zur Zusammenarbeit, Hintergründe zu den institutionenspezifischen Aktivitäten mit der PW, Kontaktstellen bei den VN-Institutionen sowie *Links* zu zahlreichen VN-Institutionen anbietet. Obwohl diese Webseite als primäres Portal für die PW zu den VN und darüber hinaus zur Information der Öffentlichkeit dienen soll, weist sie fundamentale Mängel auf: Die Inhalte und v.a. die Kontaktinformationen sind unvollständig und größtenteils veraltet, die Präsentation der einzelnen Partnerschaften ist uneinheitlich und nicht aktuell, eine eindeutige Differenzierung zwischen Partnerschaften und anderen Formen der Zusammenarbeit wird nicht geliefert und der allgemeine Aufbau der Webseite ist unübersichtlich.[549] Über diese zentrale Webseite hinaus, widmen die meisten VN-Institutionen der Zusammenarbeit und den Partnerschaften mit der PW eigene Bereiche auf ihren institutionenspezifischen Webseiten. Umfassend betrachtet zeichnen sich diese jedoch durch Inhomogenitäten hinsichtlich

---

547 Die gängigsten Informationskanäle zur externen Kommunikation sind die Medien, das Internet, fachspezifische und generelle Informationsveranstaltungen sowie gezielte Information von Meinungsmachern und Multiplikatoren. Typische Instrumente im Rahmen der externen Kommunikation sind Anzeigen, Interviews in den Medien, gezielte Teilnahmen an Fachveranstaltungen, Instrumentalisierung von *Third-Party-Voices* usw. Im Rahmen einer strategischen Kommunikationsoffensive könnten sich die VN ohne unverhältnismäßigen finanziellen Aufwand dieser Informationskanäle und -instrumente bedienen.

548 Vgl. United Nations (2003).

549 "*The Website is a little bit outdated*" (Wyseley, Megan (2001)), und auch seitens des UNFIP wird bestätigt, dass "*we have not paid much attention to the Website*" (Dossal, Amir (2001)). Zudem bieten nur wenige Webseiten der VN-Institutionen (z.B. UNESCO) Zugang zu ihren institutionenspezifischen *Guidelines*. Und schließlich ist hier anzumerken, dass im Rahmen der Recherchen E-Mail-Anfragen an die auf der offiziellen privatwirtschaftliche Partner-Webseite (vgl. United Nations (2003)) angegeben Kontaktpersonen und -stellen der einzelnen VN-Institutionen gerichtet wurden; von insgesamt 15 Anfragen kamen sechs aufgrund personeller Veränderungen unbeantwortet zurück, fünf wurden gar nicht beantwortet und lediglich vier wurden beantwortet, von denen jedoch nur zwei Antwort auf die gestellten Fragen lieferten.

ihrer Bezeichnung, ihrem Auftritt und den vorgestellten Inhalten aus, wobei letztere oft veraltet und wenig aufschlussreich sind. Mit anderen Worten wird im Rahmen der Partnerschaften seitens der VN das Potential der Webseiten nicht ausreichend genutzt.[550] Über die Nutzung des Internets hinaus ist außer gelegentlicher Hinweise in sachspezifischen Vorträgen des Führungspersonals keine gezielte bzw. strategische Nutzung der möglichen Informationskanäle und -instrumente zu erkennen. Insgesamt lässt sich somit aus den gewonnenen Erkenntnissen schließen, dass weder die potentiellen Partner aus der PW noch die breite Öffentlichkeit hinreichend über die Möglichkeiten der Partnerschaften mit den VN informiert sind, was nicht zuletzt auch durch die geringe Anzahl an bisherigen Partnerschaften bekräftigt wird.

Zusammenfassend weisen sowohl die VN-interne als auch die VN-externe Kommunikation im Rahmen der Partnerschaften substantielle Defizite auf. Dabei ist hervorzuheben, dass die gegebenen Kommunikationsinstrumente und -kanäle nur unzureichend genutzt werden, was daran liegt, dass zum einen keine Person oder Institution für die allgemeine Kommunikation im Rahmen der Partnerschaften verantwortlich ist und zum anderen weder eine interne noch eine externe Kommunikationsstrategie zu den Partnerschaften vorliegt. Die Konsequenz besteht darin, dass seitens der VN im Rahmen der Partnerschaften mit der PW die vorhandenen Kommunikationspotentiale bislang gar nicht bzw. nur schlecht genutzt werden und somit die aktuellen Gegebenheiten sowohl der Effizienz als auch der Nachhaltigkeit der Partnerschaften entgegenstehen.

6.2.3 Kontrolle potentieller Problembereiche

Zum Abschluss der praxisbezogenen Analyse der Partnerschaften wird der Steuerungsbereich der Kontrolle potentieller Problembereiche untersucht. Eine weitsichtige Kontrolle im Sinne formalisierter und unmissverständlicher Regelungen potentieller Problembereiche ist von grundlegender Bedeutung, um möglichen Streitpunkten v.a. zwischen den Akteuren der VN und der PW in der Praxis vorzubeugen und somit die nachhaltige und effiziente Entwicklung der Partnerschaften zu unterstützen. Hinsichtlich der strategisch-konstruktiven Zusammenarbeit zwischen den VN und der PW stehen folgende potentielle Problembereiche im Vordergrund: Die Nutzungsbefugnis von Namen und Emblemen der VN bzw. ihrer Institutionen, die Anerkennung von Zuwendungen, die Verhinderung einseitiger Vorteilsgewährung und die Vermeidung von Interessenkonflikten.

---

550 Vgl. u.a. United Nations/Joint Inspection Unit (1999), Absatz 26. Witte meint: "Die Webseiten sind eine Fassade. (...) Nur die Weltbank, die seit drei bis vier Jahren an dem Thema arbeitet, bietet substantielle Inhalte." (Witte, Jan Martin (2001).)

Zur Analyse muss die Qualität der vorbeugenden Regelungen für jeden der potentiellen Problembereich auf zwei Ebenen betrachtet werden: Zum einen auf der Gesamt-VN-Ebene, die darüber aufklärt, welche VN-weiten Vorbeugungsmaßnahmen bestehen und zum anderen auf der Ebene der einzelnen VN-Institutionen, die aufgrund ihrer Unabhängigkeit und individuellen Erfahrungen möglicherweise eigene und über die VN-weiten Regelungen hinausgehende Mechanismen zur Vorbeugung von Problemen etabliert haben. Dabei ist anzumerken, dass VN-interne Inkonsistenzen gerade im Rahmen der Kontrolle potentieller Problembereiche negative Folgen für die Glaubwürdigkeit, das Image und die Integrität der VN in der breiten Öffentlichkeit haben können,[551] beispielsweise weil den potentiellen Partnern bei einer VN-Institution Vorteile geboten werden, die eine andere VN-Institution nicht bietet.

Im Folgenden werden die Risiken und die geschaffenen Kontrollmechanismen der vier im Vordergrund stehenden potentiellen Problembereiche genauer betrachtet und bewertet.

Nutzungsbefugnis von Namen und Emblemen der VN/VN-Institutionen

Die seitens der VN gebotene Nutzungsbefugnis von Namen und Emblemen stellt im Rahmen der Partnerschaften zwischen den VN und der PW einen potentiellen Problembereich dar, der aus verschiedenen Gründen umfangreich geregelt sein sollte: Erstens wäre es ohne eine formalisierte Regelung allen privatwirtschaftlichen Akteuren uneingeschränkt möglich, mit dem Namen und dem Emblem der VN bzw. ihrer Institutionen zu eigenen Zwecken zu werben, was somit auch den Interessen der VN entgegenstehen könnte. Zweitens schafft eine umfangreiche und eindeutige Regelung der Nutzungsbefugnis die Voraussetzungen dafür, dass die VN ihre Neutralität und Integrität selber wahren und basierend auf eigenen Entscheidungen ihre Mitwirkung bzw. Beteiligung an Projekten mit der PW signalisieren können. Und nicht zuletzt kann das Fehlen elementarer Regeln dazu führen, dass im Rahmen jeder einzelnen Partnerschaft entsprechende Grundsatzfragen neu diskutiert werden müssen, sich somit unterschiedliche und möglicherweise widersprüchliche Regelungen ergeben können und administrative Prozesse unnötig verlängert würden. Hingegen könnte eine komplexe Regelung der Nutzungsbefugnis von Namen und Emblemen die Vorteile einer Partnerschaft für die PW einschränken, indem sie möglichen marketing-strategischen Absichten entgegensteht.

Um einem Missbrauch vorzubeugen, basiert die Nutzungsbefugnis zur Verwendung von Namen und Emblem der VN sowie der "*United Nations funds and programmes whose names include the words 'United Nations' or its acronym*"[552]

---

[551] Vgl. United Nations/Joint Inspection Unit (1999), Schlussfolgerung D.

[552] Generalsekretär der Vereinten Nationen (2000), Absatz 15.

theoretisch auf Resolution 92 (I) der Generalversammlung vom 7. Dezember 1946, die seitdem nicht formal revidiert wurde und in der Praxis verschiedenartig interpretiert wird.[553] Die Resolution bzw. die juristische Interpretation der Resolution durch das *Office of Legal Affairs* (OLA) legt fest, dass die Nutzung von Namen und Emblem der VN für offizielle Zwecke den VN vorbehalten ist, wobei der Generalsekretär Außenstehenden die Nutzung im Einzelnen autorisieren kann. Auf Basis dieser Resolution hat der Generalsekretär eine Regelung der Nutzungsbefugnis für Außenstehende erstellt, die zumindest formell für nichtprofitorientierte Institutionen und somit eigentlich nicht für Akteure der PW gilt.[554] Dennoch wird darin festgelegt, dass die Nutzung von Namen und Emblem der VN für kommerzielle Zwecke, wie beispielsweise dem Erwirtschaften von direkten Profiten durch die Nutzung oder dem Verkauf von Gegenständen mit VN-Logo, für Unternehmen verboten ist.[555] Bemerkenswerterweise steht die bisherige Interpretation im Widerspruch zu den - allerdings unverbindlich - im Rahmen der *Guidelines for cooperation between the United Nations and the business community*[556] empfohlenen Praktiken. Laut dieser Richtlinien kann (a) einem Akteur der PW nach entsprechenden Vereinbarungen erlaubt werden, Namen und Emblem der VN auf nicht-exklusiver Basis zu nutzen,[557] auch wenn damit Profit erwirtschaftet wird. Allerdings muss hierbei der Hauptzweck der Nutzung darin liegen, die Zwecke und Ziele der VN zu unterstützen, was die Mittelgenerierung für die VN einschließt, sofern die Profiterwirtschaftung für den Akteur der PW rein zufällig ist.[558] Und (b) kann einer begrenzten Anzahl an Akteuren der PW, mit schriftlicher Erlaubnis und auf Grundlage angemessener Konditionen bezüglich der Zeit, Art und Umfang der Nutzung, erlaubt werden, ein modifziertes VN-Emblem "*in connection with the promotion of a special event or initiative, including fund-raising for such an event or initiative*"[559] auf exklusiver Basis zu nutzen.[560]

Obwohl die Modalitäten der Nutzungsbefugnis von eigenen Namen und Emblemen bei den einzelnen VN-Institutionen variieren, sind sich diese in drei

---

553 Vgl. United Nations/Joint Inspection Unit (1999), Absatz 60 und Tesner, Sandrine; Kell, Georg (2000), S. 79.

554 United Nations/Joint Inspection Unit (1999), Absatz 60.

555 Vgl. Tesner, Sandrine; Kell, Georg (2000), S. 81 und United Nations/Joint Inspection Unit (1999), Absatz 60.

556 Generalsekretär der Vereinten Nationen (2000), Abschnitt V.

557 Vgl. Generalsekretär der Vereinten Nationen (2000), Absatz 16a.

558 Vgl. Generalsekretär der Vereinten Nationen (2000), Absatz 16c.

559 Generalsekretär der Vereinten Nationen (2000), Absatz 16f.

560 Basierend auf den *Guidelines* ist schließlich das OLA befugt, die Nutzungsbefugnis von Namen und Emblem der VN zu erteilen (vgl. Generalsekretär der Vereinten Nationen (2000), Absatz 17).

Punkten überwiegend einig: Erstens, dass sie die Verwendung ihrer Embleme auf kommerziellen Produkten bzw. zur Bewerbung von Produkten oder Unternehmen verbieten.[561] Zweitens, dass sie sich weigern, exklusive vertragliche Verpflichtungen mit Akteuren der PW einzugehen.[562] Und drittens, dass "*the legal impediments to corporate use of the UN logo must be removed while protecting the interests and values of the UN Charter*"[563].

Insgesamt ergibt die Untersuchung zur Konfliktprävention hinsichtlich der Nutzungsbefugnis von Namen und Emblemen der VN und ihrer Institutionen, dass Widersprüche und Interpretierbarkeiten die Regelung auf Gesamt-VN-Ebene unnötig verkomplizieren, und dass sich die praktischen Methoden seitens der VN-Institutionen zwar durch grundlegende Prinzipien auszeichnen, jedoch Inhomogenitäten hinsichtlich der Umsetzung dominieren. Entsprechend ist seitens der VN für den Rahmen der Partnerschaften mit der PW die Nutzungsbefugnis von Namen und Emblemen weder eindeutig noch umfangreich geregelt, weswegen insgesamt die Kontrolle dieses potentiellen Problembereichs nicht ausreichend gewährleistet ist.

Anerkennung von Zuwendungen

Ein weiterer potentieller Problembereich im Rahmen der Partnerschaften zwischen den VN und der PW liegt in der Anerkennung von Zuwendungen finanzieller, materieller oder dienstleistungsspezifischer Art. Damit sind v.a. die aus den mittelgenerierenden Partnerschaften resultierenden Zuwendungen von der PW an die VN gemeint, die gemäß der zugrundeliegenden Prinzipien einer Partnerschaft seitens der VN angemessen gewürdigt werden sollten. Das Konfliktpotential liegt dabei v.a. in der Annahme begründet, dass Akteure der PW im Sinne einer Gegenleistung daran interessiert sind, ihre Zuwendung möglichst öffentlichkeitswirksam bekannt zu geben und die VN diese Bekanntgabe entsprechend der eigenen Interessen steuern wollen und sollten.[564] Im Einzelnen

---

561 Das UNICEF bildet hierbei unter bestimmten Voraussetzungen eine Ausnahme (vgl. United Nations/Joint Inspection Unit (1999), Absatz 69).

562 Vgl. United Nations/Joint Inspection Unit (1999), Absatz 69.

563 Tesner, Sandrine; Kell, Georg (2000), S. 117. Ein Beispiel für eine individuelle Nutzungsbefugnis des Namens und Emblems liefert das UNICEF: "*A contribution of $50,000 is expected for use of the UNICEF logo in conjunction with a national alliance. The benchmark reaches $100,000 for a cross-border alliance and $250,000 in the case of an international alliance.*" (Tesner, Sandrine; Kell, Georg (2000), S. 81.)

564 Die Anerkennung von Zuwendungen umfasst entsprechend mehr als die Quittierung im buchhalterischen Sinne, die basierend auf der Finanzordnungen der VN-Institutionen unternommen wird (vgl. United Nations/Joint Inspection Unit (1999), Absatz 59). Da die Bekanntgabe der Zuwendung oft mit dem Namen und dem Emblem derjenigen VN-Institution verbunden ist, die eine Zuwendung erhält, besteht ein enger Zusammenhang zum Problembereich der Nutzungsbefugnis von Namen und Emblemen.

ist eine angemessene Würdigung von Zuwendungen relevant, weil sie die Bedeutung der erbrachten Leistung dokumentiert, einen Motivationsfaktor für Akteure der PW darstellt, Aufmerksamkeit auf die Kooperation lenken und in diesem Sinne Nachahmer-effekte bei anderen Akteuren der PW erzeugen kann.[565] Zudem ist eine formalisierte Regelung grundsätzlich sinnvoll, um Verhandlungen über die Anerkennung von Zuwendungen in der Praxis zu verkürzen bzw. zu vermeiden. Entsprechend sollte seitens der VN unmissverständlich feststehen, wie Zuwendungen von der PW anerkannt und sowohl intern als auch extern kommuniziert werden, um die vom Partner erbrachte Leistung im Interesse beider Parteien angemessen zu würdigen.

In der Praxis unterliegt die Anerkennung von Zuwendungen aus der PW innerhalb der VN keiner einheitlichen Regelung.[566] Zwar werden einzelne Methoden bevorzugt genutzt, wie beispielsweise die Würdigung im Rahmen von Pressemitteilungen, projektbezogenen Publikationen oder öffentlichen Reden des Führungspersonals der VN-Institutionen,[567] doch fehlen bislang formalisierte Grundsätze, die einerseits für die PW determinieren, in welchem Rahmen sie mit den Zuwendungen werben dürfen und andererseits für die VN Mindestkriterien zur Anerkennung von Zuwendungen festlegen. Als hierbei zentrale Autorität befindet das OLA die Veröffentlichung von Zuwendungen seitens der PW als akzeptabel, sofern sie den Grundsätzen, Zielen und Aktivitäten der betreffenden VN-Institution nicht widerspricht.[568] Dabei empfiehlt das OLA, dass von Akteuren der PW zur Unterstützung der VN erstelltes Werbematerial deutlich darauf hinweisen soll, dass die Kooperation nicht exklusiv ist und "*does not constitute an endorsement by the United Nations of the entity's business or services*"[569]. Im Kern sind diese Aufforderungen jedoch sowohl unverbindlich als auch weit interpretierbar und entsprechend wenig zweckmäßig.

Bei den einzelnen VN-Institutionen zeichnet sich die Praxis zur Anerkennung von Zuwendungen durch erhebliche methodische Unterschiede aus, was vorrangig durch das Fehlen einer VN-weiten Regelung begründet ist. Dennoch sind

---

565 So könnte eine VN-intern uneinheitliche Praxis zur Anerkennung von Zuwendungen beispielsweise zur Folge haben, dass sich ein Unternehmen aufgrund mangelnder Anerkennung dazu entschließt, künftige Mittel bevorzugt Institutionen in der Umwelt der VN zukommen zu lassen oder eine andere VN-Institution zu bevorzugen, bei der für die Zuwendung eine höhere Gegenleistung zu erwarten ist.

566 Vgl. United Nations/Joint Inspection Unit (1999), Absatz 59.

567 Vgl. United Nations/Joint Inspection Unit (1999), Absatz 68.

568 "*This would be the case if such publicizing is not aimed at promoting products or services offered by a donor, or at otherwise soliciting its business opportunities, but rather at support for the United Nations and its activities.*" (United Nations/Joint Inspection Unit (1999), Absatz 67.)

569 United Nations/Joint Inspection Unit (1999), Absatz 67.

sich die meisten VN-Institutionen darin einig, sich im Rahmen jeglicher Form der Anerkennung von Zuwendungen keinen kommerziellen Interessen der Geber auszusetzen und Akteuren der PW nicht zu gestatten, eine Kooperation als exklusiv darzustellen. Fasst man die angewandten Methoden zur Anerkennung der Zuwendungen zusammen, so ergibt sich Folgendes: Einige VN-Institutionen geben zur Anerkennung von Zuwendungen Pressemitteilungen heraus, die Art und den Umfang der erbrachten Zuwendung sowie den Namen der involvierten Akteure der PW angeben.[570] Von zahlreichen VN-Institutionen wird den Akteuren der PW der Hinweis auf die geleistete Zuwendung in deren internen und externen Dokumenten erlaubt, sofern keine kommerziellen Gewinne durch die Publikation zu erwarten sind.[571] Dabei behalten sich jedoch die meisten VN-Institutionen das Recht vor, sämtliche Materialien, die die VN-Institution, die Zuwendung oder das Partnerschaftsprojekt erwähnen, vor der Veröffentlichung freizugeben. Außerdem wird mehrheitlich darauf geachtet, dass die Publikation nicht impliziert, dass die VN-Institution das Unternehmen oder seine Produkte gutheißt bzw. unterstützt.[572] Darüber hinaus dienen in der Praxis zwei weitere Instrumente zur Anerkennung von Zuwendungen, die unregelmäßig und entsprechend ohne formalisierte Grundlage angewendet werden: Einerseits verweisen manche Führungskräfte der VN-Institutionen namentlich auf die Projekte und Unternehmen in ihren öffentlichen Ansprachen und andererseits werden die erbrachten Leistungen gelegentlich in Projekt- bzw. institutionellen Broschüren der VN-Institutionen erwähnt.

Fasst man die Erkenntnisse zusammen, so ist festzustellen, dass auch im Bereich der Anerkennung von Zuwendungen seitens der VN keine eindeutige Regelung geschaffen wurde, um potentiellen Konflikten vorzubeugen. Ein Großteil der VN-Institutionen hat zwar eigene Methoden zur Würdigung von erbrachten Leistungen entwickelt, doch sind keine beispielhaften Formalisierungen vorzuweisen. Im Ergebnis werden von den VN somit die Möglichkeiten zur Kontrolle und Konfliktprävention bezüglich der Anerkennung von Zuwendungen im Rahmen der Partnerschaften nicht ausgenutzt.

Verhinderung von einseitiger Vorteilsgewährung

Im Rahmen der Partnerschaften sollte seitens der VN die Verhinderung von einseitiger Vorteilsgewährung für einzelne Akteure der PW möglichst klar geregelt sein, da Konflikte dadurch entstehen können, dass die im Rahmen der Partnerschaften engagierten Akteure der PW, im Vergleich zueinander ungleich behandelt werden bzw. sich ungleich behandelt fühlen. Dabei lassen sich

---

570 Vgl. beispielsweise das UNHCR und die WHO.

571 Vgl. beispielsweise die WHO, die UNCTAD, das UNDP, das UNOPS und die FAO.

572 Vgl. United Nations/Joint Inspection Unit (1999), Absatz 68 und Tesner, Sandrine; Kell, Georg (2000), S. 82.

unterschiedliche Tatbestände als einseitige Vorteile für einen Akteur der PW interpretieren. Beispielsweise, wenn ausschließlich einem bestimmten Akteur die Möglichkeit zur Kooperation eröffnet wird und somit andere Akteure der PW trotz bekundeten Interesses keine entsprechende Gelegenheit bekommen. Oder beispielsweise, wenn einem bestimmten Akteur erlaubt wird, Namen und Embleme der VN bzw. ihrer Institutionen derart zu nutzen, dass eine Gutheißung oder Bevorzugung der Produkte oder Dienstleistungen dieses Akteurs unterstellt werden könnte. Zudem können einseitige Vorteile auch durch exklusiven Zugang zu Informationen, Geschäftsmöglichkeiten im Bereich des Beschaffungswesens oder Marktvorteilen gewährt werden. Sofern die Verhinderung dieser möglichen Tatbestände nicht umfangreich geregelt ist, bestehen zentrale Risiken darin, dass Akteure der PW, die benachteiligt werden, gegen die Umstände aufbegehren, indem sie beispielsweise ihr partnerschaftliches Engagement zurückziehen und/oder die vorliegenden Missverhältnisse öffentlichkeitswirksam bekannt geben. Letzteres kann wiederum in der Folge Imageschäden für die VN bzw. ihre Institution und in diesem Sinne auch für weitere Partnerschaftsprojekte beinhalten. Um solche Risiken frühzeitig anzusprechen, sollten einerseits unmissverständliche Richtlinien für die VN-Mitarbeiter vorliegen und andererseits klare Grundsätze im Sinne von Transparenz und Inklusivität[573] im Rahmen der einzelnen *partnership agreements* mit Akteuren der PW artikuliert werden.[574]

Die seitens der VN geschaffenen Kontrollmechanismen zur Verhinderung einseitiger Vorteilsgewährung im Rahmen der Partnerschaften beschränken sich auf einen Abschnitt in den unverbindlichen *Guidelines* des Sekretariats zur Zusammenarbeit mit der PW. Darin heißt es: "*Every member of the business community should have the opportunity to propose cooperative arrangements, within the parameters of these guidelines. Cooperation should not imply endorsement or preference of a particular business entity or its products or services.*"[575] Weitere formalisierte Regelungen zur Verhinderung einseitiger Vorteilsgewährung bei den VN und ihren Institutionen liegen nicht vor. Somit lässt sich abschließend bewerten, dass zwar durch die Anerkennung der Thematik im Rahmen der *Guidelines* ein erster präventiver Kontrollansatz gegeben ist, doch dass die hierbei erforderlichen Maßnahmen zur umfangreichen Konfliktprävention noch nicht vorhanden sind.

---

573 Der Begriff der Inklusivität beinhaltet hier, dass eine Kooperation mit einem einzelnen Akteur der PW nicht ausschließt, dass mit anderen Unternehmen der gleichen Branche oder Wettbewerbssphäre kooperiert werden kann (vgl. Generalsekretär der Vereinten Nationen (2000), Absatz 26).

574 Vgl. Generalsekretär der Vereinten Nationen (2000), Absatz 26.

575 Generalsekretär der Vereinten Nationen (2000), Absatz 14d.

Vormeidung von Interessenkonflikten

Der vierte zu kontrollierende Problembereich im Rahmen der Partnerschaften zwischen den VN und der PW ist die Vermeidung von Interessenkonflikten, wobei ein enger Zusammenhang zur Verhinderung einseitiger Vorteilsgewährung besteht, da beispielsweise einem Partner einseitige Vorteile gewährt werden können, um aus der Bevorzugung einen eigenen Nutzen zu ziehen.[576] Interessenkonflikte sind im Rahmen der Partnerschaften dann gegeben, wenn ein Akteur der VN oder der PW ein persönliches oder professionelles Eigeninteresse im Rahmen der Kooperation verfolgt, wodurch die Objektivität seiner professionellen Beurteilung bezüglich seiner offiziellen Tätigkeit beeinflusst wird.[577] Ein Interessenkonflikt für einen Akteur der PW läge beispielsweise dann vor, wenn ein Unternehmen im Rahmen einer Partnerschaft einen konzeptionellen Beitrag zur Gestaltung eines Projekts leistet, ohne anzukündigen, dass es dabei die Absicht verfolgt, an der Projektimplementierung, z.B. durch kommerzielle Beratung oder durch die Beschaffung von Gütern und Dienstleistungen, beteiligt zu werden.[578] Seitens der VN läge ein Interessenkonflikt beispielsweise dann vor, wenn ein Mitarbeiter durch sein persönliches Engagement im Rahmen einer Partnerschaft darauf abzielte, ein Stellenangebot vom Partner aus der PW zu bekommen. Da Interessenkonflikte den ursprünglichen Zweck der Partnerschaft verfälschen und meist Korruption und Rechtsbruch zur Folge haben, aber auch weil durch erlebte Interessenkonflikte nicht selten eine Grundskepsis gegenüber künftigen Partnern hervorgerufen wird, sollte ihre Vermeidung im Rahmen der Partnerschaften vorausschauend geregelt sein.

Die praxisbezogene Analyse der seitens der VN gegebenen Kontrollmechanismen zur Vermeidung von Interessenkonflikten im Rahmen der Partnerschaften mit der PW ergibt, dass einzig die WHO hierzu konkrete Maßnahmen durch die klare Definition des Problembereichs getroffen hat.[579] Darüber hinaus ist lediglich festzustellen, dass einzelne VN-Institutionen auf den potentiellen Problembereich der Interessenkonflikte in ihren Dokumenten zu den Partnerschaften mit der PW hinweisen, wobei jedoch aufklärende und handlungsempfehlende Maßnahmen bislang nicht nachweisbar getroffen wurden.[580]

---

576 So deckte beispielsweise eine vom UN *Office of Internal Oversight Service* durchgeführte Untersuchung unautorisierte kommerzielle Einigungen zwischen VN-Mitarbeitern und Unternehmen auf, die beispielhaft für die enge Verbindung zwischen Interessenkonflikt und Gewährung einseitiger Vorteile sind (vgl. United Nations/Joint Inspection Unit (1999), Absatz 74).

577 Vgl. u.a. United Nations/Joint Inspection Unit (1999), Absatz 72.

578 Vgl. United Nations/General Assembly (2001b), Absatz 25.

579 Vgl. Tesner, Sandrine; Kell, Georg (2000), S. 82f und United Nations/Joint Inspection Unit (1999), Absatz 72.

580 Vgl. beispielsweise die WMO und die FAO.

Seitens des VN-Sekretariats wurden weder Dokumente zur Spezifizierung der Risiken noch konkrete Regelungen zur Vermeidung von Interessenkonflikten geschaffen.[581] In diesem Zusammenhang ist festzustellen, dass es in den VN auch keine "*non-competition*"-Regelung gibt, die den VN-Mitarbeitern untersagt, vor Ablauf einer festgesetzten Frist zu Unternehmen zu wechseln, mit denen sie im Rahmen ihrer Tätigkeit bei den VN zusammengearbeitet haben.[582] Insgesamt lässt sich daraus schließen, dass die Risiken von Interessenkonflikten seitens der VN bislang unterschätzt werden und die Partnerschaften durch den bestehenden Mangel an Aufklärung und Regelung bislang zur Erfüllung persönlicher bzw. nicht für die Partnerschaft förderlicher Eigeninteressen dienen können.[583]

Die Untersuchungen zur Kontrolle der potentiellen Problembereiche im Rahmen der Partnerschaften zwischen den VN und der PW abschließend, wird der Vollständigkeit halber an dieser Stelle die Thematik des seitens der VN ungewollten Einflusses der PW auf die VN angesprochen. Hierbei sind zwei Aspekte hervorzuheben: Erstens, dass die PW durch ihr partnerschaftliches Engagement einen unverhältnismäßig hohen Einfluss auf die Inhalte und Entscheidungsstrukturen der VN erhält oder durch Konditionierung[584] zu erhalten versucht. Und zweitens, dass sich die VN bzw. ihre Institutionen durch Partnerschaften einer finanziellen Abhängigkeit von privaten Mitteln aussetzen, womit die hypothetische Befürchtung verbunden ist, dass finanzielle Zuwendungen der PW im Zeitablauf für die VN bzw. ihre Institutionen eine tragendere Rolle spielen könnten als Regierungsmittel.[585] Auf die Risiken des ungewollten Einflusses der PW wird in verschiedenen Quellen hingewiesen,[586] wobei seitens

581 Vgl. United Nations/Joint Inspection Unit (1999), Absatz 72 und Tesner, Sandrine; Kell, Georg (2000), S. 82f. Im Rahmen des JIU-Berichts wird auf die bestehenden "*codes of conduct for international civil servants and administrative instructions*" hingewiesen, doch sind diese nur für bestimmte VN-Mitarbeiter gültig und werden darüber hinaus als nicht ausreichend zur umfangreichen Konfliktprävention angesehen (vgl. United Nations/Joint Inspection Unit (1999), Absatz 73).

582 Vgl. United Nations/Joint Inspection Unit (1999), Absatz 73.

583 Der JIU-Bericht bekräftigt, dass dies "*is all the more so since the responsibilities of individual staff members for contacts with the business sector are not always well defined*" (United Nations/Joint Inspection Unit (1999)).

584 Mit dem Begriff der "Konditionierung" ist hier gemeint, dass Akteure der PW ihre Teilnahme an Partnerschaften bzw. v.a. die Leistung finanzieller Zuwendungen an Konditionen im Sinne von größerer Einflussnahme auf die VN bzw. auf bestimmte Inhalte, Projekte oder Strukturen knüpfen könnten.

585 Vgl. Nelson, Jane (2002), S. 154.

586 Vgl. beispielsweise Bruno, Kenny; Karliner, Joshua (2000), United Nations/Joint Inspection Unit (1999), Absatz 75, Nelson, Jane (2002), S. 154f und Kell, Georg (2000).

der VN wiederholt betont wird, dass "*private sector funding is a complement to not a substitute for Member State funding (...) it is crucial that private sector engagement in policy dialogue complements and improves, rather than undermines, inter-governmental policy-making*"[587]. Obwohl die JIU-Inspektoren die seitens der VN gebotene Beschränkung des Einflusses der PW im Zusammenhang mit deren geleisteten Zuwendungen als beispielhaft bewerten,[588] sind andererseits zur Vermeidung von Konflikten und politischen Blockaden im Rahmen dieser Problematik noch grundsätzliche Mängel hinsichtlich der Aufklärung und Regulierung zu überwinden.

Fasst man schließlich die Ergebnisse zusammen, so reichen die seitens der VN bislang getroffenen Maßnahmen zur Kontrolle potentieller Problembereiche im Rahmen der Partnerschaften mit der PW nicht aus, um Konflikte in der Praxis vorausschauend zu vermeiden. Die Nutzungsbefugnis von Namen und Emblemen der VN bzw. ihrer Institutionen ist zwar grundsätzlich geregelt, doch erschweren die vielfältigen Interpretationen und der Mangel an Verbindlichkeit die praktische Umsetzung. Ebenso sind hinsichtlich der Anerkennung von Zuwendungen zwar fundamentale Konfliktpräventionsmaßnahmen implementiert worden, doch auch hier kann der Mangel an gleichgerichteter Koordination die potentiellen Risiken nicht umfangreich abfangen. Und schließlich sind bezüglich der Verhinderung einseitiger Vorteile und der Vermeidung von Interessenkonflikten seitens der VN keine umfangreichen Regulierungen im Rahmen der Partnerschaften mit der PW getroffen worden. Insgesamt lassen sich die Maßnahmen zur Kontrolle potentieller Problembereiche im Rahmen der Partnerschaften zwischen den VN und der PW somit als ungenügend bewerten.[589]

Im folgenden Abschnitt werden die gewonnenen Erkenntnisse der praxisbezogenen Analyse zusammengefasst und bewertet, um gesamtheitlich abzubilden, wodurch sich der aktuelle Entwicklungszustand der Partnerschaften zwischen den VN und der PW auszeichnet.

---

587 Nelson, Jane (2002), S. 154.

588 Vgl. United Nations/Joint Inspection Unit (1999), Absatz 75.

589 Ähnliche Schlüsse wurden im Rahmen des JIU-Berichts gezogen, in dem es heißt: "*Precautions are not taken uniformly throughout UN system*" (United Nations/Joint Inspection Unit (1999), Empfehlung D) und "*there is an absence of regulations to govern the relations of the UN with the private sector*" (United Nations/Joint Inspection Unit (1999), Absatz 59).

6.3 ZUORDNUNG DER ERKENNTNISSE ZU DEN THEORETISCHEN ENTWICKLUNGSPARAMETERN

Die Ergebnisse der praxisbezogenen Analyse der Partnerschaften zwischen den VN und der PW zusammenfassend, ist festzustellen, dass seitens der VN wesentliche Voraussetzungen für die nachhaltige und effiziente Entwicklung der Partnerschaften fehlen bzw. größtenteils nicht geschaffen wurden. Im Vordergrund stehen dabei unstrukturierte Zustände, die auf einen Mangel an Verwaltung und gleichgerichteter Koordination zurückzuführen sind. "*The overall picture (...) is one of concurring basic principles but somewhat diverging practices*"[590]. Insgesamt fehlt den Partnerschaften somit ein auf Nachhaltigkeit und Effizienz ausgelegtes Makro-Management zur Schaffung der notwendigen Rahmenbedingungen für die praktisch optimale Entwicklung der Partnerschaften im Zeitablauf.

Um über diese praxisbezogene Bewertung hinaus auch theoretisch zu bestätigen, dass die Entwicklung der Partnerschaften derzeit weder auf Nachhaltigkeit noch auf Effizienz ausgelegt ist, bietet sich die Abbildung des Entwicklungszustands der Partnerschaften im Rahmen der Freiraum-Potential-Matrix an. Zur Anwendung der Matrix müssen die Ergebnisse der praxisbezogenen Analyse anhand der drei maßgeblichen Entwicklungsparameter für die Partnerschaften Freiraum, Potential und Struktur, die in Unterabschnitten 3.2.4 und 3.2.5 ausführlich vorgestellt wurden, zusammengefasst werden.[591]

Dabei ist daran zu erinnern, dass, aufgrund der Konstitution des sozialen Systems der Partnerschaften und seiner Wechselwirkungen bzw. der Interpenetration mit den sozialen Systemen seiner Umwelt, ein rekursives Verhältnis zwischen den externen Entwicklungsparametern "Freiraum" und "Potential" und dem internen Entwicklungsparameter "Struktur" des Systems besteht.[592] Mit anderen Worten kann der Parameter der Struktur zwar nicht grafisch anhand der Freiraum-Potential-Matrix abgebildet werden, dennoch ist er aufgrund seiner existentiellen Bedeutung für das System, die darauf beruht, Information und Handlung aus der Umwelt anzunehmen, in enger Korrelation mit den Freiräumen und Potentialen zu betrachten.[593] In diesem Sinne werden die strukturbezogenen Ergebnisse der praxisbezogenen Analyse zwar im Folgenden

---

590 United Nations/Joint Inspection Unit (1999), Absatz 62.

591 Hierbei ist erneut darauf hinzuweisen, dass vor dem Hintergrund der gewählten Betrachterperspektive der VN im Folgenden von den seitens der VN determinierten Freiräumen die Rede ist. Entsprechend handelt es sich im Rahmen der weiteren Ausführungen auch um die individuellen Potentiale der VN-Mitarbeiter.

592 Vgl. Unterabschnitte 3.2.4 und 3.2.5 sowie Abschnitt 3.2.6.

593 Vgl. Unterabschnitt 3.2.5.

zusammengefasst, jedoch wird der Parameter der Struktur im Rahmen der Lösungsansätze in Kapitel 7 zunächst nicht hervorgehoben.

Zur Überleitung wird an dieser Stelle noch einmal an die zentralen Inhalte der theoretischen Entwicklungsparameter erinnert:[594] Freiräume umfassen systemische Regeln, Normen, Gesetze sowie im weitesten Sinne Moral und dienen zur Sicherstellung systemischer Ordnung, wodurch sie nicht zuletzt in engem Zusammenhang mit der Struktur eines Systems stehen. Freiräume bestehen für die Partnerschaften aber v.a. für diejenigen Individuen, die auf die Partnerschaften einwirken. Das Potential umfasst im Rahmen der Partnerschaften zwischen den VN und der PW zwei zentrale Dimensionen: Zum einen das Potential des im Mittelpunkt stehenden Systems der Partnerschaften, und zum anderen die Potentiale der im Rahmen der Partnerschaften aktiv tätigen Individuen, die auf das System der Partnerschaften einwirken. Das Potential eines Systems setzt sich grundsätzlich aus dessen individuellen Fähigkeiten und aus seiner eigenen Identität geprägt durch Strukturen zusammen, wodurch die enge Verknüpfung zwischen Potential und Struktur belegt wird, und ist seitens der Individuen als Ausgangsbasis für deren individuelle Handlungsfähigkeit zu verstehen. Die Struktur bildet schließlich den inneren Aufbau des Systems der Partnerschaften und formiert sich aus generalisierten Verhaltenserwartungen, die stabilisiert werden müssen, um die Funktionsfähigkeit des Systems zu gewährleisten. Um die praktischen Überlebenschancen des Systems zu steigern, sollten dabei Einrichtungen ausgebildet werden, die zeitliche, sachliche und soziale Strukturdimensionen berücksichtigen. Die im Rahmen der praxisbezogenen Analyse der Partnerschaften gewonnenen Ergebnisse werden nachstehend anhand dieser drei Entwicklungsparameter zusammengefasst, wobei aufgrund deren Interdependenz explizit darauf hinzuweisen ist, dass die jeweilige Zuordnung nicht als absolute, sondern vielmehr als primäre Zugehörigkeit zu verstehen ist.[595]

Die durch die VN determinierten Freiräume für das System der Partnerschaften zeichnen sich im Wesentlichen durch folgende Ergebnisse aus der praxisbezogenen Analyse aus:

- Mangel an Definitionen zentraler Begriffe bzw. definitorische Ungereimtheiten;
- Fehlen einer ausgewiesenen Vision, nachvollziehbarer Absichten und erkennbarer Strategien;

---

594 Vgl. Unterabschnitte 3.2.4 und 3.2.5 sowie Abschnitt 3.2.6.

595 Ferner ist erneut zu betonen, dass die Betrachterperspektive die der VN ist, d.h., dass die Umweltdimension im Rahmen der Betrachtungen sich auf die VN beschränkt und darüber hinaus gehende Umwelteinwirkungen (beispielsweise aus der PW) unberücksichtigt bleiben.

- mangelhafte Festlegung verbindlicher Richtlinien seitens der VN bzw. einheitlicher Richtlinien seitens der VN-Institutionen;
- Mangel an praktisch angewandten Kontroll-, Revisions- und Adaptionsprozessen;
- unzureichend ausgebildete Regularien im Rahmen der zentralen Steuerungsbereiche;
- VN-institutionenspezifische Unterschiede bezüglich Methoden und Prozessen im Rahmen der Partnerschaften; sowie
- sich aus der Eigengesetzlichkeit der VN ergebende, auf die Partnerschaften einwirkende administrative Umstände.

Zusammenfassend ergibt sich, dass die Freiräume für die meisten der auf die Partnerschaften einwirkenden VN-Mitarbeiter von den VN und ihren Institutionen zum einen unterschiedlich und zum anderen nicht ausreichend determiniert werden. Entsprechend sind die zur Sicherstellung systemischer Ordnung erforderlichen Rahmenbedingungen für die Partnerschaften noch nicht in ausreichendem Umfang gegeben. Insgesamt lässt sich somit theorie-basiert schlussfolgern, dass die derzeit im Rahmen der Partnerschaften bestehenden Freiräume, die von den VN und ihren Institutionen geboten werden, zu groß sind.

Betrachtet man die für die Partnerschaften relevanten Potentiale und dabei v.a. die Potentiale der auf die Partnerschaften einwirkenden Individuen bzw. VN-Mitarbeiter, so lassen sich folgende Ergebnisse der praxisbezogenen Analyse zuordnen:

- Abweichende Informationsniveaus;
- variierende Erfahrungen und Erfahrungsniveaus bezüglich der Partnerschaften zwischen den VN und der PW, u.a. begründet durch mangelhaften Erfahrungsaustausch;
- unterschiedliche Kontaktstadien bzw. Kontakthäufigkeiten mit konkreten Partnerschaften;
- unterschiedliche Fachkenntnisse bzw. ungenügend sachbezogene Aus- und Weiterbildung; sowie
- divergierende persönliche Einstellungen gegenüber den Partnerschaften.

Im Wesentlichen zeichnen sich die individuellen Potentiale der auf die Partnerschaften einwirkenden Individuen somit durch große Unterschiede und einen geringen Entwicklungsgrad aus. Zudem ist anzumerken, dass sich auch das systemeigene Potential der Partnerschaften, aufgrund der eigenen Historie, unzureichender praxis-relevanter Rahmenbedingungen und Strukturen, der geringen Anzahl an konkreten Partnerschaften sowie unterschiedlichen

Entwicklungsstadien der Partnerschaften bei den einzelnen VN-Institutionen bislang nur geringfügig entwickeln konnte. Zusammenfassend ergibt sich somit, dass die Potentiale v.a. der beteiligten Individuen bislang gering sind.

Die Struktur des Systems der Partnerschaften zeichnet sich schließlich durch folgende Ergebnisse der praxisbezogenen Analyse aus:

- Mangelhafte Stabilisierung von Verhaltenserwartungen seitens der VN und der einzelnen VN-Institutionen, durch dominierende Inkonsistenzen, v.a. in Bezug auf Methoden und Prozesse;
- Etablierung elementarer Strukturen (*focal points*) bei einigen VN-Institutionen;
- Fehlen einer zentralen Schnittstelle bzw. Informations- und Steuerungsinstanz auf Gesamt-VN-Ebene; sowie
- Intransparenz.

Hinzu kommt, dass sich auch die system-immanenten bürokratischen Strukturen der VN auf die Partnerschaften auswirken. Insgesamt ist somit derzeit lediglich ein geringer struktureller Institutionalisierungsgrad der Partnerschaften festzustellen, was beinhaltet, dass die für nachhaltige und effiziente Partnerschaften erforderlichen Strukturen bislang nur unzureichend etabliert wurden.

Da die Kommunikation als Operationsweise sozialer Systeme sowohl für dessen Freiräume als auch Potentiale relevant ist und etablierte Kommunikationsprozesse dem Bereich Struktur zugeordnet werden können, sei an dieser Stelle darauf hinzuweisen, dass sich die Kommunikation im Rahmen der Partnerschaften auf allen Ebenen durch grundlegende Defizite auszeichnet. Im Vordergrund stehen zum einen das unzureichende *information sharing* zwischen den im Rahmen der Partnerschaften aktiven VN-Mitarbeitern bzw. VN-Institutionen und zum anderen der Mangel an zentraler Kommunikationskoordination.

Überträgt man die Schlussfolgerungen der vorstehenden Zusammenfassung bezüglich der externen Entwicklungsparameter Freiraum und Potential auf die Matrix, um die praxisbezogene Bewertung des Entwicklungszustands der Partnerschaften theoretisch zu bestätigen, so lassen sich die gewonnenen Erkenntnisse anhand Abbildung 14 grafisch veranschaulichen.

Aufgrund der Gegebenheiten im Sinne großer Freiräume und geringer Potentiale, weicht der aktuelle Entwicklungszustand der Partnerschaften von dem optimalen Bereich für die nachhaltige und effiziente Entwicklung gemäß der Freiraum-Potential-Matrix deutlich ab. Dem ist hinzuzufügen, dass auch die gegebenen strukturbezogenen Umstände der Partnerschaften, die nicht anhand der Matrix abgebildet werden können, veränderungsbedürftig sind, um eine optimale Entwicklung der Partnerschaften zu gewährleisten. Somit kann die praxisbezogene Bewertung, dass sich die Partnerschaften aufgrund der gegebenen Umstände bislang nicht nachhaltig und effizient entwickeln bzw. entwickeln können, theoretisch bestätigt werden.

Abbildung 14: Entwicklungszustand der Partnerschaften in der Freiraum-Potential-Matrix

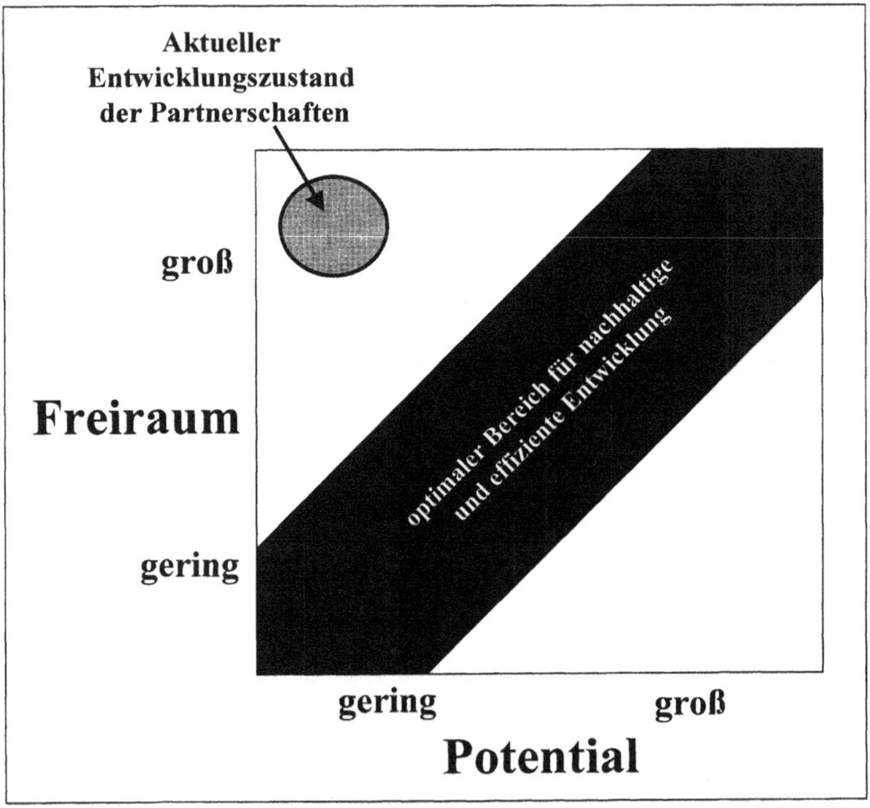

Quelle: Eigene Darstellung.

Von dem gegebenen Entwicklungszustand ausgehend, rückt die Frage in den Mittelpunkt, welcher Maßnahmen und Veränderungen es bedarf, um die entwicklungsbezogenen Defizite und Mängel der Partnerschaften zu überwinden und eine nachhaltige und effiziente Entwicklung und in diesem Sinne die Überlebensfähigkeit des Systems der Partnerschaften zu gewährleisten. Im Hinblick auf die Freiraum-Potential-Matrix ist dabei zu erörtern, ob sich eine Anpassung der gegebenen Umstände der Partnerschaften an den optimalen Ausgangszustand bzw. den optimalen Entwicklungsbereich der Matrix empfiehlt.

Zur umfangreichen Beantwortung werden im folgenden Kapitel 7 zwei unabhängige Lösungsansätze, ein theoretischer und ein praxisbezogener, erarbeitet und miteinander verglichen. Aus den Ergebnissen wird schließlich ein kombinierter Lösungsvorschlag abgeleitet und vorgestellt.

7 Nachhaltige und effiziente Entwicklung der Partnerschaften

Vor dem Hintergrund, dass die bestehenden Rahmenbedingungen und Umstände der Partnerschaften zwischen den VN und der PW verändert werden müssen, um die nachhaltige und effiziente Entwicklung des Systems zu gewährleisten, wird in diesem Kapitel erörtert, welche Maßnahmen zu empfehlen sind bzw. durch welche Handlungen die optimale Entwicklung der Partnerschaften erwirkt werden kann. Im Luhmannschen Sinne sollen dabei im Hinblick auf die Entwicklung des Systems der Partnerschaften neue problem-adäquate Systemstrukturen selektiert und durch Institutionalisierung stabilisiert werden.[596]

Um ausgehend vom derzeitigen Entwicklungszustand einen fundierten Lösungsvorschlag für die optimale Entwicklung der Partnerschaften abzuleiten, wird ein fundiertes und somit ein sowohl praxisbezogenes als auch theoretisch gestütztes Lösungskonzept erarbeitet. Die zusammengefassten Ergebnisse aus Abschnitt 6.3 zugrundelegend, werden in Abschnitt 7.1 praxisbezogene und in Abschnitt 7.2 theorie-basierte Lösungsansätze für die nachhaltige und effiziente Entwicklung der Partnerschaften aufgewiesen und bewertet. Nach einem Vergleich der beiden Lösungskonzepte, wird in Unterabschnitt 7.3 ein kombiniertes Lösungskonzept erläutert, aus dem sich ein konkreter Lösungsvorschlag ableiten lässt, der die wesentlichen theoretischen und praktischen Parameter berücksichtigt und dessen Umsetzung eine nachhaltige und effiziente Entwicklung der Partnerschaften in Aussicht stellt. Dieser Lösungsvorschlag wird schließlich in Abschnitt 7.4 unter dem Aspekt der praktischen Umsetzung ausführlich vorgestellt und diskutiert.

Da die tatsächlichen Handlungen der Individuen im Vorfeld kaum festlegbar sind und entsprechend auch die praktische Umsetzbarkeit von Lösungsansätzen nicht eindeutig absehbar ist, muss im Rahmen der folgenden Ausführungen der Unsicherheitsfaktor der Interpretation und Handlungsumsetzung der einzelnen Individuen (Einfluss der Handlungsunsicherheit) vernachlässigt werden, um Ergebnisse liefern zu können. Entsprechend werden keine definitiv realisierbaren Lösungskonzepte unterbreitet, sondern vielmehr Antworten auf die Frage geliefert, was verändert werden müsste, um das System der Partnerschaften in die Richtung zu dirigieren, die Nachhaltigkeit und Effizienz gewährleisten könnte. Dabei soll auf ein flexibles und im Zeitablauf adaptives Modell hingearbeitet werden, da, wie in Kapitel 6 gezeigt wurde, ein statisches und dauerhaftes Konstrukt den Entwicklungspotentialen der Partnerschaften nach der Freiraum-Potential-Matrix nicht gerecht würde. Schließlich muss an dieser Stelle noch einmal explizit darauf hingewiesen werden, dass die Problemanalysen,

---

[596] Vgl. Hüfner, Klaus (1994), S. LXXVII.

Verbesserungsvorschläge und Lösungsansätze im Rahmen dieser Arbeit nicht das Mikro-Management einzelner Partnerschaften abdecken, sondern die Zielsetzung vielmehr darin besteht, einen makro-orientierten, auf Effizienz und Nachhaltigkeit ausgerichteten Entwicklungsansatz für das System der Partnerschaften zwischen den VN und der PW herauszuarbeiten.

7.1 Praxisbezogene Lösungsansätze

Basierend auf den in Kapitel 6 aufgewiesenen Mängeln und veränderungsbedürftigen Umständen der Partnerschaften liegt es nahe, dass sich die praxisbezogenen Lösungsansätze direkt an den praktischen Gegebenheiten orientieren. In diesem Sinne werden im Folgenden praxisbezogene Verbesserungsvorschläge unterbreitet und anhand der zu den Entwicklungsparametern Freiraum (Unterabschnitt 7.1.1) und Potential (Unterabschnitt 7.1.2) kategorisierten Ergebnisse aus Unterabschnitt 6.3 gegliedert. Dabei wird auch im weiteren Sinne auf strukturverbessernde Maßnahmen Bezug genommen.[597] Die Verbesserungsvorschläge zusammenfassend wird in Unterabschnitt 7.1.3 schließlich ein praxisbezogenes Lösungskonzept für die optimale Entwicklung der Partnerschaften vorgestellt.

7.1.1 Freiraumbezogene Verbesserungsvorschläge

Die Veränderung des Freiraums bezieht sich v.a. auf die Freiräume, die denjenigen Individuen vorgegeben werden, die sozusagen zwischen den VN und den Partnerschaften stehen. Nachdem sich aus der praxisbezogenen Analyse der Partnerschaften ergab, dass die gegebenen Freiräume für die Partnerschaften im aktuellen Entwicklungszustand groß sind, stellt sich im Folgenden die Frage, welche freiraumbezogenen Veränderungen in der Praxis zu empfehlen sind, um eine nachhaltige und effiziente Entwicklung der Partnerschaften zu gewährleisten. Die im Einzelnen vorgestellten Maßnahmen werden anhand der zusammengefassten Erkenntnisse aus Abschnitt 6.3 wie folgt gegliedert.

Definitionen

Damit die Grundvoraussetzungen sowohl für eine generelle Anerkennung des Bezugsrahmens als auch für inhaltliche Konvergenzen im Rahmen der Partnerschaften mit der PW innerhalb der VN-Institutionen geschaffen werden können, müssten die definitorischen Ungereimtheiten wesentlicher Sachbezüge überwunden werden. In diesem Sinne steht der Vorschlag im Mittelpunkt, die

---

[597] Im Rahmen der folgenden Verbesserungsvorschläge wird dabei sowohl auf die vier Hauptdokumente zu den Partnerschaften zwischen den VN und der PW als auch auf Erkenntnisse aus den geführten Interviews zurückgegriffen.

elementaren Begriffe, wie "PW" und "Partnerschaft", inhaltlich abzugrenzen und ihnen VN-weite Gültigkeit zu verschaffen.

Vision, Absichten und Strategien

Um die elementaren Voraussetzungen für eine nachhaltige und effiziente Entwicklung des Systems der Partnerschaften zu gewährleisten, ist dringend zu empfehlen, dass das Fehlen einer ausgewiesenen Vision, nachvollziehbarer Absichten und erkennbarer Strategien durch deren Formulierung bzw. Festlegung überwunden wird. In diesem Sinne müsste der Generalsekretär der VN eine langfristig ausgerichtete Vision für die Partnerschaften mit der PW formulieren und bekanntgeben, welche VN-weit gültigen Absichten im Rahmen der Partnerschaften mit der PW vorrangig zu verfolgen sind.[598] Auf Basis der Absichten sollten schließlich Strategien zur Umsetzung für die VN und für die einzelnen VN-Institutionen festgelegt werden. Darüber hinaus empfiehlt sich sowohl eine kontinuierliche Anpassung der Strategien an aktuelle Entwicklungen und Erfahrungszuwächse als auch die Durchsetzung einer transparenten internen Kommunikation der diesbezüglichen Entwicklungen.

Richtlinien

Hinsichtlich der mangelhaften Festlegung verbindlicher Richtlinien seitens der VN bzw. einheitlicher Richtlinien seitens der VN-Institutionen sollten die vorliegenden *Guidelines* des VN-Sekretariats zu den Partnerschaften mit der PW überarbeitet werden. Zu empfehlen ist dabei, dass die Neuauflage durch Zusammenarbeit aller beteiligten VN-Institutionen sowohl konkreter formuliert als auch verbindlicher ausgerichtet wird.[599]

Folgende Punkte sollten in der Neuauflage beinhaltet sein:

---

[598] Im Rahmen der Festlegung der Absichten sollte unmissverständlich betont werden, dass die Partnerschaften mit nicht-staatlichen Akteuren zur Umsetzung der Ziele und der Mission der VN oder der betreffenden VN-Institution und somit nicht einem Selbstzweck dienen sollten (vgl. United Nations/General Assembly (2001b), Absatz 121 oder United Nations/Joint Inspection Unit (1999), Absatz 6). Ferner sollte der vorrangige Zweck der strategisch-konstruktiven Zusammenarbeit zwischen den VN und nicht-staatlichen Akteuren darin liegen, den Mitgliedstaaten und deren Bevölkerungen zu dienen, ohne dabei die Prinzipien der VN-Charta zu verletzen (vgl. United Nations/General Assembly (2001b), Absatz 115).

[599] Hier ist anzumerken, dass das wiederholte Argument, die vorliegenden Richtlinien seien bewusst inhaltlich vage formuliert, um die Unabhängigkeit der einzelnen VN-Institutionen zu respektieren (vgl. beispielsweise Kell, Georg (2000)), die offensichtlichen Mängel nicht rechtfertigt.

- Eindeutige Definition der Begriffe PW und Partnerschaft;[600]
- wesentliche Absichten der VN, die im Rahmen der Partnerschaften verfolgt werden;
- verbindliche Mindestanforderungen, die ein potentieller Partner aus der PW erfüllen muss;
- nachvollziehbare Kriterien für die Auswahl von Partnern aus der PW;[601]
- Darstellung und Erläuterung von Prozessen und Formalitäten, die im Rahmen jeder Partnerschaft berücksichtigt werden müssen (inkl. Mustervertrag bzw. Mustervorlage eines *Memos of Understanding*, usw.);[602]
- Hinweis auf Unrechtmäßigkeit der Verfolgung persönlichen Nutzens sowie der einseitigen Vorteilsgewährung durch eine Partnerschaft;
- Darstellung eindeutiger und rechtlich fundierter Bestimmungen zur Nutzung von Namen und Emblem der VN durch Dritte; sowie
- Betonung des Grundsatzes der Unabhängigkeit, Integrität und Unparteilichkeit der VN.

Ferner sollte erwogen werden, folgende Punkte zu berücksichtigen:

- Kriterien zur Kosten-Nutzen-Analyse potentieller Partnerschaften;[603]
- Festlegung der in Partnerschaften relevanten Aufgaben- bzw. Verantwortungsbereiche und Aufweisung der Aufgaben, die an die PW delegiert werden können bzw. sollten;
- Messkriterien für Erfolge und Misserfolge im Rahmen einzelner Partnerschaften;[604] sowie
- Vorgaben zu präzisen Zeitrahmen für die Bearbeitung von Anfragen und Prozessen in der Anfangsphase einzelner Partnerschaften.

In diesem Zusammenhang sollte es jeder im Rahmen der Partnerschaften engagierten VN-Institution erlaubt sein, zu den generellen Richtlinien des VN-Sekretariats konforme, institutionenspezifische Zusätze zu formulieren. Und schließlich ist zu empfehlen, dass sämtliche Richtlinien zu den Partnerschaften mit der PW regelmäßig überarbeitet, ihre Verbindlichkeit an den aktuellen Entwicklungszustand des Systems der Partnerschaften angepasst und die Entwicklungen VN-intern kommuniziert werden.

---

600 Vgl. United Nations/Joint Inspection Unit (1999), Absatz 81.

601 Vgl. United Nations/Joint Inspection Unit (1999), Absatz 81.

602 Vgl. United Nations/Joint Inspection Unit (1999), Absatz 81.

603 Vgl. United Nations/Joint Inspection Unit (1999), Absatz 81.

604 Vgl. Tesner, Sandrine; Kell, Georg (2000), S. 116.

Kontroll-, Revisions- und Adaptionsprozesse

Der vorliegende Mangel an praktisch angewandten Kontroll-, Revisions- und Adaptionsprozessen wäre dadurch zu beheben, dass auf Basis der festgelegten Absichten und Strategien für die Partnerschaften Messkriterien und Kontrollmechanismen etabliert werden, die zeitliche, finanzielle, personelle und inhaltliche Aspekte berücksichtigen und somit eine kontinuierliche Optimierung der jeweils aktuellen Sachlage ermöglichen. Darüber hinaus ist abzuwägen, ob die Kontroll- und Revisionsmechanismen für das Makro-Management der Partnerschaften durch entsprechende Empfehlungen für das Mikro-Management einzelner Partnerschaften ergänzt werden sollten, um sowohl eine Qualitätskontrolle für elementare Methoden und Prozesse als auch die Vergleichbarkeit zwischen einzelnen Partnerschaften zu ermöglichen.

Regulierung zentraler Steuerungsbereiche

Hinsichtlich der unzureichend ausgebildeten Regularien im Rahmen der zentralen Steuerungsbereiche (Partnerfindung, Kommunikation,[605] Kontrolle potentieller Problembereiche) werden im Folgenden für jeden Steuerungsbereich einzelne Verbesserungsvorschläge unterbreitet.

Partnerfindung

Zur Verbesserung der Partnerfindung im Rahmen der Partnerschaften sind verschiedene Maßnahmen zu empfehlen: Erstens sollte unter Berücksichtigung spezifischer Aspekte die Passivität der VN-Institutionen hinsichtlich der Partnersuche durch verstärkte Eigeninitiative ersetzt werden. Das heißt

- gezieltere Partnersuche in der PW basierend auf den institutionenspezifischen Absichten und Bedürfnissen,
- stärkere Mitwirkung und aktivere länderbezogene Partnersuche durch die *resident coordinators*,
- fokussiertere Kommunikation der Partnerschaftsmöglichkeiten, v.a. in Entwicklungs- und Schwellenländern sowie bei kleinen und mittelständischen Unternehmen[606] und
- umfangreichere Nutzung der Multiplikationspotentiale von Wirtschaftsverbänden, Handelskammern und privatwirtschaftlichen Stiftungen.

Zweitens sollte von allen VN-Institutionen gemeinschaftlich ein Katalog einheitlicher Grundsätze zur Partnerauswahl erstellt werden, in dem sowohl

---

[605] Da die Kommunikation für die Freiräume und die Potentiale relevant ist, werden sowohl an dieser Stelle als auch im folgenden Unterabschnitt 7.1.2 kommunikationsbezogene Empfehlungen aufgewiesen.

[606] Vgl. United Nations/General Assembly (2001b), Absatz 39.

aufgewiesen wird, welche Unternehmen bzw. Unternehmen welcher Branchen nicht als Partner in Frage kommen, als auch festgelegt wird, aufgrund welcher gesellschaftlicher Vergehen[607] ein potentieller Partner auszuschließen ist.[608] Dabei sollte es jeder VN-Institution freigestellt sein, unter Angabe einer Begründung die Zusammenarbeit mit weiteren Unternehmen und Branchen abzulehnen. Die im Ergebnis von den Partnerschaften ausgeschlossenen Unternehmen und Branchen sollten schließlich unter Zusatz einer Begründung bekannt gegeben werden. Und drittens empfiehlt sich, dass die Partnerschaftsangebote aus der PW sowie die Partnerschaftsanfragen von den VN an die PW zentral verwaltet werden, um Transparenz zu schaffen und Marketingaktivitäten strategischer ausrichten zu können.[609]

Kommunikation

Im Steuerungsbereich der Kommunikation[610] sind sowohl hinsichtlich der internen als auch der externen Kommunikation Veränderungen notwendig. So sollten im Bereich der VN-internen Kommunikation die notwendigen Rahmenbedingungen geschaffen werden, um bestehende Informationslücken zu schließen und allen an den Partnerschaften beteiligten VN-Mitarbeitern ein gleiches Maß an Informationen zur Verfügung zu stellen.[611] In diesem Sinne empfiehlt es sich, wesentliche Information[612] bezüglich der Partnerschaften

---

607 Beispiele hierfür sind Menschenrechtsverletzungen und Umweltdelikte.

608 Im Rahmen dieser konsenssuchenden Debatte zwischen den VN-Institutionen sollte auch diskutiert werden, welche Unternehmen und Branchen trotz ihrer schlechten Praktiken bzw. Vergehen als Partner berücksichtigt werden sollten, um die Option, deren Verhalten zu beeinflussen, nicht auszuschließen. Aufklärung darüber, welche Unternehmen beispielsweise durch Beteiligungsverhältnisse direkt oder indirekt in welchen Branchen tätig sind, könnte durch noch engere Zusammenarbeit mit sogenannten *Screening*-NGOs stattfinden, deren Kernkompetenz in der Aufklärung über Unternehmenspraktiken liegt.

609 Vgl. dazu auch die folgenden Vorschläge zum Steuerungsbereich Kommunikation.

610 Es ist wiederum darauf hinzuweisen, dass "Kommunikation" - im anderen Sinne als bei Luhmann - hierbei als Steuerungsbereich im Management-Sinne angewandt wird.

611 Vgl. Nelson, Jane (2002), S. 167. Das VN-Sekretariat plante in 2001 eine Arbeitsgruppe einzurichten, die u.a. ein *inter-agency* Netzwerk der *focal points* zum Ausbau interner Lernprozesse und der Informationsteilung schaffen sollte (vgl. United Nations/General Assembly (2001b), Absatz 120).

612 Zu den grundlegenden Informationen gehören v.a. eine Übersicht und Details aller potentiellen, bestehenden und abgeschlossenen Partnerschaften, eine Liste sämtlicher bei den VN im Rahmen der Partnerschaften beschäftigten Mitarbeiter inklusive deren Kontaktinformationen und Zuständigkeiten, Kopien sämtlicher zu den Partnerschaften oder zur Zusammenarbeit mit der PW im Allgemeinen existierenden Richtliniendokumente sowie eine Auflistung aller bislang nicht weiterverarbeiteten Partnerschaftsangebote aus der PW.

zentral zu verwalten und sie so transparent wie möglich VN-intern zugänglich zu machen. Darüber hinaus sollte eine interne Kommunikationsoffensive eingeleitet werden, in der über die grundsätzlichen Möglichkeiten und Absichten im Rahmen der Partnerschaftsinitiative der VN aufgeklärt wird.[613] Ferner sollten die gemeinschaftliche Festlegung von Rahmenbedingungen und der regelmäßigen Erfahrungs- und Informationsaustausch zwischen den einzelnen VN-Institutionen und v.a. den designierten *focal points* institutionalisiert und eine transparente Kommunikationskultur bezüglich der Partnerschaften gefördert werden.[614]

Hinsichtlich der VN-externen Kommunikation im Rahmen der Partnerschaften mit der PW ist eine offensivere Öffentlichkeitsarbeit zu empfehlen. Diese sollte eine strategisch ausgerichtete Verbesserung der allgemeinen Aufklärungsarbeit über die VN durch aktivere Nutzung der möglichen Informationskanäle beinhalten und v.a. bestehende Kooperationsmöglichkeiten im Rahmen der Partnerschaften durch koordinierte Maßnahmen an den für die PW wesentlichen Stellen vermarkten. In diesem Zusammenhang müssten vor allem die Transparenz und Aktualität der institutionenspezifischen Webseiten - und speziell der Webseite der VN zu den Partnerschaften mit der PW - verbessert werden, indem diese inhaltlich besser ausgestattet, übersichtlicher gestaltet und regelmäßiger gepflegt werden.[615] Ferner sollte die regelmäßige und aktive Teilnahme von VN-Vertretern an relevanten Veranstaltungen der PW ebenso gefördert werden, wie die Einladung von Vertretern der PW zu VN-Veranstaltungen.[616]

Kontrolle potentieller Problembereiche

Zur Kontrolle der potentiellen Problembereiche, der Nutzung von Namen und Emblemen, der Anerkennung von Zuwendungen, der Verhinderung einseitiger Vorteilsgewährung sowie der Vermeidung von Interessenkonflikten steht wiederum die Festlegung der erforderlichen Rahmenbedingungen im Mittelpunkt der Verbesserungsvorschläge. Dabei sollte die Bedeutung und mögliche

---

613 Hierbei sollte über folgende Punkte aufgeklärt werden: Dass die neueren Entwicklungen im Rahmen der Partnerschaften keinen Stellenabbau zur Folge haben werden; dass kulturelle Unterschiede und auch divergierende Vorstellungen zwischen den VN und der PW existieren, die respektiert werden müssen; dass das Portfolio einer Partnerschaft über rein finanzielle Zuwendungen hinausgehen kann bzw. i.d.R. hinausgeht und privatwirtschaftliche Institutionen entsprechend nicht lediglich als Geldgeber zu betrachten sind; und dass die Partnerschaften mit der PW keinen Ersatz, sondern eine Ergänzung zu den finanziellen und inhaltlichen Beziehungen mit den Mitgliedstaaten darstellen.

614 Vgl. United Nations/General Assembly (2001b), Absatz 39 und United Nations/Joint Inspection Unit (1999), Schlussfolgerung D.

615 Vgl. Nelson, Jane (2002), S. 312.

616 Vgl. United Nations/Joint Inspection Unit (1999), Absatz 28.

Tragweite der Konflikte im Rahmen der potentiellen Problembereiche seitens der VN grundsätzlich anerkannt werden, um ihnen durch klare Grundsätze und eine deutliche Regelung entgegenwirken zu können. Entsprechend empfiehlt es sich, in einem ersten Schritt die Problembereiche zu definieren, damit in einem nächsten Schritt eindeutige und möglichst für alle VN-Institutionen gültige Verhaltensgrundsätze festgelegt sowie transparente Hilfsmittel und Richtliniendokumente erarbeitet werden können, aus denen der eindeutige Umgang mit konfliktanbahnenden Situationen für VN-Mitarbeiter hervorgeht. Darüber hinaus sollten die potentiell betroffenen VN-Mitarbeiter im Umgang mit den möglichen Problembereichen geschult werden.

VN-institutionenspezifische Unterschiede

Trotz grundsätzlicher Berechtigung VN-institutionenspezifischer Unterschiede, bestehen im Rahmen der Partnerschaften Prozesse und Methoden, die lediglich einer geringfügigen Adaption seitens der VN-Institutionen bedürften, um sie VN-weit anzugleichen, wodurch sie schließlich Effizienz und Nachhaltigkeit der Partnerschaften fördern würden.[617] Es empfiehlt sich somit, dass ausgewählte elementare Prozesse und Methoden, wie beispielsweise die Partnerfindung, im Rahmen der Partnerschaften VN-weit standardisiert und einheitlich verfolgt werden.[618] Zur Umsetzung könnten in einem ersten Schritt alle betroffenen VN-Institutionen daran mitwirken, synchronisierbare Prozesse und Methoden im Rahmen der Partnerschaften zu identifizieren, um in einem zweiten Schritt methodische und prozessuale *Benchmarks* als praktische Grundlagen festzulegen, die von einer anerkannten zentralen Koordinationsstelle regelmäßig aktualisiert bzw. angepasst werden sollten. Hinsichtlich dieser Empfehlung ist jedoch nicht zu vernachlässigen, dass die Bereitschaft der einzelnen VN-Institutionen erforderlich ist, Konsens und gleichgerichtete Koordination zuzulassen bzw. zu fördern und im Sinne eines neuen Managementkonzepts für die Partnerschaften gemeinschaftlich zu agieren.[619]

Administrative Umstände der VN

Da den VN bürokratische Strukturen immanent sind und diese nicht ohne weiteres überwunden werden können, wären umfangreiche praxisbezogene Verbesserungsvorschläge hinsichtlich der administrativen Umstände, die sich aus der Eigengesetzlichkeit der VN ergeben und auf die Partnerschaften einwirken, an dieser Stelle verfehlt. Nichtsdestotrotz ist zu betonen, dass das System der Partnerschaften in eben diesem Punkt unter starkem Veränderungsdruck

---

617 Darüber hinaus könnten durch eine Harmonisierung partnerschaftsbezogener Prozesse und Methoden die Voraussetzungen dafür geschaffen werden, dass sich die VN-Institutionen im Rahmen der Partnerschaften gleichgerichtet weiterentwickeln können.

618 Vgl. United Nations/Joint Inspection Unit (1999), Schlussfolgerung D.

619 Dieser Aspekt wird in Unterabschnitt 7.4.2 noch ausführlich diskutiert.

steht, weil zum einen die Strukturen der PW flexibel und unbürokratisch ausgerichtet sind und zum anderen bürokratische Verfahren in der Regel die Effizienz hemmen. Darauf basierend wäre abzuwägen, ob das System der Partnerschaften ein *role model* hinsichtlich der Überwindung bürokratischer Gesetzmäßigkeiten und Vorschriften innerhalb der VN werden könnte. Mit anderen Worten, könnten die Partnerschaften auf Flexibilität und Effektivität ausgerichtet werden und ihnen käme somit ein Modellcharakter für die Überwindung bürokratischer Strukturen innerhalb der VN zu. Unabhängig von der praktischen Umsetzung dieses Vorschlags, wäre es jedoch grundsätzlich erforderlich, die notwendigen Ressourcen zum Abbau langatmiger administrativer Prozesse und zum Aufbau flexibler Verwaltungskapazitäten im Rahmen der Partnerschaften zur Verfügung zu stellen.[620] In dieser Hinsicht empfiehlt es sich, die für Partnerschaften typischen Prozesse grundlegend auf ihre Zweckmäßigkeit hin zu überprüfen, um anschließend operative Unangemessenheiten und veraltete Praktiken zu revidieren. Dabei sollten juristisch bedeutsame Regelungen vereinfacht sowie zeitliche Abläufe optimiert und nach Möglichkeit verbindlich ausgerichtet werden.[621]

Sämtliche der praxisbezogenen Verbesserungsvorschläge bezüglich der Freiräume wurden im Hinblick auf die nachhaltige und effiziente Entwicklung der Partnerschaften unterbreitet. Zusammenfassend können folgende Schlussfolgerungen gezogen werden: Durch Schaffung elementarer Rahmenbedingungen sowie grundlegender Regeln und Handlungsanleitungen sollten die im Rahmen der Partnerschaften aktuell bestehenden großen Freiräume deutlich reduziert werden, um den auf die Partnerschaften einwirkenden Individuen Orientierung und Führung zu bieten und um eine systemische Ordnung zu schaffen. Dabei steht die Empfehlung im Mittelpunkt, die erforderlichen Maßnahmen zentral zu koordinieren bzw. zu steuern. Sofern die systemische Grundordnung etabliert bzw. die elementare Koordination abgeschlossen ist, könnten und sollten die Freiräume in einem zweiten Schritt stufenweise und in Anlehnung an die Entwicklung der Potentiale der relevanten Individuen wieder ausgeweitet und somit das Ausmaß der zentralen Koordination und Steuerung verringert werden.[622] Da diese beiden Entwicklungsschritte sowohl gemäß der Freiraum-Potential-Matrix als auch in der Praxis in einem engen Verhältnis zu der Entwicklung der Potentiale stehen, müssen die potentialbezogenen Verbesserungsvorschläge, die im nächsten Unterabschnitt vorgestellt werden, Berück-

620 Vgl. United Nations/General Assembly (2001b), Absatz 39.

621 Vgl. United Nations/Joint Inspection Unit (1999), Absätze 76-78 und 80.

622 Zur Umsetzung bzw. Durchsetzung der Freiraumveränderung und der vorgeschlagenen Implementierungsmethodik sind nicht zuletzt Mitwirkung und Kooperation der VN-Institutionen, deren Mitarbeiter und auch der Mitgliedstaaten erforderlich, worauf in Unterabschnitt 7.2.2 eingegangen wird.

sichtigung finden, bevor ein endgültiges Lösungskonzept für die optimale Entwicklung der Partnerschaften vorgestellt werden kann.

7.1.2 Potentialbezogene Verbesserungsvorschläge

Wie die praxisbezogene Analyse in Kapitel 6 ergab, sind die relevanten Potentiale der involvierten Individuen, im derzeitigen Entwicklungszustand der Partnerschaften gering. Dieser Zustand des Potentials ist sowohl für funktionale Systeme, die am Anfang ihrer Entwicklung stehen, als auch für Menschen, die mit neuen Herausforderungen konfrontiert werden und denen es an Erfahrung und Routine mangelt, durchaus typisch. Aus diesem Grund, aber auch weil die Vergrößerung der relevanten Potentiale als ein sich im Zeitablauf vollziehender Prozess zu verstehen ist, was beinhaltet, dass Potentiale aufgrund ihrer Eigenschaften, nicht abrupt bzw. übergangslos vergrößert werden können, ist die Veränderung der Potentiale im Rahmen der Partnerschaften zwar weniger dringend als die Veränderung der Freiräume, sie ist aber dennoch maßgeblich für die langfristig ausgerichtete und optimale Entwicklung des Systems.

Zur Förderung der Veränderung bzw. Vergrößerung der Potentiale im Zeitablauf können exogene Maßnahmen eingeleitet werden. Dabei ist jedoch anzumerken, dass lediglich die Potentiale der Individuen durch äußere Unterstützung verändert werden können, wodurch sich allerdings auch das systemeigene Potential und somit das Potential des im Mittelpunkt stehenden Systems der Partnerschaften verändern wird. Im Folgenden werden somit Verbesserungsmaßnahmen vorgeschlagen, die eine Vergrößerung des Potentials der Partnerschaften unterstützen könnten und anhand der zusammengefassten potentialbezogenen Ergebnisse aus Abschnitt 6.3 gegliedert werden.[623]

Informationsniveaus

Zur Überwindung der unterschiedlichen Informationsniveaus im Rahmen der Partnerschaften tätiger VN-Mitarbeiter sind zwei komplementäre Maßnahmen zu empfehlen: Erstens sollten die Partnerschaften betreffende Informationen transparent verwaltet werden. Dabei ist zu gewährleisten, dass allen involvierten VN-Mitarbeitern zu jeder Zeit ein gleiches Maß an Informationen zur Verfügung gestellt werden kann, und dass Maßnahmen für eine regelmäßige, kohärente und transparente interne Kommunikationskultur im Rahmen der Partnerschaften gefördert werden. Und zweitens sollten alle im Rahmen der Partnerschaften beschäftigten VN-Mitarbeiter zu transparentem und aktivem Informationsaustausch aufgefordert und motiviert werden.

---

[623] Dabei ist der auf den engen Zusammenhang zwischen den folgenden Verbesserungsvorschlägen und den in Unterabschnitt 7.1.1 zum Punkt interne Kommunikation unterbreiteten Verbesserungsvorschlägen hinzuweisen.

Erfahrungen und Erfahrungsniveaus

Aus den abweichenden Informationsniveaus aber auch aufgrund des mangelhaften Erfahrungsaustauschs ergeben sich seitens der VN-Mitarbeiter variierende Erfahrungen und Erfahrungsniveaus bezüglich der Partnerschaften zwischen den VN und der PW. Obwohl sich individuelle praktische Erfahrungen nur im Zeitablauf entwickeln, könnte die Überwindung der bestehenden Unterschiede durch Informationsaustausch, aber v.a. durch interaktiven Erfahrungsaustausch gezielt gefördert werden. Es empfiehlt sich in diesem Sinne, geeignete Maßnahmen einzuleiten, wie beispielsweise die Herausgabe regelmäßiger *Newsletter* und Erfahrungsberichte. Darüber hinaus könnten die Erfahrungsniveaus durch verstärktes *secondment of staff* mit Partnerunternehmen aus der PW weiterentwickelt werden.[624]

Kontaktstadien und Kontakthäufigkeiten mit Partnerschaften

Die unterschiedlichen Kontaktstadien bzw. -häufigkeiten mit konkreten Partnerschaften der im Rahmen der Partnerschaften beschäftigten VN-Mitarbeiter können grundsätzlich nur im Zeitablauf überwunden werden. Dennoch sollten auch hier unterstützende Maßnahmen erwogen und möglicherweise zentral koordiniert werden, wie beispielsweise, dass Kollegen institutionen-übergreifend in Partnerschaftsprozesse als Beobachter einbezogen werden, oder dass auch weniger hochrangige, im Rahmen der Partnerschaften beschäftigte Mitarbeiter als Zuhörer an strategisch relevanten Besprechungen und Verhandlungen teilnehmen.

Fachkenntnisse sowie sachbezogene Aus- und Weiterbildung

Hinsichtlich sowohl der unterschiedlichen Fachkenntnisse bzw. der ungenügenden sachbezogenen Aus- und Weiterbildung der aktiv an den Partnerschaften beteiligten VN-Mitarbeiter sollten vermehrt Ausbildungs-, Schulungs- und Weiterbildungsmaßnahmen angeboten werden,[625] wobei auch Ausbildungsmaßnahmen für bislang nicht im Rahmen der Partnerschaften tätige VN-Mitarbeiter zu erwägen sind.[626] Die Vermittlung sowohl von Grundlagen (beispielsweise zur Betriebswirtschaft) als auch von partnerschaftsspezifischen Inhalten sollte dabei den Schwerpunkt bilden. Zudem empfiehlt sich die Gestaltung und Implementierung einer Personalentwicklungsplanung, die eine

---

624 Vgl. Nelson, Jane (2002), S. 312 und Tesner, Sandrine; Kell, Georg (2000), S. 134.

625 Vgl. Nelson, Jane (2002), S. 312. Zur Umsetzung bieten sich Kooperationen mit Ausbildungs- bzw. Schulungsstätten an, wie sie beispielsweise bereits mit dem UNSC in Turin stattfinden. Ferner könnten diese Ausbildungsmaßnahmen wiederum Bestandteil einer eigenen Partnerschaft beispielsweise mit einem Personalberatungsunternehmen sein.

626 Vgl. Nelson, Jane (2002), S. 173.

Erstellung der erforderlichen bzw. wünschenswerten Kenntnisprofile ebenso beinhalten sollte wie die Umsetzung persönlicher Entwicklungspläne. Darüber hinaus ist die Bedeutung von Führung und Management zur Förderung des systemischen Potentials relevant: Je besser die *focal points* mit Managementfähigkeiten ausgestattet sind, desto nachhaltiger und effizienter lässt sich auch das systemische Potential der Partnerschaften in den einzelnen VN-Institutionen fördern und entsprechend auf die gesamtsystemische Ebene übertragen. Das heißt die Nutzung und der Ausbau der gegebenen Potentiale hängen besonders stark von den Managementfähigkeiten der beteiligten Mitarbeiter ab, da es an ihnen liegt, Probleme zu erkennen, Veränderungen anzustoßen und Vorschläge umzusetzen.[627] In diesem Sinne sollten Maßnahmen zur Entwicklung der Managementfähigkeiten der im Rahmen der Partnerschaften aktiven Mitarbeiter und v.a. der *focal points* implementiert werden.

Persönliche Einstellungen

Für eine positive Entwicklung der divergierenden persönlichen Einstellungen der VN-Mitarbeiter gegenüber den Partnerschaften ist auf die in Unterabschnitt 7.1.1 vorgeschlagene interne Kommunikationsoffensive als konkrete Maßnahme zu verweisen. Die Aufklärung der Gesamtheit der VN-Mitarbeiterschaft über die Grundlagen, Zielsetzungen und Absichten sowie über bestehende Missverständnisse hinsichtlich der Partnerschaften würde ein besseres Verständnis und somit eine sachgerecht-fundierte persönliche Positionierung bezüglich der Partnerschaften ermöglichen.

Fasst man die praxisbezogenen Verbesserungsvorschläge zusammen, so bestätigt sich, dass im Hinblick auf eine nachhaltige und effiziente Entwicklung der Partnerschaften das Potential und primär das gesamtheitliche Potential der im Rahmen der Partnerschaften beschäftigten VN-Mitarbeiter im Zeitablauf zu vergrößern ist. Dabei kann aus den einzelnen Empfehlungen abgeleitet werden, dass die entsprechende Entwicklung der Potentiale durch zentral koordinierte Maßnahmen und transparent verwaltete Informationen unterstützt werden könnte. Zu betonen ist jedoch, dass die Ergebnisse und Erfolge Zeit brauchen, in der sie von den Menschen internalisiert und verarbeitet werden, damit das Gelernte schließlich praktisch umgesetzt werden kann und sich entsprechend auf das System der Partnerschaften auswirken kann. In diesem Sinne sind für eine positive Entwicklung der Potentiale die Lernbereitschaft und die vorausgesetzte

---

[627] "*Leadership is a key element to develop and sustain partnership, particularly because of the possible high degree of internal and external conflicts. As a result, a partnership leader needs to have strong political skills and to be able to convince both internal and external actors of the relevance of collaboration.*" (Ruchat, Bérangère (2000), S. 65.) "*The leader has also to support and facilitate the learning process of the entire staff involved in partnership and has a mission to transmit to the rest of the organization the benefits of partnership interactions.*" (Ruchat, Bérangère (2000), S. 66.)

Lernfähigkeit der Individuen ebenso ausschlaggebend, wie die Bereitstellung unterstützender Ressourcen.

Auf Basis der freiraum- und potentialbezogenen Verbesserungsvorschläge und den abgeleiteten Schlußfolgerungen kann im folgenden Unterabschnitt schließlich ein praxisbezogenes Lösungskonzept für die nachhaltige und effiziente Entwicklung der Partnerschaften abgeleitet werden.

7.1.3 Ableitung eines praxisbezogenen Lösungskonzepts

Die gesamtheitliche Betrachtung der praxisbezogenen Verbesserungsvorschläge zur nachhaltigen und effizienten Entwicklung der Partnerschaften bestätigt den engen Zusammenhang zwischen Freiräumen und Potentialen. Ausgehend vom derzeitigen Entwicklungszustand der Partnerschaften müssen entsprechend sowohl die Freiräume als auch die Potentiale für die optimale Weiterentwicklung der Partnerschaften verändert werden.[628] In einem ersten Schritt sollten dabei die bestehenden großen Freiräume drastisch verringert werden, indem grundlegende und richtungsweisende Rahmenbedingungen und Regularien für die Entwicklung der Partnerschaften geschaffen und implementiert werden. Hierzu bietet sich eine Form der zentralen Koordination und Verwaltung der Partnerschaften an. Parallel zu diesem Prozess aber spätestens nach Abschluss der Freiraumkonzentration sollte durch zentral gesteuerte Maßnahmen und u.a. durch transparente Informationsverwaltung die Vergrößerung der vorhandenen Potentiale der relevanten VN-Mitarbeiter unterstützt werden. Im Rahmen dieser Entwicklung könnten und sollten dann auch die Freiräume in adäquatem Maße wieder vergrößert werden. Mit anderen Worten besteht das praxisbezogene Lösungskonzept darin, in einem ersten Schritt die Handlungsalternativen der auf die Partnerschaften einwirkenden Individuen zu beschränken und in einem zweiten Schritt seitens der betreffenden Individuen die selbstständige Auswahl der zweckmäßigsten Handlungsalternative zu fördern, um schließlich die Partnerschaften und die beteiligten Individuen zu einer auf Eigengesetzlichkeit beruhenden autonomen Selbstverwaltung im Sinne einer nachhaltigen und effizienten Entwicklung des Systems zu befähigen. Theoretisch ausgedrückt ergibt sich ausgehend vom derzeitigen Entwicklungszustand somit zur nachhaltigen und effizienten Entwicklung der Partnerschaften die vorrangige Notwendigkeit der Freiraumreduktion und die anschließende Erfordernis der Potentialvergrößerung mit paralleler Freiraumvergrößerung.

---

628 Dabei ist anzumerken, dass hiernach sämtliche Veränderungen von Freiraum und Potential als absolute Veränderungen zu verstehen sind und Zwischenstufen in der Bandbreite zwischen groß und gering entsprechend vernachlässigt werden.

Nachdem somit ein praxisbezogenes Lösungskonzept hinsichtlich der nachhaltigen und effizienten Entwicklung der Partnerschaften vorgestellt werden konnte, stellt sich im Folgenden die Frage nach den theoretischen Lösungsansätzen.

7.2 THEORETISCHE LÖSUNGSANSÄTZE

Zur Vorstellung theoretischer Lösungsansätze bietet die Freiraum-Potential-Matrix eine Grundlage, anhand derer theoretische Optionen für die nachhaltige und effiziente Entwicklung der Partnerschaften aufgewiesen und Empfehlungen hinsichtlich der Umsetzung abgeleitet werden können. Ausgehend vom aktuellen Entwicklungszustand der Partnerschaften werden dabei in Unterabschnitt 7.2.1 die einzelnen Entwicklungsmöglichkeiten anhand der Freiraum-Potential-Matrix vorgestellt. Den in Abbildung 8 vorgestellten optimalen Bereich für die nachhaltige und effiziente Entwicklung der Partnerschaften gemäß der Matrix berücksichtigend, werden anschließend in Unterabschnitt 7.2.2 die praktische Umsetzbarkeit und Zweckmäßigkeit der Entwicklungsoptionen bezüglich der Problemstellung erörtert, um den theoretischen Ansätzen die erforderliche Praxisrelevanz beizumessen. Abschließend werden in Unterabschnitt 7.2.3 die Schlussfolgerungen durch Formulierung eines theoretisch fundierten Lösungskonzepts zusammengefasst.

7.2.1 Vorstellung der Entwicklungsoptionen anhand der Freiraum-Potential-Matrix

Der gegebene Entwicklungszustand der Partnerschaften zwischen den VN und der PW zeichnet sich durch große Freiräume und geringe Potentiale aus, was sich grafisch anhand der Freiraum-Potential-Matrix durch Punkt 1 in Abbildung 15 darstellen lässt.

Von diesem Zustand ausgehend, ergeben sich vier theoretische Entwicklungsmöglichkeiten im Sinne von möglichen Zwischen- oder Endzuständen der Entwicklung für das System der Partnerschaften (die folgenden Abbildungsreferenzen beziehen sich alle auf Abbildung 15):

- Erstens das Beibehalten der gegebenen Position des großen Freiraums und des geringen Potentials (Punkt 1);
- Zweitens eine absolute Vergrößerung des Potentials unter Beibehaltung des großen Freiraums (Punkt 2);
- Drittens eine absolute Verringerung des Freiraums unter Beibehaltung des geringen Potentials (Punkt 3); und

- viertens eine parallele Veränderung von Freiraum und Potential durch eine absolute Verringerung des Freiraums sowie eine absolute Vergrößerung des Potentials (Punkt 4).

Abbildung 15: Theoretische Entwicklungsoptionen gemäß der Freiraum-Potential-Matrix

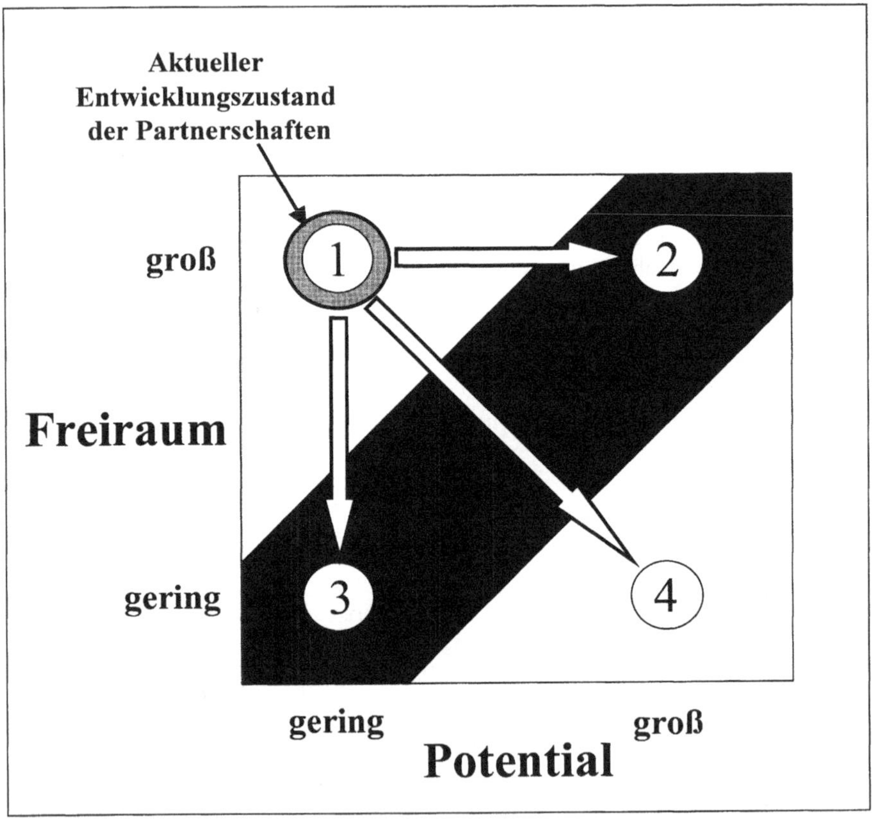

Quelle: Eigene Darstellung.

Wie die Abbildung veranschaulicht, liegen zwei der Entwicklungsoptionen (Punkte 1 und 4) außerhalb und zwei der Entwicklungsoptionen (Punkte 2 und 3) innerhalb der optimalen Bereichs für die nachhaltige und effiziente Entwicklung der Partnerschaften, was im folgenden Unterabschnitt diskutiert wird.

7.2.2 Umsetzbarkeit und Zweckmäßigkeit der Entwicklungsoptionen

Zur Beantwortung, wie sich die Partnerschaften ausgehend vom derzeitigen Zustand nachhaltig und effizient entwickeln können, müssen sowohl die praktische Umsetzbarkeit als auch die Zweckmäßigkeit der theoretischen Entwicklungsoptionen im Einzelnen beurteilt werden. Dabei soll schließlich den theoretischen Alternativen praktische Relevanz beigemessen werden.

Die theoretische Entwicklungsoption der Stagnation bzw. der Beibehaltung des gegenwärtigen Entwicklungszustandes der Partnerschaften (Punkt 1), stellt zwar grundsätzlich eine praktisch umsetzbare jedoch keine zweckmäßige Alternative dar, weil eben dieser gegebene Zustand der Partnerschaften überwunden werden soll, damit sich die Partnerschaften nachhaltig und effizient entwickeln.[629] Dementsprechend kann diese Alternative vernachlässigt werden.

Für die anderen drei theoretischen Entwicklungsoptionen, die eine Entwicklung der Partnerschaften weg von der gegenwärtigen Position der großen Freiräume und geringen Potentiale beinhalten, muss mindestens einer der beiden Faktoren Freiraum bzw. Potential absolut verändert werden. Gemäß der gegebenen Positionierung der Partnerschaften in der Matrix können dabei die großen Freiräume verringert werden, die geringen Potentiale vergrößert werden oder beides. Es stellt sich somit zunächst die Frage, ob eine absolute Verringerung des Freiraums bzw. eine absolute Vergrößerung des Potentials praktisch überhaupt möglich wäre und wie sich diese umsetzen ließe.

Eine absolute Verringerung der Freiräume (Punkte 3 und 4) für das System der Partnerschaften wäre praktisch umsetzbar, indem den Partnerschaften eine Form der Verwaltung und Koordination durch institutionalisierte Strukturen auferlegt wird, durch die grundlegende Rahmenbedingungen, Methoden und Prozesse festgelegt sowie implementiert werden könnten. Hingegen gestaltet sich die praktische Umsetzbarkeit einer absoluten Vergrößerung der Potentiale (Punkte 2 und 4) komplexer, da die Entwicklung von Potentialen einen Prozess umfasst, der auf Erfahrungs- und Wissenszuwächsen basiert, die sich nicht kurzfristig bzw. absolut sondern nur im Zeitablauf vollziehen können. Dabei ist auch zu berücksichtigen, dass das gegebene Ausmaß der Freiräume für die Steuerung der Entwicklungsfähigkeit der Potentiale der Individuen in der Praxis relevant ist.[630] Daraus ergibt sich schließlich, dass eine absolute und von der Entwicklung der

---

[629] Vgl. Ausführungen in Kapitel 6.

[630] Vgl. Unterabschnitt 3.2.4.

Freiräume unabhängige Vergrößerung der Potentiale im Sinne der Freiraum-Potential-Matrix in der Praxis nicht ohne weiteres umsetzbar ist.[631]

Betrachtet man vor diesem Hintergrund die praktische Umsetzbarkeit der verbleibenden drei theoretischen Entwicklungsoptionen, so sind alle drei Optionen grundsätzlich praktisch umsetzbar. Jedoch bedürfen die beiden Optionen, die eine absolute Vergrößerung der Potentiale beinhalten (Punkte 2 und 4), einen zeitlichen Mehraufwand gegenüber der Entwicklungsalternative, die keine Veränderung der Potentiale erfordert (Punkt 3), und zudem sind sie nur auf Grundlage geringer Freiräume effektiv umsetzbar. Um schließlich eine endgültige Empfehlung ableiten zu können, ist somit zunächst die Frage nach der Zweckmäßigkeit der drei Alternativen für die nachhaltige und effiziente Entwicklung der Partnerschaften zu beantworten.

Die Entwicklungsoption der absoluten und parallelen Veränderung von Freiräumen und Potentialen (Punkt 4) erweist sich als nicht zweckmäßig, weil sie außerhalb des optimalen Bereichs für eine nachhaltige und effiziente Entwicklung der Partnerschaften liegt und sich Systeme in dieser Position der Matrix durch Demotivation und eine Entwicklungsblockade auszeichnen. Hinzukommend würden in diesem Zustand bürokratisierte Prozesse und Methoden sowie ein Mangel an kreativem Freiraum zu Frustration und destruktivem Verhalten der beteiligten Individuen führen.[632] In der Konsequenz ist somit auch diese theoretische Option für eine nachhaltige und effiziente Entwicklung der Partnerschaften auszuschließen.

Die Entwicklungsoption großer Freiräume und großer Potentiale (Punkt 2) ist zwar aufgrund der erforderlichen absoluten Vergrößerung des Potentials nicht direkt umsetzbar, doch ist eben dieser Entwicklungszustand für das System der Partnerschaften langfristig erstrebenswert, da gemäß der Freiraum-Potential-Matrix der optimale Entwicklungsverlauf der Partnerschaften auf diesen Zustand hin ausgerichtet ist.[633] Mit anderen Worten, wäre längerfristig betrachtet eine Entwicklung vom derzeitigen Zustand großer Freiräume und geringer Potentiale zu einem Zustand großer Freiräume und großer Potentiale für das System der Partnerschaften optimal, um Nachhaltigkeit und Effizienz zu gewährleisten. Es muss folglich eine sowohl theoretisch gerechtfertigte als auch praktisch umsetzbare Möglichkeit gefunden werden, wie dieser optimale Entwicklungszustand (Punkt 2) dennoch für die Partnerschaften langfristig erreicht werden kann.

---

631 Rein hypothetisch wäre eine absolute Vergrößerung der Potentiale der beteiligten Individuen zwar denkbar, indem die relevanten Individuen mit geringem Potential durch Individuen mit großem Potential ersetzt würden, aber kaum umsetzbar.

632 Vgl. Unterabschnitt 3.2.4.

633 Vgl. Abbildung 10.

Den Lösungsansatz liefert die theoretische Entwicklungsoption, die eine Reduktion der gegebenen Freiräume unter Beibehaltung der geringen Potentiale beinhaltet (Punkt 3), da sie als einzige der verbleibenden Alternativen ohne zeitliche Verzögerung praktisch umsetzbar ist und dieser Zustand gemäß der Freiraum-Potential-Matrix den optimalen Ausgangspunkt für eine nachhaltige und effiziente Entwicklung des Systems der Partnerschaften markiert.[634] Dabei bestehen hinsichtlich dieser Entwicklungsoption grundsätzlich zwei Möglichkeiten: Erstens könnte die Entwicklung der Partnerschaften langfristig in eben diesem Entwicklungszustand der geringen Freiräume und Potentiale stagnieren, was sich praxisbezogen durch eine Bürokratisierung der Partnerschaften und deren Beschränkung auf eine rein administrative Funktion ausdrücken würde. Und zweitens könnte, wie angedeutet, diese Entwicklungsoption als ein Zwischenzustand dienen, der umgesetzt werden muss, um eine optimale Ausgangsposition für die weitergehende und auf Nachhaltigkeit und Effizienz ausgerichtete Entwicklung der Partnerschaften zu schaffen. Die erste Möglichkeit erweist sich aufgrund ihrer praktischen Implikationen für eine nachhaltige und effiziente Entwicklung der Partnerschaften im Zeitablauf als nicht zweckmäßig. Hingegen liefert die zweite Möglichkeit, in der diese Entwicklungsoption als Zwischenstation für die optimale Entwicklung der Partnerschaften im Zeitablauf genutzt würde, einen konkreten Lösungsansatz, um in einem nachfolgenden Prozess die Potentiale in enger Korrelation zu den Freiräumen im Sinne des optimalen Entwicklungsverlaufs zu vergrößern. Mit anderen Worten wäre es sowohl praktisch umsetzbar als auch zweckmäßig, dass die Entwicklungsoption der geringen Freiräume und Potentiale als Zwischenstation für die langfristig optimale Ausrichtung der Entwicklung der Partnerschaften im Sinne großer Freiräume und Potentiale dient.

Zur Gewährleistung einer nachhaltigen und effizienten Entwicklung der Partnerschaften ergibt sich somit zusammenfassend, dass zwei der vier theoretischen Entwicklungsoptionen (Punkte 1 und 4) aufgrund ihrer mangelnden Zweckmäßigkeit auszuschließen sind, und dass auf Grundlage des optimalen Entwicklungsverlaufs der Partnerschaften die theoretische Entwicklungsoption der großen Freiräume und Potentiale (Punkt 2) zwar langfristig zweckmäßig ist, aber aufgrund der beinhalteten absoluten Veränderung der Potentiale nicht ohne Umwege praktisch umsetzbar ist. Des Weiteren ergibt sich, dass die theoretische Entwicklungsoption geringer Freiräume und Potentiale (Punkt 3) zwar direkt praktisch umsetzbar ist, aber eine Stagnation der Entwicklung der Partnerschaften in diesem Zustand nicht zweckmäßig wäre. Vor diesem Hintergrund wird im folgenden Unterabschnitt schließlich ein theoretisches

---

634 Vgl. Abbildung 9.

Lösungskonzept für die nachhaltige und effiziente Entwicklung der Partnerschaften abgeleitet.

7.2.3 Ableitung eines theoretischen Lösungskonzepts

Auf Basis der gewonnenen Erkenntnisse und unter Berücksichtigung des optimalen Entwicklungsverlaufs für Nachhaltigkeit und Effizienz der Partnerschaften gemäß der Freiraum-Potential-Matrix, lässt sich ausgehend vom derzeitigen Entwicklungszustand schließlich folgendes theoretisches Löungskonzept für eine nachhaltige und effiziente Entwicklung der Partnerschaften ableiten: In einem ersten Schritt, der zeitlich befristet ist, sollten die gegebenen großen Freiräume absolut verringert werden, indem dem System der Partnerschaften eine institutionalisierte Form der Verwaltung und Koordination zukommt. Dadurch würde für die weitergehende Entwicklung der Partnerschaften eine optimale Ausgangsposition gemäß der Freiraum-Potential-Matrix geschaffen. Von diesem Zwischenzustand bzw. dieser Zwischenstation ausgehend, sollten in einem zweiten prozessartigen Schritt zum einen die Potentiale durch untertützende Fördermaßnahmen vergrößert werden und zum anderen parallel auch die Freiräume wieder vergrößert werden, indem der Umfang an Koordination und Verwaltung der Partnerschaften in korrelierendem Maß zu der Vergrößerung der Potentiale reduziert wird. Insgesamt sollte somit ausgehend vom aktuellen Entwicklungszustand der Partnerschaften durch Umsetzung von zwei Entwicklungsschritten auf den optimalen Entwicklungsverlauf der Partnerschaften gemäß der Freiraum-Potential-Matrix hingewirkt werden.

Damit schießlich auf Grundlage der Ergebnisse ein kombinierter Lösungsvorschlag für die nachhaltige und effiziente Entwicklung der Partnerschaften vorgestellt werden kann, wird das theoretische Lösungkonzept im folgenden Abschnitt mit dem praxisbezogenen Lösungskonzept aus Unterabschnitt 7.1.3 verglichen.

7.3 Kombiniertes Lösungskonzept und Lösungsvorschlag

Ausgehend vom derzeitigen Entwicklungszustand der Partnerschaften zwischen den VN und der PW wurden durch unterschiedliche Herangehensweisen zwei unabhängige Lösungskonzepte, ein praxisbezogenes und ein theoretisches, für die nachhaltige und effiziente Entwicklung der Partnerschaften erarbeitet. Nach dem Vergleich dieser beiden Konzepte miteinander wird in diesem Abschnitt ein kombiniertes Lösungskonzept beschrieben, aus dem schließlich ein theoretisch gestützter und praktisch umsetzbarer Lösungsvorschlag abgeleitet wird.

Der direkte Vergleich zwischen dem praxisbezogenen Lösungskonzept[635] und dem theoretischen Lösungskonzept[636] ergibt, dass die beiden Lösungskonzepte und deren jeweilige Lösungsschritte für die nachhaltige und effiziente Entwicklung des Systems der Partnerschaften zwischen den VN und der PW übereinstimmen. Mit anderen Worten können die Schlussfolgerungen der praxisbezogenen sowie der theoretischen Lösungsansätze aufgrund ihrer Übereinstimmung in einem Lösungskonzept zur optimalen Entwicklung der Partnerschaften zusammengefasst werden. Dieses kombinierte Lösungskonzept lässt sich anhand der Freiraum-Potential-Matrix folgendermaßen veranschaulichen:

Abbildung 16: Kombiniertes Lösungskonzept zur optimalen Entwicklung der Partnerschaften

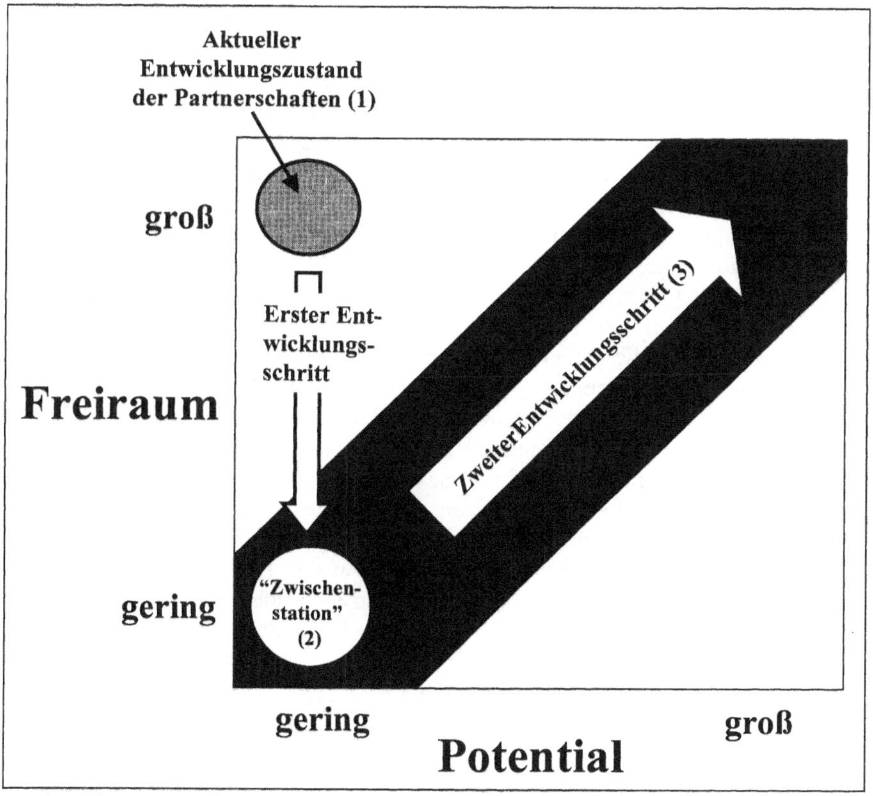

Quelle: Eigene Darstellung.

[635] Vgl. Unterabschnitt 7.1.3.

[636] Vgl. Unterabschnitt 7.2.3.

Vom gegebenen Entwicklungszustand der Partnerschaften mit großen Freiräumen und geringen Potentialen ausgehend (Punkt 1), hat die Verringerung des Freiraums im Sinne einer Beschränkung der Handlungsalternativen für die involvierten Individuen Priorität. Das heißt der erste Entwicklungsschritt für eine nachhaltige und effiziente Entwicklung der Partnerschaften besteht darin, grundsätzliche Rahmenbedingungen, Regeln und Normen sowie Methoden und Prozesse zu entwickeln, festzulegen und zu implementieren und somit durch eindeutige Abgrenzung die (Handlungs-)Freiräume für die auf die Partnerschaften einwirkenden Individuen zu verringern.[637] Damit wird sowohl die strategische Ausrichtung und Steuerung der Partnerschaften als auch die Stabilisierung elementarer Strukturen ermöglicht. Ein entscheidender Meilenstein für die Entwicklung der Partnerschaften liegt im Abschluss der Freiraumreduktion, der als "Zwischenstation" bezeichnet werden kann (Punkt 2). Dieser Zustand entspricht dem optimalen Ausgangspunkt für eine nachhaltige und effiziente Entwicklung des Systems der Partnerschaften gemäß der Freiraum-Potential-Matrix und kann praxisbezogen mit dem Zeitpunkt gleichgesetzt werden, ab dem elementare Verwaltungs- und Koordinationsstrukturen etabliert und die grundlegenden Rahmenbedingungen für die zweckmäßige Entwicklung der Partnerschaften geschaffen wurden. Parallel zu dieser Entwicklung, jedoch mit nachgeordneter Dringlichkeit kann - und spätestens nach Abschluss dieses ersten Entwicklungsschritts muss - in einem nächsten Schritt mit der tatsächlichen Weiterentwicklung des Systems der Partnerschaften gemäß des optimalen Entwicklungsverlauf der Freiraum-Potential-Matrix begonnen werden. Einerseits ist dabei durch die gezielte Förderung, beispielweise in Form von Aus- und Weiterbildungsmaßnahmen, auf eine Vergrößerung der Potentiale der Individuen hinzuwirken. Und andererseits wird gemäß der tatsächlichen Entwicklung der Potentiale eine im Verhältnis stehende, stufenweise Vergrößerung der Freiräume umgesetzt, indem zentralisierte Prozesse und Reglementierungen verringert und die möglichen Handlungsalternativen ausgeweitet werden (Punkt 3). Die optimale Entwicklung der Partnerschaften im Sinne von Nachhaltigkeit und Effizienz ist schließlich dann gewährleistet, wenn sich die Freiräume und Potentiale in parallelem und entsprechend korrelierendem Maße kontinuierlich gemäß des optimalen Entwicklungsverlaufs nach der Freiraum-Potential-Matrix vergrößern.

Um auf diesen Grundlagen sowohl einen theoretisch begründeten als auch praktisch umsetzbaren Lösungsvorschlag zur Implementierung des kombinierten Lösungskonzepts ableiten zu können, muss der systeminterne Entwicklungsparameter der Struktur Berücksichtigung finden. Wie in Unterabschnitt 3.2.5 beschrieben, ist dabei grundlegend, dass die Grundprobleme eines Systems, die hier in dem derzeit nicht auf Nachhaltigkeit und Effizienz ausgerichteten

---

[637] Vgl. Unterabschnitt 7.1.1 für konkrete Maßnahmen zur Umsetzung.

Entwicklungszustand der Partnerschaften liegen, durch die Einrichtungen von Grundstrukturen im Sinne von generalisierten und stabilisierten Verhaltenserwartungen angegangen werden können. Nachdem die Struktur schließlich ausschlaggebend für die entwicklungsbedingte Veränderung und nicht zuletzt für die Selbsterhaltung sozialer Systeme und somit auch der Partnerschaften ist,[638] und in engem Verhältnis zu den Freiräumen und Potentialen eines Systems steht, müssen die vorgeschlagenen Entwicklungsmaßnahmen zur Veränderung der Freiräume und Potentiale damit einhergehen, dass die mangelhafte Stabilisierung von Verhaltenserwartungen seitens der VN und der einzelnen VN-Institutionen überwunden werden und in diesem Sinne dem System der Partnerschaften eine unterstützende Struktur zukommt. "Nur Strukturen halten Kontinuierbares (und daher Änderbares) relativ konstant. (...) Auf der Ebene der Erwartungen, nicht auf der Ebene der Handlungen, kann ein System lernen, kann es Festlegungen wieder auflösen, sich äußeren oder inneren Veränderungen anpassen."[639]

Betrachtet man vor diesem Hintergrund die im Einzelnen vorgeschlagenen Entwicklungsschritte des Lösungskonzepts, so entspricht die Freiraumreduktion im ersten Entwicklungsschritt der nach Luhmann zur Funktionserfüllung und Bestandsfähigkeit des Systems erforderlichen Stablisierung der generalisierten Verhaltenserwartungen. Und der zweite Entwicklungsschritt, die weitergehende, prozess-basierte Anpassung und Ausweitung von Freiraum und Potential, basiert im systemtheoretischen Sinne auf dem Prinzip der laufenden Reproduktion bzw. Anpassung des Systems durch Autopoeisis und Selbstreferenz.[640] Der Lösungsvorschlag zur Implementierung des Lösungskonzepts muss folglich die Stabilisierung von Strukturen beinhalten, indem auf Basis von Dauer, Konsistenz und Konsensfähigkeit Verhaltenserwartungen generalisiert und in diesem Sinne institutionalisiert werden. Das heißt, dass im Luhmannschen Sinne auf Basis der im Rahmen der Partnerschaften gegebenen Dauergeltung von Verhaltenserwartungen praktisch durchführbare Rollen abgeleitet und konsensbasiert institutionalisiert bzw. durch Strukturen gefestigt werden müssen.[641]

---

638 Vgl. Unterabschnitte 2.1.2 und 3.2.5.

639 Luhmann, Niklas (1984), S. 472.

640 Vgl. Unterabschnitt 2.1.2.

641 In diesem Zusammenhang ist im Rahmen der systemtheoretischen Argumentation auch die entscheidungsentlastende Funktion von Organisationen zu betonen, die darauf basiert, dass Organisationen für das Individiuum eine Entlastung von allzu vielen Entscheidungen bedeuten (vgl. Horster, Detlef (1997), S. 151). "Das heißt: Man entscheidet, weil entschieden worden ist oder damit entschieden wird." (Luhmann, Niklas (1981a), S. 343.) Zudem ist die Bildung von Organisationen in Funktionssystemen auch erforderlich, um die Systeme mit externer Kommunikationsfähigkeit auszustatten (vgl. Horster, Detlef (1997), S. 154).

Unter Berücksichtigung der genannten Aspekte besteht der konkrete Lösungsvorschlag für die vom derzeitigen Entwicklungszustand ausgehende nachhaltige und effiziente Entwicklung der Partnerschaften darin, Strukturen auf zwei Ebenen auszubilden: Zum einen innerhalb der einzelnen VN-Institutionen im Sinne von designierten *focal points* und zum anderen übergreifend auf der VN-Ebene bzw. die Gesamtheit der Partnerschaften umspannend im Sinne einer zentralen Verwaltungs- und Koordinationsinstitution für die Partnerschaften. Mit anderen Worten sollten einerseits innerhalb der einzelnen VN-Institutionen partnerschaftsspezifische Strukturen ausgebildet werden und andererseits sollte eine zentrale Institution zur Verwaltung und Koordination der Partnerschaften geschaffen werden. Dabei ist bezüglich der Dauerhaftigkeit der Strukturen Folgendes anzumerken: Die innerhalb der einzelnen VN-Institutionen zu schaffenden bzw. geschaffenen *focal points* sollten ein unbefristetes Mandat erhalten und entsprechend unbefristet eingerichtet bleiben. Die übergreifend auf der VN-Ebene zu schaffende zentrale Verwaltungs- und Koordinationsinstitution für die Partnerschaften sollte hingegen vor dem Hintergrund etabliert werden, dass ihre Funktion befristet sein kann, sofern die Entwicklung der Potentiale ab einem bestimmten Zeitpunkt eine Ausweitung der Freiräume unterstützt. Entsprechend könnte die zentrale Verwaltungs- und Koordinationsinstitution für die Partnerschaften nach Funktionserfüllung aufgelöst bzw. umfunktionalisiert werden. Die gebotene Option der zeitlichen Befristung der zentralen Verwaltung und Koordination basiert dabei sowohl auf der absehbaren Veränderung von Erwartungen und auf der Veränderlichkeit möglicher Umweltimpulse als auch darauf, dass mit wachsenden Potentialen der relevanten Individuen auch deren Freiräume ausgeweitet werden bzw. die Regulierung und Steuerung der Handlungsvorgaben reduziert werden können. Sie kann nach Luhmann durch dessen Ansatz der Temporalisierung des Systems und seiner Elemente erklärt bzw. gerechtfertigt werden.[642]

Bezüglich der innerhalb der VN-Institutionen zu schaffenden Strukturen ergab die praxisbezogene Analyse, dass die erforderlichen Grundstrukturen bereits bei manchen der VN-Institutionen geschaffen wurden. Somit liegt der konkrete Lösungsvorschlag hinsichtlich dieser Struktur-Ebene darin, dass die Institutionalisierung von entsprechenden Rollen (*focal points*, *Partnership Divisions* oder *Units*)[643] von allen im Rahmen der Partnerschaften engagierten VN-Institutionen abgeschlossen wird.[644] Dabei sollten folgende Aspekte berücksichtigt werden: Diejenigen VN-Institutionen, die noch keine entsprechenden Strukturen etabliert haben, sollten für die Übergangszeit eine Interims-Anlaufstelle einrichten, die

642 Vgl. Luhmann, Niklas (1984), S. 476 und S. 478f.

643 Vgl. Generalsekretär der Vereinten Nationen (2000), Absatz 19a.

644 Vgl. Tesner, Sandrine; Kell, Georg (2000), S. 133f.

den grundlegenden Informationsanforderungen sowohl der PW als auch anderer VN-Institutionen gerecht wird.[645] Zur Vereinheitlichung von Rollen und Funktionen sollte zentral koordiniert eine allgemein verbindliche Aufgabenbeschreibung für die *focal points* erstellt werden.[646] Ferner sollte im Sinne einer synchronisierten Funktionalität erörtert werden, ob die funktionale Eingliederung dieser *focal points* bei allen VN-Institutionen einem festgelegten Muster folgen sollte, wie beispielsweise durch die direkte Angliederung bei dem Vorsitzenden der jeweiligen VN-Institution. Und schließlich sollte zur Förderung von Transparenz darauf hingewirkt werden, dass sämtliche der etablierten Institutionen einheitlich bezeichnet werden bzw. eine einheitliche Zusatzbezeichnung erhalten, beispielweise "*Focal Point for Partnerships with the Private Sector*". Insgesamt sollte somit die Einrichtung von *focal points* zu den Partnerschaften in jeder VN-Institution schnellstmöglich abgeschlossen werden, damit gestützt durch gleichgerichtete Koordination der Verwaltung und des Managements der Partnerschaften auf deren nachhaltige und effiziente Entwicklung hingewirkt werden kann.

Nachdem die Etablierung der erforderlichen Grundstrukturen im Sinne der *focal points* bei den einzelnen VN-Institutionen bereits mehrfach gefordert wurde[647] und sich entsprechend in der Entwicklung befindet, aber auch weil sich diese Arbeit auf die gesamtheitliche Betrachtung des Systems der Partnerschaften konzentriert, wird hiernach die Etablierung einer Verwaltungs- und Koordinationsinstitution für das System der Partnerschaften in den Mittelpunkt der Betrachtungen gestellt. Entsprechend wird diesem Lösungsvorschlag der folgende Abschnitt 7.4 gewidmet, indem Empfehlungen zur praktischen Umsetzung geliefert und zentrale Aspekte hierzu diskutiert werden.

Es lässt sich schließlich zusammenfassen, dass dem Lösungsvorschlag die systemtheoretische Anforderung der Stabilisierung gegebener Verhaltenserwartungen zugrunde liegt, indem diese institutionen-übergreifend gebündelt, geordnet und in Form von Rollen institutionalisiert werden, die zum einen von der zu schaffenden zentralen Institution und zum anderen von den jeweiligen

---

645 Vgl. u.a. United Nations/Joint Inspection Unit (1999), Absätze 26-28.

646 Die Stellenbeschreibung der *focal points* sollte folgende Aufgaben beinhalten: Ausrichtung der institutionenspezifischen Partnerschaften; neue potentielle Partner identifizieren und Kontakt aufnehmen; einen effektiven Informationsfluss zu den potentiellen Partnern aber auch zur Öffentlichkeit und den betreffenden *Counterparts* in anderen VN-Institutionen gewährleisten; Medienanfragen managen; Kommunikations- und Marketingunterlagen erstellen, Webseiten pflegen sowie Lernerfahrungen und *best practices* dokumentieren (vgl. Tesner, Sandrine; Kell, Georg (2000), S. 133ff).

647 Vgl. beispielsweise Generalsekretär der Vereinten Nationen (2000), Absätze 13, 37, und 120, United Nations/Joint Inspection Unit (1999), Empfehlung 2b, Absatz 27 und Annex II sowie Generalsekretär der Vereinten Nationen (2000), Absätze 19 a und 19b.

VN-Institutionen wahrgenommen werden. Die bislang mangelhaft ausgebildete Struktur der Partnerschaften könnte somit durch die praktische Umsetzung des theoretisch fundierten Lösungsvorschlags nachhaltig und effizient stabilisiert werden.

7.4 Etablierung einer zentralen Verwaltungs- und Koordinationsinstitution

Der in Abschnitt 7.3 vorgestellte Lösungsvorschlag stellt die Institutionalisierung von Verwaltung und Koordination in den Mittelpunkt der nachhaltigen und effizienten Entwicklung der Partnerschaften. Dabei müssen Strukturen etabliert bzw. institutionalisiert werden, die in einem ersten Schritt die Freiraumreduktion und in einem zweiten Schritt eine prozessartige Ausweitung von Potentialen und Freiräumen gewährleisten können. Wie ausgeführt, könnte dies durch die Etablierung einer zentralen Verwaltungs- und Koordinationsinstitution zu den Partnerschaften erfolgen, die hiernach näher betrachtet wird.[648]

Basierend auf den individuellen Verhaltenserwartungen der einzelnen VN-Institutionen, sollte diese Institution externalisierbare Aufgaben der einzelnen VN-Institutionen zusammenfassen und übernehmen bzw. nicht-externalisierbare Aufgaben in Rollen übersetzen, die alle VN-Institutionen gleichermaßen zu erfüllen hätten. Um bestehende Inkonsistenzen zu überwinden, sollte die zentrale Institution dabei Aufgaben übernehmen, die auf die Einheitlichkeit von Zielsetzungen und Strategien, Prozessen und Methoden sowie Rollen und Funktionen im Rahmen der Partnerschaften hinwirken, um somit eine VN-weit einheitliche Struktur für die Partnerschaften zu etablieren. Damit sich in diesem Sinne die Partnerschaften zwischen den VN und der PW nachhaltig und effizient entwickeln können und somit deren langfristiges Bestehen gewährleistet werden kann, sind gemeinschaftliche Anstrengungen der im Rahmen der Partnerschaften involvierten VN-Institutionen dringend erforderlich. Entsprechend ist die Konsensfähigkeit und Bereitschaft aller beteiligten VN-Institutionen, die zentrale Amtsautorität der Verwaltungs- und Koordinationsinstitution - zumindest für eine befristete Zeit - anzuerkennen und mit ihr zu kooperieren, ausschlaggebend.[649]

---

648 Dabei sollen wie bereits dargestellt in den jeweiligen VN-Institutionen *focal points* eingerichtet werden bzw. bleiben, die sich mit den institutionenspezifischen Ausrichtungen und Einzelheiten der Partnerschaften befassen.

649 Anzumerken ist, dass sich hinsichtlich der praktischen Einrichtung dieser zentralen Verwaltungs- und Koordinationsinstitution verschiedene *Departments* und *Offices* des VN-Sekretariats, wie beispielsweise das OLA oder das *Department of Management* (DM), aufgrund ihrer jeweiligen Funktionen im Rahmen der Umsetzung einbringen würden.

Die im Einzelnen für die praktische Implementierung der zentralen Verwaltungs- und Koordinationsinstitution relevanten Aspekte werden im Folgenden veranschaulicht bzw. diskutiert. In Unterabschnitt 7.4.1 wird die inhaltliche Ausrichtung der zentralen Institution veranschaulicht, indem dargestellt wird, welche Funktion bzw. Rolle sie einnehmen und worin ihre Kernaufgaben und Kompetenzen liegen sollten. In Unterabschnitt 7.4.2 wird der Praxisbezug der Etablierung einer zentralen Institution problematisiert, wobei sich u.a. die Frage stellt, ob die Fragmentation der VN der nachhaltigen und effizienten Entwicklung der Partnerschaften entgegensteht. In Unterabschnitt 7.4.3 werden praktische Alternativen für die Implementierung der zentralen Verwaltungs- und Koordinationsinstitution vorgestellt und bewertet, um in Unterabschnitt 7.4.4 Empfehlungen zur funktionalen Eingliederung der Institution in die VN zu liefern. Abschließend werden in Unterabschnitt 7.4.5 die zusammengefassten Ansätze und Empfehlungen zur Umsetzung des Lösungsvorschlags hervorgehoben.

7.4.1 Gestaltung der inhaltlichen Ausrichtung

Die Gestaltung der inhaltlichen Ausrichtung der zentralen Verwaltungs- und Koordinationsinstitution ist maßgeblich für deren Wirksamkeit, eine nachhaltige und effiziente Entwicklung der Partnerschaften zu gewährleisten bzw. zu fördern. Abhängig von der designierten Funktion und den vorgegebenen Aufgaben wird die zentrale Institution die Entwicklung der Partnerschaften somit mehr oder minder effektiv beeinflussen können. Vor diesem Hintergrund werden im Folgenden konkrete Vorschläge für die Gestaltung der inhaltlichen Ausrichtung der zentralen Institution unterbreitet, die sich an den praxisbezogenen Empfehlungen aus Abschnitten 7.1.1 und 7.1.2 orientieren und durch deren praktische Implementierung eine nachhaltige und effiziente Entwicklung der Partnerschaften sichergestellt werden könnte. Dabei ist jedoch anzumerken, dass die im Folgenden vorgeschlagenen Aufgaben für die zentrale Institution in der Praxis durchaus erweiterbar sind.

Die Rolle der zentralen Institution sollte darin bestehen, dem System der Partnerschaften eine nachhaltige, effiziente und in diesem Sinne eine möglichst VN-weit einheitliche Struktur zu verleihen, so dass das System der Partnerschaften langfristig eigenständig existieren und sich optimal weiterentwickeln kann. Dabei sollte die Funktion der zentralen Institution in der Anfangsphase zunächst in der Festlegung bzw. Beschränkung des Freiraums der Partnerschaften und in diesem Sinne in deren Verwaltung, Koordination und Steuerung liegen. Zudem sollte die Funktion der Verwaltungs- und Koordinationsinstitution dahingehend ausgerichtet sein, die Kompetenzen und Fähigkeiten der im Rahmen der Partnerschaften tätigen VN-Mitarbeiter zu fördern sowie den gewährleisteten Freiraum an die Veränderungen und Fortschritte der wachsenden Potentiale anzupassen. Zur Funktionserfüllung sollte die zentrale Institution dabei mit folgenden Aufgaben betraut werden:

Die zentrale Institution sollte als allgemeine Anlaufstelle für die Partnerschaften zwischen den VN und der PW und entsprechend für VN-Mitarbeiter sowie Vertreter von VN-Institutionen, Mitgliedstaaten und der PW dienen und in diesem Sinne Beratungs- und Unterstützungs-dienstleistungen bezüglich der Partnerschaften anbieten. In engem Zusammenhang damit steht die Aufgabe der Informations- und Datenverwaltung, die folgende Teilaufgaben umfassen sollte:

- Beschaffung und Verwaltung sämtlicher relevanter Informationen und Basisdokumente;
- Zusammenfassung von Kerndaten in einer zentralen Datenbank (Auflistung der potentiellen, bestehenden und abgeschlossenen Partnerschaften, Liste der VN-internen Kontaktpersonen, *Links* zu den Richtliniendokumenten usw.);
- kontinuierliche Datenpflege;
- Weitervermittlung bzw. Kommunikation relevanter Informationen; sowie
- Konzeptentwicklung und -umsetzung bezüglich des regelmäßigen und transparenten Informationsaustauschs.

Eine weitere Kernaufgabe der zentralen Institution sollte in der Koordination der inter-institutionellen Kooperation im Rahmen der Partnerschaften liegen. Das beinhaltet v.a. die Integration institutionenspezifischer sowie persönlicher Ansichten und Anliegen zu den Partnerschaften aber auch die Förderung von Konsens zwischen den VN-Institutionen hinsichtlich möglicher Diskussionspunkte. Darüber hinaus gehören die Gestaltung einheitlicher VN-interner Prozesse zu den Partnerschaften (beispielsweise Partnersuche, Verantwortungsverteilung, Kontrollmechanismen) ebenso zu dieser Kernaufgabe, wie die Organisation von regelmäßigen Treffen zwischen allen im Rahmen der Partnerschaften tätigen VN-Mitarbeitern.

Eine nächste Kernaufgabe der zentralen Institution sollte in der Schaffung bzw. Festlegung elementarer Rahmenbedingungen und der entsprechenden Koordination des Partnerschaftsansatzes der VN bestehen, wobei institutionenspezifische Ansichten und Anliegen für die Umsetzung zu berücksichtigen sind. Dieser Aufgabenbereich beinhaltet wiederum verschiedene Teilaufgaben, wie:

- die Definition der Kernbegriffe (Partnerschaft, PW);
- die Unterstützung der Festlegung von allgemeinen und spezifischen Absichten und Prioritäten für die strategisch-konstruktive Zusammenarbeit mit der PW sowie die Ableitung und Formulierung umzusetzender Strategien;
- die Neuauflage und Präzisierung der vorliegenden *Guidelines* des VN-Sekretariats zu den Partnerschaften mit der PW;
- die Festlegung von strategischen Zeitplänen;
- die Bestimmung und Kommunikation der von den Partnerschaften auszuschließenden Unternehmen und Branchen;
- die Einrichtung eines Verfahrens zur Suche nach potentiellen Partnern und zum Umgang mit Partnerschaftsangeboten aus der PW (v.a. die Ablehnung bzw. die Weiterbearbeitung von Anfragen);
- die Schaffung und Implementierung erforderlicher Kontrollmechanismen;[650]
- die Formulierung von Regelwerken zum Umgang mit potentiellen Problembereichen (beispielsweise der Nutzungsbefugnis von Namen und Emblemen sowie Interessenkonflikten);
- die Erstellung relevanter Stellenbeschreibungen (beispielsweise für *focal points*);
- die Formalisierung der relevanten juristischen Infrastruktur, um u.a. die Anerkennung und administrative Bearbeitung von Partnerschaftsabkommen zu erleichtern; sowie
- die Erstellung von Richtlinien zur Erleichterung und Vereinheitlichung elementarer Methoden und Prozesse im Rahmen des Mikro-Managements einzelner Partnerschaften.[651]

Darüber hinaus sollte eine weitere Kernaufgabe der zentralen Institution in der kontinuierlichen Entwicklungsförderung der Potentiale liegen. Dabei geht es vorrangig darum, diejenigen VN-Mitarbeiter, die im Rahmen der Partnerschaften tätig sind, in ihrer professionellen Entwicklung zu unterstützen, indem

---

650 Dabei könnte die zentrale Institution eine Art *Monitoring*-System etablieren, durch das beispielsweise die regelmäßige Überprüfungen der Strategien, der Basisdokumente und der Zeitpläne an den jeweils aktuellen Entwicklungszustand des Systems der Partnerschaften sichergestellt werden könnte.

651 In diesem Zusammenhang könnte die Institution eine VN-weit gültige "*Roadmap for Partnerships*" erstellen, ein Basisdokument, in dem die zentralen Prozesse und Methoden im Rahmen der Partnerschaften durch Anleitungen nachvollziehbar aufgewiesen werden.

Ausbildungsmaßnahmen, wie Fachschulungen und Grundlagenkurse, aber auch an individuelle Bedürfnisse angepasste Weiterbildungsprogramme angeboten und organisiert werden. In diesem Zusammenhang sollte die zentrale Institution auch die Managementfähigkeiten der designierten *focal points* fördern sowie VN-interne (und gegebenenfalls auch externe) Veranstaltungen zum Thema der Partnerschaften zwischen den VN und der PW organisieren, die zum Austausch von Informationen und Erfahrungen dienen könnten.

Eine letzte Kernaufgabe der zentralen Institution sollte schließlich die interne und externe Kommunikation im Rahmen der Partnerschaften umfassen, wobei folgende Teilaufgaben zu erfüllen wären:

- Information und Aufklärung der VN-Mitarbeiter und v.a. der Mitarbeiter, die im Rahmen der Partnerschaften tätig sind, über Absichten, Strategien, Zeitpläne, Grundlagendokumente (*Guidelines* usw.) sowie die Vorteile der Partnerschaften, deren Bedeutung und Grundsätze;
- Ausarbeitung und Implementierung einer internen und externen Kommunikationsstrategie;
- Förderung des regelmäßigen Erfahrungs- und Informationsaustauschs im Sinne einer transparenten Informationskultur zwischen den einzelnen VN-Institutionen bzw. den jeweiligen *focal points*; sowie
- regelmäßige Pflege der VN-Webseite zu den Partnerschaften sowie Beratung zu sachbezogenen Internetauftritten der VN-Institutionen.

Zusammenfassend lassen sich somit eine Vielzahl an Aufgaben für die zentrale Verwaltungs- und Koordinationsinstitution empfehlen, die eine nachhaltige und effiziente Entwicklung der Partnerschaften fördern und zu operativen Entlastungen der einzelnen VN-Institutionen führen würden. Schließlich ist jedoch festzustellen, dass die praktische Aufgabengestaltung sowie die Ausstattung der zentralen Institution mit Kompetenzen auf Übereinkünften der kooperierenden VN-Institutionen basiert. In diesem Zusammenhang stellt sich im folgenden Unterabschnitt die Frage, ob die praktische Implementierung des Lösungsvorschlags überhaupt realisierbar ist oder nicht.

7.4.2 Problematisierung des Praxisbezugs

Die immanente Fragmentation der VN, in der u.a. begründet liegt, dass die Partnerschaften bislang dezentral bei den einzelnen VN-Institutionen verwaltet und gemanagt und in diesem Sinne weder institutionen-übergreifend organisiert noch gleichgerichtet koordiniert oder gesteuert werden, stellt für den Praxisbezug des Lösungsvorschlags einen wesentlichen Ansatzpunkt dar. Die praktische Umsetzbarkeit der Etablierung einer zentralen bzw. institutionen-übergreifend organisierten Verwaltungs- und Koordinationsinstitution unterliegt in diesem Sinne zwei korrelierenden Aspekten: Zum einen der Zentralisierung und zum anderen der Übertragung von Amtsautorität seitens der VN-Institutionen. Vor diesem Hintergrund wird im Folgenden der Praxisbezug zur Schaffung einer zentralen Verwaltungs- und Koordinationsinstitution problematisiert, indem sowohl Argumente erörtert als auch Beispiele und Stellungnahmen zur Diskussion der praktischen Umsetzbarkeit angeführt werden.

Der Ausgangspunkt für die Problematik liegt in der Souveränität und organisatorischen Unabhängigkeit der VN-Institutionen begründet, worauf basierend sich grob schlussfolgern ließe - und teilweise geschlussfolgert wird -, dass innerhalb der VN eine inter-institutionelle Koordination und Kooperation bezüglich einer konkreten Thematik, wie den Partnerschaften zwischen den VN und der PW, nicht bzw. nur schwer möglich wäre. Dass vor diesem Hintergrund verschiedene Argumente gegen die gemeinschaftliche Etablierung einer zentralen Amtsautorität für die Partnerschaften zwischen den VN und der PW sprechen, und diese dennoch nicht aussichtslos erscheint, veranschaulicht Göthel, der einerseits meint: "Da das VN System als ein Verband unabhängiger Organisationen konzipiert ist, wird sich der Erfolg der Koordinierungsbemühungen immer in Grenzen halten"[652], jedoch andererseits eingesteht, dass obwohl "die Sonderorganisationen ihre Unabhängigkeit mit Vehemenz"[653] meist verteidigten, eine Zusammenarbeit dort angestrebt werden könnte, "wo sie im Interesse aller Beteiligten liegt"[654]. Wie die folgenden Ausführungen zeigen, kann den Argumenten gegen den Lösungsvorschlag durch Gegenüberstellung von Vorteilen und durch im Lösungsvorschlag berücksichtigte Rahmenbedingungen entgegnet werden.[655]

Der Ansicht, dass jede VN-Institution ihre eigenen Bedürfnisse hinsichtlich der Partnerschaften mit der PW am besten kennt und somit ihr Portfolio individuell am effizientesten managen kann, ist zu entgegnen, dass der Lösungsvorschlag diese Aspekte dadurch berücksichtigt, dass jede VN-Institution durch die Einrichtung eines *focal point* auch weiterhin mit dem individuellen Management des institutionenspezifischen Portfolios betraut bleibt. Dem hinzuzufügen ist, dass es im Aufgabenbereich der zentralen Institution liegen sollte, die geschaffenen Rahmenbedingungen möglichst nah an den Bedürfnissen aller VN-Institutionen auszurichten.[656] Trotz zentral organisierter Verwaltung und Koor-

[652] Göthel, Dieter (2000), S. 324.

[653] Göthel, Dieter (2000), S. 322.

[654] Göthel, Dieter (2000), S. 322.

[655] Ein zentrales Argument für die Implementierung einer zentralen Verwaltungs- und Koordinationsinstitution besteht schließlich darin, dass dieser Lösungsvorschlag im Hinblick auf die nachhaltige und effiziente Entwicklung der Partnerschaften sowohl theoretisch als auch praxisbezogen begründet wurde (vgl. Abschnitte 7.1 und 7.2).

[656] Vgl. Unterabschnitt 7.4.1.

dination der Partnerschaften insgesamt, kann somit jede VN-Institution weiterhin das Mikro-Management einzelner Partnerschaften selbstständig gestalten und sich auch angemessen flexibel und innovativ zur individuellen Betreuung spezifischer Mandate und Erwartungen aus der PW entfalten,[657] wobei lediglich die Anpassung an gemeinschaftliche, mit anderen VN-Institutionen gestaltete Rahmenbedingungen zu berücksichtigen wäre. Darüber hinaus ist anzumerken, dass empfohlen wurde, die zentrale Institution regelmäßig über institutionenspezifische Zielsetzungen und Absichten zu informieren, um es ihr somit zu ermöglichen, die zentral gesteuerten Freiräume anzupassen.

Die Auffassung, dass die unterschiedliche Ausrichtung der Partnerschaften seitens der einzelnen VN-Institutionen dem Ansatz der zentralen Steuerung fundamental entgegensteht, beinhaltet eben gerade ein wesentliches Argument für die Schaffung einer zentralen Institution. Denn eine wesentliche Aufgabe dieser Institution sollte darin bestehen, die seitens der VN-Institutionen im Rahmen der Partnerschaften bestehenden unterschiedlichen Ansätze und Absichten in eine gemeinschaftliche und gleichgerichtete Strategie zu übersetzen, die wiederum institutionenspezifisch adaptiert werden kann und sollte. Es wäre entsprechend wenig zweckmäßig, wenn die Ausrichtung der Partnerschaften wie bisher ausschließlich institutionenspezifisch stattfindet und somit die zentral steuerbaren Vorzüge potentieller Synergieeffekte unberücksichtigt bleiben. Darüber hinaus bleibt den VN-Institutionen schließlich durch die Etablierung institutionenspezifischer *focal points* ein individuell determinierbarer Freiraum zur Gestaltung der einzelnen Partnerschaften überlassen. In diesem Zusammenhang ist auch der Meinung, dass die Nutzung einiger gemeinsamer Regelwerke seitens der VN-Institutionen ausreiche, um eine grundlegende Koordination der Partnerschaften zu gewährleisten,[658] entgegenzuhalten, dass es im Rahmen der Partnerschaften vielmehr darum geht, deren nachhaltige und effiziente Entwicklung zu gewährleisten, als lediglich grundlegende Prozesse zu koordinieren.

Dem Argument, dass die Etablierung einer zentralen Verwaltungsinstitution den administrativen Mehraufwand bzw. die Ausweitung bürokratischer Prozesse fördern würde,[659] kann durch verschiedene Punkte begegnet werden: Erstens könnten redundante bürokratische Prozesse bei den VN-Institutionen von der zentralen Institution koordiniert gesteuert, konzentriert und entsprechend vereinfacht werden. Zweitens ist der bürokratische Mehraufwand vorrangig für die Anfangsphase der Etablierung der zentralen Institution zu erwarten. Und drittens entstehen aus manchen bürokratischen Mehraufwänden, wie der

---

657 Vgl. United Nations/General Assembly (2001b), Absatz 36.

658 Vgl. United Nations/General Assembly (2001b), Absatz 36.

659 Vgl. United Nations/General Assembly (2001b), Absatz 36.

zentralen Datenverwaltung, wiederum neue Möglichkeiten für die strategische Entwicklung einzelner Partnerschaften bzw. der Partnerschaften insgesamt. Sofern die Informationsflüsse zu und von der zentralen Institution übersichtlich und unkompliziert gestaltet und der Nutzen der zentralen gesteuerten bürokratischen Prozesse transparent aufgewiesen werden, überwiegen letztendlich die Synergieeffekte gegenüber dem administrativen Mehraufwand.

Schließlich muss an dieser Stelle ein weiteres Argument für die Etablierung einer zentralen Institution hervorgehoben werden: In der Öffentlichkeit werden die VN mit sämtlichen ihrer Institutionen i.d.R. als eine Organisation wahrgenommen.[660] Die Partnerschaften zwischen den VN und der PW sind ein Thema, das einerseits in der Öffentlichkeit viel Aufmerksamkeit erlangt und mit dem die VN andererseits v.a. die Öffentlichkeit im Sinne der PW adressieren. Zum Schutz des VN-Images in der Öffentlichkeit liegt es somit nahe, im Rahmen der Partnerschaften, gesteigerten Wert auf die *common identity*, den geschlossenen Auftritt bzw. die "eine Stimme" der VN zu legen.[661] Ein geschlossener Auftritt nach außen im Rahmen der Partnerschaften könnte durch die zentrale Institution, in deren Aufgabenbereich auch die externe Kommunikation fallen sollte, gezielt gefördert werden.

Über diese allesamt überwindbaren Bedenken und argumentativen Gegenpositionen bezüglich der Etablierung einer zentralen Verwaltungs- und Koordinationsinstitution im Rahmen der Partnerschaften hinaus, stellt sich nach wie vor die Frage, ob basierend auf der Fragmentation der VN bzw. auf der Souveränität der VN-Institutionen eine kooperative Übertragung von Amtsautorität der VN-Institutionen auf eine zentrale Institution überhaupt möglich ist. Zur Beantwortung können sowohl praktische Gegebenheiten als auch schriftlich festgehaltene Aussagen sowie Artikel der VN-Charta angeführt werden. Dabei kann anhand von Beispielen belegt werden, dass die VN-Institutionen in verschiedenen Bereichen bereits kooperieren und Amtsautorität auf eine Dritte Institution übertragen. Zudem kann aufgewiesen werden, dass entscheidende Personen bzw. Institutionen zur Unterstützung einer zentralen Institution im Rahmen der Partnerschaften bereit wären. Und schließlich bestehen gemäß der VN-Statute Mechanismen zur Durchsetzung bindender Beschlüsse bzw. zur Unterbreitung nachdrücklicher Empfehlungen, von denen - zumindest hypothetisch - zur Umsetzung des Lösungsvorschlags Gebrauch gemacht werden könnte. Diese Aspekte werden hiernach im Einzelnen ausgeführt.

Den Beleg für praktisch mögliche *inter-agency* Kooperation liefern zwei Beispiele bereits etablierter Institutionen: Das *United Nations System Chief*

---

[660] Hierbei sind jedoch weniger die Vertragsorgane, wie beispielsweise die UNESCO, die ITU und die WB *Group*, gemeint, als vielmehr die Haupt- und Nebenorgane der VN.

[661] Vgl. United Nations/Administrative Committee on Coordination (1999b), Absatz 10.

Executives Board (CEB) *for Coordination* und der *United Nations Non-Governmental Liaison Service* (NGLS).

Das 1946 gegründete ACC wurde im Jahr 2000 umorganisiert und in CEB umbenannt[662] (hiernach ACC/CEB genannt) und ist heute das "*forum which brings the executive heads of all organizations* [*together*] *to further coordination and cooperation on the whole range of substantive and management issues facing the United Nations system*"[663]. Das ACC/CEB ist somit eine der ältesten und bedeutsamsten *inter-agency* Koordinationsinstitutionen innerhalb der VN. Die Mitgliedschaft des ACC/CEB umfasst heute 28 VN-Institutionen, zu denen sowohl Spezialorgane und Sonderorganisationen der VN als auch die WTO und die *Bretton-Woods* Institutionen zählen, die jeweils durch ihre Vorsitzenden im ACC/CEB vertreten sind; der Vorsitzende des ACC/CEB ist der VN-Generalsekretär.[664] Das ACC/CEB erstattet an den ECOSOC Bericht[665] und hat zwei Unterorganisationen: das *High-Level Committee on Management* (HLCM) und das *High-Level Committee on Programmes* (HLCP). Das HLCM, das sich aus den dienstobersten Administrationsmanagern der Mitgliedsorganisationen zusammensetzt, ist verantwortlich für "*coherent, efficient and cost-effective management across the United Nations system of organizations*"[666]. Das HLCM, das sich aus designierten dienstoberen Vertretern der Mitgliedsorganisationen zusammensetzt, ist verantwortlich "*for fostering system-wide cooperation and coordination as well as knowledge and information sharing in policy, programmes and operational areas*"[667]. Im Rahmen ihrer Tätigkeit können das HLCM und das HLCP *Task Forces* und *Ad-Hoc Working Committees/ Programmes* institutionalisieren.

Der 1975 in Genf und 1976 in New York eingerichtete NGLS wurde 1990 "*into a single programme, administrative and budgetary operation*"[668] konsolidiert. Er ist heute ein kleines *inter-agency* Programm, das 10 Angestellte beschäftigt.[669] Seine Funktion besteht darin, die Zusammenarbeit zwischen den VN und NGOs zu fördern, indem es Informationen, Beratung, Expertise und unterstützende Dienstleistungen zur Verfügung stellt.[670] "*NGLS organizes its work around three basic programme areas: information outreach and communications; streng-*

---

662 Vgl. Administrative Committee on Coordination (2004a).

663 Chief Executives Board for Coordination (2004a).

664 Vgl. Chief Executives Board for Coordination (2004a).

665 Vgl. Administrative Committee on Coordination (2004a).

666 Chief Executives Board for Coordination (2004b).

667 United Nations/Administrative Committee on Coordination (2000b).

668 Non-Governmental Liaison Service (2004b).

669 Vgl. Non-Governmental Liaison Service (2004a).

670 Vgl. Non-Governmental Liaison Service (2004a).

thening the capacity of the UN system to engage constructively with NGOs and other organizations of global civil society; strengthening the capacity of NGOs and global civil society to participate constructively in the work of the UN system."[671] Dabei verfolgt es das "*aim of strengthening UN-NGO dialogue and cooperation in the fields of development education, information and policy advocacy on global sustainable development issues*"[672]. Das NGLS wird derzeit von 17 VN-Institutionen unterstützt und arbeitet mit "*Secretariat Departments, UN agencies, programmes, funds, Convention Secretariats and other bodies and organizations of the UN system*"[673] sowie mit relevanten NGOs zusammen.[674] Der *governing body* des NGLS ist die *United Nations Communications Group* (UNCG), die *administering agency* ist die UNCTAD und das UNICEF fungiert als *lead agency*.[675] 1993 wurde die Arbeit des NGLS von der Generalversammlung anerkannt und finanzielle Unterstützung durch den ordentlichen Haushalt der VN zugesagt.[676] Das NGLS berichtet sowohl an sein *Programme and Coordination Meeting* (PCM), das jährlich unter Beisein von hochrangigen Vertretern der 17 VN-Institutionen gehalten wird,[677] als auch an die UNCG und durch die UNCG an das ACC/CEB.

Wie die beiden Beispiele aufzeigen, ist inter-institutionelle Kooperation zwischen den VN-Institutionen seit mehreren Jahrzehnten Praxis. Entsprechend belegen die Beispiele auch, dass freiwillige Übertragung von Amtsautorität von VN-Institutionen auf Dritte zum Zweck der Verwaltung und Koordination spezifischer Sachbereiche nachweislich möglich ist. Vor dem Hintergrund, dass verschiedene Formen und Institutionalisierungsgrade hinsichtlich der koordinierten Zusammenarbeit zwischen den VN-Institutionen bestehen, kann somit geschlussfolgert werden, dass die Übertragung von Amtsautorität seitens der VN-Institutionen auf eine zentrale Verwaltungs- und Koordinationsinstitution auch im Rahmen der Partnerschaften mit der PW praktisch möglich wäre.

---

671 Non-Governmental Liaison Service (2004a).

672 Non-Governmental Liaison Service (2004a).

673 Non-Governmental Liaison Service (2004a).

674 Vgl. Non-Governmental Liaison Service (2004a). Das NGLS ist keine Mitgliedsorganisation für NGOs, sondern arbeitet mit diesen auf informeller Basis zusammen (vgl. Non-Governmental Liaison Service (2004a)).

675 Vgl. Non-Governmental Liaison Service (2004b) sowie Non-Governmental Liaison Service (2004a).

676 Vgl. Non-Governmental Liaison Service (2004b). Darüber hinaus erhält das NGLS finanzielle Unterstützung von kooperierenden VN-Institutionen, Regierungen und der UNF (vgl. Non-Governmental Liaison Service (2004a)).

677 Vgl. Non-Governmental Liaison Service (2004a).

Um die praktische Umsetzbarkeit des Lösungsvorschlags weiter zu fundieren, bietet es sich an, dokumentierte Aussagen entscheidender Personen bzw. Institutionen aufzuweisen, die den Ansatz, eine zentrale Verwaltungs- und Koordinationsinstitution einzurichten, unterstützen. Dabei steht ein vom Generalsekretär der VN unterbreiteter Vorschlag und dessen Entwicklung im Mittelpunkt: Im Juli 1997, kurz nach Antritt seiner Amtszeit, veröffentlichte Kofi Annan seinen Reformvorschlag für die VN,[678] in dem er bekannt gab: "*The Secretary-General will consult with the ACC with a view to establishing a jointly funded inter-agency business liaison service to be named the United Nations Enterprise Liaison Service, patterned along the lines of the Non-Governmental Liaison Service.*"[679] Damit schlug Annan die Etablierung einer zentralen Institution im Rahmen der Partnerschaften vor, die der Verwaltung und Koordination der Partnerschaften mit der PW - nach dem Muster des NGLS - dienen sollte. Wie angekündigt, brachte er noch im selben Jahr seinen Vorschlag in der Herbstsitzung des ACC/CEB vor, der daraufhin im Rahmen eines Agendapunktes zu den Kooperationsbeziehungen zwischen den VN und der *civil society* sowie der PW diskutiert wurde. Dazu wurde dokumentiert, der ACC/CEB "*considered that the proposal to establish an inter-agency enterprise liaison service as a common clearing house mechanism for cooperation with the business community needed further study and elaboration, and agreed to revert to that issue at a subsequent meeting*"[680]. Doch bemerkenswerterweise wurde der Vorschlag im ACC/CEB nicht weiter verfolgt.[681] Auch Recherchen in anderen relevanten Quellen, die einen endgültigen Beschluss zur Annahme bzw. Ablehnung Annans Vorschlags hätten hervorbringen oder eine offizielle Begründung für das Scheitern des Ansatzes hätten aufweisen können, waren erfolglos.[682] Tesner und Kell, die als Einzige zu den Vorkomnissen Stellung nehmen,[683]

---

678 Vgl. United Nations/General Assembly (1997a).

679 United Nations/General Assembly (1997a), Absatz 17c.

680 United Nations/Administrative Committee on Coordination (1997), Absatz 11j.

681 Diese Aussage beruht auf der Auswertung der Sitzungsprotokolle des ACC/CEB (vgl. Administrative Committee on Coordination (2004b) bzw. Chief Executives Board for Coordination (2004a)) sowie auf einem Telefonat mit Jaime Sevilla vom ACC/CEB.

682 Vgl. u.a. United Nations/Joint Inspection Unit (1999) und Nelson, Jane (2000) sowie sämtliche der geführten Interviews (vgl. Quellenverzeichnis Unterabschnitt 10.3.3).

683 Im Bericht des Generalsekretärs zur Zusammenarbeit mit der PW wird lediglich ohne genauere Quellenangaben darauf verwiesen: "*There was some scepticism about a business version of the Non-Governmental Liaison Service.*" (Vgl. United Nations/General Assembly (2001b), Absatz 36) Zudem sind lediglich Aussagen darüber zu finden, dass der Vorschlag in seiner ursprünglichen Form nicht umgesetzt wurde, bzw. dass anstelle einer praktischen Institution ein virtuelles *liaison service* in Form einer Webseite eingerichtet wurde (vgl. Abschnitt 4.1 sowie United Nations/Joint Inspection Unit (1999), Absatz 87 und Nelson, Jane (2000), S. 160).

begründen das Scheitern des Ansatzes durch Widerstände von sowohl den meisten Mitgliedstaaten als auch von Vorsitzenden der VN-Institutionen, doch liefern weder sie selber Belege noch lassen sich in anderen Quellen Belege dafür finden.

Hingegen sind zahlreiche Stellungnahmen zu finden, die die Einrichtung einer zentralen Institution im Rahmen der Partnerschaften im Sinne eines *Enterprise* oder *Business Liason Service* befürworten bzw. unterstützen. So hieß es 1997 seitens der Europäischen Union: "*The decision to establish a 'business liaison service' seems an appropriate way of reflecting the increasingly important role of the private sector in United Nations activities.*"[684] Und ein Jahr später: "*The European Union has noted with interest the idea concerning the establishment of an inter-agency enterprise liaison service as a common clearing house mechanism for cooperation with the business community and looks forward to a more detailed elaboration of this idea.*"[685] Im selben Jahr verwiesen die JIU-Inspektoren in ihrem Bericht vorsichtig darauf, dass: "*A minority view* (...) *holds that* (...) *some entity or body must be recognized as having a lead or catalytic role to play in this field* [*private sector involvement and cooperation with the UN*]. *While not advocating the establishment or designation of such a central body, the Inspectors do hope that effective mechanisms for the exchange of information and of best practices will lead to the strengthening of the United Nations' relationship with the private sector.*"[686] Obwohl weniger deutlich auf die Schaffung einer zentralen Verwaltungs- bzw. Koordinationsinstitution im Rahmen der Partnerschaften bezogen, weisen auch Auszüge aus ACC/CEB Sitzungsprotokollen darauf hin, dass zahlreiche der 28 vertretenen Vorsitzenden von VN-Institutionen, die Vorzüge der inter-institutionellen Kooperation im Rahmen der Partnerschaften durchaus für sinnvoll oder gar notwendig halten. So ist im zweiten Sitzungsprotokoll des ACC/CEB 1997 dokumentiert: "*ACC noted that within the United Nations system, experience in developing partnerships with civil society and the private sector varied considerably and covered a wide spectrum*"[687], und ferner, dass die bestehenden Ansätze der Beziehungen mit der PW vertieft und generell systematischer ausgerichtet werden müssten.[688] Weiterhin, "*ACC considered that in order to extend existing relationships with non-State actors to achieve desired objectives, optimal conditions for complementarity should be sought in all relevant areas of the United Nations system's*

---

684 United Nations/General Assembly (1997b).

685 Manz, Hans Peter (1998).

686 United Nations/Joint Inspection Unit (1999), Absatz 87.

687 United Nations/Administrative Committee on Coordination (1997), Absatz 6.

688 Vgl. United Nations/Administrative Committee on Coordination (1997), Absatz 7.

concerns"[689]. Und der ACC/CEB "*encouraged more systematic exchange of information and sharing of experience at the inter-agency level on the way in which policies and practices governing dialogue and cooperation with the business community were evolving in the various organizations of the system*"[690]. Zwei Jahre später in der ersten Sitzung 1999, hieß es: "*ACC called on its subsidiary machinery to keep under review experiences and practices of ACC member organizations with a view to ensuring systematic exchange of information, improving understanding of each other's policies and activities, promoting the use of common terminology, and facilitating transparency and consistency in developing cooperation with the private sector*"[691]. Im Rahmen der ersten Sitzung im Jahr 2000 des ACC/CEB wurde noch einmal auf die Notwendigkeit des "*direct engagement with the private sector*"[692] hingewiesen und beschlossen, dass "*strong partnerships with the private sector both for development activities and internal systems, reinforcing and drawing on the experience gained with the many initiatives under way*"[693] stärker entwickelt werden müssten.[694]

Der Vorschlag Annans innerhalb der VN ein *business liaison service* einzurichten, deckt sich mit dem in Abschnitt 7.3 abgeleiteten und hier im Mittelpunkt stehenden Lösungsvorschlag, eine zentrale Verwaltungs- und Koordinationsinstitution für die Partnerschaften einzurichten. Nachdem, wie aufgewiesen, seitens zentraler Akteure im Sinne von Mitgliedstaaten oder hochrangigen Vertretern von VN-Institutionen keine eindeutig negativen Äußerungen zur Umsetzung des Vorschlags vorliegen, sondern sich vielmehr ein Meinungsbild ergibt, das eher für bzw. zumindest nicht gegen die Etablierung einer zentralen Institution im Rahmen der Partnerschaften plädiert, ist die praktische

---

689 United Nations/Administrative Committee on Coordination (1997), Absatz 9.

690 United Nations/Administrative Committee on Coordination (1997), Absatz 11i.

691 United Nations/Administrative Committee on Coordination (1999a), Absatz 20.

692 United Nations/Administrative Committee on Coordination (2000a), Absatz 13.

693 United Nations/Administrative Committee on Coordination (2000a), Absatz 35e.

694 Darüber hinaus fassten die Vertreter der Mitgliedsorganisationen des ACC/CEB im Rahmen ihrer zweiten Sitzung 1999 Schwächen der VN zusammen, die in Einklang mit den in Kapitel 6 aufgewiesenen praktischen Gegebenheiten im Rahmen der Partnerschaften stehen: Zum einen der "*lack of coherence in setting goals*" (United Nations/Administrative Committee on Coordination (1999b), Absatz 13b) und zum anderen "*inconsistencies in implementing initiatives and in monitoring the realization of agreed plans and targets*" (United Nations/Administrative Committee on Coordination (1999b), Absatz 13c). Als konkreter Aktionspunkt ergab sich, wiederum auf die Partnerschaften zwischen den VN und der PW übertragbar: "*Establishing result-oriented action plans with clear and achievable targets, measurable country-level goals and implementable monitoring, evaluation and reporting procedures*" (United Nations/Administrative Committee on Coordination (1999b), Absatz 14d).

Umsetzbarkeit des Lösungsvorschlags auch hierdurch bestätigt. In diesem Zusammenhang ist schließlich zu betonen, dass seitens der zentralen Akteure weniger die vollständige Übereinstimmung als vielmehr ein "*rough consensus*"[695] im Sinne einer grundlegenden Übereinstimmung hinreichend wäre,[696] um zumindest die Diskussion über die Einzelheiten zur Umsetzung des Vorschlags voranzutreiben.

Darüber hinaus wäre schließlich auch die Umsetzung der *Inter-agency*-Kooperation zur Einrichtung einer zentrale Verwaltungs- und Koordinationsinstitution im Rahmen der Partnerschaften durch bindende Beschlüsse und nachdrückliche Empfehlungen möglich. So hat zum einen die Generalversammlung die Befugnis, "den Spezialorganen gegenüber bindende Beschlüsse zu fassen"[697]. Und zum anderen kann der ECOSOC sowohl gemäß Artikel 62, Absatz 1 der VN-Charta[698] Empfehlungen an die Sonderorganisationen richten als auch gemäß Artikel 63, Absatz 2[699] der VN-Charta die "Tätigkeiten der Sonderorganisationen koordinieren, indem er Konsultationen mit ihnen führt und an sie, an die Generalversammlung und die Mitglieder der Vereinten Nationen Empfehlungen richtet"[700]. Hiervon könnte schließlich zur Erwirkung der Kooperation derjenigen VN-Institutionen Gebrauch gemacht werden, die zu den Spezialorganen oder den Sonderorganisationen zählen. Zu berücksichtigen ist allerdings, das dabei die Mitwirkung der Mitgliedstaaten erforderlich ist.[701] Schließlich ist jedoch zu betonen, dass in der Praxis zuerst versucht werden sollte, den Lösungsvorschlag nach dem Prinzip der Freiwilligkeit umzusetzen. Erst nach umfangreichen Konsultationen mit den Vertretern der betroffenen VN-Institutionen und einem eindeutigen Scheitern des Versuchs, einen *rough consensus* hinsichtlich der gemeinschaftlichen Etablierung einer zentralen Verwaltungs- und Koordinationsinstitution im Rahmen der Partnerschaften zu erlangen, sollte erwogen werden, ob von den gegebenen konstitutionellen Möglichkeiten Gebrauch zu machen ist.

Abschließend ist festzustellen, dass selbst den tragenden Argumenten gegen die Schaffung einer zentralen Institution im Rahmen der Partnerschaften entgegnet und somit die praktische Umsetzbarkeit des Lösungsvorschlags gerechtfertigt

---

695 Rischard, Jean-François (2002), S. 174.

696 Vgl. Rischard, Jean-François (2002), S. 174.

697 Hüfner, Klaus (1991), S. 125.

698 United Nations (1945).

699 United Nations (1945).

700 United Nations (1945), Artikel 63, Absatz 2.

701 Die Unterstützung der Mitgliedstaaten könnte v.a. durch das Argument geworben werden, dass die zentrale Institution Transparenz sowie Steuerungs- und Koordinationsmöglichkeiten fördern würde, von denen die Mitgliedstaaten profitieren könnten.

werden konnte. Sicherlich sind der praktischen Implementierung dabei, wie allen Veränderungen sozialer Systeme, Hürden und Restriktionen gesetzt, von denen sich nicht alle im Vorfeld antizipieren lassen. Jedoch ist die Überwindung des gegebenen Zustands und die nachhaltige und effiziente Entwicklung der Partnerschaften nur durch gemeinschaftliche Bemühungen aller VN-Institutionen sowie durch Steuerung und Koordination der Entwicklung zu erreichen. Zudem ist zu betonen, dass der Vorschlag, eine zentrale Institution für das Makro-Management der Partnerschaften einzurichten, nicht darauf abzielt, die Unabhängigkeit oder Integrität der einzelnen VN-Institutionen zu verletzen oder zu ignorieren; der Vorschlag ist vielmehr darauf ausgerichtet, den interinstitutionellen Gemeinschaftssinn durch Aufweisung von Synergieeffekten und die Einrichtung der zentralen Institution als ein Gemeinschaftsprojekt zu fördern.

Dass die Etablierung einer zentralen Verwaltungs- und Koordinationsinstitution für die Partnerschaften nicht zwangsläufig die Neuschaffung einer Institution beinhalten muss, ist Bestandteil der Ausführungen im folgenden Unterabschnitt. Dabei wird erörtert, inwiefern die Verlagerung von Kompetenzen und Verantwortung auf bestehende (VN-)Institutionen sinnvoll wäre und ob die Unterstützung von VN-Institutionen und deren Mitarbeitern eher gewährleistet wäre, wenn anstatt einer internen Institution eine externe Institution mit der zentralen Verwaltung und Koordination der Partnerschaften betraut würde.

7.4.3 Praktische Implementierungsalternativen

Für die Einrichtung einer zentralen Verwaltungs- und Koordinationsinstitution zur Förderung von Nachhaltigkeit und Effizienz der Partnerschaften bestehen verschiedene praktische Implementierungsalternativen. Um diese zu strukturieren und um anschließend die zweckmäßigste Option für die hier vorliegende Problemstellung zu identifizieren, müssen zunächst zwei Kernfragen beantwortet werden: Erstens, ob eine neue Institution gegründet oder eine bereits bestehende Institution mit der Funktion und den Aufgaben betraut werden sollte. Und zweitens, ob die zentrale Verwaltungs- und Koordinationsinstitution VN-intern oder VN-extern geschaffen werden bzw. bereits bestehen sollte. Es ergeben sich somit vier mögliche Alternativen, wie anhand der Matrix in Abbildung 17 veranschaulicht werden kann.

Veranschaulicht man die vier Alternativen durch Beispiele, so entspräche die Neugründung einer VN-internen Institution (Punkt 1) dem Vorschlag, eine neue zentrale Verwaltungs- und Koordinationsinstitution für die Partnerschaften, beispielsweise ein *business liaison service* nach dem Modell des NGLS, innerhalb der VN zu etablieren. Die Gründung einer neuen VN-externen Institution (Punkt 2) wäre beispielsweise gegeben, wenn eine NGO gegründet wird, die sich mit der Steuerung der Partnerschaften zwischen den VN und der PW befasst und dabei v.a. als zentrale Informationsschnittstelle zwischen den VN-Institutionen dient. Ein Beispiel für die Nutzung einer VN-intern bestehenden Institution (Punkt 3) läge darin, dass eine partnerschaftsbezogene Amtsautoritätsübertragung der involvierten VN-Institutionen auf den UNFIP, das *Global Compact-Office* oder das UNDP stattfindet. Und schließlich wäre die Nutzung einer VN-extern bestehenden Institution (Punkt 4) beispielsweise durch Übertragung der entsprechenden Verantwortung bezüglich der Partnerschaften auf das PWIBLF gegeben. Dabei ist anzumerken, dass in der Praxis je nach Implementierungsalternative verschiedene Auswirkungen auf die Partnerschaften zwischen den VN und der PW, deren Struktur und Entwicklung zu erwarten sind, und sich entsprechend auch unterschiedliche Implikationen für die Nachhaltigkeit und Effizienz des Systems der Partnerschaften ergeben. Um vor diesem Hintergrund eine Empfehlung der für die Partnerschaften zweckmäßigsten Implementierungsalternative liefern zu können, bietet es sich an, die beiden Kernfragen durch stichpunktartige Abwägung der Vor- und Nachteile zu beantworten.

Abbildung 17: Praktische Implementierungsalternativen

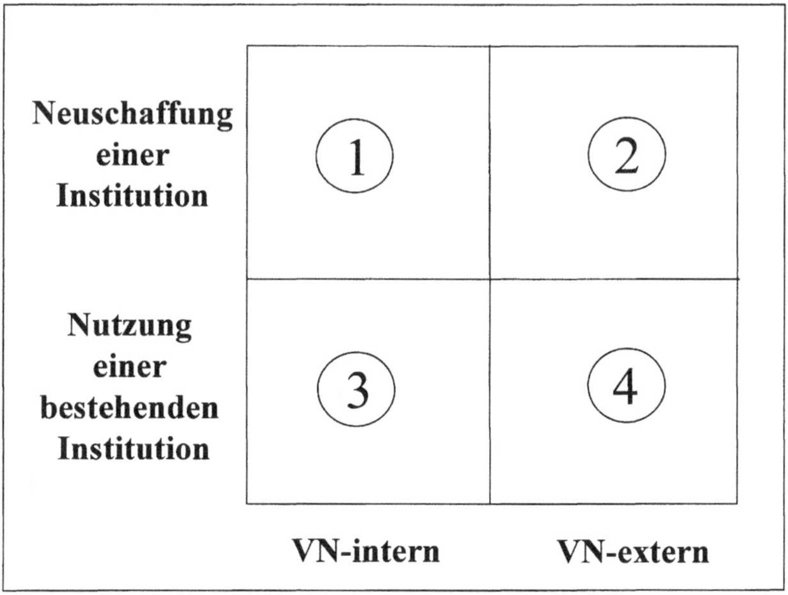

Quelle: Eigene Darstellung.

Die Vorteile der Neuschaffung einer Institution beinhalten gleichzeitig Nachteile für die Übertragung von Autorität und Verantwortungen auf eine bestehende Institution und umgekehrt. Dabei sprechen folgende Argumente für die Einrichtung einer neuen Institution bzw. gegen die Übertragung von Kompetenzen auf eine bestehende Institution:

- Bestehende Institutionen würden nicht mit zusätzlichen Funktionen und Aufgaben belastet.
- Eine Adaption an bestehende intra-institutionelle Strukturen wäre nicht erforderlich.
- Eine problemlose Kompetenzübertragung ist wahrscheinlicher, da keine Rücksicht auf bereits existierende Rollen und Funktionen der bestehenden Institution zu nehmen wäre.
- Die Wahrscheinlichkeit, dass sich daraus Interessenkonflikte entwickeln, dass die Institution einen Mehrwert für ihr Kerngeschäft aus den Zusatzfunktionen schöpfen oder gar die neuen Funktionen zur Förderung der eigenen Geschäfte nutzen könnte, ist gering.[702]
- Potentielles Misstrauen seitens der zuarbeitenden VN-Institutionen könnte minimiert und aufgrund der sachbezogenen Neutralität der neuen Institution könnte der potentielle Missbrauch von Informationen praktisch ausgeschlossen werden.
- Die zugewiesenen finanziellen und personellen Ressourcen würden ohne Zweifel ausschließlich für sachbezogene Zwecke genutzt werden.

Hingegen spricht für die Übertragung von Kompetenzen auf eine bestehende Institution, v.a. dass:

- finanzielle Kostenersparnisse zu erwarten sind, da bestehende Infrastrukturen (Büroräume, Mietkosten, Ausstattung, Kommunikationssysteme usw.) genutzt werden könnten; und
- sich der bereits gewachsene Bekanntheitsgrad der bestehenden Institution innerhalb und außerhalb der VN als Vorteil erweisen kann, sofern die bestehende Institution weder durch Vorurteile noch durch vergangene Aktivitäten negativ belastet ist.

---

702 In diesem Zusammenhang könnte allein schon die Vermutung, dass die bestehende zentrale Institution die übermittelten Informationen missbrauchen könnte, zu destruktivem Verhalten seitens der involvierten VN-Institutionen führen, beispielsweise durch Zurückhaltung von Informationen.

Die Abwägung der Vor- und Nachteile führt schließlich zu dem Ergebnis, dass die Gründung einer neuen Institution zur Steuerung der nachhaltigen und effizienten Entwicklung Partnerschaften zwischen den VN und der PW vorzuziehen ist.

Zur Beantwortung der zweiten Kernfrage, ob die zentrale Verwaltungs- und Koordinationsinstitution VN-intern oder VN-extern etabliert werden sollte bzw. bereits bestehen sollte, sind wiederum die einzelnen Vor- und Nachteile abzuwägen. Dabei plädieren folgende Argumente für die VN-interne Einrichtung und gegen die VN-externe Einrichtung:

- leichterer Zugang zu VN-internen Informationen und Know-how;
- einfachere Mitnutzung bestehender VN-interner Infrastrukturen und Unterstützungsdienstleistungen (Intranet, Bücherei, DPI, etc.);
- mühelosere Kommunikation und erleichterter persönlicher Kontakt mit involvierten VN-Institutionen bzw. deren Mitarbeitern;
- garantierte Weiterführung der VN-Kultur;
- bessere Kontrollmöglichkeiten;
- einfachere Finanzierungsmodalitäten;
- geringerer Aufwand bezüglich der Erlangung VN-externer sowie VN-interner Akzeptanz;
- Vertrauensvorsprung seitens der VN-Institutionen begründet auf "gleicher Herkunft";
- geringeres Risiko bezüglich des Umgangs mit VN-internen, gegebenenfalls sensiblen Informationen;
- geringere Kosten hinsichtlich der eigenen Bekanntmachung sowohl in der Öffentlichkeit als auch VN-intern; und
- geringerer administrativer Aufwand, da nicht sämtliche Modalitäten und Eventualitäten vertraglich fixiert werden müssten.

Hingegen sprechen für die Kompetenzübertragung auf eine VN-externe und somit gegen die Kompetenzübertragung auf eine VN-interne Institution, dass:

- Bedenken der begründeten Bevorzugung bestimmter VN-Institutionen oder einzelner Mitarbeiter weniger relevant wären, und
- der Austritt aus dem Vertrag für beide Akteure unter gebotenen Umständen jederzeit möglich wäre, wobei hierin wiederum ein Risiko bestehen kann.

Zusammenfassend ergibt sich somit eindeutig, dass im Rahmen der Partnerschaften die Alternative der Übertragung der Amtsautorität von den VN-Institutionen auf eine VN-interne Organisationseinheit gegenüber der

Externalisierung entsprechender Verwaltungs- und Koordinationsfunktionen vorzuziehen ist.

Insgesamt kann somit festgestellt werden, dass die Neuschaffung einer VN-internen Institution zur praktischen Implementierung der zentralen Verwaltung und Koordination der Partnerschaften am zweckmäßigsten und somit zu empfehlen ist. Für die Umsetzung ist entsprechend eine Anpassung an VN-intern bestehende Strukturen erforderlich, wobei verschiedene Aspekte zu berücksichtigen sind. Diese Aspekte sowie die Frage, wie sich die funktionale Eingliederung der zentralen Verwaltungs- und Koordinationsinstitution innerhalb der VN gestalten sollte, sind Bestandteil der Ausführungen im folgenden Unterabschnitt.

7.4.4 Funktionale Eingliederung in die Vereinten Nationen

Hinsichtlich der praktischen Implementierung und entsprechend der funktionalen Eingliederung der Verwaltungs- und Koordinationsinstitution innerhalb der VN sind sowohl operative Fragen, bezüglich der Organisation, Funktionsfähigkeit und Leitung als auch Fragen bezüglich der *governance*, die Aspekte der Steuerung, der politischen Kontrolle, der Verantwortlichkeit sowie der Berichterstattung umfasst, zu berücksichtigen.

Die operative Eingliederung der zentralen Institution innerhalb der VN steht grundsätzlich in Abhängigkeit zu den Aufgaben, die der zentralen Institution in der Praxis tatsächlich zukommen, weswegen im Folgenden eher generelle Empfehlungen getroffen werden. Dabei ist auf die hier zugrundliegenden Voraussetzung hinzuweisen, dass eine eigene organisatorische Einheit für die zentrale Verwaltungs- und Koordinationsinstitution zur praktischen Funktions- bzw. Aufgabenerfüllung eingerichtet wird. Vor diesem Hintergrund sollte sich die operative Eingliederung folgendermaßen gestalten: Naheliegend ist die Anwendung des Konzepts der sogenannten *administering agency*, das die Unterstützung der zu etablierenden Institution durch bestehende Administrationsstrukturen einer bereits etablierten VN-Institution beinhaltet. Dabei würden der zentralen Verwaltungs- und Koordinationsinstitution von der *administering agency* beispielsweise Räumlichkeiten und eine logistische Infrastruktur zur Verfügung gestellt. Welche bestehende VN-Institution die Funktion der *administering agency* für die zentrale Verwaltungs- und Koordinationsinstitution übernehmen sollte, ist grundsätzlich im Rahmen der praktischen Umsetzung und v.a. im Hinblick auf die entsprechenden Angebote von bestehenden VN-Institutionen festzulegen. Es wäre jedoch durchaus sinnvoll, wenn eine inhaltlich verwandte VN-Institution, wie der UNFIP oder das *Global Compact-Office*, die Rolle der *administering agency* übernähme. Für die Leitung des operativen Geschäfts der zentralen Verwaltungs- und Koordinationsinstitution empfiehlt sich die Ernennung eines *coordinators* im Sinne eines Managers, der, je nach Erfordernis, durch Mitarbeiter administrativ und inhaltlich in seiner Tätigkeit unterstützt werden sollte. Die Position des *coordinators* sollte darüber hinaus als Schnittstelle zwischen operativer Umsetzung und strategischer Steuerung fungieren.

Hinsichtlich der strategischen Steuerung im Sinne der *governance* ist grundsätzlich zu berücksichtigen, dass die im Rahmen der Partnerschaften engagierten VN-Institutionen ein demokratisches Mitsprache- bzw. Mitwirkungsrecht an den Funktionen und der Aufgabenerfüllung der zentralen Verwaltungs- und Koordinationsinstitution erhalten sollten, und dass die Mitgliedstaaten der VN sowie der involvierten VN-Institutionen das Anrecht besitzen, über die Entwicklungen informiert zu werden. Vor diesem Hintergrund empfiehlt sich die Institutionalisierung eines *governing body* in Form eines Verwaltungsgremiums.[703] Dieses Verwaltungsgremium sollte sich aus Vertretern der im Rahmen der Partnerschaften mit der PW engagierten VN-Institutionen (idealerweise den institutionenspezifisch geschaffenen *focal points* bzw. deren Vertreter) sowie dem ernannten *coordinator* der zentralen Verwaltungs- und Koordinationsinstitution zusammensetzen[704] und gemeinschaftlich Rahmenbedingungen schaffen sowie Aufgaben festlegen, die der *coordinator* wiederum operativ umzusetzen und über deren Entwicklung er Rechenschaft zu liefern hätte.

Das Verwaltungsgremium wäre zudem für die Berichterstattung an die Mitgliedstaaten der VN als auch an die *governing bodies* bzw. die Mitgliedstaaten der im Rahmen der Partnerschaften engagierten VN-Institutionen zuständig. Dabei sind folgende Verfahren zu empfehlen: Erstens sollte das Verwaltungsgremium regelmäßig, beispielsweise jährlich oder schwerpunktmäßig alle zwei Jahre, direkt oder über den ECOSOC gegenüber der Generalversammlung der VN Rechenschaft über die Entwicklung und den Status der Partnerschaften mit der PW ablegen. Zudem sollte das Verwaltungsgremium den zur Vorlage an die Generalversammlung bestimmten Entwicklungs- bzw. Statusbericht auch an die *governing bodies* der involvierten VN-Institutionen weiterleiten. Und schließlich sollten die geschaffenen *focal points* zu den Partnerschaften bei den einzelnen VN-Institutionen bzw. deren Vertreter, die im Idealfall ad personam auch im Verwaltungsgremium vertreten sind, regelmäßig den *governing bodies* der eigenen VN-Institutionen und somit den institutionenspezifischen Mitglied-

---

[703] Das im Rahmen der Partnerschaften als Verwaltungsgremium bezeichnete Organ ist mit dem *Programme and Coordination Meeting* (PCM) des NGLS vergleichbar (vgl. Unterabschnitt 7.4.2).

[704] In diesem Zusammenhang wäre durchaus zu erwägen, dass das Leitungsgremium im Sinne des Nerfin-Modells zusätzlich durch repräsentative Vertreter aus Regierungen, der Generalversammlung und der PW ergänzt wird (vgl. Hüfner, Klaus; Martens, Jens (2000), S. 142).

staaten gegenüber Rechenschaft ablegen. Hierbei sollte über die gemeinschaftlichen und durch die zentrale Institution gesteuerten Entwicklungen hinsichtlich der Partnerschaften und über sich daraus ergebende institutionenspezifische Aspekte aufgeklärt sowie Anregungen aufgenommen werden, um diese wiederum an das Verwaltungsgremium zurückzuleiten.

Damit das Verwaltungsgremium seiner Aufgabe der politischen Rückkopplung nachkommen kann, aber auch um die Zurechenbarkeit bzw. eine umfangreiche politische Kontrolle institutionell zu verankern, sollte das Gremium funktional in bestehende und anerkannte Strukturen der VN eingegliedert werden. Aufgrund seiner weitreichenden Koordinationsfunktion und nicht zuletzt auch weil das NGLS ihm angegliedert ist,[705] bietet das ACC/CEB und v.a. dessen HLCP den dafür zu empfehlenden institutionellen Rahmen. Dabei sollte das Verwaltungsgremium entweder direkt dem HLCP unterstellt werden, das die Autorität besitzt, im Rahmen seiner Funktionserfüllung sogenannte Mechanismen und Arrangements zu institutionalisieren,[706] oder es sollte, wie im Fall des NGLS, dem *governing body* des UNCG, einem organisatorischen Unterarm des HLCP zugewiesen werden. Wesentlich ist schließlich, dass eine Verbindung zwischen dem Verwaltungsgremium der zentralen Institution und dem ACC/CEB institutionalisiert und somit ein Bezug zwischen dem Verwaltungsgremium und dem ECOSOC[707] bzw. der Generalversammlung und dem VN-Generalsekretär hergestellt wird.

Die funktionale Eingliederung der zentralen Verwaltungs- und Koordinationsinstitution innerhalb der VN lässt sich schließlich durch die Etablierung von Einrichtungen auf zwei Ebenen zusammenfassen: Zum einen auf der operativen Ebene, indem eine Einheit zur praktischen Funktionserfüllung und Aufgabenumsetzung geschaffen und institutionell verankert wird, und zum anderen auf der *governance* Ebene, indem Aufsichts- und Steuerungseinheiten sowie die erforderlichen Kontroll- und Berichterstattungsmechanismen aufgebaut werden. Somit wurde ein praxisbezogener Ansatz zur funktionalen Eingliederung der zentralen Verwaltungs- und Koordinationsinstitution für die Partnerschaften in die VN vorgeschlagen, dessen Umsetzung die wesentlichen Aspekte der Funktionsfähigkeit und -erfüllung berücksichtigt und dabei politische Rückkopplung und Berichterstattung an die relevanten Einrichtungen der VN bzw. ihrer Institutionen einschließt.

---

705 Das NGLS wird an dieser Stelle argumentativ angeführt, weil dessen Format als Vorlage für den Annans Vorschlag eines *business liaison service* diente (vgl. Unterabschnitt 7.4.2). Der *governing body* des NGLS ist die UNCG, die dem HLCP zugehört, dass eines der beiden Unterorgane des ACC/CEB ist (vgl. Unterabschnitt 7.4.2).

706 Vgl. Chief Executives Board for Coordination (2004c).

707 Das ACC/CEB erstattet an den ECOSOC Bericht (vgl. Chief Executives Board for Coordination (2004a)).

Die Vorstellung der relevanten Aspekte zur praktischen Implementierung der zentralen Verwaltungs- und Koordinationsinstitution im Rahmen der Partnerschaften abschließend, werden im nächsten Unterabschnitt die Empfehlungen zur Umsetzung des Lösungsvorschlags zusammengefasst.

7.4.5 Zusammengefasste Empfehlungen zur Umsetzung

Der Lösungsvorschlag und entsprechend sämtliche Empfehlungen zur Implementierung einer zentralen Verwaltungs- und Koordinationsinstitution basieren auf einem makro-orientierten Ansatz und sind darauf ausgerichtet, das gesamtheitliche Partnerschaftskonzept der VN und in diesem Sinne das System der Partnerschaften zwischen den VN und der PW in ihrer optimalen Entwicklung zu steuern. Entsprechend gehört das Mikro-Management einzelner Partnerschaften nicht zu der Funktion bzw. den Aufgaben der zentralen Institution, sondern ist von den jeweils bei den einzelnen VN-Insitutionen eingerichteten bzw. einzurichtenden *focal points* zu den Partnerschaften mit der PW wahrzunehmen. Die zentrale Institution soll die nachhaltige und effiziente Entwicklung der Partnerschaften unterstützen, indem sie zunächst durch Schaffung elementarer und nach Möglichkeit VN-weit synchronisierter Rahmenbedingungen den Freiraum für die auf die Partnerschaften einwirkenden Individuen verringert und, solange erforderlich, angemessen gering hält. Darauf aufbauend, soll die zentrale Institution die Potentiale der im Rahmen der Partnerschaften beschäftigten VN-Mitarbeiter fördern und im Verhältnis zu diesen Entwicklungen den Freiraum wiederum angemessen vergrößern. Zur praktischen Funktionserfüllung sind für die zentrale Institution konkrete Aufgaben festzulegen, die sich an den Vorschlägen in Unterabschnitt 7.4.1 orientieren sollten.

Auf Basis der zweistufigen Freiraumveränderung und in diesem Sinne der Unterstützung der nachhaltigen und effizienten Entwicklung der Partnerschaften zwischen den VN und der PW, ist das Umsetzungskonzept für den Lösungsvorschlag flexibel und adaptionsfähig ausgerichtet und ermöglicht somit eine Veränderung sowohl des Formats als auch der Aufgaben der zentralen Institution im Zeitablauf. Daraus ergibt sich, dass die zentrale Institution aufgelöst oder umfunktionalisiert werden kann, sobald sie ihre originäre Funktion erfüllt hat bzw. ab dem Zeitpunkt, ab dem sich die Partnerschaften unabhängig von einer zentralen Steuerung nachhaltig und effizient entwickeln. Entsprechend sind die Empfehlungen zur Umsetzung des Lösungsvorschlags nicht darauf ausgerichtet, eine unbefristet statische und bürokratische Institution zu schaffen, sondern vielmehr dahingehend angelegt, eine Anpassungsfähigkeit der Strukturen an sich wandelnde Entwicklungen und Erfordernisse zu ermöglichen,[708] wie sie sich beispielsweise durch externe Umwelteinwirkungen ergeben.[709]

Auf der Grundlage praktischer Beispiele, dokumentierter Aussagen und Vorschläge zentraler Akteure sowie verankerter Beschluss- und Empfehlungsmechanismen ist der Praxisbezug bzw. die praktische Umsetzbarkeit des Lösungsvorschlags gegeben. Nichtsdestotrotz sind zur Implementierung des Lösungsvorschlags die Kooperationsbereitschaft und die Unterstützung sowohl der im Rahmen der Partnerschaften engagierten VN-Institutionen als auch der Mitgliedstaaten der VN grundsätzlich erforderlich und im Idealfall freiwillig geboten. Unter der Annahme, dass die erforderliche Unterstützung auch tatsächlich gewährleistet wird, sollte die praktische Implementierung der zentralen Verwaltungs- und Koordinationsinstitution darin bestehen, dass innerhalb der VN eine organisatorische Einheit gegründet und mit den erforderlichen Kompetenzen und Ressourcen ausgestattet wird. Die zentrale Institution sollte operativ durch eine *administering agency* in die VN eingegliedert werden und personell durch Mitarbeiter zur praktischen Aufgabenerfüllung unterstützt sowie durch einen *coordinator* geleitet und vertreten werden. Im Rahmen der *governance* empfiehlt sich die Einrichtung eines repräsentativen und demokratisch ausgerichteten Verwaltungsgremiums zur strategischen Steuerung der Partnerschaften, das dem ACC/CEB direkt oder indirekt unterstellt ist und wiederum direkt oder indirekt an den ECOSOC, die Generalversammlung bzw. die Mitgliedstaaten der VN sowie an die involvierten VN-Institutionen und

---

708 Vgl. hierzu die Ausführungen zur strukturellen Flexibilität in Luhmann, Niklas (1984), S. 476f.

709 Vgl. Kapitel 4. Zeitlich betrachtet muss man ab dem Zeitpunkt der Beschlussfassung für die Schaffung einer zentralen Verwaltungs- und Koordinationsinstitution im Rahmen der Partnerschaften mit sechs bis zwölf Monaten rechnen, bis diese voll funktionsfähig ist. Für den ersten Schritt, der angemessenen Reduktion des Freiraums, in dem allerdings schon auf eine Erhöhung des Potentials hingearbeitet werden kann, ist wiederum mit sechs bis zwölf Monaten zu rechnen. Anschließend sollten weitere sechs bis zwölf Monate zu Stabilisierung und nachweisbaren Erhöhung der Potentiale kalkuliert werden, bis die zentrale Institution ihre Funktionsfähigkeit an die veränderten Umstände anpassen kann. Insgesamt ergibt sich somit, dass die zentrale Institution nach einem Zeitraum zwischen eineinhalb und drei Jahren von ihrer bisherigen Funktion entlastet werden könnte, indem sie aufgelöst oder beispielsweise in eine reine Verwaltungsinstanz umfunktioniert wird. Die zeitliche Befristung der Institutionalisierung entspricht dabei den Ansichten der Mitglieder des ACC aus dem Jahr 2001, die bezüglich der generellen VN-Reform zu folgendem Schluss kamen: "*The general approach favoured by the Committee was to move away from the concept of permanent subsidiary bodies with fixed periodicity of meetings and rigid reporting requirements and, instead, to rely increasingly on ad hoc, time-bound and task-oriented coordination arrangements.*" (United Nations/Administrative Committee on Coordination (2001), Absatz 36b.)

deren Mitgliedstaaten berichtet. In diesem Zusammenhang ist auch auf die Finanzierung der zentralen Institution hinzuweisen, die durch regelmäßige und möglichst gleich hohe Beiträge der beteiligten VN-Institutionen gewährleistet werden sollte, wobei andere Einnahmequellen nicht auszuschließen sind, wie beispielsweise die freiwillige Unterstützung durch Mitgliedstaaten.

Abschließend ist anzumerken, dass sämtliche Aspekte im Rahmen der Vorstellung des Lösungsvorschlags vor dem Hintergrund der praktischen Umsetzung betrachtet wurden. Um die Bandbreite an Verhaltenserwartungen sowohl der VN-Institutionen als auch anderer zentraler Akteure zu berücksichtigen, wurde dabei zum einen Wert auf flexible und adaptionsfähige Strukturen und Formate sowie zum anderen auf demokratische und integrative Steuerungsansätze gelegt. Sofern die zusammengefassten Empfehlungen zugrundegelegt werden, könnte durch die Etablierung einer zentralen Verwaltungs- und Koordinationsinstitution die nachhaltige und effiziente Entwicklung der Partnerschaften gefördert werden.

7.5 Abschließende Bemerkungen

Die von Kofi Annan im Entwicklungsprozess der Partnerschaften frühzeitig geäußerte, jedoch an der praktischen Umsetzung gescheiterte Idee, ein *business liaison service* zu etablieren, ist unter den gereiften Umständen neu zu bewerten. Als der Vorschlag 1997 unterbreitet wurde, war das Konzept der Partnerschaft zwischen den VN und der PW neu. Vielen Akteuren in und um die VN mangelte es an dem Verständnis für und dem Vertrauen in die Potentiale der strategisch-konstruktiven Zusammenarbeit zwischen den beiden Systemen. Die Idee Annans war somit schwer greifbar und die Implikationen der Umsetzung waren unsicher. Die erforderliche Weitsicht und der notwendige Mut, um den Vorschlag praktisch umzusetzen oder gar begründet abzuweisen, wurden schließlich nicht aufgebracht.

In der Zeit seit 1997 hat sich zwar der Partnerschaftsansatz auf verschiedenen Ebenen weiterentwickelt, doch sind bis heute die erforderlichen Rahmenbedingungen für eine auf Nachhaltigkeit und Effizienz ausgerichtetet Entwicklung der Partnerschaften nicht geschaffen worden. Mängel und Schwächen dominieren; Improvisation und Willkür bestimmen die Praxis. Sofern die positive Entwicklung und schließlich auch das Fortbestehen des Systems der Partnerschaften nicht gefährdet werden sollen, ist dringender Handlungsbedarf gegeben. Vor dem Hintergrund dieser Tatsachen ist die Relevanz zentraler Verwaltung und Koordination im Rahmen der Partnerschaften offensichtlich und die Institutionalisierung einer entsprechenden Steuerung notwendig. Entsprechend ist dem unterbreiteten Lösungsvorschlag, eine zentrale Verwaltungs- und Koordinationsinstitution für die Partnerschaften zwischen den VN und der PW einzurichten, eine aktuelle Bedeutung beizumessen.

Ausgehend von den bezüglich der Partnerschaften gegebenen Umständen, konnte durch Zusammenfassung theoretischer und praxisbezogener Lösungsansätze ein kombiniertes Lösungskonzept zur nachhaltigen und effizienten Entwicklung der Partnerschaften abgeleitet werden. Die erforderlichen Lösungsschritte beinhalten, dass zunächst die bestehenden großen Freiräume v.a. für die auf die Partnerschaften einwirkenden Individuen verringert werden müssen. Anschließend müssen die Potentiale dieser Individuen vergrößert und derem Wachstum entsprechend auch die Freiräume wieder vergrößert werden. Dieses kombinierte Lösungskonzept mündete in einem Lösungsvorschlag, der die Stabiliserung von Verhaltenserwartungen und in diesem Sinne die Ausbildung von Strukturen in den Vordergrund stellt. Zum einen sollten somit *focal points* zu den Partnerschaften bei den einzelnen im Rahmen der Partnerschaften engagierten VN-Institutionen eingerichtet bleiben bzw. werden. Und zum anderen sollte durch gemeinschaftliche Anstrengungen aller relevanten VN-Institutionen eine zentrale Verwaltungs- und Koordinationsinstitution für die Partnerschaften etabliert werden, die nicht zuletzt durch die *focal points* der einzelnen VN-Institutionen unterstützt werden sollte. Da sich die Einrichtung der *focal points* bereits weitestgehend in der Umsetzung befindet, wurde die Schaffung der zentralen Institution schließlich in den Mittelpunkt der Betrachtungen gestellt.

Durch die neu zu schaffenden Strukturen und deren Funktion konnte somit die optimale Anpassung von Freiraum und Potential gemäß der Freiraum-Potential-Matrix in Aussicht gestellt werden, um auf Nachhaltigkeit und Effizienz für das System der Partnerschaften, und somit dessen optimalen Entwicklung und längerfristiges Bestehen hinzuwirken. Dabei sollten zur Ermöglichung der Funktionserfüllung die erforderlichen Kompetenzen und Verantwortungen von den im Rahmen der Partnerschaften engagierten VN-Institutionen auf die zentrale Institution übertragen werden, die in Form einer neuen Einrichtung funktional in die VN eingegliedert werden sollte. Grundlegend war in diesem Zusammenhang, dass die zentrale Institution keine autoritäre Rolle gegenüber den VN-Institutionen einnehmen, sondern vielmehr deren Aktivitäten im Rahmen der Partnerschaften zentral steuern und unterstützen sollte. In diesem Sinne beruht die zur Überwindung der gegebenen Umstände vorgeschlagene Form der Institution auf dem Gemeinschaftsprinzip zwischen den VN-Institutionen und verspricht darüber hinaus, die Potentiale der Partnerschaften angemessen zu nutzen und zu fördern.

Die Umsetzung der vorgeschlagenen, theoretisch und praktisch fundierten Lösung stellt eine nachhaltige und effiziente Entwicklung des Systems der Partnerschaften in Aussicht, obwohl zum einen im Rahmen jeder Veränderung

Initiativen und die Überwindung von Widerständen erforderlich sind, und zum anderen nach wie vor die Unsicherheit der Interpretation und Handlungsumsetzung der einzelnen Individuen besteht. Somit ist abschließend in den Worten Göthels festzustellen: "Der Erfolg aller Koordinationsbemühungen hängt letztlich vom guten Willen und der Überzeugung der Beteiligten ab, sei es in den Mitgliedstaaten oder den Organisationen."[710]

---

[710] Göthel, Dieter (1995), S. 57.

8 ZUSAMMENFASSUNG UND AUSBLICK

Als Konsequenz aus den weltgesellschaftlichen Veränderungen der 1990er Jahre muss das Verhältnis zwischen öffentlichem und privatem Sektor im 21. Jahrhundert neu definiert werden. Die gewohnten Verhaltensweisen greifen nicht mehr, bisher bewährte Regularien verlieren an Sinn und bestehende Institutionen müssen sich neu positionieren. Das führt für die gesellschaftlichen Teilsysteme und die mit ihnen verbundenen Individuen zur Notwendigkeit, Flexibilität und Integrationsfähigkeit zu praktizieren und den Wandel durch neue Konzepte zu gestalten. Ein gesellschaftliches Teilsystem, das dabei besonders gefordert ist, ist das der VN.

Die VN haben ihre Adaptionsfähigkeit an gesellschaftliche und politische Veränderungen in den letzten Jahren dadurch demonstriert, dass sie ihre jahrzehntelange Ablehnung gegenüber der PW durch das Prinzip der Kooperation ersetzen. Vor diesem Hintergrund ist die Zusammenarbeit zwischen den VN und der PW zu einem zentralen Thema geworden, indem die VN Initiativen entwickelt und Maßnahmen ergriffen haben, die eine aktivere und verantwortungsvollere Integration der PW in gesellschaftspolitische und soziale Entwicklungen beinhalten. In diesem Kontext sind die Partnerschaften zwischen den VN und der PW als Ausdruck eines innovativen Kooperationskonzepts zu verstehen. In Form der strategisch-konstruktiven Zusammenarbeit übersetzen die Partnerschaften das gemeinsame Interesse der beiden Systeme VN und PW an den gesellschaftlichen Entwicklungen in die Praxis und erlauben den Akteuren, dabei ihre eigene Identität sowie individuelle Absichten weiter zu verfolgen.

Damit jedoch die VN die Legitimität des neuen Ansatzes der Partnerschaften mit der PW belegen können, ist deren nachhaltige und effiziente Entwicklung erforderlich. Hier setzte die zentrale Fragestellung der vorliegenden Arbeit an, ob die optimale Entwicklung der Partnerschaften gegeben sei, und falls nicht, wodurch sie zu erreichen wäre.

Die hierzu durchgeführten Untersuchungen im Rahmen dieser Arbeit ergaben schließlich, dass die grundsätzlich erstrebenswerte, nachhaltige und effiziente Entwicklung der Partnerschaften mit der PW blockiert wird. Obwohl die VN bislang die Missstände dadurch rechtfertigen können, dass sich die Partnerschaften in einem Entwicklungsstadium befinden, sind dringend Maßnahmen erforderlich, um das bislang seitens der VN im Rahmen der Partnerschaften praktizierte "*laissez-faire*-Prinzip" zu überwinden. Eine entsprechende Strategie wurde im Rahmen dieser Arbeit entwickelt.

Hierzu mussten drei zentrale Aspekte berücksichtigt werden:

- Die inhaltliche Abgrenzung von "Zusammenarbeit" und "Partnerschaft" zwischen den VN und der PW;
- die theoretische Begründung der Entstehung und Entwicklung der Partnerschaften; und
- die auf praktischen Tatsachen beruhende, aber dennoch theoretisch fundierte Herleitung eines Lösungskonzepts und dessen Übertragung in einen wiederum praktisch umsetzbaren Lösungsvorschlag.

Nachdem weder die Kooperationsbeziehungen zwischen den VN und der PW im Allgemeinen noch die Partnerschaften im Speziellen in der wissenschaftlichen Literatur umfangreich betrachtet wurden, bestand die zentrale Herausforderung im Rahmen dieser Arbeit darin, ein theoretisches Konzept zu finden bzw. zu entwickeln, das sich sowohl auf die Entstehung von Kooperationen zwischen zwei funktional unterschiedlichen Partnern als auch auf die Entwicklung bzw. Voraussetzungen für die Dauerhaftigkeit einer bestimmten Kooperationsform anwenden lässt. Die Systemtheorie nach Niklas Luhmann wurde hierbei den grundlegenden Anforderungen gerecht und konnte somit wertvolle Ansätze für vertiefende Modelle sowie die Entwicklung relevanter und detaillierter Lösungsansätze liefern.

Basierend auf Definitionen und systemtheoretischen Ableitungen, wurden in einem ersten Schritt die Begriffe der "Zusammenarbeit" und der "Partnerschaft" zwischen den VN und der PW voneinander abgegrenzt, um zu verdeutlichen, dass die Partnerschaften lediglich eine Form der Zusammenarbeit zwischen den VN und der PW sind. Gestützt auf Luhmanns systemtheoretischen Konzepten der Komplexitätsreduktion durch Differenzierung und der strukturellen Kopplung, konnte dabei die Evolution des Systems der Partnerschaften zwischen den VN und der PW aus den gesellschaftlichen Teilsystemen der Wirtschaft und der Politik abgeleitet werden. Somit wurde zum einen belegt, dass die Zusammenarbeit zwischen den VN und der PW ein soziales System nach Luhmann darstellt, das in funktionale Teilsysteme differenzierbar ist und entsprechend eine Bandbreite an unterschiedlichen Funktionen in sich vereint: die kommerzielle, institutionelle, normativ-regulative und die strategisch-konstruktive Zusammenarbeit. Zum anderen konnte dadurch auch theoretisch hergeleitet werden, dass die Partnerschaften als die strategisch-konstruktive Zusammenarbeit zwischen den VN und der PW ein eigenständiges soziales System nach Luhmann sind, das sich wiederum in funktionale Teilsysteme differenziert: in die politisch-unterstützenden Partnerschaften, die Partnerschaften zur Fürsprechung, die mittelgenerierenden Partnerschaften, die operativen Partnerschaften und die Informations- und Lernpartnerschaften. Bei der theoretischen Herausarbeitung dieser Erkenntnisse konnte die Rolle des Individuums zunächst vernachlässigt werden.

In einem nächsten Schritt wurde theoretisch begründet, welche Rolle dem Individuen im Rahmen der Partnerschaften zukommt, um entsprechend eine in die Praxis übertragbare Erklärung für die Entstehung und die weitergehende Entwicklung der Partnerschaften zwischen den VN und der PW zu liefern. Da die Systemtheorie nach Luhmann in eben diesem Bereich an Grenzen stößt, wurde die systemtheoretische Konzeption zum einen durch handlungstheoretische Ansätze und zum anderen durch eigene Ansätze erweitert. Dafür waren zwei Aspekte grundlegend: Erstens, dass sich die praktische Entstehung und Entwicklung der Partnerschaften vor dem Hintergrund individueller Wahlhandlungen gestaltet, und zweitens, dass die effiziente und nachhaltige Entwicklung der Partnerschaften, sowohl auf externen als auch auf internen Einflüssen beruht. Zentral war dabei der Ansatz, dass individuelles Verhalten durch die Determination von Handlungsfreiräumen, die für die Wahlhandlungen essentiell sind, bestimmt bzw. richtungsweisend gesteuert werden kann. Eine umfassende theoretische Abbildung zur praxisbezogenen Entstehung der Partnerschaften unter Berücksichtigung individuellen Verhaltens konnte schließlich mit Hilfe der erweiterten konzeptionellen Schablone des MMMS geliefert werden, die sowohl systemtheoretische als auch handlungstheoretische Ansätze integriert. Um darüber hinaus auch anwendbare Parameter für die weitergehende und v.a. auf Nachhaltigkeit und Effizienz ausgerichtete Entwicklung der Partnerschaften zu liefern, wurde die eigens modifizierte Freiraum-Potential-Matrix vorgestellt. Mit Hilfe dieser Matrix konnten die beiden externen Entwicklungsparameter "Freiraum" und "Potential" in direkten Bezug zueinander gestellt und eine fundierte Grundlage für die nachhaltige und effiziente Entwicklung der Partnerschaften geliefert werden. In diesem Zusammenhang wurde der system-interne Entwicklungsparameter "Struktur" eingeführt, der für die Partnerschaften zentral ist.

Um schließlich festzustellen, wodurch sich der aktuelle Entwicklungszustand der Partnerschaften zwischen den VN und der PW auszeichnet und ob in diesem Sinne die nachhaltige und effiziente Entwicklung der Partnerschaften gewährleistet ist, wurde eine praxisbezogene Analyse der Gegebenheiten vorgenommen. Im Ergebnis konnte sowohl praxisbezogen als auch theoretisch belegt werden, dass die Partnerschaften sich derzeit nicht optimal entwickeln.

Damit vor diesem Hintergrund und ausgehend vom derzeitigen Entwicklungszustand ein Vorschlag für die optimale Entwicklung der Partnerschaften geliefert werden konnte, mussten sowohl praxisbezogene als auch theoretische Lösungsansätze berücksichtigt werden. Für den praxisbezogenen Vergleich zwischen dem aktuellen und dem optimalen Entwicklungszustand der Partnerschaften wurden die gegebenen Umstände mit folgenden Ergebnissen untersucht:

- Erstens erwiesen sich die gegebenen Freiräume für das aktuelle Entwicklungsstadium als zu groß, was bedeutet, dass die Handlungsalternativen für die im Rahmen der Partnerschaften zentralen VN-Mitarbeiter weder koordiniert gesteuert noch zielführend beschränkt werden. Zudem existieren weder Absichten und Strategien noch unmissverständliche Handlungsrichtlinien bzw. *Benchmarks*.
- Zweitens ergab sich, dass die vorhandenen Potentiale der im Rahmen der Partnerschaften engagierten VN-Mitarbeiter im aktuellen Entwicklungszustand der Partnerschaften zu gering sind, was einschließt, dass seitens der involvierten VN-Mitarbeiter Fachkenntnisse und Erfahrungen zu den Partnerschaften mit der PW nur geringfügig ausgebildet sind.
- Und drittens war festzustellen, dass es dem System der Partnerschaften an der erforderlichen Struktur für eine optimale Entwicklung mangelt, da die elementaren Verhaltenserwartungen bislang nur geringfügig stabilisiert wurden, es seitens der involvierten VN-Institutionen an Konsensfähigkeit zu den Verhaltenserwartungen mangelt und VN-weit im Rahmen der Partnerschaften methodische und prozessuale Inkonsistenzen vorliegen.

In Anbetracht des aktuellen Entwicklungszustands konnte schließlich im letzten Schritt auf einen konkreten Lösungsvorschlag für die nachhaltige und effiziente Entwicklung der Partnerschaften hingearbeitet werden. Die Zusammenfassung von praxisbezogenen und theoretisch fundierten Lösungsansätzen stellte die Notwendigkeit in den Mittelpunkt, die weitergehende Entwicklung der Partnerschaften gemäß dem optimalen Entwicklungsverlauf der Freiraum-Potential-Matrix anzupassen, um Nachhaltigkeit und Effizienz zu gewährleisten. Der konkrete Lösungsvorschlag umfasste dabei die Ausbildung von Strukturen auf zwei Ebenen: Zum einen die Einrichtung von *focal points* sowohl zum Mikro-Management wie auch zum intra-institutionellen Management der Partnerschaften bei jeder im Rahmen der Partnerschaften aktiven VN-Institution. Und zum anderen die besonders ausführlich betrachtete Implementierung einer zentralen Verwaltungs- und Koordinationsinstitution für die Partnerschaften mit der PW auf Gesamt-VN-Ebene, die zumindest temporär mit der strategischen Steuerung der Entwicklung der Partnerschaften betraut werden sollte. Abschließend wurden Empfehlungen zur praktischen Umsetzung der zentralen Verwaltungs- und Koordinationsinstitution für die Partnerschaften vorgestellt und umfangreich begründet.

Nach nunmehr einem halben Jahrzehnt der praxisorientierten Diskussionen über die Partnerschaften zwischen den VN und der PW konnte durch die Untersuchung somit - in Luhmanns Sinne - die Komplexität der Partnerschaften reduziert werden und durch praxisbezogene und theoretische Herangehensweisen beantwortet werden, welcher Veränderungen es bedarf, um die optimale Entwicklung der Partnerschaften zwischen den VN und der PW zu gewährleisten, und wie diese institutionalisiert werden könnten.

Zusammenfassend wurden im Rahmen der vorliegenden Arbeit folgende Erkenntnise gewonnnen bzw. Ergebnisse geliefert:

- Die Partnerschaften stellen eine mögliche Form der Zusammenarbeit zwischen den VN und der PW dar und können als strategisch-konstruktive Zusammenarbeit zwischen den VN und der PW umschrieben werden.
- Die aktuelle Relevanz der Zusammenarbeit und insbesondere der Partnerschaften zwischen den VN und der PW hat sich maßgeblich vor dem Hintergrund gesellschafts-politischer Faktoren, wie beispielsweise dem Ende des Ost-West-Konflikts und der Globalisierung, entwickelt.
- Die Partnerschaften zwischen den VN und der PW sind im systemtheoretischen Sinne nach Niklas Luhmann ein soziales System, dessen Entwicklung maßgeblich durch drei sowohl interne als auch externe Parameter - "Freiraum", "Potential" und "Struktur" - beeinflusst wird.
- Die Partnerschaften zwischen den VN und der PW weisen derzeit einen Entwicklungszustand auf, der nicht auf eine nachhaltige und effiziente Entwicklung ausgerichtet ist, da er sich durch große Freiräume und geringe Potentiale auszeichnet und zudem die erforderlichen Strukturen noch nicht stabilisiert sind.
- Das anhand der Freiraum-Potential-Matrix abgebildete Lösungskonzept beschreibt die Veränderung des aktuellen Entwicklungszustands der Partnerschaften in zwei Lösungsschritten: Erstens die Verringerung des Freiraums und zweitens die Vergrößerung des Potentials mit paralleler Freiraumvergrößerung.
- Der daraus abgeleitete praxisbezogene Lösungvorschlag besteht in der Institutionalisierung elementarer Strukturen zur Überwindung des "*laissez-faire*-Zustands", indem sowohl VN-institutionenspezifische als auch die Gesamtheit der VN-umspannende Strukturen etabliert werden.
- Die zur Förderung der nachhaltigen und effizienten Entwicklung der Partnerschaften empfohlene Einrichtung einer zentralen Verwaltungs- und Koordinationsinstitution ist praktisch umsetzbar.

Auf der Grundlage der gewonnenen Erkenntnisse und der gelieferten Ergebnisse besteht die praktische Herausforderung schließlich darin, dass die Notwendigkeit der nachhaltigen und effizienten Entwicklung der Partnerschaften seitens der VN ernst genommen wird. In dieser Hinsicht sind Führungsstärke, Überzeugungskraft und der Mut, sich gegen Widerstände durchzusetzen, gefordert. Die Schaffung einer zentralen Verwaltungs- und Koordinationsinstitution der Partnerschaften durch die Gründung einer neuen Institution und deren Austattung mit Kompetenzen und erforderlichen Ressourcen sollte deshalb ernsthaft diskutiert werden.

Nachdem im Rahmen der vorliegenden Arbeit vorrangig Aspekte der zentralen Fragestellung untersucht wurden, besteht weiterer Forschungsbedarf zum Thema der Partnerschaften beispielsweise in den folgenden Bereichen: In Anbetracht dessen, dass für die Analysen im Rahmen dieser Arbeit die Betrachterperspektive der VN gewählt und ein Makro-Ansatz verfolgt wurde, bietet es sich an, Untersuchungen aus der Perspektive der PW bzw. hinsichtlich der Mikro-Ebene der Partnerschaften zwischen den VN und der PW durchzuführen. Des Weiteren besteht Forschungsbedarf bezüglich der Relevanz der Partnerschaften hinsichtlich konkreter Anliegen der VN, wie beispielsweise im Rahmen der Umsetzung der Millenniums-Entwicklungsziele[711]. Zudem bieten drei Aspekte, die sich unter dem Thema der gesteigerten Formen der Mitwirkung der PW an der Tätigkeit der VN zusammenfassen lassen, Ansätze für weitere Forschung: Die Formalisierung des Repräsentativstatus der PW, die Institutionalisierung von Beratergremien der PW und die Teilnahme von Vertretern der PW an VN-Veranstaltungen. Auf der Ebene der Partnerschaften zwischen gesellschaftlichen Akteuren im Allgemeinen bietet sich schließlich die wissenschaftliche Betrachtung erweiterter Kooperationsformen, wie die der *Tri-Sector-Partnerships* zwischen Regierungen, der PW und NGOs, für weitergehende Untersuchungen an, wobei Rischard mit der Vorstellung des Konzepts der *Public-Private-Civil-Partnerships* (PPCPs) bereits einen relevanten Ansatz liefert.[712] Und nichtzuletzt bedarf es auf der generellen Ebene der PPP weiterer Untersuchungen, um dabei fundierte theoretische Modelle zur Abbildung der Entwicklung und gesellschaftlichen Relevanz von PPP zu entwickeln.

Die Partnerschaften zwischen den VN und der PW sind ein Beispiel für die Möglichkeiten, die mit der Verschiebung der systemischen Grenzen zwischen Wirtschafts- und Politiksystem einhergehen. Sie verdeutlichen, wie der stattfindende gesellschaftliche Wandel genutzt werden kann, um Entwicklung und sozialen Fortschritt zu fördern. Die Bereitschaft, gemeinschaftlich miteinander zu handeln, markiert sowohl einen Höhepunkt in den Beziehungen zwischen den VN und der PW als auch einen Meilenstein im Rahmen der allgemeinen Zusammenarbeit zwischen dem öffentlichen und dem privaten Sektor. Kooperation schließlich bildet - egal in welchem Bereich - den Ausgangspunkt für Veränderungen. Das schließt die Bewältigung von Herausforderungen, die Überwindung von Widerständen und das Eingehen von Risiken unweigerlich mit ein. Dabei ist nicht zu vergessen, dass die Lösungen hierfür von Menschen ausgehen.

---

711 Vgl. United Nations/General Assembly (2000b).

712 Vgl. Rischard, Jean-François (2002), S. 66.

9 ANHANG

9.1 SCHAUBILD DER VEREINTEN NATIONEN

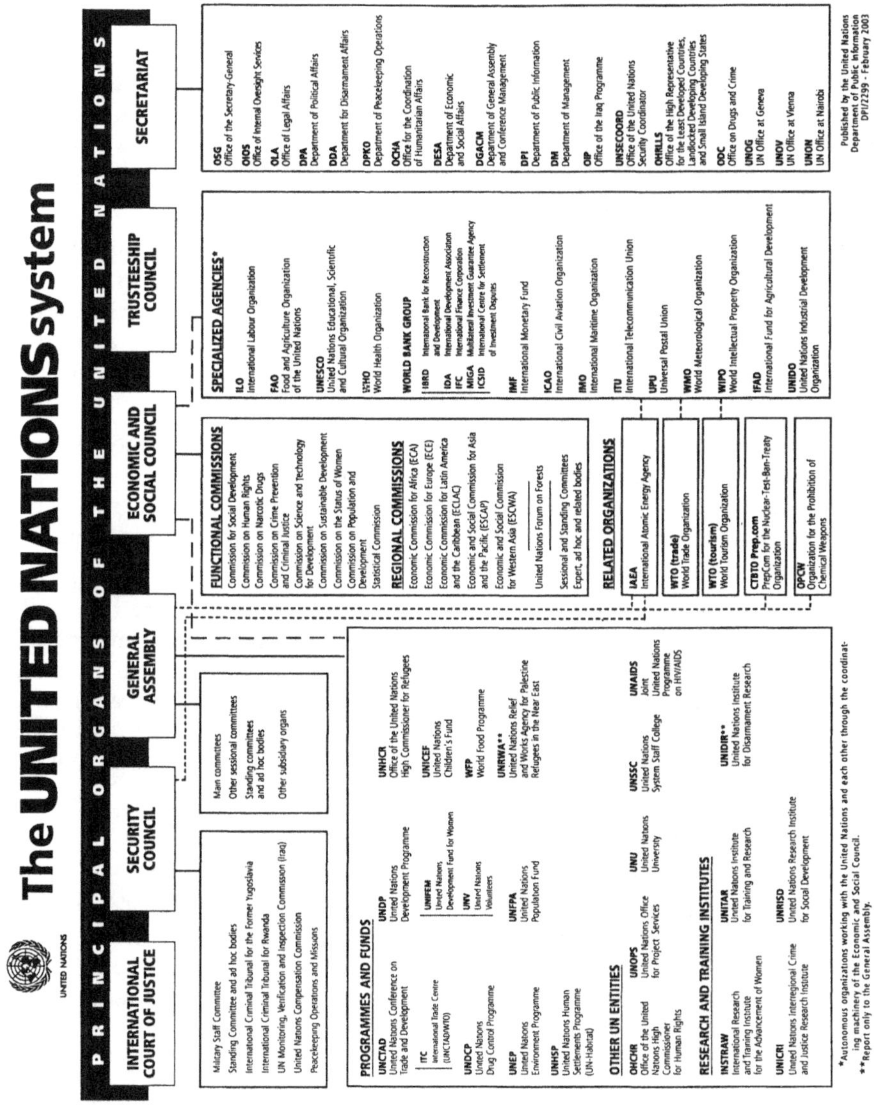

9.2 GUIDELINES FOR COOPERATION BETWEEN THE UNITED NATIONS AND THE BUSINESS COMMUNITY

I. Background

1. The business community has played an active role in the United Nations since its inception in 1945. A number of United Nations entities have a successful history of cooperating with business. Recent political and economic changes have fostered and intensified the search for collaborative arrangements.

2. The efforts of the Secretary-General to renew and reform the United Nations provide the overall rationale for closer cooperation and partnership between the United Nations and non-state actors, including the business community.[a] A broad policy framework for cooperation with the business community has been established, including through joint statements.[b]

3. The relationship with the business community has become more important as the role of business in generating employment and wealth through trade, investment and finance has grown and as United Nations Member States have increasingly stressed the importance of private investment in development.

4. The business community is increasingly appreciative of the role of the United Nations: promoting peace and security, providing norms and standards in such diverse areas as trade laws, shipping, aviation, telecommunications, postal services and statistics, and addressing issues of vulnerability, poverty, environmental degradation and social conflict. All of this is seen as helping provide a stable and favourable framework for business and development.

II. Purpose and rationale

5. Efforts to work with the business community must be seen in the proper institutional context. The United Nations is a global institution accountable to its Member States. Non-state actors play an important role in the pursuit of United Nations goals. Drawing on the expertise and capacities of the business community is increasingly necessary to achieve those goals.

6. The purpose of these guidelines is to facilitate the formulation and implementation of cooperation between the United Nations and the business community in a manner that ensures the integrity and independence of the Organization.

7. These guidelines define "business" as for-profit enterprises.

8. These guidelines are intended to serve as a common framework for all entities of the United Nations Secretariat.[c] It may also serve as a framework for other bodies of the United Nations system.

9. United Nations entities are encouraged to develop more specific guidelines in accordance with their particular mandates and activities.

10. Cooperation with business can take many forms, such as advocacy, fund-raising, policy dialogue, humanitarian assistance and development cooperation. Guidelines for cooperation are particularly relevant in cases where new forms of partnership are being pursued that do not directly involve active government participation.

11. Cooperation is often situation-specific and must be considered on a case-by-case basis. It is essential that each United Nations entity develop in-house capacity and clear lines of responsibility to devise, implement and evaluate cooperative arrangements with business.

III. Choosing a partner

12. The Global Compact, launched by the Secretary-General in 1999,[d] provides an overall value framework for cooperation with the business community. The principles of the compact (see appendix I) are based on intergovernmental agreements and at the same time are relevant for business. United Nations entities should use them as a point of reference when choosing a business partner:

    (a) Business partners should demonstrate responsible citizenship by supporting United Nations causes and core values as reflected in the Charter and other relevant conventions and treaties;

    (b) Within their sphere of influence, private enterprises should have demonstrated a commitment to meeting or exceeding the principles of the Compact by translating them into operational corporate practice;

    (c) Business entities that are complicit in human rights abuses, tolerate forced or compulsory labour or the use of child labour,[e] are involved in the sale or manufacture of anti-personnel mines or their components or otherwise do not meet relevant obligations or responsibilities stipulated by the United Nations are not eligible for partnership.

13. United Nations entities are encouraged to develop additional criteria appropriate to their specific mission and advocacy role.

IV. General principles

14. Irrespective of the situation-specific nature of cooperative arrangements, such arrangements should be guided by the following general principles:

(a) *Advancement of United Nations goals.* The objective needs to be articulated clearly and must advance United Nations goals as set forth in the Charter;

(b) Clear delineation of responsibilities and roles. The arrangement must be based on a clear understanding of respective roles and expectations, with accountability and a clear division of responsibilities;

(c) *Maintenance of integrity and independence.* Arrangements should not diminish the United Nations integrity, independence and impartiality;

(d) *No unfair advantage.* Every member of the business community should have the opportunity to propose cooperative arrangements, within the parameters of these guidelines. Cooperation should not imply endorsement or preference of a particular business entity or its products or services;

(e) *Transparency.* Cooperation with the business community sector must be transparent. Information on the nature and scope of cooperative arrangements should be available within the Organization and to the public at large. United Nations entities should post relevant information on the United Nations Business web site at http://www.un.org/ partners/business

V. Use of the United Nations name and emblem

15. Pursuant to General Assembly resolution 92 (I) of 7 December 1946, the use of the United Nations name and emblem is limited to official purposes. The Organization has consistently interpreted the resolution to apply also to the use of the name and emblem of the United Nations funds and programmes whose names include the words "United Nations" or its acronym (see appendix II for examples).

16. Recognizing the evolving new relationships with the business community, the following are general principles on the use of the name and emblem of the United Nations and its funds and programmes ("name and emblem") by the business community in the context of partnerships with the private sector:

(a) In principle, and subject to the appropriate terms and conditions, a business entity may be authorized to use the name and emblem on a non-exclusive basis;

(b) The use of the name and emblem must be expressly approved in advance in writing and upon such terms and conditions as may be specified;

(c) The use of the name and emblem by a business entity may be authorized, even if it involves the making of profit, as long as the principal purpose of such use is to show support for the purposes and activities of the United Nations, including the raising of funds for the Organization, and the generation of profit by the business entity is only incidental;

(d) The use of the name and emblem may be authorized for the following purposes:

(i) To support the purposes, policies and activities of the Organization;

(ii) To assist in the raising of funds for the Organization;

(iii) To assist in the raising of funds for entities that are not part of the Organization, but are established to achieve the purposes and policies of the Organization;[f]

(e) When authorized, the use of the name and/or emblem shall be in accordance with the written specifications provided by the United Nations entity concerned;

(f) With appropriate written approval and subject to appropriate conditions on the time, manner and scope of such use, the use of a modified United Nations emblem may be exclusively authorized to a limited number of business entities in connection with the promotion of a special event or initiative, including fund-raising for such an event or initiative.[g]

17. Currently, the Office of Legal Affairs grants authorization for the use of the name and emblem of the United Nations.

VI. Modalities

18. Modalities for entering into partnerships with the business community, which are distinct from procurement activities, require flexibility in order to reflect the particular purposes and objectives of the partnerships:

(a) *Direct contribution by the business partner.* The modality for direct contribution for specific purposes would be established under a trust fund or special account agreement with the partner. The agreement would be subject to the applicable financial regulations and rules, that is, the purposes of the contribution would have to be consistent with the policies, aims and activities of the United Nations and, generally, the contribution would not entail any financial liabilities to the United Nations;

(b) *Indirect contribution by the business partner through the establishment of a charitable organization or foundation.* Under this modality, a relationship agreement would be established between the United Nations and the charitable organization or foundation, laying out the terms of the relationship, including the issues related to the use of the name and emblem, liability, settlement of disputes and the privileges and immunities of the United Nations;[h]

(c) *Partnership in technical assistance projects.* This modality would involve either two direct bilateral agreements with the business partner and with the Government of the country in which the assistance would be provided, or a tripartite agreement among the business partner, the United Nations and the Government;

(d) *Partnership in promoting the purposes and activities of the United Nations.* This modality, whereby the business partner would provide a forum to disseminate information about the United Nations, would involve direct agreements with the business partner, setting out the terms and conditions of the arrangement, including the United Nations control of the information to be disseminated, the issues related to the use of the name and emblem, liability, settlement of disputes and the privileges and immunities of the United Nations;

(e) *Partnership in cooperative projects.* This modality, whereby the United Nations and a business partner would jointly develop a product or service, consistent with and in furtherance of the aims, policies and activities of the United Nations, would involve agreements with the business partner, setting out the terms and conditions of the arrangement, including the contributions each party could make to the development of the product service, the use of the name and emblem, liability, settlement of disputes and the privileges and immunities of the United Nations.

VII. Institutional capacities

19. Cooperative arrangements with the business community have often evolved on an ad hoc basis. United Nations entities should develop

further the policy frameworks and institutional capacities needed to manage such arrangements successfully:

(a) *Building institutional competencies*. United Nations entities that engage business in their work should develop the necessary competencies to assess and guide the relationship properly. Within each entity, a focal point should be nominated to ensure transparency, learning and a better understanding of the role and objectives of business and to ascertain whether they are compatible with the goals of the United Nations;

(b) *Responsibilities of focal points*. Focal points will be responsible for developing guidance on contacts with the business community based on rules, regulations and administrative issuances of the United Nations to ensure transparency in the establishment and maintenance of contacts with the business community. The focal points should post relevant information on the United Nations/ Business web site http://www.un.org/partners/business

(c) *Exchange of experience*. Focal points should exchange learning experiences on a regular basis and aim at building shared data banks and problem-solving methodologies and guides.

VIII. Future reviews

20. Cooperation with the business community is influenced by changes in the political and economic environment. To remain valid, these guidelines should be critically reviewed at regular intervals and updated in due course.

Notes

[a] See Action 17 of the report of the Secretary-General, "Renewing the United Nations: A Programme for Reform" (A/51/950).

[b] Joint statements between the Secretary-General and business representatives of the International Chamber of Commerce as well as major speeches by the Secretary-General and heads of United Nations organizations are posted on the United Nations Business web site: http://www.un.org/partners/ business

[c] United Nations Secretariat and United Nations funds and programmes, including the United Nations Children's Fund, the United Nations Population Fund, the United Nations Development Programme, the United Nations Environment Programme and the United Nations Conference on Trade and Development, and the regional commissions.

[d] See http://www.unglobalcompact.org

[e] As defined by the International Labour Organization Convention concerning the Prohibition and Immediate Action for the Elimination of the Worst Forms of Child Labour.

[f] For example, those entities include United Nations associations, national committees for the United Nations Children's Fund and for the United Nations Development Programme.

[g] For example, the fiftieth anniversary of the United Nations or the International Year of Older Persons.

[h] The relationship agreement between the United Nations and the United Nations Foundation, Inc., of 12 June 1998 consists of the following provisions: "Purpose" (art. I); "Trust fund" (art. II); "Identification of projects and activities to be funded" (art. III); "Contributions by the Foundation" (art. IV); "Monitoring and implementation: reporting requirements" (art. V); "Fund-raising" (art. VI); "Use of name and official emblem of the United Nations" (art. VII); "Status of parties" (art. VIII); "Review of arrangements" (art. IX); "Resolution of disputes" (art. X); "Privileges and immunities" (art. XI); "Terms of agreement" (art. XII); and "Notices" (art. XIII).

9.3 NINE PRINCIPLES OF THE GLOBAL COMPACT

Human Rights

- Principle 1: Businesses should support and respect the protection of internationally proclaimed human rights within their sphere of influence; and
- Principle 2: make sure that they are not complicit in human rights abuses.

Labour Standards

- Principle 3: Businesses should uphold the freedom of association and the effective recognition of the right to collective bargaining;
- Principle 4: the elimination of all forms of forced and compulsory labour;
- Principle 5: the effective abolition of child labour; and
- Principle 6: eliminate discrimination in respect of employment and occupation.

Environment

- Principle 7: Businesses should support a precautionary approach to environmental challenges;
- Principle 8: undertake initiatives to promote greater environmental responsibility; and
- Principle 9: encourage the development and diffusion of environmentally friendly technologies.

10 QUELLENVERZEICHNIS

10.1 BÜCHER, ARTIKEL UND ANDERE TEXTE

Abell, Peter (1991) (Hrsg.): Rational Choice Theory. Aldershot (u.a.): Edward Elgar.

Acquaah, Kwamena (1983): The Third World and International Regulation: The Case of Institutional Arrangements for Control of Transnational Corporations. Dissertation. New York: Graduate School of Arts and Science.

Acquaah, Kwamena (1986): International Regulation of Transnational Corporations: The New Reality. Westport: Praeger.

Administrative Committee on Coordination (2004a): About the ACC. <http://acc.unsystem.org/-about/> (27.2.2004).

Administrative Committee on Coordination (2004b): ACC. Administrative Committee on Coordination. (Homepage). <http://acc.unsystem.org/OldACCDefault.htm> (28.2.2004).

Alliance for a Corporate-Free UN (2000): Briefing on the German Resolution "Towards Global Partnerships". <http://www.globalpolicy.org/reform/2000/0931gp.htm> (19.2.2000).

Amoroso, Bruno (1998): On Globalization. Basingstoke (u.a.): Macmillan.

Anderson, Sarah; Cavanagh, John (2000): Top 200: The Rise of Corporate Global Power. Washington: Institute of Policy Studies.

Annan, Kofi (2000): Opening Remarks at the High-Level Meeting on the Global Compact. New York, 26.7.2000. <http://www.un.org/partners/business/gcevent/press/opening_remarks.htm> (15.10.2001).

Annan, Kofi (2001): In Address to World Economic Forum, Secretary-General Says Globalization Must Work for All. Davos, 28.1.2001. <http://www.un.org/News/dh/latest/address_2001.htm> (6.8.2002).

Auswärtiges Amt (2001) (Hrsg.): Neue Globale Partnerschaften. Fünftes Forum Globale Fragen. Berlin, 25.-26.6.2001. Berlin: Auswärtiges Amt.

Baker, Richard (1972): Administrative Theory and Public Administration. London: Hutchinson.

Bellamy, Carol (1999): Sharing Responsibilities: Public, Private and Civil Society. Harvard International Development Conference. Cambridge, 16.4.1999. <http://www.unicef.org/exspeeches/99esp5.htm> (22.6.2002).

Bendick, Marc; Levinson, Phyllis (1981): Private-Sector Initiatives or Public Private Partnerships? In: Salamon, Lester; Lund, Michael (1981) (Hrsg.): The Reagan Presidency and the Governing of America. Washington: Urban Institute Press, S. 455-479.

Bennis, Phyllis (2001): Mit der Wirtschaft aus der Finanzkrise? Die drohende Vereinnahmung der UNO durch private Geldgeber. In: Brühl, Tanja; Diebel, Tobias; Hamm, Brigitte (u.a.) (2001) (Hrsg.): Die Privatisierung der Weltpolitik. Entstaatlichung und Kommerzialisierung im Globalisierungsprozess. Bonn: Dietz, S. 130-149.

Berliner Komitee für Unesco-Arbeit e.V. (1995) (Hrsg.): Boutros-Ghali, Boutros: Agenda für den Frieden. Agenda für Entwicklung. Berlin: Berliner Komitee für Unesco-Arbeit e.V.

Berquist, William; Betwee, Juli; Meuel, David (1995): Building Strategic Relationships: How to Extend your Organization's Reach, through Partnerships, Alliances and Joint Ventures. San Francisco: Jossey-Bass.

Blau, Peter (1964): Exchange and Power in Social Life. New York: John Wiley.

Boronoev, Asalkhan (1994) (Hrsg.): Probleme der theoretischen Soziologie. <http://www.soc.pu.ru:8101/persons/golovin/reader/luhmann/d_luhmann2.html> (21.6.2001).

Bourantonis, Dimitris; Wiener, Jarrod (1995) (Hrsg.): The United Nations in the New World Order. The World Organization at Fifty. Basingstoke (u.a.): Macmillan.

Boutros-Ghali, Boutros (1995a): An Agenda for Peace 1995. With Related UN documents. New York: UN.

Boutros-Ghali, Boutros (1995b): An Agenda for Development 1995. With Related UN documents. New York: UN.

Brühl, Tanja; Diebel, Tobias; Hamm, Brigitte (u.a.) (2001) (Hrsg.): Die Privatisierung der Weltpolitik. Entstaatlichung und Kommerzialisierung im Globalisierungsprozess. Bonn: Dietz.

Bruno, Kenny; Karliner, Joshua (2000): Tangled up in Blue. Corporate Partnerships at the United Nations. <http://www.corpwatch.org/campaigns/PCD.jsp?articleid=996> (1.12.2003).

Buchholt, Helmut (1996): Einleitung. In: Buchholt, Helmut; Heidt, Erhard; Stauth, Georg (Hrsg.): Modernität zwischen Differenzierung und Globalisierung. Kulturelle, wirtschaftliche und politische Transformationsprozesse in der sich globalisierenden Moderne. Münster: Lit, S. 1-7.

Budäus, Dietrich; Eichhorn, Peter (1997) (Hrsg.): Public Private Partnership, Neue Formen öffentlicher Aufgabenerfüllung. Schriftenreihe der Gesellschaft für öffentliche Wirtschaft. Band 41. Baden-Baden; Nomus.

Budäus, Dietrich; Grüning, Gernod; Steenbock, Andreas (1997a): Public Private Partnership I - State of the Art. In: Budäus, Dietrich (1997) (Hrsg.): Public Management: Diskussionsbeiträge. Nr. 32. Hamburg: Arbeitsbereich Public Management, Hochschule für Wirtschaft und Politik.

Budäus, Dietrich; Grüning, Gernod; Steenbock, Andreas (1997b): Public Private Partnership II - Methodische Grundlagen und Elemente einer Theorie der Public Private Partnership. In: Budäus, Dietrich (1997) (Hrsg.): Public Management: Diskussionsbeiträge. Nr. 33. Hamburg: Arbeitsbereich Public Management, Hochschule für Wirtschaft und Politik.

Budäus, Dietrich; Grüning, Gernod; Steenbock, Andreas (1998): Public Private Partnership III - Theorie der Public Private Partnership. In: Budäus, Dietrich (1998) (Hrsg.): Public Management: Diskussionsbeiträge. Nr. 34. Hamburg: Arbeitsbereich Public Management, Hochschule für Wirtschaft und Politik.

Bundeszentrale für politische Bildung (1999) (Hrsg.): Informationen zur politischen Bildung: Globalisierung. Sonderauflage. Heft 263, 2. Quartal. Berlin: Landeszentrale für politische Bildungsarbeit.

Casetells, Manuel (1996): The Rise of the Network Society. Oxford: Blackwell.

Cattaui, Maria Livanos (2000): Yes to Annan's "Global Compact" if it isn't a License to Meddle. In: International Herald Tribune, 26.7.2000, S. 8.

Chief Executives Board for Coordination (2004a): Chief Executives Board for Coordination. (Homepage). <http://ceb.unsystem.org/> (27.2.2004).

Chief Executives Board for Coordination (2004b): HLCM. United Nations System High Level Committee on Management. <http://ceb.unsystem.org/hlcm/tor.htm> (27.2.2004).

Chief Executives Board for Coordination (2004c): HLCP. United Nations System High Level Committee on Programmes. Overview and Terms of Reference HLCP. <http://ceb.unsystem.org/hlcp/overview.htm> (27.2. 2004).

Clemens-Ziegler, Brigitte; Look, Friedrich (1998): Public Private Partnership. Eine Konzeption für die Schaffung neuer Märkte? Projektbericht. Berlin: Fachhochschule für Technik und Wirtschaft.

Cleveland, Harlan; Lasswell, Harold (1962) (Hrsg.): Ethics and Bigness. Scientific, Academic, Religious, Political and Military. The Conference on Science, Philosophy and Religion in their Relation to the Democratic Way of Life. New York: Harper.

Coleman, James (1990): Foundations of Social Theory. Cambride (u.a.): Belknap Press of Harvard University.

Copenhagen Center (2002): The Partnership Alchemy. <http://www. copenhagencentre.org/main> (29.7.2002).

Corporate Europe Observatory (2001): HighTime for UN to Break "Partnership" with the ICC. 25.7.2001. <http://www.corpwatch.org/un/updates /2001/icc.html> (13.10.2001).

Corporate Europe Observatory (2002): Letter to Jessica Mathews Expressing Concerns about the Global Compact. 19.10.2002. <http://www. unglobalcompact.org/irj/servlet/prt/portal/prtroot/com.sapportals.km.docs/ documents/Public_Documents/ceo_letter.pdf> (27.7.2003).

CorpWatch (2000): Campaigns: Corporate-Free UN. <http://www.corpwatch. org/un/updates/2000/gccc.html> (15.3.2001).

CorpWatch (2001): Alliance Monitors Global Compact Violators. 25.7.2001. <http://www.corpwatch.org/un/updates/2001/gcseries.html> (13.10.2001).

CorpWatch (2003): CorpWatch. Holding Corporations Accountable. (Homepage.) <http://www.corpwatch.org> (7.12.2003).

Czempiel, Ernst-Otto (1991): Weltpolitik im Umbruch. Das Internationale System nach dem Ende des Ost-West-Konflikts. München: Beck.

Dell, Sidney (1990): The United Nations and International Business. New York: UN.

DiMaggio, Paul; Powell, Walter (1983): The Iron Cage Revisited: Institutional Isomorphism and Collective Rationality. In: American Sociological Review. 48/1983, S. 147-160.

Downs, Anthony (1968): Ökonomische Theorie der Demokratie. Tübingen: Mohr.

Downs, Anthony (1994): Inside Bureaucracy. Prospect Heights: Waveland.

Dres, Kristine (2002): Corruption and Corporate Social Responsibility. <http:// www.psiru.org/reports/2002-11-C-CSR.doc> (20.3.2003).

Durkheim, Emile (1992): Über soziale Arbeitsteilung. Studie über die Organisation höherer Gesellschaften. Frankfurt/Main: Suhrkamp.

E + Z Entwicklung und Zusammenarbeit (2000a): 41. Jg., Nr. 2, Februar.

E + Z Entwicklung und Zusammenarbeit (2000b): 41. Jg., Nr. 4, April.

Eichhorn, Peter (1995): Public Private Partnership - Praxis, Probleme, Perspektiven. In: Neumann, Lothar; Schulz-Nieswandt, Frank (1995) (Hrsg.): Sozialpolitik und öffentliche Wirtschaft. In der Reihe Schriften zum Genossenschaftswesen und zur öffentlichen Wirtschaft. Bd. 34. Berlin: Duncker & Humblot, S. 173-184.

Elster, Jon (1986): Introduction. In: Elster, Jon (1986) (Hrsg.): Rational Choice. Oxford: Basil Blackwell, S. 1-33.

Elster, Jon (1989a): The Cement of Society. Cambridge: Cambridge University Press.

Elster, Jon (1989b): Nuts and Bolts for the Social Sciences. Cambridge: Cambridge University Press.

Esser, Hartmut (1996): Soziologie - Allgemeine Grundlagen. 2. Auflage. Frankfurt/Main (u.a.): Campus.

Fachhochschule-Esslingen (2004): Definition Effektivität und Effizienz. <http://www.bw.fht-esslingen.de/BW/studium/methodenlexikon/einleitung/definition_effektivi.htm> (15.2.2004).

Fischer, Joseph (2000): Rede vor der 56. Menschenrechtskommission. Genf, 22.3.2000. <http://www.auswaertiges-amt.government.de/6_archiv/2/r/2000322a.htm> (15.10.2001).

Fischer, Wolfgang (1999): Gesellschaftliche Öffnung des Unternehmens: Anforderungen an die gesellschaftlich orientierte Führungskraft. München (u.a.): Hampp.

Fleischauer, Jan; Hogrefe, Jürgen; Röbel, Sven (u.a.) (2001): "Widerspruch". In: Der Spiegel, 30/2001, S. 20-34.

Frankfurter Allgemeine Zeitung (2000a): ICC setzt sich für Menschenrechte ein. In: Frankfurter Allgemeine Zeitung. 28.10.2000, S. 16.

Frankfurter Allgemeine Zeitung (2000b): UN suchen Nähe zur Privatwirtschaft. In: Frankfurter Allgemeine Zeitung. 23.12.2000, S. 6.

Frey, Bruno (1990): Ökonomie ist Sozialwissenschaft. Die Anwendung der Ökonomie auf Neue Gebiete. München: Vahlen.

Friedrich, Alexander; Gale, Valence (2004): Public-Private Partnership within the United Nations System. Now and Then. Bielefeld: Bertelsmann.

Giddens, Anthony (1990): The Consequences of Modernity. Cambridge: Polity.

Global Compact Office (2001a): The Global Compact. Corporate Leadership in the World Economy. New York: UN/Global Compact Office.

Global Compact Office (2001b): The Global Compact. What it is. <http://www.unglobalcompact.org/UNWeb.nsf/content/whatitis.htm> (8.12.2001).

Global Compact Office (2002a): Global Compact Newsletter. Frühjahr 2002. New York: UN.

Global Compact Office (2002b): The Global Compact: Report on Progress and Activities. Draft. <http://www.iccwbo.org/home/global_compact/ProgressReport%20July%203.pdf> (4.2.2003).

Global Compact Office (2003a): Report on Progress and Activities, July 2002 - July 2003. New York: UN/Global Compact Office.

Global Compact Office (2003b): The Global Compact. (Homepage.) <http://www.unglobalcompact.org/Portal/Default.asp> (18.10.2003).

Göthel, Dieter (1995): Die Vereinten Nationen: Eine Innenansicht. Bonn: Auswärtiges Amt.

Göthel, Dieter (2000): Koordinierungssystem der UN. In: Volger, Helmut (2000a) (Hrsg.): Lexikon der Vereinten Nationen. München (u.a.): Oldenbourg, S. 317-324.

Gould, Julius; Kolb, William (1964) (Hrsg.): A Dictionary of the Social Sciences. Glencoe: Free Press.

Gramsci, Antonio (1996): Prison Notebooks. Herausgegeben von Joseph Buttigieg. New York: Columbia University Press.

Habermas, Jürgen (1981): Theorie des kommunikativen Handelns. 2 Bände. Frankfurt/Main: Suhrkamp.

Habermas, Jürgen (1985): Der Philosophische Diskurs der Moderne: Zwölf Vorlesungen. Frankfurt/Main: Suhrkamp.

Hacker, Andrew (1966): A Country Called Corporate America. In: The New York Times, 3.7.1966, Beilage (ohne Seitenangabe).

Hamilton, Peter (1996): Systems Theory. In: Turner, Brian (1996) (Hrsg.): The Blackwell Companion to Social Theory. Oxford: Blackwell, S. 143-170.

Hamm, Brigitte (2002): Der Global Compact - Eine Bestandsaufnahme. In: Hamm, Brigitte (2002) (Hrsg.): Public-Private Partnership und der Global Compact der Vereinten Nationen. INEF Report 62. Duisburg: Gerhard-Mercator-Universität, S. 17-39.

Hegel, Georg (2000): Werke in 20 Bänden und Register. Band 7. Grundlinien der Philosophie des Rechts oder Naturrecht und Staatswissenschaft im Grundriss. Herausgegeben von Eva Moldenhauer. Frankfurt/Main: Suhrkamp.

Henderson, Hazel (1999): Beyond Globalization. Shaping a Sustainable Global Economy. West Hartford: Kumarian.

Hengsbach, Friedhelm (1999): Schule unter dem Druck globaler Märkte. Referat zur "Bedeutung der Globalisierung in unserer Zeit" anläßlich der UNESCO-Projektschulen-Jahrestagung '99 in Hohenwart. <http://sites.inka.de/~W2214/unesco/ags/referat2.html> (29.7.2002).

Hengsbach, Friedhelm (2002): Der UN Global Compact - eine Nebenarena? Vortrag auf dem Internationalen Symposium "Entwicklung, Gouvernanz und Privatwirtschaft" der Novartis Stiftung für nachhaltige Entwicklung. Basel, 6.12.2002. <http://www.novartisstiftung.com/symposium/rede_hengsbach_06122002.pdf> (20.2.2003).

Herzog, Roman (1999): Chancen der Internationalisierung und Globalisierung. Eröffnungsansprache von Bundespräsident Roman Herzog anläßlich der CeBIT-Messe. Hannover, 17.3.1999. In: Presse- und Informationsamt der Bundesregierung (1999) (Hrsg.): Bulletin Nr. 12, 23.3.1999, S. 126.

Hildebrandt, Paula (2000): Globalisation and Governance. The UN-Global Compact - Reflections on the Changing Nature of International Authority. MA Dissertation in Global Political Economy. Sussex: University of Sussex.

Höftmann, Björn (2001): Public Private Partnership als Instrument der kooperativen und sektorübergreifenden Leistungserstellung - Dargestellt an der neu strukturierten kommunalen Abfallwirtschaft. Lütjensee: Paul Albrechts.

Homans, George (1961): Social Behavior. Its Elementary Forms. New York (u.a.): Harcourt Brace and World (u.a.).

Horster, Detlef (1997): Niklas Luhmann. München: Beck.

Hüfner, Klaus (1991): Die Vereinten Nationen und ihre Sonderorganisationen. Strukturen, Aufgaben, Dokumente. Teil 1: Die Haupt- und Spezialorgane. DGVN-Texte 40. Bonn: UNO-Verlag.

Hüfner, Klaus (1992): Die Vereinten Nationen und ihre Sonderorganisationen. Strukturen, Aufgaben, Dokumente. Teil 2: Die Sonderorganisationen. DGVN-Texte 41. Bonn: UNO-Verlag.

Hüfner, Klaus (1994): Das System der Vereinten Nationen - Internationale Bibliographie. Band 5A. Monographien und Artikel in Sammelbänden, 1976-1980. München (u.a.): KG Saur.

Hüfner, Klaus (1997a): Die Vereinten Nationen und ihre Sonderorganisationen. Teil 3: Finanzierung des Systems der Vereinten Nationen 1971-1995. Teil 3A: Vereinte Nationen - Friedensoperationen - Spezialorgane. DGVN-Texte 45. Bonn: UNO-Verlag.

Hüfner, Klaus (1997b): Die Vereinten Nationen und ihre Sonderorganisationen. Teil 3: Finanzierung des Systems der Vereinten Nationen 1971-1995. Teil 3B: Sonderorganisationen - Gesamtdarstellung - Alternative Finanzierungsmöglichkeiten. DGVN-Texte 46. Bonn: UNO-Verlag.

Hüfner, Klaus (2000a): Finanzkrisen. In: Volger, Helmut (2000a) (Hrsg.): Lexikon der Vereinten Nationen. München (u.a.): Oldenbourg, S. 120-125.

Hüfner, Klaus (2000b): The United Nations System. Training Course for Diplomats. Training Materials. Berlin: Deutsche Stiftung für Internationale Entwicklung (DSE), Zentralstelle für öffentliche Verwaltung - Berlin (ZVÖ).

Hüfner, Klaus (2000c): UN-System. In: Volger, Helmut (2000a) (Hrsg.): Lexikon der Vereinten Nationen. München (u.a.): Oldenbourg, S. 592-597.

Hüfner, Klaus (2002): Private-Public Partnership im System der Vereinten Nationen. In: Hamm, Brigitte (2002) (Hrsg.): Public-Private Partnership und der Global Compact der Vereinten Nationen. INEF Report 62. Duisburg: Gerhard-Mercator-Universität, S. 4-16.

Hüfner, Klaus (2003): Die Finanzierung des UN-Systems in der Dauerkrise. In: Schorlemer, Sabine von (2003): Praxishandbuch UNO. Die Vereinten Nationen im Lichte globaler Herausforderungen. Berlin (u.a.): Springer, S. 615-641.

Hüfner, Klaus; Martens, Jens (2000): UNO-Reform zwischen Utopie und Realität. Vorschläge zum Wirtschafts- und Sozialbereich der Vereinten Nationen. Frankfurt/Main: Peter Lang.

Hüfner, Klaus; Naumann, Jens (1974): Das System der Vereinten Nationen. Eine Einführung. Düsseldorf: Bertelsmann Universitätsverlag.

Hungenberg, Harald; Schwetzler, Bernhard (2000) (Hrsg.): Unternehmung, Gesellschaft und Ethik. Erfahrungen und Perspektiven. Wiesbaden: Gabler.

ICC News (1969): Monthly Bulletin of the International Chamber of Commerce. Vol. XXXV-3, März/April.

Industry Cooperative Programme (1973): Multinational Enterprise and the Developing World: The Role of the Industry Cooperative Programme (I.C.P.). July 1973. Genf (u.a.): UN.

Inter-Agency Procurement Services Office (2002): Inter-Agency Procurement Services Office. IAPSO. (Homepage.) <http://www.iapso.org> (15.2.2002).

International Chamber of Commerce (1998): ICC Statement on Behalf of World Business to the Heads of State and Governments Attending the Birmingham Summit. 15.-17.5.1998. <http://www.iccwbo.org/home/trade_investment/bge_english.asp> (29.7.2002).

Kämmerer, Jörn (2000): Welthandelsrecht. In: Volger, Helmut (2000a) (Hrsg.): Lexikon der Vereinten Nationen. München (u.a.): Oldenbourg, S. 635-640.

Kaul, Inge; Grunberg, Isabelle, Stern, Marc (1999) (Hrsg.): Global Public Goods: International Cooperation in the 21st Century. Oxford (u.a.): Oxford University Press.

Kell, Georg (1999): Weltorganisationen und Wirtschaftswelt. Globaler Pakt für das nächste Jahrtausend. In: Vereinte Nationen. Heft 5/99. Bonn: UNO-Verlag, S. 163-168.

Kell, Georg (2002): The UN Global Compact: Concept, Achievements and Future. Vortrag vor dem Internationalen Symposium der Novartisstiftung für nachhaltige Entwicklung: Entwicklung, Gouvernanz und Privatwirtschaft. Basel, 6.12.2002. <http://www.novartisstiftung.com/symposium/redner_symp_4.htm> (5.3.2003).

Kell, Georg; Levin, David (2002): The Evolution of the Global Compact Network: An Historic Experiment in Learning and Action. Paper Presented at: The Academy of Management Annual Conference "Building Effective Networks". Denver, 11.-14.8.2002. <http://www.unglobalcompact.org/content/newsEvents/ArticlesPapers/#> (30.4.2003).

Kell, Georg; Ruggie, John (1999): Global Markets and Social Legitimacy: The Case of the "Global Compact". Paper presented at an International Conference: Governing the Public Domain Beyond the Era of the Washington Consensus? Redrawing the Line Between the State and the Market. York University. Toronto, 4.-6.11.1999. <http://www.un.org/partners/business/warwick.htm> (13.3.2000).

Kirsch, Daniela (1997): Public Private Partnership: Eine empirische Untersuchung der kooperativen Handlungsstrategien in Projekten der Flächenerschließung und Immobilienentwicklung. Köln: Müller.

Kirsch, Guy (1997): Neue Politische Ökonomie. Düsseldorf: Werner.

Knyphausen, Dodo zu (1988): Unternehmungen als evolutionsfähige Systeme. Herrsching: Kirsch.

Kooiman, Jan (1993) (Hrsg.): Modern Governance. New Government - Society Interactions. London (u.a.): Sage.

Kouwenhoven, Vincent (1993): The Rise of the Public-Private Partnership: A Model for the Management of Public-Private Cooperation. In: Kooiman, Jan (1993) (Hrsg.): Modern Governance. New Government - Society Interactions. London (u.a.): Sage, S. 119-130.

Kuper, Adam; Kuper, Jessica (1996) (Hrsg.): The Social Science Encyclopedia. 2nd Edition. London, Routledge.

Link, Götz (1997) (Hrsg.): Zweites Deutsches Weltbankforum: "Verantwortungsbewußte öffentlich-private Partnerschaft". Berlin: Deutsche Stiftung für Internationale Entwicklung.

Logan, David (1998): Corporate Citizienship in a Global Age. In: RSA Journal. 3:4, 1998, S. 4.

Luhmann, Niklas (1964): Funktionen und Folgen formaler Organisation. Berlin: Duncker & Humblot.

Luhmann, Niklas (1966a): Recht und Automation in der öffentlichen Verwaltung: Eine verwaltungswissenschaftliche Untersuchung. Berlin: Duncker & Humblot.

Luhmann, Niklas (1966b): Theorie der Verwaltungswissenschaft. Bestandsaufnahme und Entwurf. Köln (u.a.): Grote.

Luhmann, Niklas (1970a): Funktionale Methode und Systemtheorie. In: Luhmann, Niklas (1970c): Soziologische Aufklärung. Aufsätze zur Theorie sozialer Systeme. Opladen (u.a.): Westdeutscher Verlag, S. 31-53.

Luhmann, Niklas (1970b): Soziologie als Theorie sozialer Systeme. In: Luhmann, Niklas (1970c): Soziologische Aufklärung. Aufsätze zur Theorie sozialer Systeme. Opladen (u.a.): Westdeutscher Verlag, S. 113-136.

Luhmann, Niklas (1970c): Soziologische Aufklärung. Aufsätze zur Theorie sozialer Systeme. Opladen (u.a.): Westdeutscher Verlag.

Luhmann, Niklas (1981a): Organisation und Entscheidung. In: Luhmann, Niklas (1981c): Soziologische Aufklärung 3. Soziales System, Gesellschaft, Organisation. Opladen (u.a.): Westdeutscher Verlag, S. 335-389.

Luhmann, Niklas (1981b): Politische Theorie im Wohlfahrtsstaat. München (u.a.): Olzog.

Luhmann, Niklas (1981c): Soziologische Aufklärung 3. Soziales System, Gesellschaft, Organisation. Opladen (u.a.): Westdeutscher Verlag.

Luhmann, Niklas (1984): Soziale Systeme. Frankfurt/Main: Suhrkamp.

Luhmann, Niklas (1986): Ökologische Kommunikation. Opladen (u.a.): Westdeutscher Verlag.

Luhmann, Niklas (1987): Legitimation durch Verfahren. Frankfurt/Main: Suhrkamp.

Luhmann, Niklas (1988a): Die Wirtschaft der Gesellschaft. Frankfurt/Main: Suhrkamp.

Luhmann, Niklas (1988b): Neuere Entwicklungen in der Systemtheorie. In: Merkur. 42. Jg., Heft 4, S. 292-300.

Luhmann, Niklas (1990): Die Wissenschaft der Gesellschaft. Frankfurt/Main: Suhrkamp.

Luhmann, Niklas (1993): Das Recht der Gesellschaft. Frankfurt/Main: Suhrkamp.

Luhmann, Niklas (1994): Gesellschaft als Differenz. Zu den Beiträgen von Gerhard Wagner und von Alfred Bohnen in der Zeitschrift für Soziologie Heft 4. In: Zeitschrift für Soziologie. 23. Jg.

Luhmann, Niklas (1995): Die Kunst der Gesellschaft. Frankfurt/Main: Suhrkamp.

Luhmann, Niklas (1997): Die Gesellschaft der Gesellschaft. 2 Bände. Frankfurt/Main: Suhrkamp.

Luhmann, Niklas (1999): Zweckbegriff der Systemrationalität. Über die Funktion von Zwecken in sozialen Systemen. Neudruck. Frankfurt/Main: Suhrkamp.

Luhmann, Niklas (2000a): Die Politik der Gesellschaft. Frankfurt/Main: Suhrkamp.

Luhmann, Niklas (2000b): Die Religion der Gesellschaft. Frankfurt/Main: Suhrkamp.

Luhmann, Niklas; Habermas, Jürgen (1971): Theorie der Gesellschaft oder Sozialtechnologie - Was leistet die Systemforschung? Frankfurt/Main: Suhrkamp.

Manz, Hans Peter (1998): Economic and Social Council Substantive Session of 1998, General Segment. Reports of the Coordination Bodies. Statement by Mr. Hans Peter Manz, Deputy Permanent Representative of Austria, on Behalf of the European Union. New York, 24.7.1998. <http://www.un.int/austria/Statements/docs/1998/r240798.htm> (17.2.2002).

Marsh, David; Stoker, Gerry (1995) (Hrsg.): Theory and Methods in Political Science. Basingstoke (u.a.): Macmillan.

Mathews, Jessica (2002): Response to Letter from Corporate Europe Observatory about the Global Compact. 3.12.2002. <http://www.unglobalcompact.org/irj/servlet/prt/portal/prtroot/com.sapportals.km.docs/documents/Public_Documents/reply_matthews.pdf> (27.7.2003).

Maturana, Humberto; Varela, Francisco (1987): Der Baum der Erkenntnis. Die biologischen Wurzeln menschlicher Erkenntnis. München: Goldmann.

McIntosh, Malcolm; Leipziger, Deborah; Jones, Keith; Coleman, Gill (1998): Corporate Citizenship: Successful Strategies for Responsible Companies. London: Financial Times Pitman Publishing.

Metzger, Martina (2000): Weltbank/-gruppe (IBRD/IFC/IDA/MIGA/ICSD). In: Volger, Helmut (2000a) (Hrsg.): Lexikon der Vereinten Nationen. München (u.a.): Oldenbourg, S. 627-633.

Meyer, John; Rowan, Brian (1977): Institutionalized Organizations: Formal Structure as Myth and Ceremony. In: American Journal of Sociology. 83/1, Juli, S. 340-363.

Meyers Großes Universallexikon (1984): Partnerschaft. Mannheim (u.a.): Bibliographisches Institut.

Michels, Günter (1998): Private Public Partnership im sozialen Bereich - Überlegungen aus der Sicht der Industrie. In: Späth, Lothar; Michels, Günter; Schily, Konrad (1998): Das PPP-Prinzip. München: Droemer Knaur, S. 72-88.

Miesel, Martin (1997): Das UNDP/IAPSO als Beschaffungs- und Absatzagentur. Diplomarbeit. Berlin: Fachbereich Wirtschaftswissenschaft, Freie Universität Berlin.

Miller, Max (1994): Intersystemic Discourse and Co-ordinated Dissent: A Critique of Luhmann's Concept of Ecological Communication. In: Theory, Culture & Society. 11/1994, S. 101-21.

Mingst, Karen; Karns, Margret (1995): The United Nations in the Post-Cold War Era. Boulder: Westview.

Mintzberg, Henry (1979): The Structuring of Organizations. London (u.a.): Prentice-Hall.

Mintzberg, Henry (1983): Structure in Fives: Designing Effective Organizations. London (u.a.): Prentice-Hall.

Monbiot, George (2000): Getting into Bed with Big Business. The UN is No Longer a Joke. It is Becoming the Villain of the Piece. In: The Guardian. 31.8.2000. <http://www.guardian.co.uk/comment/story/0,3604,361567,00.html> (30.7.2002).

Naujoks, Henrik (1994): Autonomie in Organisationen. Perspektive und Handlungsleitlinie des Managements. München: Hieronymus.

Nelson, Jane (1996): Business as Partners in Development: Creating Wealth for Countries, Companies and Communities. London: Prince of Wales Business Leaders Forum (u.a.).

Nelson, Jane (1998): Responsible Business: From the Margins to the Mainstream? <http://www.iblf.org/csr/CSRWebAssist.nsf/content/f1d2b3aa4.html> (15.12.2002).

Nelson, Jane (2002): Building Partnerships. Cooperation between the United-Nations System and the Private Sector. Report Commissioned by the United Nations Global Compact Office. New York: UN/Department of Public Information.

Nerfin, Marc (1985): The Future of the United Nations System: Some Questions on the Occasion of an Anniversary. In: Development Dialogue 1. Uppsala: Dag Hammarskjöld Foundation, S. 5-29.

Net-Lexikon (2004a): Effizienz. Definition, Bedeutung, Erklärung im Lexikon. <http://www.net-lexikon.de/Effizienz.html> (15.2.2004).

Net-Lexikon (2004b): Nachhaltigkeit. Definition, Bedeutung, Erklärung im Lexikon. <http://www.net-lexikon.de/Nachhaltigkeit.html> (15.2.2004).

Net-Lexikon (2004c): Wirksamkeit. Definition, Bedeutung, Erklärung im Lexikon. <http://www.net-lexikon.de/Wirksamkeit.html> (15.2.2004).

Neumann, Lothar; Schulz-Nieswandt, Frank (1995) (Hrsg.): Sozialpolitik und öffentliche Wirtschaft. In der Reihe Schriften zum Genossenschaftswesen und zur öffentlichen Wirtschaft. Band 34. Berlin: Duncker & Humblot.

Niles, Thomas (2000): "Twenty Questions on the UN Global Compact: What Companies Need to Know". <http://www.65.214.34.30/un/gc/unweb.nsf/content/questions.htm> (20.7.2002).

Nitsch, Manfred (1993): Vom Nutzen des systemtheoretischen Ansatzes für die Analyse von Umweltschutz und Entwicklung - Mit Beispielen aus dem brasilianischen Amazonasgebiet. In: Sautter, Hermann (Hrsg.): Umweltschutz und Entwicklungspolitik. Berlin: Duncker & Humblot.

Nitsch, Manfred; Kasper, Albrecht (1996): Peasants in the Amazon: An Integrated Ecosystems - Social Systems Approach. Abstract for the "Third Brazilian-German Workshop for Exchange in Environmental Science and Technology". Ulm, 10.-12.10.1996. Berlin: Lateinamerika-Institut, Freie Universität Berlin.

Non-Governmental Liaison Service (2004a): About NGLS. <http://www.unsystem.org/ngls/aboutusjm.htm> (26.2.2004).

Non-Governmental Liaison Service (2004b): NGLS Handbook. United Nations Non-Governmental Liaison Service. <http://www.unsystem.org/ngls/documents/publications.en/ngls.handbook/a34ngls.htm> (26.2.2004).

Ogata, Sadako (2000): Dinner Presentation at the Meeting of the Business Humanitarian Forum. <http://www.un.org/partners/business/sadakoog.htm> (29.7.2002).

Olson, Mancur (1994): The Logic of Collective Action - Public Goods and the Theory of Groups. 15th Edition. Cambridge: Harvard University Press.

Outhwaite, William; Bottomore, Tom (1993) (Hrsg.): The Blackwell Dictionary of Twentieth-Century Social Thought. Oxford: Blackwell.

Paine, Ellen (2000): The Road to the Global Compact: Corporate Power and the Battle Over Global Public Policy at the United Nations. <http://www.globalpolicy.org/reform/papers/2000/road.htm> (15.11.2001).

Parsons, Talcott (1976): Zur Theorie sozialer Systeme. Herausgegeben und eingeleitet von Stefan Jensen. Opladen: Westdeutscher Verlag.

Parsons, Talcott; Shils, Edward (1967) (Hrsg.): Toward a General Theory of Action. 6th Edition. Cambridge: Harvard University Press.

Paul, James (2001): Der Weg zum Global Compact. Zur Annäherung von UNO und multinationalen Unternehmen. In: Brühl, Tanja; Diebel, Tobias; Hamm, Brigitte (u.a.) (2001) (Hrsg.): Die Privatisierung der Weltpolitik. Entstaatlichung und Kommerzialisierung im Globalisierungsprozess. Bonn: Dietz, S. 104-129.

Pfaff, William (2000): Annan's New United Nations is Beginning to Go its Own Way. In: International Herald Tribune. 12.9.2000, S. 8.

Pfeffer, Jeffrey; Salancik, Gerald (1978): The External Control of Organizations: A Resource Dependence Perspective. New York: Harper and Row.

Piel, Gerard (1992): Globalopolitics. <http://www.globalpolicy.org/reform/gpiel.htm> (28.7.2003).

Pike, Alan (2001): Survey - Davos: Sensitive to Ethical Concerns: Corporate Responsibility. In: Financial Times. 25.1.2001. <globalarchive.ft.com/globalarchive/articles/html?id=010125001536> (22.10.2001).

Plate, Bernard von (1999a): Globale Außen- und Sicherheitspolitik. In: Bundeszentrale für politische Bildung (1999) (Hrsg.): Informationen zur politischen Bildung: Globalisierung. Sonderauflage. Heft 263, 2. Quartal. Berlin: Landeszentrale für politische Bildungsarbeit, S. 55-59.

Plate, Bernard von (1999b): Grundelemente der Globalisierung. In: Bundeszentrale für politische Bildung (1999) (Hrsg.): Informationen zur politischen Bildung: Globalisierung. Sonderauflage. Heft 263, 2. Quartal. Berlin: Landeszentrale für politische Bildungsarbeit, S. 3-7.

Priddat, Birger (2000): Ökonomie, Moral und Rationalität. Eine skeptische Betrachtung. In: Hungenberg, Harald; Schwetzler, Bernhard (2000) (Hrsg.): Unternehmung, Gesellschaft und Ethik. Erfahrungen und Perspektiven. Wiesbaden: Gabler, S. 1-23.

Prince of Wales Business Leaders Forum (1999): Responsible Business. A Financial Times Guide. London: The Financial Times.

Reese-Schäfer, Walter (2001): Niklas Luhmann zur Einführung. 4. Auflage. Hamburg: Junius.

Regelbrugge, Laurie (1999a): Business and Civil Society: Reflections on Roles, Responsibilities, and Opportunities at the Dawn of a New Century. In: Regelbrugge, Laurie (1999) (Hrsg.): Promoting Corporate Citizienship: Opportunities for Business and Civil Society Engagement. CIVICUS/World Alliance for Citizien Participation. Washington: CIVICUS, S. 5-25.

Reich, Robert (1993): The Work of Nations: Preparing Ourselves for the 21st Century Capitalism. New York: Alfred A. Knopf.

Rischard, Jean-François (2002): High Noon. Twenty Global Problems, Twenty Years to Solve Them. New York: Basic Books.

Rittberger, Volker (1994): Internationale Organisationen - Politik und Geschichte. Opladen: Leske und Budrich.

Rittberger, Volker; Mogler, Martin; Zangl, Bernhard (1997): Vereinte Nationen und Weltordnung. Zivilisierung der internationalen Politik? Politik und Geschichte. Opladen: Leske und Budrich.

Roberts, Adam; Kingsbury, Benedict (1993) (Hrsg.): United Nations, Divided World. The UN's Roles in International Relations. 2. Auflage. Oxford (u.a.): Oxford University Press.

Roggenkamp, Sybille (1999): Public Private Partnership. Entstehung und Funktionsweise kooperativer Arrangements zwischen öffentlichem Sektor und Privatwirtschaft. Frankfurt/Main (u.a.): Peter Lang.

Röhm, Kai (2001): Qualitätskonzepte und Qualitätsindikatoren im System der Vereinten Nationen. Diplomarbeit. Mannheim: Lehrstuhl für Allgemeine Betriebswirtschaftslehre, Public & Nonprofit Management, Universität Mannheim.

Rosenau, James (1990): Turbulence in World Politics: A Theory of Change and Continuity. Princeton: Princeton University Press.

Rosenau, James (1992): The United Nations in a Turbulent World. International Peace Academy Occasional Paper Series. Boulder: Lynne Rienner.

Rosenau, James (1997): Along the Domestic-Foreign Frontier: Exploring Governance in a Turbulent World. Cambridge: Cambridge University Press.

Rosenau, James; Czempiel, Ernst (1992) (Hrsg.): Governance Without Government: Order and Change in World Politics. Cambridge: Cambridge University Press.

Roth, Kenneth (2000): Corporate Social Responsibility. Open Letter to Kofi Annan. 28.7.2000. <http://www.hrw.org/advocacy/corporations/index.htm> (29.7.2002).

Ruchat, Bérangère (2000): United Nations Partnerships with Business: A Quest for a Renewed Legitimacy in the Age of Global Governance. The Case of the UN Conference on Trade and Development. Dissertation-Draft. Syracuse: Maxwell School of Syracuse University.

Ruggie, John (2002): Challenges of Global Governance. Speech Given at the Global Compact Learning Forum Meeting. Berlin, 11.-13.12.2002.

Savas, Emanual (1982): Privatizing the Public Sector - How to Shrink Government. Chatham: Chatham House.

Schlee, Günther (1996): Das Nebeneinander der Diskurse: Neue Nationalismen und ältere Loyalitäten in Äthiopien. In: Buchholt, Helmut; Heidt, Erhard; Stauth, Georg (1996) (Hrsg.): Modernität zwischen Differenzierung und Globalisierung. Kulturelle, wirtschaftliche und politische Transformationsprozesse in der sich globaliserenden Moderne. Münster: Lit.

Schorlemer, Sabine von (2000): Globalisierung. In: Volger, Helmut (2000a) (Hrsg.): Lexikon der Vereinten Nationen. München (u.a.): Oldenbourg, S. 199-204.

Schorlemer, Sabine von (2003): Der "Global Compact" der Vereinten Nationen - Ein Faust'scher Pakt mit der Wirtschaftswelt? In: Schorlemer, Sabine von (2003): Praxishandbuch UNO. Die Vereinten Nationen im Lichte globaler Herausforderungen. Berlin (u.a.): Springer, S. 507-552.

Schulze, Peter (2000): Nichtstaatliche Organisationen (NGOs). In: Volger, Helmut (2000a) (Hrsg.): Lexikon der Vereinten Nationen. München (u.a.): Oldenbourg, S. 397-405.

Schwab, Klaus; Gartzke, Ulf (2003): Wirtschaft und Gesellschaft: Wege aus der Beziehungskrise. In: Frankfurter Allgemeine Zeitung. 26.3.2003, S. 22.

Schwartz, Peter; Gibb, Blair (1999): When Good Companies Do Bad Things. Responsibilty and Risk in an Age of Globalization. New York: John Wiley.

Scott, John (1999): Rational Choice Theory. <privatewww.essex.ac.uk/~scottj/socscot7.htm> (1.9.2001).

Scott, Richard (1998): Organizations: Rational, Natural and Open Systems. 4th Edition. New Jersey: Prentice Hall.

Silber, Laura (1998): UN Reformer Looks for New Friends in World of Business: Laura Silber Explains Why Kofi Annan is turning to the Private Sector in his Campaign to Repair the UN's Tarnished Image. In: The Financial Times. 17.3.1998, S. 7.

Sills, David (1968) (Hrsg.): International Encyclopedia of the Social Sciences. New York: Macmillan (u.a.).

Späth, Lothar; Michels, Günter; Schily, Konrad (1998): Das PPP-Prinzip. München: Droemer Knaur.

Strange, Susan (1991): An Eclectic Approach. In: Murphy, Craig; Tooze, Roger (1991) (Hrsg.): The International Political Economy. Boulder: Lyenne Rienner, S. 33-49.

Suter, Keith (1998): Reforming the United Nations. In: Thakur, Ramesh (1998) (Hrsg.): Past Imperfect, Future UNcertain. London: Macmillan, S. 189-204.

Tennyson, Ros (1998): Managing Partnerships: Tools for Mobilising the Public Sector, Business and Civil Society as Partners in Development. London: The Prince of Wales Business Leaders Forum.

Tennyson, Ros; Wilde, Luke (2000): The Guiding Hand. Brokering Partnerships for Sustainable Development. London: UNSC (u.a.).

Tesner, Sandrine; Kell, Georg (2000): The United Nations and Business. A Partnership Recovered. New York: St. Martin's.

Thibaut, John and Kelley, Harold (1959): The Social Psychology of Groups. New York: Wiley.

Transnational Resource & Action Center (2000): Activists Help End Flawed UN/Corporate Partnership. TRAC Press Release/Corporate Watch. 14.6. 2000. <http://www.globalpolicy.org/socecon/un/trac.htm> (15.11.2002).

Türk, Klaus (1980): Handlungsräume und Handlungsspielräume rechtsvollziehender Organisationen. In: Blankenburg, Erhard; Lenk, Klaus (1980) (Hrsg.): Organisatorische Bedingungen des Gesetzesvollzugs. Opladen: Leske und Budrich.

Turner, Jonathan (1991): The Structure of Sociological Theory. <http://choo.fis.utoronto.ca/fis/courses/lis2149/ratchoice.html> (1.9.2001).

U.S. Chamber of Commerce (2003): Newsmaker: Georg Kell, UN Global-Compact. Interview. <http://www.uschamber.com/ccc/news/newsletter/0302kell.htm> (20.5.2003).

UNDP/IAPSO (1998): Doing Business with the UN. Practical Tips. March 1998. <http://www.iapso.org/pdf/tips.pdf> (2.8.2002).

United Nations (2002): UN Letter to Joshua Karliner, Kenny Bruno and the Alliance for a Corporate Free United Nations. 12.2.2002. <http://www.unglobalcompact.org/un/gc/unweb.nsf/content/gc_misun.htm> (13.10.2002).

United Nations (2003): The UN and Business. (Homepage) <http://www.un.org/partners/business/index.asp> (8.12.2003).

United Nations (2004): The United Nations: Partners in Civil Society. (Homepage). <http://www.un.org/partners/civil_society/home.htm> (17.2.2004).

United Nations Development Programme (1999): Human Development Report 1999. Globalization with a Human Face. New York: UNDP.

United Nations Development Programme (2002): Human Development Report 2002. Deepening Democracy in a Fragmented World. New York: UNDP.

United Nations Fund for International Partnerships (2004): About UNFIP. Mission. <http://www.un.org/unfip/flash/index.html> (28.2.2004).

United Nations Office for Project Services (2002): United Nations Office for Project Services. UNOPS. (Homepage.) <http://www.unops.org/> (2.3. 2002).

United Nations Office for Project Services (2003): Business Advisory Council. <http://www.unops.org/textonly/default.asp?pmode=1&pno133> (7.8. 2003).

Unser, Günther (1997): Die UNO. Aufgaben und Strukturen der Vereinten Nationen. 7. Auflage. München: Beck (u.a.).

Utting, Peter (2000a): Business Responsibility for Sustainable Development. Genf: UNRISD.

Utting, Peter (2000b): UN-Business Partnerships: Whose Agenda Counts? UN-RISD, 8.12.2000. <http://www.unrisd.org> (15.3.2002).

Viskovatoff, Alex (1999): Foundations of Niklas Luhmann's Theory of Social Systems. <http://www.libfl.ru/Luhmann/Luhmann4.html> (10.10.2001).

Volger, Helmut (2000a) (Hrsg.): Lexikon der Vereinten Nationen. München (u.a.): Oldenbourg.

Volger, Helmut (2000b): Haupt-/Neben-/Vertragsorgane. In: Volger, Helmut (2000a) (Hrsg.): Lexikon der Vereinten Nationen. München (u.a.): Oldenbourg, S. 217-220.

Volger, Helmut (2000c): ITU - Internationale Fernmeldeunion. In: Volger, Helmut (2000a) (Hrsg.): Lexikon der Vereinten Nationen. München (u.a.): Oldenbourg, S. 294-295.

Walther, Rudolf (1998): Weltbürger, gebt den Staat nicht auf! In: Die Zeit. 23.7.1998, S. 35.

Walton, Clarence (1999): Soziale Verantwortung von Unternehmen. München: Gerling Akademie.

Waters, Malcolm (1995): Globalization. London (u.a.): Routledge.

Weber, Max (1976): Wirtschaft und Gesellschaft. 5. Auflage. Tübingen: Mohr.

Weckwerth, Martin (1998): Die Handlungsfähigkeit des Staates vor dem Hintergrund der Internationalisierung von Unternehmen. Frankfurt/Main (u.a.): Lang.

Wegener, Ralf (2000): Eine schwierige Partnerschaft. PPP muß Teil eines entwicklungspolitischen Gesamtkonzepts werden. In: E + Z Entwicklung und Zusammenarbeit (2000b): 41. Jg., Nr. 4, April, S. 102-104.

Weiss, Thomas; Forsythe, David; Coate, Roger (1994): The United Nations and Changing World Politics. Boulder: Westview.

Whittaker, David (1997): United Nations in the Contemporary World. London: Routledge.

Willetts, Peter (2000): From "Consultative Arrangements" to "Partnership": The Changing Status of NGOs in Diplomacy at the UN. In: Global Governance. A Review of Multilateralism and International Organizations. Band 6, Nr. 2, April/Juni, S. 191-212.

Willke, Helmut (2000): Ironie des Staates. Grundlinien einer Staatsphilosophie polyzentrischer Gesellschaft. Frankfurt/Main: Suhrkamp.

Woicke, Peter (1999): Geschäftszweck: Förderung des privaten Sektors. Die Internationale Finanz-Corporation (IFC). In: Vereinte Nationen. Heft 5/99. Bonn: UNO-Verlag, S. 157-162.

Wolff, Gerhardt (2000): Ethische Grundsatzfragen in der Unternehmenspolitik. In: Hungenberg, Harald; Schwetzler, Bernhard (2000) (Hrsg.): Unternehmung, Gesellschaft und Ethik. Erfahrungen und Perspektiven. Wiesbaden: Gabler, S. 25-34.

Wolfrum, Rüdiger (1991) (Hrsg.): Handbuch Vereinte Nationen. München: Beck.

World Business Council for Sustainable Development (1998): Corporate Social Responsibility: Meeting Changing Expectations. Genf: World Business Council for Sustainable Development.

World Business Council for Sustainable Development (2000): Corporate Social Responsibilities: Making Good Business Sense. Genf: World Business Council for Sustainable Development.

World Commission on Environment and Development (1987): Our Common Future. Oxford: Oxford University Press.

World Economic Forum (1999): 1999 Annual Meeting. Summaries. Genf: World Economic Forum.

World Economic Forum (2001): Annual Meeting 2001. Report. Sustaining Growth and Bridging the Divides: A Framework for Our Global Future. Genf: World Economic Forum.

Wündisch, Martin (1999): Die United Nations Joint Inspection Unit als Instrument zur Einführung Organisatorischer Rationalität in Internationalen Organisationen. Frankfurt/Main: Peter Lang.

Zacher, Mark (1999): The United Nations and Global Commerce. New York: UN.

Zadek, Simon (2001): The Civil Corporation: The New Economy of Corporate Citizenship. London: Earthscan.

Zey, Mary (1998): Rational Choice Theory and Organizational Theory: A Critique. Thousand Oaks (u.a.): Sage.

10.2 Dokumente der Vereinten Nationen

Generalsekretär der Vereinten Nationen (2000): Guidelines for Cooperation Between the United Nations and the Business Community. 17.7. 2000. <http://www.un.org/partners/business/guide.htm> (2.8.2002).

United Nations (1945): Charter of the United Nations. <http://www.un.org/aboutun/charter/index.html> (28.7.2003).

United Nations/Administrative Committee on Coordination (1997): Summary of Conclusions of the Administrative Committee on Coordination at its Second Regular Session of 1997. New York: UN, 17.12.1997 (ACC/1997/20).

United Nations/Administrative Committee on Coordination (1998a): Summary of Conclusions of the Administrative Committee on Coordination at its First Regular Session of 1998. New York: UN, 9.6.1998 (ACC/1998/4).

United Nations/Administrative Committee on Coordination (1998b): Summary of Conclusions of the Administrative Committee on Coordination at its Second Regular Session of 1998. New York: UN, 8.12.1998 (ACC/1998/20).

United Nations/Administrative Committee on Coordination (1999a): Summary of Conclusions of the Administrative Committee on Coordination at its First Regular Session of 1999. New York: UN, 17.6.1999 (ACC/1999/4).

United Nations/Administrative Committee on Coordination (1999b): Summary of Conclusions of the Administrative Committee on Coordination at its Second Regular Session of 1999. New York: UN, 19.11.1999 (ACC/1999/20).

United Nations/Administrative Committee on Coordination (2000a): Summary of the Conclusions of the Administrative Committee on Coordination at its First Regular Session of 2000. New York: UN, 7.6.2000 (ACC/2000/4).

United Nations/Administrative Committee on Coordination (2000b): Terms of Reference of the High-Level Committee on Programmes. New York: UN, 2001 (ACC/2001/CP/INF.2).

United Nations/Administrative Committee on Coordination (2001): Summary of the Conclusions of the Administrative Committee on Coordination at its First Regular Session of 2001. New York: UN, 6.6.2001 (ACC/2001/4).

United Nations/Department of Economic and Social Affairs (1998): Responsible Entrepreneurship: NGO Perspectives and Recommendations: Background Paper No. 3. New York: UN, 1998 ([ST/]DESA/DSD/1998/3).

United Nations/Economic and Social Council (1950): Review of Consultative Arrangements with Non-Governmental Organizations. New York: UN, 27.2.1950 (E/RES/288(X)).

United Nations/Economic and Social Council (1968): Arrangements for Consultation with Non-Governmental Organizations. New York: UN, 23.5.1968 (E/RES/1296(XLIV)).

United Nations/Economic and Social Council (1996): Consultative Relationship Between the United Nations and Non-Governmental Organizations. New York: UN, 25.7.1996 (E/RES/1996/31).

United Nations/Economic and Social Council (1999): The Realization of Economic Social and Cultural Rights: The Question of Transnational Corporations. Report of the Sessional Working Group on the Working Methods and Activities of Transnational Corporations on its First Session. New York: UN, 12.8.1999 (E/CN.4/Sub.2/1999/9).

United Nations/Economic and Social Council (2000): Information and Communications Technologies Task Force. New York: UN, 27.7.2000 (E/2000/L.27).

United Nations/Economic and Social Council (2002): Implementation of Agreed Conclusions 2001/1 of the Economic and Social Council on the Role of the United Nations in Promoting Development, Particularly with Respect to Access to and Transfer of Knowledge and Technology, Especially Information and Communication Technologies, inter alia, Through Partnerships with Relevant Stakeholders, Including the Private Sector. Report of the Secretary-General. New York: UN, 14.5.2002 (E/2002/64).

United Nations/General Assembly (1973): Charter of Economic Rights and Duties of States. New York: UN, 6.12.1973 (A/RES/3082(XXVIII)).

United Nations/General Assembly (1974a): Charter of Economic Rights and Duties of States. New York: UN, 14.12.1974 (A/RES/3281(XXIX)).

United Nations/General Assembly (1974b): Declaration on the Establishment of a New International Economic Order. New York: UN, 1.5.1974 (A/RES/3201(S-VI)).

United Nations/General Assembly (1997a): Renewing the United Nations: A Programme for Reform: Report of the Secretary-General. New York: UN, 14.7.1997 (A/51/950).

United Nations/General Assembly (1997b): United Nations Reform: Measures and Proposals. Letter dated 11 November 1997 from the Permanent Representative of Luxembourg to the United Nations Addressed to the Secretary-General. New York: UN, 11.11.1997 (A/52/661).

United Nations/General Assembly (1997c): United Nations Reform: Measures and Proposals. New York: UN, 10.11.1997 (A/52/584).

United Nations/General Assembly (1998): Report of the Secretary-General on Arrangements and Practices for the Interaction of Non-Governmental Organizations in all Activities of the United Nations System. New York: UN, 10.7.1998 (A/53/170).

United Nations/General Assembly (1999): Report of the Secretary-General on Views of Member States, Members of the Specialized Agencies, Observers, Intergovernmental and Non-Governmental Organizations from all Regions on the Report of the Secretary-General on Arrangements and Practices for the Interaction of Non-Governmental Organizations in all Activities of the United Nations System. New York: UN, 8.9.1999 (A/54/329).

United Nations/General Assembly (2000a): Comments by the Administrative Committee on Coordination on the Report of the Joint Inspection Unit Entitled "Private Sector Involvement and Cooperation with the United Nations System": Note by the Secretary-General. New York: UN, 6.6.2000 (A/54/700/Add.1).

United Nations/General Assembly (2000b): United Nations Millennium Declaration. New York: UN, 8.9.2000 (A/RES/55/2).

United Nations/General Assembly (2001a): Business and Development: Report of the Secretary-General. New York: UN, 5.10.2001 (A/56/442).

United Nations/General Assembly (2001b): Cooperation Between the United Nations and all Relevant Partners, in Particular the Private Sector: Report of the Secretary-General. New York: UN, 28.8.2001 (A/56/323).

United Nations/General Assembly (2001c): Report of the Secretary-General on the United Nations Fund for International Partnerships. New York: UN, 5.2.2001 (A/55/763).

United Nations/General Assembly (2001d): Towards Global Partnerships. New York: UN, 6.3.2001 (A/RES/55/215).

United Nations/General Assembly (2002a): Sustainable Development and International Economic Cooperation: High-Level Dialogue on Strengthening International Economic Cooperation for Development through Partnership: Report of the 2nd Committee: General Assembly, 57th Session. New York: UN, 12.12.2002 (A/57/531/Add.4).

United Nations/General Assembly (2002b): Towards Global Partnerships: Resolution/Adopted by the General Assembly. New York: UN, 24.1.2002 (A/RES/56/76).

United Nations/Industry Cooperative Programme (1975): Industry - An Effective Partner in Implementing the World Food Conference Recommendations. Summary Report of the Industry Cooperative Programme. General Committee. Rom: FAO, 28.2.1975 (DDI:G/75/41).

United Nations/Joint Inspection Unit (1999): Private Sector Involvement and Cooperation with the United Nations System. Geneva: JIU, 1999 (JIU/REP/99/6).

United Nations/Office for Project Services (1994): Report of the Executive Director of the Office for Project Services on Ways of Establishing the Office as a Separate and Identifiable Entity. New York: UNOPS, 16.8. 1994 (DP/1994/62).

United Nations/Press Release (1995): Secretary-General Appeals to Business Leaders for Help Resolving UN Financial Crisis in Luncheon Address to Business Council for United Nations. New York: UN, 2.11.1995 (SG/ SM/5804).

United Nations/Press Release (1997a): Secretary-General Stresses Advantages of Private Sector's Deeper Involvement in United Nations Work. New York: UN, 7.4.1997 (SG/SM/6196).

United Nations/Press Release (1997b): Secretary-General, in Address to World Economic Forum, Stresses Strengthened Partnership Between United Nations, Private Sector. New York: UN, 31.1.1997 (SG/SM/ 6153).

United Nations/Press Release (1998a): Cooperation between United Nations and Business. New York: UN, 9.2.1998 (SG/2043).

United Nations/Press Release (1998b): Secretary-General, Emphasizing Synergy for Equitable Development, Underscores Role of Civil Society, NGO, Business Community. New York: UN, 26.5.1998 (SG/SM/6574).

United Nations/Press Release (1998c): Unite Power of Markets with Authority of Universal Values, Secretary-General Urges at World Economic Forum. New York: UN, 30.1.1998 (SG/SM/6448).

United Nations/Press Release (1998d): Value of Partnership Between United Nations and Private Sector Stressed by Deputy Secretary-General. New York: UN, 6.11.1998 (DSG/SM/28).

United Nations/Press Release (1999a): In Address to Links, Inc., Secretary-General Stresses that Governments and United Nations Need Civil Society, NGOs and Private Sector. New York: UN, 28.10.1999 (SG/SM/7201).

United Nations/Press Release (1999b): Secretary-General Proposes Global Compact on Human Rights, Labour, Environment, in Address to World Economic Forum in Davos. New York: UN, 1.2.1999 (SG/SM/6881).

United Nations/Press Release (1999c): Secretary-General Stresses Partnership Between Business, United Nations in Address to Executive Club in Stockholm. New York: UN, 25.5.1999 (SG/SM/7004).

United Nations/Press Release (1999d): Secretary-General, Addressing United States Chamber of Commerce, Highlights Fundamental Shift of United Nations Attitude Towards Private Sector. New York: UN, 8.6.1999 (SG/SM/7022).

United Nations/Press Release (1999e): United Nations Creates New Website to Improve Cooperations with Business, Non-Governmental Organizations. New York: UN, 21.1.1999 (PI/1113).

United Nations/Press Release (2000a): Business Calls for Strengthened United Nations. New York: UN, 26.1.2000 (ECO/15 PI/1219).

United Nations/Press Release (2000b): "Global Compact" Web Site Links UN, Business, Civil Society with Simultaneous Launch in New York. New York: UN, 28.1.2000 (ECO/16).

United Nations/Press Release (2000c): Secretary-General, Addressing Participants at Millenium Forum, Calls for Intensified "NGO Revolution". New York: UN, 22.5.2000 (SG/SM/7411 GA/9710).

United Nations/Press Release (2000d): Secretary-General, International Trade Union Representatives, Discuss "Global Compact" at Headquarters Meeting. New York: UN, 20.1.2000 (SG/2062 ECO/14).

United Nations/Press Release (2002): Note to Correspondents: Secretary-General to Convene First Meeting of Global Compact Advisory Council at Headquarters 8 January. New York: UN, 7.1.2002 (NOTE 5705).

United Nations/Secretary General (1998): Annual Report of the Secretary-General on the Work of the Organization. New York: UN, 27.8.1998 (A/53/1).

10.3 Persönliche Kommunikation

10.3.1 E-Mails

Cohen, Jonathan (2000): UNA-USA. 2.12.2000, 00:02 Uhr.

Cohen, Jonathan (2001a): UNA-USA. 19.1.2001, 00:40 Uhr.

Cohen, Jonathan (2001b): UNA-USA. 17.8.2001, 11:28 Uhr.

Cohen, Jonathan (2002): UNA-USA. 26.7.2002, 18:27 Uhr.

10.3.2 Telefonate

Bertrand, Doris (2004): JIU. 27.2.2004, 12:15 Uhr.

Sevilla, Jaime (2004): ACC/CEB. 20.2.2004, 17:45 Uhr.

10.3.3 Interviews

Besnier, Jean-Yves (2001): ITU. Genf, 31.10.2001.

Dizier, Bernard (2001): WHO. Genf, 31.10.2001.

Dossal, Amir (2000): UNFIP. New York, 8.6.2000.

Dossal, Amir (2001): UNFIP. New York, 11.4.2001.

Duffy, Mary (2001): UNICEF. New York, 12.4.2001.

Fioretta, Lawrence (2001): UNHCR. Genf, 18.9.2001.

Friel, Patrick (2001): UNFPA. New York, 11.4.2001.

Kell, Georg (2000): Global Compact-Office. New York, 7. 6.2000.

O'Brien, Denise (2001): Global Compact-Office. New York, 11.4.2001.

Prost, André (2001): WHO. Genf, 31.10.2001.

Schippa, Camilla (2001): UNFIP. New York, 11.4.2001.

Tesner, Sandrine (2000): UNOPS. New York, 8.6.2000.

Tesner, Sandrine (2001): UNOPS. New York, 10.4.2001.

Thomas, Edward (2001): BCUN. New York, 11.4.2001.

Underwood, Paul (2001): BCUN. New York, 12.4.2001.

Witte, Jan Martin (2001): UNFIP. New York, 10.4.2001.

Wyseley, Megan (2001): UNDP. New York, 9.4.2001.

10.4 WEBSEITEN

Administrative Committee on Coordination
http://acc.unsystem.org

Bill and Melinda Gates Foundation
http://www.gatesfoundation.com

Business Council for the United Nations
http://www.una-usa.org/bcun

Business Humanitarian Forum
http://www.bhforum.org

Business Partners for Development
http://www.bpdweb.org

Center for Ethics and Business
http://www.ethicsandbusiness.org

Change for Good
http://www.unicef.org/noteworthy/changeforgood

Chief Executives Board
http://ceb.unsystem.org

Copenhagen Centre
http://www.copenhagencentre.org

Corporate Social Responsibility Europe
http://www.csreurope.org

Corporate Watch
http://www.corpwatch.org

Food and Agricultural Organization
http://www.fao.org

Global Alliance for Vaccines and Immunization
http://www.vaccinealliance.org

Global Business Council on HIV/AIDS
http://www.businessfightsaids.org

Global Compact Office
http://www.unglobalcompact.org

Global Policy Network
http://www.globalpolicy.org

Inter-Agency Procurement Services Office
http://www.iapso.org

International Business Ethics Institute
http://www.business-ethics.org

International Chamber of Commerce
http://www.iccwbo.org

International Fund for Agricultural Development
http://www.ifad.org

International Labour Organization
http://www.ilo.org

International Monetary Fund
http://www.imf.org

International Telecommunications Union
http://www.itu.int

NetAid
http://www.netaid.org

Non-Governmental Liaison Service
http://www.unsystem.org/ngls

Office of Legal Affairs
http://untreaty.un.org/ola-internet/olahome.html

Office of the High Commissioner for Human Rights
http://www.unhchr.ch

Prince of Wales International Business Leaders Forum
http://www.csrforum.org und http://www.iblf.org

State of the World Forum
http://www.worldforum.org

United Nations
http://www.un.org

United Nations - Partners Business
http://www.un.org/partners/business

United Nations Children's Fund
http://www.unicef.org

United Nations Conference on Trade and Development
http://www.unctad.ch

United Nations Development Programme
http://www.undp.org

United Nations Development Programme - Business
http://www.undp.org/business

United Nations Educational, Scientific and Cultural Organization
http://www.unesco.org

United Nations Environment Programme
http://www.unep.org

United Nations Environment Programme - Business
http://www.unep.org/trade.htm

United Nations Foundation
http://www.unfoundation.com

United Nations Fund for International Partnerships
http://www.un.org/unfip

United Nations High Commissioner for Refugees
http://www.unhcr.ch

United Nations Industrial Development Organization
http://www.unido.org

United Nations Information and Communications Technologies Task Force
http://www.unicttaskforce.org

United Nations Office for Project Services
http://www.unops.org

United Nations Procurement Division
http://www.un.org/Depts/ptd

Universal Postal Union
http://www.upu.int

World Bank-Group
http://www.worldbank.org

World Bank-Group's Staff Exchange Program
http://www.staffexchange.org

World Business Council for Sustainable Development
http://www.wbcsd.ch

World Economic Forum
http://www.weforum.org

World Food Programme
http://www.wfp.org

World Health Organization
http://www.who.int

World Intellectual Property Organization
http://www.wipo.int

World Trade Organization
http://www.wto.org

INTERNATIONALE BEZIEHUNGEN

Herausgegeben von Klaus Hüfner

Band 1 Günter Max Teuber: Managementprobleme afrikanischer "Non-Governmental Organizations" (NGOs). Eine Analyse aus entwicklungspolitischer Sicht, basierend auf Fallbeispielen aus den anglophonen Entwicklungsländern des südlichen Afrika. 1993.

Band 2 Jochen Hönow: Zielgruppen, Methoden und Finanzierung nichtstaatlicher Entwicklungspolitik in Industrieländern. Eine qualitative Untersuchung der entwicklungspolitischen Rolle von ausgewählten Nichtregierungsorganisationen der Bundesrepublik Deutschland, Österreichs und Schwedens aus systemtheoretischer Sicht. 1997.

Band 3 Frank Zitka: Wandel und Kontinuität. Amerikanische UNO-Politik 1977-1993. 1997.

Band 4 Carsten F. Risch: Evolution, Legitimation und Organisation intergouvernementaler Wirtschaftskooperationen. Das Beispiel der EU und der Visegrád-Staaten. 1998.

Band 5 Martin Wündisch: Die United Nations Joint Inspection Unit als Instrument zur Einführung organisatorischer Rationalität in internationalen Organisationen. 1999.

Band 6 Klaus Hüfner / Jens Martens: UNO-Reform zwischen Utopie und Realität. Vorschläge zum Wirtschafts- und Sozialbereich der Vereinten Nationen. 2000.

Band 7 Chandararot Kang: Voraussetzungen zur Entdollarisierung in Kambodscha (eine monetär-keynesianische Lösung). 2001.

Band 8 Klaus Johannes Müller: Das Problem der Finanzierung von UN-Friedensoperationen. Die Rolle der USA und ein Ausweg über den Kapitalmarkt. 2005.

Band 9 Valerie Weinzierl: Zur Zusammenarbeit zwischen den Vereinten Nationen und der Privatwirtschaft. Die Partnerschaften und ihre nachhaltige und effiziente Entwicklung. 2005.

www.peterlang.de

Kolibri 360 GmbH
Ferdinand-Jühlke-Straße 7
99095 Erfurt, Deutschland
produktsicherheit@kolibri360.de

Druck:
CPI Druckdienstleistungen GmbH
im Auftrag der
Kolibri 360 GmbH
Ferdinand-Jühlke-Str. 7
99095 Erfurt